觉群文库

觉群人间佛教丛书

佛教中国化与当代寺院建设

觉醒 主编

宗教文化出版社

图书在版编目（CIP）数据

佛教中国化与当代寺院建设 / 觉醒主编 . -- 北京：宗教文化出版社，2023.12
ISBN 978-7-5188-1511-1

Ⅰ.①佛… Ⅱ.①觉… Ⅲ.①佛教—研究—中国 Ⅳ.① B948

中国国家版本馆 CIP 数据核字 (2024) 第 008129 号

佛教中国化与当代寺院建设

觉醒　主编

出版发行：宗教文化出版社
地　　址：北京市西城区后海北沿 44 号　（100009）
电　　话：64095215（发行部）　64095265（编辑部）
责任编辑：王志宏
版式设计：武俊东
印　　刷：河北信瑞彩印刷有限公司

版权专有　侵权必究

版本记录：787 毫米 ×1092 毫米　16 开　20.75 印张　450 千字
　　　　　2024 年 9 月第 1 版　2024 年 9 月第 1 次印刷
书　　号：ISBN 978-7-5188-1511-1
定　　价：120.00 元

目　录

崇俭戒奢的历史实践与现实意义 …………………………………… 觉　醒　（1）

怎样认识"佛教中国化" ……………………………………………… 黄夏年　（15）

再论佛教中国化的向度及其时代性、民族性问题
　　——兼论新时代佛教中国化的核心意涵 ………………………… 唐忠毛　（22）

佛教中国化的"内在机制"是善巧方便
　　——基于印度-中国大乘佛教教法义理学的一种系统反思 …… 程恭让　（28）

伦理冲突与调适
　　——佛教中国化的观念演进 ……………………………………… 温金玉　（56）

真实理与虚假心
　　——从"简非"看《摩诃止观》的撰述思路 …………………… 王雷泉　（66）

太虚的佛教改革及其对当代宗教中国化基层实践的启发 ………… 邵佳德　（81）

世界化与神圣性
　　——法舫人间佛学实践的两个维度 …………………………… 李天纲　（90）

从"人间佛教"到"佛教徒商人"
　　——东亚佛教文化维度下稻盛和夫思想考察 ………………… 丁建华　（100）

隋唐时期汉传佛教僧众的饮食制度 ……………………………… 王大伟　（107）

当代玉佛寺院建设之奠基
　　——1979-1995 ………………………………………………… 邓子美　（119）

修行生活的重建
　　——以天童寺两位僧人为例 …………………………………… 成　庆　（126）

寺院制度建设论与现代中国佛教形态转型
　　——基于倓虚法师与巨赞法师对论的视角 …………………… 吴忠伟　（135）

戒与礼的冲突与融合 ……………………………………………… 夏德美　（146）

基于新时代佛教中国化导向的当代寺院建设的思考 …………… 董　群　（157）

寺院经济与佛教中国化的历程 …………………………………… 杨维中　（165）

寺院名称所反映的佛教中国化
　　——以晋唐"护国寺"为中心的考察 ················· 黄　凯（177）
论近代中国佛教与"禁香运动"的演进 ················· 胡永辉（187）
释道安对般若经典的中国化理解 ····················· 常红星（198）
《维摩诘经》与佛教的中国化 ······················· 韩焕忠（210）
略说《大智度论》中的布施法门
　　——读《大智度论》卷十一之檀波罗蜜义解 ··········· 龚　隽（226）
玄奘、窥基一系的汉传唯识学与佛教中国化
　　——以法相唯识宗解释"转依"为中心 ··············· 赵东明（237）
华严宗法脉传承的再讨论
　　——以慧因寺为契机 ··························· 平燕红（246）
圆瑛大师对《大乘起信论》的中国化抉择
　　——读圆瑛大师的《〈大乘起信论〉讲义》 ··········· 陈　坚（258）
佛教《报恩科》新见资料及其价值 ····················· 侯　冲（273）
上海玉佛禅寺对外友好交流略考 ······················ 吕方芳（294）
生命伦理与人间佛教理论的最新拓展 ··················· 李向平（321）

崇俭戒奢的历史实践与现实意义

觉 醒 上海玉佛禅寺

2022年6月8日，全国宗教团体联席会议举行。会上，全国性各宗教团体联合发出《关于崇俭戒奢的共同倡议》，主题为：倡导传统美德，反对不良风气；倡导环保实用，反对贪大求奢；倡导修身养德，反对奢靡之风；倡导简约适度，反对铺张浪费。开展崇俭戒奢教育活动，是佛教界贯彻落实习近平总书记重要指示精神和全国宗教工作会议精神，推动全面从严治教的具体举措，也是佛教中国化的重要组成部分。佛教历来注重崇俭戒奢，在佛教经典中有很多关于这一思想的论述，自古至今的丛林建设中，也始终贯彻了崇俭戒奢的理念，而在玉佛寺的历史中，祖师大德也多有俭德之训，俭朴自励、淡泊明志的玉佛家风代代相传，使寺院成为繁华都市中的一方净土，把人间佛教的精神发扬光大。

一、崇俭戒奢的经典依据

在佛教传统中，崇俭戒奢是自古以来反复提及的内容，有着深厚的经典渊源和思想阐发。如《大宝积经》中佛以陀摩尸利王子出家事正告富楼那：菩萨摩诃萨非为利养出家，若是出家只为追求衣食和各类供养，则与白衣无异；若菩萨摩诃萨能安住于持戒头陀法中，便能具一切善根福德。① 以下列举经典中与崇俭戒奢相关论述稍作讨论。

（一）少欲知足、节俭惜福

佛教经典的教义中提到，少欲知足、节俭惜福是修行入道的前提条件。《长阿含经》卷四中说："此有为法，无常变易，要归磨灭。贪欲无厌，消散人命。恋着恩爱，无有知足。唯得圣智，谛见道者，尔乃知足。"② 一切事物本是由因缘和合

---

① 参阅《大宝积经·富楼那会》，《大正藏》第11册，第445页下至448页中。
② 《大正藏》第1册，第24页中。

而生，并非永恒不变，对这些事物如果生起没有止息的贪欲，则将深陷烦恼苦痛之中，消磨性命。所以要远离烦恼痛苦，必先知足。

《佛垂般涅槃略说教诫经》云："若欲脱诸苦恼，当观知足，知足之法即是富乐安隐之处。知足之人，虽卧地上犹为安乐；不知足者，虽处天堂亦不称意。不知足者虽富而贫，知足之人虽贫而富。不知足者常为五欲所牵，为知足者之所怜愍。是名知足。"① 如果认识到这样的欲望是没有意义的，知足少欲，则能解脱自在。②

关于如何做到少欲惜福，在经典中也有更为具体的提倡。比如，佛陀为弟子说行四依，以此为入道之缘。行四依者，即修行者所依止之四种行：着粪扫衣、常行乞食、依树下坐、服陈弃药。慧远《大乘义章》中提到，佛陀之所以宣说行四依法，正是为了破除比丘对饮食、衣服、房舍卧具和医药所起之恶欲。③《长阿含经》中也提出，比丘应"身行清净，口言清净，意念清净，正念清净，仁慧无厌，衣食知足，持钵乞食，以福众生"。④

《般泥洹经》中有"智者居家，恭俭节用"。勤俭节约是中华民族的传统美德。在倡导"少欲知足"的同时，历代祖师还劝诫世人勤俭为本，珍惜福报。道世《诸经要集》卷六云："禁饕缘芳味，持声唯节俭。一坐肃容仪，五万丰余敛。"⑤这是告诫世人，不要因为饮食味道鲜美而贪吃，日常生活中要养成惜福节俭的好习惯。《缁门警训》收录了宗赜的《赜禅师诫洗面文》，表示浪费行为"虽非害命伤生，宁不招因带果"，倡导"粗羹淡饭""淡泊家风"，并在四十首颂中反复劝告，"正使有余须爱惜，不应过分太无惭"，要惜福节制知惭愧；"沙门毕竟宜清苦，软暖修行道业疏"，节俭才是沙门本色；"地方有穷财有限，此时宜俭不宜奢"，当念物力艰难，崇俭戒奢。⑥

少欲知足、节俭惜福是体现在日用之中的。明代紫柏真可《吃粥偈》云："一

---

① 《大正藏》第 12 册，第 1111 页下。
② 《杂阿含经》卷三说："知足故解脱，解脱故于诸世间都无所取，无所取故无所着，无所着故自觉涅槃。"见《大正藏》第 2 册，第 17 页上。
③ 参阅《大乘义章》卷十一"四圣种义两门分别"，《大正藏》第 44 册，第 680 页中至 681 页中。另外《大宝积经》中提到，陀摩尸利出家后，曾向比丘求教佛法，得到的回答是"我等不闻佛所说法，但随和尚诸师所行"，他们告诉陀摩尸利："我等所为者，是事皆已得，衣食极丰足，免离王使役，安隐甚快乐，无敢轻慢者，白衣时苦恼，今皆无复有。是即名涅槃，第一快安乐，过是事以外，我皆不复用。我等多衣钵，汤药物甚多，白衣常给施，檀越家亦多。"陀摩尸利认为，这些比丘只看重出家带来的名闻利养，与在家白衣无异，于是他便离开了这群比丘，独入山林幽远之处，精诚一心欲求佛陀深净之法。
④ 《大正藏》第 1 册，第 39 页下。
⑤ 《大正藏》第 54 册，第 48 页下。
⑥ 《大正藏》第 48 册，第 1082 页下至 1084 页上。袾宏在《竹窗三笔》中也重申了僧人应该践行节约的观点，参见《嘉兴藏》收录的《云栖法汇（选录）》卷十四"僧宜节俭"条，《嘉兴藏》第 33 册，第 57 页下。

碗道心斋，胜饮人参汤。米岂有两般，须知在心肠。细人不惜福，徒自日损伤。智者惭愧重，心田种日香。"这首偈子从佛教因果论角度指出，同样的一碗粥，有的人不知道珍惜，肆意浪费，将来就会遭受缺衣少食的贫穷苦报；而有智慧的人经常会生起惭愧心，知道一粥一饭来之不易，因而倍加珍惜，这等同于在自己心田上种下了善根。这是从因果有报、福祸自取的角度，劝告世人珍惜福泽、爱惜物命，否则会损伤自己。

"少欲知足"也被写入戒律中，对僧团的和谐发展提供约束。如前面提到的"行四依"，就见于《四分律》中。《摩诃僧祇律》明确指出，多欲广求"非法、非律、非是佛教"，并称"佛告比丘：'我常赞叹少欲知足，汝等云何多欲难满、广求无厌？此非法、非律、非是佛教，不可以是长养善法'"。对于违反这一要求的僧人，佛陀呵责："汝出家人云何计常贪着？汝常不闻世尊呵责多求多欲难满，赞叹少欲知足耶？"① 同一书中也反复强调，佛教是要求"少欲少事"，并"无量方便赞叹少欲，毁訾多欲"的。此外在《四分律》《十诵律》等律书中，也都有类似"少欲知足、行头陀、乐学戒、知惭愧者"的形容，用以描述护持戒律的僧人。

从具体条文来看，《四分律》中对于衣物的数量、房屋的尺寸、卧具的材质、饮食的品质，都有详细的规范，以保证衣食住行的俭朴合度。这类条文将崇俭戒奢的精神贯彻到生活细节之中，从各个方面防非止恶、调伏性情，以避免僧人陷入欲求的泥淖。至于违反这些律例、索求超出必需品范畴之物的人，戒律对其都有对应处罚，在此不加赘述。

（二）正观财富、正作福田

正观财富、正作福田是实践崇俭戒奢的重要步骤。践行崇俭戒奢，首先要求我们对于财富（尤其是世间财富）有正确的理解和认识，并将其贯彻于日常实践之中。在佛教经典中，既有将黄金比作毒蛇的记载，也有很多利用财富饶益众生获得福报的事迹。② 佛教认为，财富本身无染净之别，只要如法求取，用之有道，便可成为弘法修道的重要资粮，反之，若因财富而蒙蔽了本来清净的本心，财富便会化为毒蛇，

---

① 《摩诃僧祇律》卷四，见《大正藏》第22册，第259页上。另见卷八，《大正藏》第22册，第291页下至292页上。

② 如《大庄严论经》卷六记载，一次，佛陀和阿难又出去乞食。他们走到一条水渠旁的时候，佛陀忽回头对阿难说："阿难！大毒蛇！"阿难上去一看，也说："恶毒蛇！世尊！"他们说完就走过去了。当时有对父子正在田间干活，听说有毒蛇，就跑过来看，结果见到是一坛黄金，便喜不自胜地把黄金搬回家了，却不料因此被怀疑而陷牢狱之灾。刑场上，这对父子回想佛陀与阿难关于"毒蛇"的对话，方才恍然大悟。参见《大正藏》第4册，第289页下至290页上。以财富布施得福的记载很多，如《贤愚经》卷二"金财因缘品"等，见《大正藏》第4册，第358页中下。

吞噬法身慧命。由此可见，佛教的财富观是圆融且符合中道的。一方面，佛教站在果报论基础上，将财富视作身命依报的构成部分，在三世两重因果体系中，承认财富来源的正当性和创造财富的正当性，并指出其"五家共有"的无常属性①；另一方面，佛教也从超越的角度，指出追求财富容易激发人的贪婪欲念，故佛陀制戒，谓出家比丘当效仿佛陀恒持三衣一钵，"譬如鸟之两翼"②；对在家者，则说应如法求财、合理用财，以免众生遭受财富"异化"，并说如法求财后当行自利利他，"布己所有，施予众生"，对所得财富不起贪欲，无有执著，使财富复归其本然之用。③

《中阿含经》中有一部《大品行欲经》，其中提到十种"行欲人"。此处的行欲人，特指通过追求财富获得快乐和享受的人。经中将此十种追求财富者分为三类，分别区分了他们所受果报和优劣。其中三种是以"非法无道"的方式求索财物，另外三种是同时以如法和非法的方式去追求财物，只有最后四种"行欲人"才是"如法以道"求索财物的人，而他们中，又以如法追求财物后能自养安稳、抚养家人和供养出家人，令同受乐报，同时于所获的财物不起染欲、无有执著者为最上。经云：

> 居士！若有一行欲人，非法无道求索财物，彼非法无道求财物已，不自养安隐及父母、妻子、奴婢、作使，亦不供养沙门、梵志，令升上与乐俱而受乐报，生天长寿者，此行欲人于诸行欲人为最下也……居士！若有一行欲人，如法以道求索财物，彼如法以道求财物已，自养安隐及父母、妻子、奴婢、作使，亦供养沙门、梵志，令升上与乐俱而受乐报，生天长寿。得财物已，不染不着，不缚不缴，不缴已染着，见灾患，知出要而用者，此行欲人于诸行欲人为最第一、最大、最上、最胜、最尊，为最妙也。④

佛教的财富观和教义中对崇俭戒奢讨论，其核心并不是说必须以贫穷为清高，

---

① 《大智度论》卷十一云："富贵虽乐，一切无常，五家所共，令人心散。"见《大正藏》第25册，第142页中。所谓五家共有，即：一为大火所烧，二为大水所漂，三为国王官吏所巧取豪夺，四为强盗土匪所劫夺，五为不肖子孙挥霍殆尽。

② 《摩诃僧祇律》卷八：佛告诸比丘："当知如来应供第一乐人，出家离第一乐，而随所住处，常三衣俱，持钵乞食，譬如鸟之两翼，恒与身俱。汝等比丘！云何舍本族姓以信出家？应当如是，所到处法衣随身，不应离宿。"见《大正藏》第22册，第283页下至294页上。又道宣《四分律删繁补阙行事钞》谓："《僧祇》云：三衣者，贤圣沙门标帜；钵是出家人器，非俗人所为；应执持三衣瓦钵，即是少欲少事等。"见《大正藏》第40册，第105页上。

③ 陈永革：《佛行人间——佛教社会观》，北京：宗教文化出版社，2008年。作者在第四章中，对佛教福业德行与社会财富的关系进行了相关探讨，参阅该书第174-182页。

④ 《大品行欲经》，参见《大正藏》第1册，第615页上至616页上。与此相类似的，在《杂阿含经》第一九二经中亦提到三种受欲乐者及三种自苦方便，并提出超越于二者之上的，即不以贪嗔痴行自害、害他、自他俱害的实践是八正道。而在《别译杂阿含经》第一二七经中同样提到三种受欲和三种苦行，并以离此两边为"初中道"，以八正道为第二中道。

而是通过倡导节俭少欲及对财富的合理求取使用，使身心保持健康。如澄观《大方广佛华严经疏》卷十八云："节俭财色，则无病畏。"若人能够在财色两方面主动节俭少欲，就能身体健康，疾病不侵。本卷又云："持财以俭，持众以信，持安以不骄，持力以不奢。"一个人对自己持有的财物以节俭用度、不奢侈浪费为准，如此才能开源节流，拥有源源不断的财富。①

同时，针对非法求财、执著财富的行为，经典中常有警示，引导大众远离"非道"求财，而以八正道的方式来看待和处理财富问题，善于运用手中的财富，多做饶益众生之事。②这一方面可以利益社会大众，另一方面也可以为自己积聚善根福德资粮。如《优婆塞戒经》卷七"般若波罗蜜品"中说："能善求财，得已能护。用以道理，如法惠施。"③佛教认为，将多余的财富作布施供养，不仅能利益他人，也是给自己和众生种福田，主要可得三种福田：

"一恩田"，对于父母、师长、和尚、阿阇梨等，于己有恩德之人，能知恩、感恩、报恩，可生福德，如田地之能滋生长养谷物，故称"恩田"。

"二敬田"，对于佛、法、僧三宝恭敬供养，由恭敬而生无量之福，如田生谷物，故称"敬田"。

"三悲田"，以悲愍之心救助贫困，则能得无量之福。因此，有财富要布施供养，种三种福田，福报则生生世世永远享之不尽。

财富的价值就在于流通，满足人们生活需求。佛教倡导崇俭戒奢，并不是将其和吝啬画等号，而是倡导财富的合理分配和良性流通，使本无善恶的财富成为持续助道的资粮。在各种经典中，常提到将财富划作四分使用。如《大乘本生心地观经》中说："一分财宝，常求息利以赡家业；一分财宝，以充随日供给所须；一分财宝，惠施孤独以修当福；一分财宝，拯济宗亲往来宾旅。如是四分曾无断绝，父子相承

---

① 《大正藏》第 35 册，第 639 页上。
② 如《善生经》中就提到非财不取，否则会招致灾患，并列举求取财物的六非道。经云："居士子，求财物者，当知有六非道。云何为六？一曰、种种戏求财物者为非道，二曰、非时行求财物者为非道，三曰、饮酒放逸求财物者为非道，四曰、亲近恶知识求财物者为非道，五曰、常喜伎乐求财物者为非道，六曰、懒惰求财物者为非道。"见《大正藏》第 1 册，第 639 页中。王仲尧对佛教中道圆融的财富观进行讨论，如佛教教义中以"八正道"的方式来看待和处理财富问题：以"正见"（正确的世界观和人生观）看待财富的性质；以"正思"（正确的思维方法和认识方法）揭示财富的作用；以"正语"（正确的语言内容和说话方式）表达对财富的态度；以"正业"（正确的生活方式）处理现有的财富；以"正命"（正当谋生方法，正当职业，正当手段）谋取并获得财富；以"正进"（努力精进，坚持正确的人生目标）创造物质财富和精神财富；以"正念"（忆念和复习正确的认识，巩固正见）培养平常心；以"正定"（在正见指导下修习无漏清净禅定）坚持健康乐观、清净朴素的生活方式。参见氏著：《慈悲喜舍——佛教财富观》，北京：宗教文化出版社，2004 年。
③ 《大正藏》第 24 册，第 1075 页中。

为世家业。"①

（三）崇俭戒奢与庄严佛土

在大乘佛教的教义中，菩萨事业的核心内容是庄严佛土、教化众生。提到庄严佛土，便会让人想起经典中关于各方净土七宝楼阁、黄金铺地、珍禽异兽遍布其中的种种描述，与五浊恶世的贫瘠面貌形成鲜明对比。然而，佛教宣示净土依报庄严的用意，并非为了倡导贪大求奢，而是以净土完善价值的参照系，来比对秽土的残缺与陋劣，令娑婆众生在比较中，生起厌离娑婆、欣求佛土之心；同时，为念佛众生的心性修持，提供一个有效而便捷的方法，所谓"托彼依正，显我自心"，常常以净土庄严景观熏习自心，便可显发我们自心的庄严，即显发我们的佛性，暗合道妙，巧入无生，即凡心而佛心，妙用无尽。

如般若系经典中谈到菩萨摩诃萨的大庄严，谓菩萨住大乘中，以财法二施利益众生：为利益出家向道的众生化现佛身，放大光明照十方世界，震动大地，令众生发心行善法，并为其随顺说法，令得三乘；为利益在家受乐的众生，则化身转轮圣王，变三千世界悉为琉璃，乘七宝车，身放光明，雨诸宝物，随众生所须，皆令充足，然后为其说菩萨法。然而我们必须清楚，菩萨的种种变化庄严，乃是随顺度化的方便手段，"譬如工幻师、若幻师弟子，于四衢道中化作大众，于前须食与食、须饮与饮，乃至种种所须尽给与之"，必须认识到因诸法自相空故，"当知菩萨摩诃萨无大庄严为大庄严"。②

《维摩诘经》卷一中佛对宝积童子说："菩萨随其直心，则能发行……随其方便，则成就众生；随成就众生，则佛土净；随佛土净，则说法净；随说法净，则智慧净；随智慧净，则其心净；随其心净，则一切功德净。是故，宝积！若菩萨欲得净土，

---

① 见《大正藏》第 3 册，第 310 页上。关于财富四分的观点，散见于各种经典中，如《杂阿含经》《优婆塞戒经》中都提到四分财物后，一份用来供养父母妻子的家庭生活；两份用作生产事业的周转资金，以产生更多的财富；还有一份积蓄起来，以备不时之需。

② 《摩诃般若波罗蜜经》卷五"庄严品"中，详细讨论了何谓菩萨摩诃萨大庄严，何等是大庄严？何等菩萨能大庄严？佛为须菩提说："菩萨摩诃萨摩诃衍大庄严，所谓檀那波罗蜜乃至般若波罗蜜庄严，四念处庄严乃至八圣道分，内空庄严乃至无法有法空，十力乃至十八不共法及一切种智庄严，变身如佛庄严。光明遍照三千大千国土，亦照东方如恒河沙等国土，南西北方四维上下亦复如是。三千大千国土六种震动，亦动东方如恒河沙等诸国土，南西北方四维上下亦复如是。是菩萨摩诃萨住檀那波罗蜜摩诃衍大庄严。是三千大千国土变为琉璃，化作转轮圣王，须食与食、须饮与饮，衣服卧具、花香璎珞、捣香泽香、房舍灯烛医药，种种所须尽给与之。与已而为说法，所谓应六波罗蜜。众生闻是法者，终不离六波罗蜜，乃至阿耨多罗三藐三菩提。如是，须菩提！是名菩萨摩诃萨摩诃衍大庄严……"见《大正藏》第 8 册，第 247 页下至 249 页下。另见《大智度论》卷四六，《大正藏》第 25 册，第 391 页中至下。

当净其心；随其心净，则佛土净。"①此处从菩萨发心说至菩萨功德臻满、清净具足，系统描述了菩萨发迹修行、庄严佛土的阶渐，最终落实在"心净则一切功德净""心净则佛土净"上。由此可知，所谓佛土，乃是自性功德所流现，庄严佛土的本质乃是具足成佛功德。故当舍利弗对佛土清净产生疑惑时，佛陀即刻"以足指按地，即时三千大千世界，若干百千珍宝严饰，譬如宝庄严佛无量功德宝庄严土，一切大众叹未曾有，而皆自见坐宝莲华"，并强调"若人心净，便见此土功德庄严"。

佛教的寺院道场形成特殊的宗教空间，就信徒的宗教情感而言，乃是佛国在世间的缩影与呈现，如何建设道场、庄严道场，也是佛教修行的重要事业。百丈禅师《丛林要则二十条》有云："待客以至诚为供养，山门以老旧为庄严。"百丈禅师认为，殿堂老旧的寺院，因有良好的道风和清净的修学环境，才能称为庄严的道场。一座禅林能否成为信众依归的道场，靠的不是规模宏大的寺院建筑和雕栏画栋的种种装饰，而是丛林代代相传的纯正道风，是持戒精严、能够引领信众修学的高僧。国内有很多千年古寺，虽然寺院殿堂古旧，佛像剥落，但信众一进入寺院，就会顿然感受到古寺的清净庄严，原本烦恼的心也一下子欢喜自在了。真正的道场并不在一重重建筑中，而是如维摩诘居士对光严童子所说的那样："菩萨若应诸波罗蜜教化众生，诸有所作，举足下足，当知皆从道场来，住于佛法矣！"②

由太虚大师所倡导的人间佛教思想，进一步强调了"立人之极，建佛之因"的现代菩提道思想。佛国的完成不在他方世界，也不在未来流光，而在当下人间净土的建立，现世人生的庄严。因此，我们应秉持《维摩诘经》中所说"心净土净"之义趣，以菩萨心行去净化我们的现世生活，使它成为美满、幸福、快乐、光明的归宿，成为我们身心得以安住的家园，通过变人间为安隐净土，达到仰止佛陀、人圆佛成之目的。

二、崇俭戒奢与丛林建设

崇俭戒奢不仅是修身进德的基础、修行佛道的根本，也与佛教寺院健康发展与建设密切相关。《禅林宝训》卷三载大慧宗杲语："节俭、放下，乃修身之基，入道之要。历观古人，鲜有不节俭、放下者。"大慧禅师在这里指出，所谓"节俭""放下"，不仅是要对治物欲上的贪求，也要避免对掌控权力的欲望。出家人在物质追求上要避免"游荆楚买毛褥，过浙右求纺丝"这样贪大求奢的举动，而住持寺院的丛林管

---

① 《大正藏》第14册，第538页中至下。参见《注维摩诘经》卷一：肇曰：……净土盖是心之影响耳。夫欲响顺必和其声、欲影端必正其形，此报应之定数也。见《大正藏》第38册，第337页中。

② 《大正藏》第14册，第543页上。

理者,更应避免自恃财力大包大揽的行为,所谓"以一身之资,固欲把揽一院之事,使小人不蒙蔽,纪纲不紊乱,而合至公之论,不亦难乎"?①

(一)禅林清规与寺院管理

佛教在其中国化的过程中不断与时代社会相适应,创造出适合中国本土的寺院管理体系和制度,其中尤以禅宗为集大成者。任继愈在《禅宗与中国文化》一文中指出:"禅宗思想中国化,首先在于它从生活方式和生产方式上中国化。"②邱环认为,禅林清规的制定,农禅制度化的实现,标志着中国特色的僧团管理制度与持戒理念的最终完成,也标志着最具中国特色的禅宗这一宗派的最终确立。③

在寺院管理中,历代祖师或以身作则、谆谆教诲,如《禅林宝训》卷一记载的法演对佛鉴的教导:"住持之要,临众贵在丰盈,处己务从简约。"④另一方面,历代祖师也会从制定规约入手,规范僧团的行为,这体现在历代禅林清规与制度中。自唐五代间,百丈怀海创《禅门规式》,沩山灵祐修《大沩警策》,其后历代禅门继之,各出仪轨。宋代宗赜集《禅苑清规》,元代德辉编《敕修百丈清规》,明清则有《丛林两序须知》《丛林祝白清规科仪》等。历代皆存清规,十方丛林亦各有仪则,都是当时立法、因事制礼。

《禅苑清规》以"受戒""护戒"的章节为起始,对护戒原则,说"财色之祸甚于毒蛇,尤当远离",关于如何办道具,云应"随家丰俭"。⑤《敕修百丈清规》关于寺院中两序执事,对保管物资的职掌大众斋粥的典座,要求"护惜常住不得暴殄";对劝募的化主,要求"其或恒产足用,不必多往干求取厌"。⑥关于各项事务,《幻住庵清规》中,"家风·延纳"一节谈如何待客:"且过虽非广阔,须床榻、荐席、门帘、坐物随宜铺办,茶汤、点心、汤果等礼不可苟简,但随家丰俭。古云:'人情若好,吃水也肥。'在礼不在物也。""名分·知库"一节谈如何惜物:"古人谓'爱惜常住物,如护眼中珠',在日用则名果因,在佗报乃成罪福。凡供众物,如米麦油面酱醋茶盐等,须时时捡举、念念贮藏,防护虫侵,勿令蒸坏。及财帛与所用什物,

---

① 见《大正藏》第48册,第1032页上。同卷亦载"死心悟新"类似观点:"节俭放下最为入道捷径。多见学者,心愤愤口悱悱,孰不欲继踵古人。及观其放下节俭,万中无一,恰似庶俗之家子弟不肯读书要做官人。虽三尺孺子,知其必不能为也。"见《大正藏》第48册,第1030页上。
② 任继愈:《禅宗与中国文化》,《社会科学展现》1988年第2期,第82页。
③ 邱环:《锄下菩提——佛教农禅观》,北京:宗教文化出版社,2007年,第147-148页。另见邱环:《农禅方式与佛教戒律》,《法音》2012年第10期,第49-55页。
④ 见《大正藏》第48册,第1019页中。
⑤ 见《卍续藏》第63册,第523页中。
⑥ 见《敕修百丈清规·两序》"典座"条和"化主"条,《大正藏》第48册,第1132页下至1133页上。

皆随时收拾，勿令弃置。""践履"一节述"佛祖圣贤不可不由之径"，开篇即道："弊襦尘絮随分御寒，藿茹藜餐任知取饱。"是谓衣食皆应节俭，但能御寒取饱即可，不应有更多欲求。① 而清代仪润在《百丈清规证义记》卷七中，有"佛事以精虔为切要，敬客以谦益为供养，门庭以朴实为庄严"②之句，是说：佛事精诚虔敬即可，无需声势浩大；待客谦恭礼让即可，无需铺张排场；门庭朴实即可，无需金碧辉煌。

上文提及，佛教教义中的崇俭戒奢，其核心是通过倡导少欲知足、节俭惜福，使众生能合理使用如法获得的财富，并将其作为福田种子、修行资粮，成就具足功德、庄严佛土的誓愿。禅宗"农禅并重"的制度正是这种生活方式和修行方式的典型代表。清规中有"普请法"的专门条例。"普请"又称"出坡"，乃是普遍邀请大众劳作的制度。"普请"最早可追溯至戒律中佛令鸣犍椎集合众人，去行扫地事。③ 后由四祖道信、五祖弘忍倡行"坐作并重"，亲率弟子参与农耕，此为农禅制度之雏形。开成四年（839）九月二十八日，日僧圆仁入唐巡礼至山东赤山院时，曾亲见"当院始收蔓菁萝卜，院中上座等尽出拣叶；如库头无柴时，院中僧等不论多少，尽出担柴去"的情景，可见在百丈禅师将"普请"作为制度写入清规之前，此制已行于各地。④ 翻阅高僧传记，黄檗开田、沩山摘茶、石霜筛米、云严做鞋，历代禅师以"劈柴担水，无非妙道，行住坐卧，皆在道场"的真心妙用，展现出禅法精神与日常劳作的圆融无碍。又如宋临济巨匠法如禅师在住持云居山真如禅寺时，将农禅并重祖训，结合寺中实践，开示僧众："且道十二时中，向甚么处安身立命？一枝篾侧五千峰外，引水浇蔬五老前。"

崇俭戒奢的相关实践传承至近代，也在寺院建设和僧伽教育领域继续受到重视和推崇。1935年春，太虚大师召集雪窦寺职事茶话，提出以"俭勤诚公"四字作为雪窦寺训。其中"俭"字被列为寺训首条。太虚大师说：

> 第一、俭字，即节俭。去除奢靡的浪费，作为恰当的用度，即是节俭。

---

① 见《卍续藏》第63册，第581页中至584页上。
② 见《卍续藏》第63册，第486页下至487页上。
③ 《释氏要览》卷三："律云：因佛说扫地胜利，时诸老宿比丘皆弃禅诵扫地。佛止曰：'我为知事人说其知事。'又不遍扫，佛令鸣犍椎总集共为之，此普请之始也。"见《大正藏》第54册，第302页中。
④ 普请是普遍邀请寺院所有禅僧劳动，无论尊卑，不分职务高下，一切平等，各尽所能，全面实行"一日不作，一日不食"的农禅生活方式。《敕修百丈清规》卷六"普请"条：普请之法，盖上下均力也。凡安众处有必合资众力而办者，库司先禀住持，次令行者传语首座维那，分付堂司行者报众挂普请牌，仍用小片纸书贴牌上云（某时某处）。或闻木鱼，或闻鼓声，各持绊膊搭左臂上，趋普请处宣力。除守寮直堂老病外，并宜齐赴。当思古人"一日不作，一日不食"之诫。见《大正藏》第48册，第1144页上、中。参见远尘：《清规戒律——佛教丛林观》，北京：宗教文化出版社，2008年，第45-48页。另见邱环：《锄下菩提——佛教农禅观》，北京：宗教文化出版社，2007年，第90页。

出家人必须能节俭，乃能安其淡泊之生活。雪窦山简称雪山，雪山是世尊修苦行之处，若能在此住一年半载的，必是能节省用度，俭朴知足之人。沩山大师警策文云："少求俭用，免逼迫于心田；知足除贪，播馨香于异地。"省俭乃能除贪。希望由诸位实行节俭，影响到本寺大众，再远应他寺、他院，以及全国之僧人民众，实行俭德。能如此，则可挽救现时奢侈之风，而济民困国穷之难矣。①

太虚大师认为，力行节俭不仅关乎个人发展，也与国家社会的经济、文化命运休戚相关，所以大师一生足迹所到之处，多将节俭作为训词。如其之前为世界佛学苑图书馆所写十六字训词：勤以习劳、俭以养廉、诚以存敬、公以持正。② 至大师在雪窦寺立寺训，则又将"俭"字置于"勤"字之前。1943年春季，汉藏教理院在院属金剑山寺兴办一所大雄中学，由法尊法师、李子宽居士、谢铸成等十五人组成校董会，太虚大师任董事长，聘吴子诒为校长，招有学生四百多人。太虚大师又将"俭勤诚公"作为该校校训，并从佛法修证角度对"俭"字作出如下解释：

> 在佛法中最明显的就是戒。戒者，有所不为而后能有所为，即止其所不当为而行其所当为。将不须有的不应有的动作行为戒除，以节省其精神劳力而作应作之事，这是戒，也就是俭。同时，还要以布施、忍辱来帮助。施者舍也，要将不须有之事舍除，如贪欲等，要能舍除就能避免精神的虚耗浪费，在精神上能蓄积俭省，一旦用之于事功上，效力必大。其次忍也能助成俭德，所谓小不忍则乱大谋，一切无谓之斗争皆可从忍而息，以免精神时间无谓的浪费，由贪心起者舍之，由瞋心起忍之。在佛法上说：以戒为主，以施忍为助，乃成俭德。③

无论是古德所提丛林建设的清规戒律，还是近代以太虚大师为代表的僧团领袖以"俭德"作为治寺理政的核心理念，足见崇俭戒奢是汉传佛教丛林建设的核心实践。

（二）玉佛禅寺的崇俭戒奢传统

玉佛禅寺肇自清末，盛于民国，兴于当世，历代祖师亦有俭朴之道风。他们不仅以身作则，厉行节俭，而且尽己所能广作布施，践行利乐有情的济世宏愿。

1943年夏，华北旱灾。7月，上海市佛教会组织上海佛教华北旱灾义赈会，印

---

① 太虚讲，性定记：《雪窦寺训》，《海潮音》第十六卷第四期，1935年，第92-93页。
② 周观仁：《论勤劳俭廉诚敬公正》，《正信》第三卷第十八期，1934年，第2-3页。
③ 太虚讲，尘空记：《俭勤诚公》，《海潮音》第二十五卷第三期，1944年，第2-3页。

发简章，积极劝募。时任玉佛禅寺住持的震华法师在为华北灾民募捐的《早堂劝赈讲话》中，号召常住效仿世尊苦行的精神，节衣缩食，以所节省的钱款赈灾。

> 现在上海各界已经着手组织华北急赈会，如闻兰亭，李思浩，诸居士倡导募赈；同时各机关，各团体，各宗教徒，都是风起云涌，尽力捐输。前天佛教会开会，讨论关于赈灾的问题，当时在会大众对于华北的灾民一致表示无限的同情。凡是与会的都很踊跃承认募若干的款项……本寺担任一万元。因为我到上海的时间很短促，相识太少，所以只能担任这微小数目，假使能够募得多了，那是更好的事情。现在我先将信施供养我的香仪一千元贡献出来，另外外寮各执事以及禅堂学院诸师可以随喜捐助，常住里酌量情形再抽出一点，以期达到认捐的数字。为节省起见 以后我想每天午餐间或改成吃粥或吃面，把这节省下来的款子一齐送到灾赈会上去，我想大众一定都是很赞同的。①

震华法师讲话中特别强调："在这世乱年荒的今日，一切物质生活须力求简单，不宜享受过分。"他号召众僧效仿世尊苦行的精神，勤俭节约以省下钱款赈济灾民。寺中常住纷纷慷慨捐赠，其中包括当时已经退居的远尘法师，在佛学院任教的真禅法师、淦泉法师与求学的隆根法师等。阖寺上下及护法居士人捐总额为11198元，交由上海佛教会转赈华北灾民。玉佛寺另募得药款500元，与仁山、东初及镇江诸山所捐2400元一起交由河南净严法师购药。为进一步支持义赈，震华法师刺血书写《为华北灾民乞命词》，并在其主办的《妙法轮》月刊第一卷第八期中刊载了各位法师旨在劝赈的文章与诗作。上海佛学院全体师生特别组织了劝募游行团，将震华法师刺血所写的《乞命词》印成传单向外散发，并在跑马厅前唱歌、演说，由爱泉、弘慈二法师指导宣传劝募的意义，造成了轰动影响。

1946年，震华法师在《觉群周报》上发表了《佛教经济十二门论》，在第一门"修道资粮论"中，震华法师表示，修行人只需满足日用生活上最低限度的需要，于衣服、饮食、卧具、汤药的四事供养更不须额外索求，"只要发着真实道心，就会感得供养"。只要以修行为第一，少欲知足即安。②

在修行实践中，震华法师也贯彻了这种轻物欲、尚节俭的精神。在他圆寂之后，

---

① 震华讲，寂明录：《早堂劝赈讲话》，《妙法轮》第一卷第八期，1943年，第1—2页。
② 震华：《佛教经济十二门论》，《觉群周报》第20期，1946年，第3—6页。当期刊登的只有"论前大意"和第一门"修道资粮论"全部，在"修道资粮论"末有160字的偈颂作为本门总结。余十一门论法师生前未能写完，仅完成各门偈颂部分。1947年，《觉群周报》第55期特别刊载了《佛教经济十二门论》中其余十一颂遗稿，以纪念震华法师。

有莲庆《痛念亲教震华法师》一篇，其中一段记述了他的行迹：

> 诸山方丈职事，起居服御，间或稍异大众。师虽历主法席，除藉为教学助缘外，不作得天独厚之想。自守简朴，待人接物，尤极温和。玉佛往日道粮垂绝，常以黄面作食，酸苦不堪下咽，常住多因此远去。师唯恨无力改善，从未独作好食。大众出门稍远，许雇车代步。师昼日出门处理寺务教务，阅读著作常在深夜，而上殿过堂、领众焚修，从不间断。其平素生活之规律如此。①

在《佛教经济十二门论》第九门"劝缘安众论"的颂中，震华法师写道："比丘轻外财，向来重内证，两袖清风吹，一肩明月映。"② 他自己的生活，正是这一段颂的实际阐释。

震华法师的法子、玉佛禅寺第十任住持真禅法师也有着这样朴素的道风。时任寒山寺住持性空法师曾在《真禅大和尚圆寂一周年祭》中回忆到：

> 有一次，真师夜车来苏，时寒山寺简贫至甚，我让榻真师，余则就地而眠，欹卧其侧，彼此交谈，颇多获益。晨昏侍候，余见真师有些衣着仍为在焦山时所着之旧装，余率尔便问："何不换新？"真师回言："而今我能回寺，重披缁衣，已属受福不浅；今后修庙，造福社会，在在要钱。吾岂能轻重不分，随便穿用。"余闻真师之言，惭怍之余，自愧不及。③

真禅法师也是我的恩师，我随侍他多年，朝夕相处之间，他的言传身教对我影响深远。虽然兼任着上海玉佛禅寺、静安寺和开封大相国寺的方丈，但他的起居用度非常节约，从不讲究享受，也从不浪费一钱一物。他饮食十分节俭，我们因此常常劝他要多注意营养，多吃一些新鲜蔬菜，或服用一些补品。他总是笑着拒绝，还告诉我们，在1983年重走当年玄奘法师求法之路期间，因为当地没有素食，他一连几天三餐都是用馒头蘸盐将就，也不以为苦。他的衣着也很俭省，许多衣服磨破了依然不舍得换新的。冬天穿的一件黑色长袍因为洗的次数太多，原本的黑色已几近灰色。我们多次劝他买件新的，他坚决不肯，直到圆寂前，也依旧经常穿着。他还有敬惜字纸的习惯，若有人给他来信或发来会议通知，只要纸上尚有一点空白，他都要裁剪下来，放在抽屉里，当作便条纸用，丝毫不浪费财物。而每逢社会福利事

---

① 莲庆：《痛念亲教震华法师》，《觉有情》第十七卷第十七、十八号合刊，1947年，第2–3页。
② 震华：《佛教经济十二门论》，《觉群周报》第55期，1947年，第6–7页。
③ 性空：《真禅大和尚圆寂一周年祭》，原载上海市佛教协会编《真禅法师纪念文集》，上海：华东师范大学出版社，1996年，第118页。

业需要捐助时，他却能救困扶危，仗义疏财。对于他自己的积蓄和弟子们的香仪，也总是布施十方，利益他人。至圆寂时，他以个人名义或代表玉佛禅寺为社会慈善事业捐款总额达到 700 万元以上。

俭朴自励、淡泊明志的玉佛家风代代相传，使寺院成为繁华都市中的一方净土，把人间佛教的精神发扬光大。

三、崇俭戒奢的现实意义

坚持宗教中国化方向，是宗教健康传承的必由之路。在当今时代大力弘扬崇俭戒奢思想，对于进一步推动宗教中国化具有重要的现实意义。一方面，通过弘扬中华民族勤俭节约的优良传统，可以提升公民道德素养，推动形成绿色低碳的消费理念和健康文明的生活方式，促进国家持续发展。另一方面，通过落实崇俭戒奢，佛教界将进一步做好与社会主义社会相适应的工作：对内深化道场道风建设，维护教界清净庄严；对外拓展社会服务效能，发挥好桥梁纽带作用。

对于一个国家来说，崇俭戒奢是促进国家持续发展的动力，是民族永葆青春的秘方。在当今时代，有很多人由于受到拜金主义、享乐主义和奢靡之风的不良影响，养成了挥霍无度的生活习惯。这种扭曲的生活方式，不仅浪费了大量社会资源，还引起整个社会的不满。因此，及时纠正这种不良社会风气，弘扬崇俭戒奢的传统美德，树牢节约意识，养成节约习惯，涵养节俭、节约的品行与修养，有利于提升全体公民道德素养。如果每个人都心忧天下，悲悯他人，这将是国家和民族之大幸。如果我们都能养成崇俭戒奢的良好习惯，我们伟大的祖国将更有前途，民族将更有希望。

宗教活动场所作为教化和凝聚信众的基地，是信教群众心灵的依归，场所管理的优劣和场所形象的好坏，体现了宗教的整体形象。如何把崇俭戒奢落到实处，推进当代寺院建设，我觉得可以从以下几个方面进行思考：

第一，践行崇俭戒奢要求我们回到经典、反思传统。大乘佛法教导人们应学菩萨道、应报四重恩，这四重恩中就广摄父母、师长、国家、社会乃至全人类，而菩萨道中六度、四摄的具体修为，是在深入众生、利乐众生中净化自己，在祥和社会中展现自身的价值。自古以来，寺院的发展离不开十方支持，崇俭戒奢是佛弟子"知恩报恩"的重要实践，也是佛弟子不容推诿的社会责任。宗教教职人员应从内修与外弘两方面着手：既要做到深入经典研究教义，精进自身修行实践，不断提升宗教造诣、文化素养、品格气质和精神境界，也要能够对经典进行符合时代特征的阐释，引导信众了解节俭惜福对个人道德修养、家庭幸福、事业成功、国家富强的重要意义，引导信众服务社会，建设国家，共克时艰。

第二，践行崇俭戒奢要求我们进一步健全规章制度，依法依规管理；强化道风建设，纯洁僧伽队伍，筑牢防腐拒变的制度藩篱。昔日莲池大师曾说，僧人刚出家时，无论其发心大小，总有一段好心，但被因缘名利所染，渐渐迷失初心，埋没一生，所谓"必须重离烦恼之家，再割尘劳之网，是出家以后之出家也。出前之家易，出后之家难"。① 现在，有部分出家人成天忙于寺庙管理和旅游接待，放松了自己的学识修养和宗教修持。僧尼较低的素质和水平与信徒对其较高的期望值形成的反差极大，加强道风建设、培养高素质弘法人才是佛教界需要持续关注的课题，必须常抓不懈。宗教院校担负着培养青年僧才的重任，需要积极提升教育质量，将素质教育、国民教育、宗教学识教育有机统一起来，真正培养出"政治上靠得住，宗教上有造诣，品德上能服众，关键时起作用"的青年僧才。与此同时，对于青年信众的培养也应该提高到同等重要的高度。从而在场所内外形成一股共同的力量，为宗教更好地融入社会、服务社会、净化社会作贡献。

第三，践行崇俭戒奢要求我们进一步拓展寺院的社会功能，将人间佛教精神融入服务社会的实践中，大力开展公益慈善活动，为促进社会和谐贡献一份力量。除了传统的公益慈善活动以外，我们要进一步推动生态环保和心灵环保等利生事业，为推动形成绿色低碳的消费理念和健康文明的生活方式作出佛教界应有的贡献。早在1991年时，真禅法师代表玉佛禅寺发起上海市佛教寺院文明敬香倡议，劝导广大信众"心香一瓣"，只烧一支或三支香。当月上海市佛教协会通过了《文明进香呼吁书》，广为宣传，获得全国各大寺院的响应。2018年我们又在原来的"觉群慈爱功德会"基础上，成立了"上海玉佛禅寺觉群护生功德会"，将更多精力放在护生放生事业上，通过向社会宣传和推广戒杀护生、植树造林、减少污染、健康素食的意义，积极为净化社会人心、促进生态文明建设贡献智慧和力量。

践行崇俭戒奢是佛教中国化进程中需要始终坚持的信念，它为维护佛教清净庄严形象，推进弘法利生事业提供了动力，为构建新时代佛教经济社会功能提供了方向。通过落实崇俭戒奢，推动僧团自治自律，佛教将更好地与社会主义社会相适应，助力宗教中国化进程。

---

① 参见《云栖法汇（选录）》卷十三"出家"条：人初出家，虽志有大小，莫不具一段好心。久之，又为因缘名利所染，遂复营宫室，饰衣服，置田产，畜徒众，多积金帛勤作家缘，与俗无异。经称"一人出家，波旬怖惧"，今若此，波旬可以酌酒相庆矣，好心出家者快须着眼看破！曾见深山中苦行僧，一出山来，被数十个信心男女归依供养，遂埋没一生，况其大者乎？古谓必须重离烦恼之家，再割尘劳之网，是出家以后之出家也。出前之家易，出后之家难，予为此晓夜惶悚。见《嘉兴藏》第33册，第51页下。

怎样认识"佛教中国化"

黄夏年　中国社会科学院世界宗教研究所

一、坚持"宗教中国化"方向

宗教中国化是我国宗教必须坚持和发展的方向,也是中国政府所提出和倡导的。中国宗教界人士,要认真意识到中国化是大事,因为它是关系到中国宗教未来发展的根本大事。

"宗教中国化"这个题目在中国宗教史上始终是存在的,而且从来就没有中断过。自从佛教传入中国以后,中国大地就开始了佛教中国化,虽然规模有大小,层次有高有低,人数有多有少。但是这些不重要,因为它表示的是佛教传播的正能量。很多佛教徒听说古老东方有一个大国,不仅有众多的人、众多的市场、更多的金银财宝,还有古老的伦理文化,引起他们的极大兴趣,于是从西方来到中国的传教士和僧人成千上万。因为佛教,丝绸之路进一步增添了文化含量,丰富了文化交流的重要功能。总之,随着中外之间贸易交流,中外文化交流开始了,这是丝绸商路的重大转折点,是中外交流的巨大契机。商品是固定的,人员是流动的,观念是交流的,文化是创造的,佛教是信仰的,伴随着各种不同的产品与佛教文化的相互流传,各个地方都在观察与考验这些不同宗教。凡是有正能量、能够让人接受,并认为能提高宗教神圣性,并且带来了历史文化经验知识与有文字的经典,这种宗教就是最受欢迎的、也是大家要研究探讨的素材。

佛教是中国历史上中国化进程最早、最彻底的宗教,对中国民众生活、文化发展和社会进步起到了不容忽视的积极作用。印度佛教对中国佛教产生全面影响,中国佛教徒又将中国思想融入其中,例如中国佛教将儒家孝道思想纳入佛教里面,宋代契嵩和尚就提出佛家五戒与中国儒家五常相通,佛教与儒道二教发生碰撞与互融,中国佛教最终成为中国传统文化的组成部分之一。2019年中国佛教协会发布《坚持佛教中国化方向五年工作规划纲要（2019-2023）》指出:"坚持佛教中国化方向,关系着我国佛教今后的发展方向与前途命运,关系着中国佛教的政治面貌与精神风貌,具有重大的现实意义和历史意义。"强调:"今天,坚持佛教中国化方向,不是已经完成的历史,而是当前和今后我国佛教传承发展的时代大势与前进方向,是一个伴随着时代进步与社会发展而不断发展、不断深入的历史进程。在中国特色社会主义新时代，如何汲取我国古代佛教中国化的宝贵经验，坚持我国佛教中国化方向，使佛教更好地与社会主义社会相适应，是摆在全国佛教界面前的重大时代课题。"①

"佛教中国化"是正能量行为。我们不要小看在中国佛教身上发生的"佛教中国化"，以及生成的中国思想界创新与中国思想文化界的吸收与理解，特别是译经活动，是中国对外文化中交流最重要的文化行为，大量外国文化知识传入我国，给我国知识界增添了丰富学识，中国人也因为有了外来的译经文化，文化更丰富，所以"佛教中国化"既是中国传统文化吸收外来文化的重要途径，又是外来的宗教融入中国社会的必要措施，佛教所起到"中国化"示范作用的历史经验值得重视，"新时代坚持佛教中国化方向，就是以社会主义核心价值观为引领，弘扬中华民族优良传统，培育践行团结进步、和平宽容等理念，发扬中国佛教优良传统，传承发展具有中国特色的佛教文化，在保持佛教基本信仰、核心教义、礼仪制度的同时，深入挖掘教义教规中有利于社会和谐、时代进步、健康文明的内容，对教规教义做出符合当代中国发展进步要求、符合中华优秀传统文化的阐释，建设具有新时代中国特色的佛教思想体系、制度体系、教育体系和佛教文化，使佛教更好地与社会主义社会相适应，更好地发挥积极作用，团结我国各民族佛教徒积极投身改革开放和社会主义现代化建设，为实现'两个一百年'奋斗目标和中华民族伟大复兴的中国梦贡献力量"。②

总之，"宗教的中国化"不是一句简单的口号，也不能只被理解成让外来的宗教成为中国宗教这样简单的问题，它含有很多的意蕴，有很大的范围，对未来的宗教发展至关重要，也是中国宗教走上现代化的契机。历史证明，中国佛教要发展一要适应社会的发展，二要有自觉的政治认同，三要融入传统文化，有了这三个根本认识，佛教才能在中国得到发展，才能完成自己的身份转换。

二、怎样认识"佛教中国化"

"宗教中国化"原义就是要让外来的宗教变成我们中国人的宗教，让外来的宗教彻底为中国人民服务。中国政府提出"宗教中国化"在政治上要自觉认同，这是坚持中国化的前提，主要反映在政教关系方面；在文化上要"自觉融合"，有了文化自觉，外来的宗教就会走向了融合道路，进入新境界；在做法上要自觉适应社会，不断地调整自己，发扬"契理契机"的精神，尽可能走与社会相适应的道路，体现了"与

---

① 2019年中国佛教协会发布《坚持佛教中国化方向五年工作规划纲要（2019–2023）》。
② 2019年中国佛教协会发布《坚持佛教中国化方向五年工作规划纲要（2019–2023）》。

时俱进"的品质。中国佛教协会《坚持佛教中国化方向五年工作规划纲要（2019–2023）》对政府提出的要求作了很好的说明：

> 本会要引领全国三大语系各民族佛教徒，不断坚定中国特色社会主义道路自信、理论自信、制度自信、文化自信，实现增强政治认同更加自觉、融入中华文化更加自觉、适应社会发展更加自觉，从而真正适应我国社会制度、社会道德和社会文化。
>
> ——增强政治认同更加自觉。拥护中国共产党，拥护社会主义制度，坚持走中国特色社会主义道路，自觉学习习近平新时代中国特色社会主义思想，深化对党和国家的政治认同、思想认同、情感认同，始终与党在思想上同心同德、在目标上同心同向、在行动上同心同行。
>
> ——融入中华文化更加自觉。自觉传承发展具有中国特色的佛教文化，传承弘扬中华优秀传统文化，主动适应社会主义先进文化，创造具有新时代中国特色的佛教文化。在佛教思想、制度、文化、活动等方面体现中国风格，更加全面深入地融入中华文化。
>
> ——适应社会发展更加自觉。自觉顺应社会发展要求，牢固树立国家意识、公民意识、法律意识和法治观念，维护宪法和法律权威，遵守和维护社会道德和公序良俗，在法律法规范围内开展宗教活动。主动服务社会，积极参与公益慈善活动，投身社会主义现代化建设，为促进经济社会发展作贡献。履行社会责任，坚决抵制违规违法宗教活动，维护民族团结、社会稳定，维护祖国统一、国家安全。

"宗教中国化"是宗教发展的问题，现代中国，宗教也是组成社会的重要部分之一，宗教的发展必然会牵涉到当代中国佛教发展问题。印度佛教在一千年前就已经衰亡了，佛教在中国则有两千年的历史了，虽然佛教在中国诸宗教里是"中国化"程度较高的宗教，但是由于佛教受到中国传统社会思想文化的影响，宗族社会的传统理念使中国佛教能够保持超稳定结构，到现在中国佛教宗脉传承与寺院管理传统等还没有大的改变。另一方面佛教毕竟与社会保持一定距离，其对社会起到最大影响仍然是对信徒精神信仰与心理的影响。佛教即使已拥有很高程度的中国化元素，但是在当今中国市场经济社会里面，变化进程缓慢，与正在高速发展变化的社会保持了一定的差距，这个差距在二十年左右，新时代的中国佛教所要面对的，已经不再是农业文明时代的儒道文化、礼乐制度、宗法社会，也不是太虚大师所面临的现代工业文明的侵袭，而是高科技时代、互联网时代、后工业时代、全球化时代。在这个新时代，中国社会的主要矛盾已经转化为人民日益增长的美好生活需要和不平衡、不充分发展之间的矛盾，西方文明也开始向东方文明寻求智慧启迪。佛教怎样适应新时代中国社会的发展需要？怎样回应世界文明重构的人类诉求？这些重大时代命题要求中国佛教立足新的历史方位，展开新一轮的中国化进程，让中国佛教的现代转型与中国社会的全面发展保持同步，助力中华民族早日圆成中国梦、启迪人类文明走向新格局。

"宗教中国化"，包含了佛教中国化的命题。政治认同是佛教坚持中国化的前提，主要反映在政教关系方面。政教关系是世界宗教史上的重要内容，也是调整世俗社会与出世宗教关系的主要方式之一。将宗教教职人员纳入政府体制下进行管理，这是中国政府根据中国社会实际情况而做出的创造，对中国政教关系的定位起到保障作用，影响了后来千余年的佛教发展。

佛教从进入中国那一刻开始，就与中国政治发生密切互动关系。东晋道安法师提出"不依国主，则法事难立"[1]的主张，明确宣称佛法要依靠世法才能传布。后秦译经大师鸠摩罗什在凉州被阻，进不了内地，只好替统治者算命。北魏法果法师每言太祖拓跋珪明睿好道，即是当今如来，沙门宜应尽礼，遂常致拜。又对人说："能鸿（弘）道者人主也，我非拜天子，乃是礼佛耳。"[2]将统治者看作是佛（如来），这是对神权与皇权作了统一的调适，也是佛教"烦恼即菩提"理论的灵活运用。

作为佛教中国化的前提，政治认同对于佛教界在中国佛教土壤中生存尤其重要。东晋道安法师说的"不依国主，则法事难立"早就阐明了中国佛教界要自觉努力地主动与政府对接，与政府保持高度的一致，发挥自己的正能量。历代大多数佛教界人士都主张佛教可以与国家政治保持一致，可以为国家的安定与民族团结做出应有贡献。太虚大师特别注意到佛教和政治体制之间的适应关系，认为佛教在不同的政治体制下，都要进行不同形式的适应，具体地说，就是"但佛法之流行于世间，以众生世界为依止，故往往因时、因地、因人而不同。今中国之政教，既有时代之变迁，而佛教亦应随之而一变其往时之习惯，始能适应社会而生存发达"。[3] 在这个思维下，中国佛教界一直自觉地将自己的命运与国运和民族的未来紧紧地绑在一起，每逢国家利益和民族命运受到威胁的时候，佛教徒都要主动挺身而出，旗帜鲜明地亮出自己的观点，以实际行动来捍卫国家与民族。例如，明代少林寺组成僧兵，击退进犯的倭寇，保卫海疆平安。当代抗日战争爆发，中国佛教界积极投入到挽救国家危机的正义斗争，太虚大师号召全国佛教徒，"一、恳切修持佛法，以祈祷侵略国止息

---

[1] 《出三藏记集》卷十五，《大正藏》第55卷，第108页。
[2] 魏收：《魏书》卷114《释老志》，北京：中华书局，1974年，第3031页。
[3] 太虚：《建设适应时代之中国佛教》，《太虚大师全集》第十篇"学行"。

凶暴，克保人类平和。二、于政府统一指挥之下，准备奋勇护国。三、练习后防工作，如救护伤兵、收容难民、掩埋死亡、维持秩序、灌输民众防空防毒等战时常识诸项，各各随宜，尽力为要！"①上海"八一三"抗击日本侵略的战斗打响，佛教界明确提出："凡是中国人，当然爱中国，所以中国佛教徒，不论僧俗，都爱中国。"②中国开始进入全面抗战阶段，僧人指出："时至今日，多难兴邦，中国国民已能深知自己民族的本身之最后危险，故今日中国不仅政治上统一，一切都要统一化，最可宝贵者，为各界同胞之精神上的统一，故今日中国政府之巩固与权威，乃空前之所不能有，此皆全国国民心理统一之所铸成也。"③许多僧人已经看出，日本侵略中国，是"按其有预定之步骤，施其有组织之计划，意图鲸吞华北，进而蚕食东南。实行其大陆政策，完成其整个侵略，其心可诛，其肉可食。榆关既陷，平津危殆，民族存亡，系于一发。凡我中华民族，应奋起而执戈或杀身以成仁，或舍生而取义，为民族争生存，为国家保领土，此其时也"。④为了国土的完整，在民族危亡之际，佛教提出："我们现在有个口号：'汉贼不两立！''汉'就是我们中国，'贼'就是日本，这口号的意思，就是说中国与日本永远万世子孙都不能站在一起的。因为日本在近百年来，压逼我中国、逼害我同胞的事件太多了，我们中国人民蒙受的奇耻大辱太深了，这种仇恨，永远不会忘失……"⑤

在封建社会，不管是"佛"还是"天"，都是人为设置的尊上神，佛教徒既为佛的弟子、天的子民，就要发挥"佛天慈好之心"，为民祈祷，变祸为福。在社会主义社会，强调"佛教中国化"在"政治上的自觉认同"，就是要佛教界保持清醒的政治头脑，与党和政府保持一致，拥护中国共产党的领导，配合政府的工作，带领广大信众建设美好的国家，完成"佛教中国化"，真正做到"政治上的自觉认同"。

宗教也是一种文化，而且是人类精神活动最早的形式之一。人类对世界的认识一直不能穷尽，许多民族都以宗教文化作为本民族的精神所衣之一，并发展成民族文化。已故的中国佛教协会会长赵朴初居士说："我看中国传统文化也应包括佛教文化在内。现在有一种偏见，一提中国传统文化似乎只是儒家文化一家，完全抹煞了佛教文化在中国传统文化中的地位，抹煞了佛教徒对中国文化的贡献。这是不公

---

① 1937年"七七事变"后，佛教领袖太虚大师即由庐山发出电文，呼吁国内外佛弟子同赴国难。此为电文之主要内容。
② 《我们对于日本佛教的态度》，《海潮音》第十七卷第十二号，1936年12月15日出版。
③ 法舫：《我们对于日本佛教的态度》《法舫文集》第五集，第31-33页。
④ 谛闻：《为抗日救国告全国僧界书》，《谛闻影尘集》。
⑤ 乐观：《卫国与护教——在滇边特区佛联会佛教学校开学典礼席上讲》，载《奋迅集》，上海护国禅院1947年元月版，第52页。

平的，也是不符合历史实际的。"① 佛教是印度传来的外来宗教文化，传入中国，首先是以宗教文化为载体而开始立足，当时人们并没有看重佛教的神祇造像，而是对它的清净无欲思想文化产生浓厚的兴趣，将佛教看作是道家无为方术之一，愿意加以研习。东汉楚王刘英是最早接受佛教的信徒，在他的眼里佛教是黄老术中的一种，以清虚无为、不杀去欲为特点，可见佛教最初进入中国就是以文化的面貌而被人们接受，显示出佛教的中国化首先是文化的吸收，然后再是宗教的崇拜之特点。

赵朴初会长说过："佛教在发展社会主义的民族新文化过程中还有没有作用？人类文化发展是一个连续不断的过程，传统文化和现代文化不可能完全割断。我们要汲取传统文化中一切有价值的精华来充实发展社会主义的民族新文化，中国传统文化也包括佛教文化在内。"② 中国是一个开放国家，从汉代开始就已经与域外发生密切文化交流，丝绸之路的商贸活动带动了文化交流的全面开展，通过陆路和海路两大丝路，世界主要宗教与文化形态都先后传入过我国，其中佛教占有绝对的优势。从东汉到唐代的六百余年的时间，印度来华传送佛教文化的僧人达一百七十多位，他们在中国翻译了五千多卷佛经，为中国文化的繁荣做出了巨大贡献。在翻译印度佛教的经典中，中国佛教徒发挥了重要的作用。他们用自己的知识，参正润色，说明分析，使经文达到上乘水平。中国佛教徒自觉地将印度佛教的理论教义与中国社会的实践结合起来，选择那些对中国文化有帮助，能够提升中国文化，促进中国文化发展的一些思想理论和教义，又将这些教义理论做进一步的改造，让它们适应中国社会的发展，并传播到域外，使中国成为佛教的第二故乡。

坚持为人民服务、为社会主义服务，坚持百花齐放、百家争鸣，坚持创造性转化、创新性发展，努力挖掘宝贵文化遗产中的积极因素，挖掘宗教思想文化里有益于当代社会的教义理论和宗教道德，发扬创新文化的理念，将两千年来佛教的精髓，通过文化更新的手段，让传统佛教思想在新的时代绽放出新的光芒，自觉融入社会主义精神文明建设之中，以社会主义核心价值观为引领。

"坚持佛教中国化方向的指导思想是，政治上，高举爱国爱教旗帜，以习近平新时代中国特色社会主义思想为指导，全面贯彻党的十九大精神，全面贯彻习近平总书记关于宗教工作的重要论述，全面贯彻党的宗教工作基本方针，全面贯彻党中央关于宗教工作的重大决策部署，确保推进佛教中国化工作始终沿着正确的政治方向前进；宗教上，坚持以戒为师、以法为依、正信正行，坚持以佛法僧三宝为信仰核心、以经律论三藏为经典依据、以戒定慧三学为学修纲领，坚持清净庄严的佛教本色，

---

① 赵朴初：《佛教与中国文化的关系》，载《赵朴初文集》，北京：华文出版社，2007年，第801页。
② 赵朴初：《要研究佛教对中国文化的影响》，载《赵朴初文集》，北京：华文出版社，2007年，第799页。

在保持佛教基本信仰、核心教义、礼仪制度的同时，深入挖掘和阐释教义教规中有利于社会和谐、时代进步、健康文明等符合当代中国发展进步要求、符合中华优秀传统文化的内容，在适应时代进步的过程中全面加强和创新佛教自身建设，持续推动中国佛教现代转型，自觉抵制将佛教世俗化、庸俗化、商业化的错误倾向，契理契机发挥佛教积极作用，不断增强佛教界坚持中国化方向的理论自觉、思想自觉和行动自觉。"① 佛教是中国历史上中国化进程最早、最彻底的宗教，对中国民众生活、文化发展和社会进步起到了不容忽视的积极作用。立足于区域佛教历史及文化，以点带面地剖析佛教中国化的进程及特点，为佛教更好地服务于当前社会提供资鉴，是佛教界义不容辞的责任和使命。在相当一部分民众信教的民族地区，宗教对促进或阻碍社会的发展更是显而易见。中国宗教之所以能够长期发展不衰，其重要的原因是人们有这个心理需求，另一方面也因为中国的宗教能够始终不断地调整自己，尽可能走与社会相适应的道路，体现了"与时俱进"的品质。佛教是中国化进程最早、最彻底的中国宗教，它之所以能够取得如此成功，其最重要的就是佛教始终在不断地调整，不断地与社会发生相适应的互动，最后与整个社会相融。佛教强调契机契理，"契机"是要善于利用机会和抓住机会，"契理"是要让佛教的义理适应社会，进入人心，中国的佛教徒继承佛陀的"契理契机"的精神，把它发扬光大，自觉适应社会，与社会发展同步，为当代中国佛教做出新的贡献。

---

① 2019 年中国佛教协会发布《坚持佛教中国化方向五年工作规划纲要（2019—2023）》。

再论佛教中国化的向度及其时代性、民族性问题
——兼论新时代佛教中国化的核心意涵

唐忠毛　华东师范大学社会发展学院

内容提要：佛教中国化既是一个漫长的历史进程，同时也是一个常说常新的学术话题，当下的教界、政界、学界也一直在不断地讨论这个话题。由于语境的不同，这个话题本身或多或少也带来一些混乱与错解。应该说，我们当下讨论的新时代的佛教中国化有着明确的时代性与现实性语境，这和学界之前熟悉的历史视域（佛教史视域）中的佛教中国化有所不同，不能单纯地从历史上的佛教中国化视野去理解它。当然，某种意义上只有厘清佛教史视野中的佛教中国化不同向度的特点与规律性，我们才能更好地理解新时代佛教中国化的核心意涵，才能更好地明确当代佛教中国化不同主体的行动逻辑，避免各方主体对新时代佛教中国化产生泛化理解与庸俗化理解。

关键词：佛教中国化；时代性；民族性

从整个中国佛教史的视野来看，佛教中国化是一个大命题，它伴随着佛教在中国的整个传播发展过程。历史视域中的佛教中国化向度，主要包括思想层面的中国化、制度层面的中国化以及实践层面的中国化，这三个层面的中国化相互影响从而形成系统性、信仰生态性转化的中国化佛教与中国化佛教文化。这不同层面的佛教中国化向度也有其不同的特点、规律性与主体性关系。其中，思想层面的中国化是佛教中国化最内核的部分，它在一个漫长的时间跨度内碰撞融合渐次完成，其核心主体是佛教知识分子与本土思想家之间的互动、碰撞与融合，其时间跨度，从两汉之际佛教传入中国开始，至唐宋时期初步完成。其代表性的成果就是慧能在吸收儒道思想后创造性地建构了中国化的南宗禅，而宋代的三教会通，特别是阳明心学则是援禅入儒式的佛教思想中国化的在儒学思想中的另一种体现。

制度层面的中国化呈现出佛教内部的戒律与丛林制度中国化转变，以及外部政教关系层面的调适与互动，前者的主体是佛教僧人领袖，后者主体是佛教信仰主体

与官方意识形态和社会制度之间的互动。如,魏晋时期的庐山慧远的"沙门不敬王者论"、唐代百丈怀海的"百丈清规"禅门制度,以及儒家宗法制度对佛教制度的影响等。此外,不同时代的佛教信仰与官方意识形态及国家制度之间的互动,则具有非常明显的时代性特征。

实践层面的中国化则与佛教日常信仰生活密切相关,并深受民间文化与民俗文化传统的影响,其主体是佛教日常信仰生活。实际上,这个层面的中国化影响中国佛教应该是最深的。比如像西方的一些学者高延(Degrrot)、葛兰言等,他们对中国宗教的理解就不同于韦伯,他们认为真正意义上的中国宗教并不是韦伯强调重视的制度化宗教,而是民间民俗化之后并在日常生活中仪式化实践的宗教。佛教信仰实践层面的中国化,包括节日仪式的中国化与佛教信仰的在地化叙事建构。节日方面如盂兰盆会,各种佛教法会、庙会等佛教仪式以及民间佛教宝卷都融合了佛教节日与中国民间民俗化的传统仪式,并通过仪式将中国本土的伦理观念与祭祀方式等融入其中。

此外,佛教信仰实践中国化的另一个重要层面是地方化的叙事信仰建构,把遥远的信仰与佛教人物在地化,同时也中国化、民族化。佛教的四大名山与四大菩萨信仰都经历了一个中国化、民族化与在地化的过程,这一过程的建构策略主要是通过"叙事与灵验"得以实现的。其中,观音信仰的中国地方化信仰叙事最典型,可以说在中国很多村庄都有在地化的观音信仰与观音灵验叙事。

地藏菩萨的本土化叙事与中国化叙事,也建构了典型的中国特色的地藏信仰系统。事实上,地藏信仰传入中国的时间,学界众说纷纭,观点从3世纪至5世纪前后,时间差距很大。应该说,地藏名号在三国时期已经传入中国。曹魏时期翻译的《罗摩伽经》最早提及地藏经典,但其信仰经典较早见于北齐天保九年(558)翻译的《须弥藏经》。至迟在6世纪中叶,地藏信仰已经进入中国。[①] 地藏信仰的基本经典是《大方广十轮经》《地藏菩萨本愿经》,以及《占察善恶业报经》等,虽然后两部存在真伪的争议,但二者对地藏信仰的中国化影响更深刻。在隋唐时期的三阶教,由于流行末法思想,宣传五浊恶世应以释迦牟尼佛、地藏菩萨为上首得以拯救,加速了地藏信仰的中国化发展。

地藏形象的中国化和观音信仰的中国化一样,也经历了中国话语的叙事,并完成地藏道场的中国化。首先是和中国民间孝道伦理传统的结合。《地藏菩萨本愿经》中有四则地藏本生故事,其中婆罗门女和光目女救母的故事极大地符合中国传统的

---

① 尹富:《地藏菩萨及其信仰传入中国时代考》,《四川大学学报》(哲学社会科学版)2006年第2期,第63–70页。

孝道思想，在民众当中引发共鸣，有力地推进了地藏信仰的中国化，明代蕅益智旭和近代印光和尚都称赞此经的孝道，其对民众信仰的重要影响体现在两个方面：其一，光目女地狱救母与目连救母类似，同为孝道的佛教表达，加之民间中元节、盂兰盆节为救度祖先和孤魂野鬼，于是在后世地藏诞辰之日也有地方举办盂兰盆会，民间甚至说目连死后为地藏。其二，地藏本生故事成为一个原素材，成为之后各种中国化叙事的母本，后世围绕地藏的传说、宝卷、杂剧等应运而生，如明清时期的《三世光目卷》、两部《地藏宝卷》及元杂剧《地藏王证东窗事犯》《占察善恶业报经》等。到了17世纪的明代，蕅益智旭为《占察善恶业报经》作了"义疏"和行法，并以民间选佛游戏的形式表现出来。

地藏信仰的本生类故事传播的孝道观念增进了民间的认同，而灵验故事则增进了地藏的信仰程度。但占据民众信仰的比重最大的还是流传于民间的地藏灵验故事。围绕"地狱"核心的地藏信仰叙事，是其地藏信仰中国化的突出特点。

当然，真正中国化的"地藏菩萨"形象建构，乃是"金地藏"与"九华山"地藏道场的中国化叙事。中国化的叙事成就了九华山成为地藏菩萨的道场（菩萨信仰的中国化——加上菩萨道场的中国化，四大名山都是如此），使得在明清时期，九华山地藏道场的地位得到了进一步的巩固。同观音信仰的中国化一样，地藏道场的确立，是其中国化的重要标志。地藏菩萨作为地狱拯救者的形象，进入中国后和中国本土的地狱鬼神信仰结合起来形成了中国化的地狱观念与神鬼信仰。与此同时，地藏信仰还大量进入民间的民俗活动之中，与民众的日常生活密切关联，九华山络绎不绝的朝山香客来自各个阶层——地藏信仰的中国化，这是信仰实践层面的佛教中国化。

除了从思想、制度、实践三个层面来理解佛教中国化，方立天先生曾将佛教史视野中的佛教中国化特征概括为"民族化""地域化""时代化"三层含义。张志刚教授也对佛教中国化的概念进行过讨论，并提出了"世界史视野中的佛教中国化"的问题。从一个外来宗教在中国传播的视角来看，所谓民族化是指印度佛教传入中土后与中国各民族的文化心理、历史传统相结合，形成具体不同民族气派、形式、性格和特征的佛教。包括汉、藏、南传上座部佛教。所谓地域性，是指佛教传入中土后在中国不同自然环境、文化环境（地域习俗、文化心理不同）以及前者影响下的政治环境（政治环境在地域上的分布关系、南北、中心与边缘）而形成的地域性色彩，它丰富了佛教中国化的内涵。佛教的时代化，是指佛教在传播过程中要与当时代的现实需要和时代特征相结合。

从这三个特征与向度来看，今天我们讨论的新时代的佛教中国化，其鲜明特征就是时代性与民族性问题。时代性的问题与现实性问题密切关联，佛教之所以要时代化，是因为历史是不断发展的，不同时代都为佛教带来不同的挑战和机遇，不同时代都有属于不同时代的主题，不同时代有不同的时代主流思潮，这些都会影响着这个时代的佛教发展取向，要求佛教做出适应时代的回应。不同时代佛教主体的活动重点也是不同的，具有其鲜明的时代性特征。新时期以来，面对国内国际环境与社会生活的变迁，我国宗教问题与经济、政治、民族、意识形态，以及中华民族的复兴愿景等诸多问题日益交织在一起。在这个大背景下，党和政府重视并提出了新时代的"佛教中国化"的命题。因此，要深入理解当下的佛教中国化内涵，首先要领会佛教中国化的"时代性"背后的现实蕴涵。

佛教史视野中的佛教中国化是一个系统的学术概念，它是我们全面系统了解佛教中国化的基础。那么，新时代佛教中国化的核心语境，主要是围绕政教关系层面以及民族性层面的佛教中国化。新时代宗教中国化是2016年提出的，其核心是引导佛教的"价值认同"——引导佛教界以社会主义核心价值观为引领，对伟大祖国、中华民族、中华文化、中国共产党、中国特色社会主义的认同，从而在价值认同基础上形成新时代的中国佛教的思想、制度与实践。其中，佛教的爱国主义、中华民族认同以及对共产党与社会主义社会的认同等都是其中的应有之义。

新时代佛教中国化有着鲜明的时代性背景与现实关切。大的方面讲，包括中国特色社会主义制度背景、中国社会特定发展阶段背景、中华民族伟大复兴愿景以及复杂的国内外政治形势背景。这在佛教主体而言，也是要达成佛教与社会主义社会相适应的当代佛教中国化，以及在此基础上的佛教现代化。

从政教关系的而言，中国共产党及中国社会主义制度自其建立以来，就在不断建构其政教关系层面的政教协调逻辑。虽然不同历史时期（建党之初、土地革命、抗日战争、解放战争、新中国成立初期、"文革"、改革开放、当代新时代）我党与政府的宗教政策有调整，但大的意识形态与协调逻辑基本是清晰一贯的（"文革"除外）。笔者认为这段历史对于国家宗教管理部门的各级领导来说，这一点非常重要。长期以来，"宗教信仰自由"与宗教"五性论"是我党制定宗教政策的基石，这个基石笔者认为应该也是新时代佛教中国化的基础，新时代的围绕价值认同的宗教与社会主义社会相适应，也不能抛弃这个基础。这个基石事实上集中了各代共产党人的集体智慧。关于宗教信仰自由的深刻理解始自建党之初，党的早期领导人陈独秀、李大钊以及一些马克思主义理论工作者，对宗教的起源、本质、特点、作用等作过探讨与研究。1922年，中国共产党创办的第一个公开发行的中央机关报《向导》发刊词就指出：言论、集会、结社、出版、宗教信仰这几项自由权利，是近代民主政治的精髓,对于一般国民尤其是全国市民,"已经是生活必需品,不是奢侈品了"。① 其中,宗教信仰成为生活必需品说明宗教在人们的日常生活中有重要的影响,这也反映出中国共产党自诞生后不久就开始重视宗教信仰自由问题。1927年,毛主席在《湖南农民运动考察报告》中就农民宗教信仰问题指出:"菩萨是农民立起来的……无须旁人过早地(越俎)代庖丢菩萨。"② 这也反映毛主席早就尊重农民的宗教信仰自由。虽然共产党人是无神论者,但对待宗教问题从来不用行政命令粗暴干预,这是党的优良传统。此后,党对宗教信仰自由政策逐步完善,并从宪法和法律上保障了宗教信仰自由。当然,宗教信仰自由是有度的,宗教信仰者的权利与义务也是清晰规定的。所谓宗教"五性论",即指宗教的长期性、群众性、民族性、复杂性和国际性。宗教"五性论"是中国共产党对我国宗教问题的深度概括,它既是我党制定宗教政策的理论指南,同时也代表了党对宗教问题的认识水平与认识态度。宗教"五性论"的形成与发展经历了中国特定的历史时期,既受到马克思主义宗教观的深刻影响,也与中华民族与宗教的特殊历史经验紧密相关。

新时代的佛教中国化有着明确的时代性与现实性,但这并不意味佛教史视野下的佛教中国化对此毫无启发,相反,笔者认为,某种意义上只有厘清佛教史视野的佛教中国化不同向度的特点与规律性,以及明了中国共产党宗教政策一贯的核心逻辑与理论基础,才能更好地明确新时代佛教中国化的核心意涵,才能更好地明确当代佛教中国化不同主体的行动逻辑,避免各方主体对新时代佛教中国化产生泛化理解与庸俗化理解。结合当前的现实情况,笔者以为当前各方主体——教界、政界、学界在对新时代佛教中国化的深入理解基础上,应明确各自主体的行动逻辑。

对于教界而言,面对新时代佛教中国化,究竟如何应对与行动?笔者认为,可能要注意处理以下的一些问题。

其一,还是要在教言教,要有发展的佛教观意识,不能无视社会时代的变化。在教言教,就是要加强佛学造诣,讲政治但不能错乱身份。作为僧人不一定要满口政治口号,而是要把政治、价值观引导融会贯通在佛理之中,契理契机地把价值认同与教义诠释融合起来,这才有说服力,有助于信众接受。要做到这一点,还是要加强宗教修为。在这方面,赵朴初先生是一个好的典范,赵朴老他是讲政治的,但他的发言总是从佛教义理出发,国家认同、文化认同、民族认同、社会主义价值观认同,也不是政治口号化。而是要把政治与价值观融会其中,以契理契机的形式表

---

① 中共中央文献研究室:《建党以来重要文献选编》第一册,北京:中央文献出版社,2011年,第179页。
② 毛泽东:《毛泽东选集》第一卷,北京:人民出版社,1991年,第33页。

达出来，这是僧人本位的表达方式。口号化的形式主义，从长期来看必将弊大于利，既不利于佛教自身的发展，也不利于当代佛教中国化的真正推进。

其二，要有清晰的政教关系意识与法律意识。在政教分离的原则下，教界不干涉政治，但不是不讲政治不懂法律。特别是不能出现将佛教信仰与佛教的义理诠释与国家的政治、法律、民族等对立起来。如不久前的南京玄奘寺的事件，多少也涉及这方面的问题。信仰不能超越、凌驾于现实社会之上，更不能无视法律、民族利益、民族情感、民族认同，这正是新时代佛教中国化所强调的。宗教活动应当在法律法规规定范围内开展，不得损害公民身体健康，不得违背公序良俗，不得干涉教育、司法、行政职能和社会生活。

其三，要清晰公民与信徒身份的界限，以及信仰的私人领域与信仰的公共领域的界限。现代社会的佛教信徒没有超越于现实社会的身份，他首先是在法律规范与法律保护下的公民身份，再是信徒的身份，这两个身份的界限。就是不能用信徒的身份去超越公民的身份。佛教的信仰私领域与公领域，作为个人信仰者身份的行为，与作为公共领域、公共空间中的行为也是有区别的，不能混乱自己的身份。

对于政界而言。首先，应该保持政教关系的良性互动，不能简单地用行政命令，强制性地从事政教管理工作。宗教信仰自由、宗教"五性论"是我党长期以来实践证明是处理政教关系的基础，政教管理者更需要学习党史，深刻理解党的宗教理论与政教关系逻辑。这一点，新时代宗教中国化中也应该强调。其次，新时代宗教中国化，笔者认为新时代佛教中国化的实践中也要尊重佛教的中国化不同层面的特点与规律性，比如信仰实践的佛教中国化往往与民俗化、日常生活化关系密切，是信众在长时间内形成的，涉及这方面还是重在引导，不可简单粗暴干涉。此外，如何处理好行政管理与僧人自我管理的关系，有所为有所不为，在政教关系良性互动下，才能真正实现佛教与社会主义社会相适应。

对于学界而言。既要有历史视域下对佛教中国化的把握，也要有明确的时代意识。学界在一定程度上也可以超越政教两界，从思想文化出发，研究佛教文化参与现代文化建设、中华文化建设以及佛教智慧参与到人类文明的建设之中。在此过程中，当然肯定会有许多问题，比如泛国际化与民族主义、民粹主义的关系处理；历史虚无主义与狭隘的民粹主义；意识形态虚无主义与泛意识形态化等。当今的国际局势很复杂。国际处境的复杂化某种意义上也加剧了新时代佛教中国化的复杂性。总之，新时代宗教中国化是一个仍需不断清晰化、不断梳理、不断诠释的命题。

佛教中国化的"内在机制"是善巧方便

——基于印度-中国大乘佛教教法义理学的一种系统反思

程恭让　上海大学历史系、上海大学道安佛学研究中心

一、问题的提出：佛教中国化的"内在机制"是"善巧方便"

已故老一辈著名佛教学者方立天先生，在所写《佛教中国化的历程》(1989)一文中，曾经提出如下的论断：

> 佛教具有实现中国化的自我组织机制。佛教之所以能够中国化不是偶然的，除了中国社会的政治、经济和文化的强大制约作用外，佛教自身也存在能够中国化的内在机制，这种机制主要是价值构成、思维方式和表现形态等。佛教的人生一切皆苦和追求理想精神境界的学说，佛教的丰富的直觉思维形式，佛教的文学、艺术表现形态等，在古代中国都具有存在的价值，可以作为中国文化尤其是哲学、道德、文学、艺术方面的补充，这是佛教能够在中国存在的内在的根本原因。同时，佛教还具有自我调节和自我组织机制，这些机制生发于它的独特的方法论——方便说。佛教作为一种解脱学，强调要"度脱众生"，而众生的条件、情况各不相同，为此在教化时要"方便善巧""方便权略"，允许采取各种方便方法，灵活地引导众生。这种方便法门，为佛教的自我调节和自我组织提供方法论的基础。与此相联系，在真理论上佛教也采取真俗二谛说。真谛指佛教真理，俗谛指世俗真理。佛教宣扬真谛俗谛有高下真假之分，但又是缺一不可的，佛教真理和世俗认识不是绝对对立的。这又为佛教理论体系的开放提供了真理论的根据。这些内在机制，又决定了佛教具有强大的融合功能和创造功能。中国佛教宗派的判教就是这些功能的鲜明体现。中国佛教能够调适于儒、

道的关系，融合中国传统文化，从而创立出新的宗派和思想。①

在上面这段引文中，方先生提出佛教之所以在历史上能够实现中国化，不是偶然的，而存在必然的理由。那么必然的理由是什么呢？方先生是从"中国社会"和"佛教自身"内外两个方面来予以说明：从外部的方面言，中国社会对于佛教的存在和发展具有强大的影响力、约束力；从内部的方面言，佛教自身则具有一些"内在机制"，可以促成佛教的中国化。那么哪些因素表现佛教自身推动中国化的"内在机制"呢？方先生把它们表述为"价值构成"——佛教独特的价值观念，"思维方式"——佛教丰富的直觉思维模式，"表现形态等"——佛教文学、艺术形态等，以及生发于善巧方便（佛教的方法论）的佛教"自我调节和自我组织机制"。

这样，在方立天先生这篇讨论佛教中国化问题的著名论文中，他提出了佛教中国化的"内在机制"说——从佛教思想及智慧的内部解释佛教中国化的必然性；以及佛教中国化的"内在机制"中，包涵佛教特有的方法论智慧——善巧方便——的思想。这是方先生在20世纪80年代以后研讨佛教中国化问题的学术思想潮流中提出的具有创造性的学说。

无独有偶。改革开放以后长期担任中国佛教协会领导工作的赵朴初先生，在关于当代佛教弘法问题的讨论中，也呈现同样的思路。如他1997年10月27日为中韩日三国佛教友好交流会议所写开幕式致辞中，提出"佛教先辈们的弘法传统"的说法，在他看来，佛教历史上的这些"弘法传统"里面，有三个方面的"优良传统"：以和平友好方式弘法的"优良传统"，以文化交流方式弘法的"优良传统"，以及以方便善巧方式弘法的"优良传统"。佛教教法弘扬的这三大"优良传统"，直到今天仍是值得吸收和借鉴的重要的弘法智慧传统。其中，关于这三大"优良传统"中，以善巧方便方式弘法的"优良传统"，朴老在讲话中说：

> 以方便善巧的方式弘法。"佛种从缘起"，佛教，尤其是大乘佛教，特别重视弘法的方便善巧。千百年来，佛陀和古德先贤们根据弘法的需要以及国情、民情的不同，创宗立说，施设了种种方便法门，使佛教得以超越时空的阻隔，冲破种族、国界的障碍而获得迅猛的发展。印度三期佛教的开展、各具特色的三大语系佛教的形成，即是佛教方便随顺众生机宜，巧妙地适应时代发展的结果。②

---

① 方立天：《佛教中国化的历程》，原载《世界宗教研究》1989年第3期，转引自《方立天文集》第一卷《魏晋南北朝佛教》，北京：中国人民大学出版社，2006年，第443页。

② 赵朴初：《弘扬先辈优良传统，发扬"黄金纽带"关系》，《赵朴初文集》下，北京：华文出版社，第1402–1403页。

在这段对"善巧方便"概念的解释中，赵朴初甚至把印度三期佛教的开展、世界三大语系的发展，都视为佛教善巧方便弘法传统的积极的结果。朴老这种致力探讨佛教历史上弘法活动的"优良传统"的理念，实际上也是从佛教思想文化的内部，探寻佛教思想存在和发展的规律，这与方立天思考佛教中国化"内在机制"问题的思想路径，是一致的。朴老这里所谓"以和平友好方式弘法的优良传统"，大略相当于方先生所谓的"价值构成"；"以文化交流方式弘法的优良传统"，大略相当于方先生所谓的"表现形态"；"以善巧方便方式弘法的优良传统"，大略相当于方先生所谓的佛教"自我调节和自我组织机制"——作为佛教方法论的方便说。两位学者所提出的解释理论的核心实质，都是要从佛教思想文化的内部而不是仅从外部条件来说明佛教的弘法和发展，并且两位学者对于促成佛教在地化、中国化的佛教内部依据的探索，都已经精准地聚焦在佛教善巧方便一系概念思想的传统上，这为我们今天继续深度推进佛教中国化过程与规律的研究，提供了极富启示意义的学术思考方向。

其实，不仅是当代学者在研究佛教中国化的问题时，才考虑到善巧方便概念思想的重要性，近现代中国佛教的学术研究和思想发展中，已经使得这个问题的考虑逐步展现出来。我们这里可以举欧阳竟无先生（1871-1943）作为代表性的一例。众所周知，欧阳先生是20世纪上半期中国佛教卓有成就的一位大居士，是近现代中国佛教重要的唯识学家，也是现代中国佛教的一流佛教学者。欧阳先生是通过对唯识学教法思想的深入探讨，意识到善巧方便概念思想的重要性。如他在下面这段话中所说：

> 二者，哲学之所探讨即知识问题，所谓知识之起源，知识之效力，知识本质，认识论中种种主张，皆不出计度分别。佛法不然，前四依中，说依智不依识。所谓识者，即吾人虚妄分别是也。所谓智者，智有二种：一者根本智，二者后得智。根本智者，亲缘真如，和合一味，平等平等，都无分别是也。后得智者，证真如已，复变依他，与识相应，而缘俗谛，以度群生是也。此后得智既缘一切，是故真妄虚实、五法三自性、八识二无我、世间出世间，尽无不知，尽无不了。由斯建立法相学，由斯建立唯识学，由斯建立一切方便学。[①]

作为一个近代以来第一流的一位唯识学家，欧阳先生不仅提出法相唯识学应当

[①] 欧阳竟无：《佛法非宗教非哲学而为今时所必需》，转引自石峻、楼宇烈、方立天等主编：《中国佛教思想资料选编》第三卷、第四册，北京：中华书局，1990年，第296页。

分为法相学、唯识学二宗的著名理念，而且还首创性地提出了"方便学"的概念，并认为法相学、唯识学、方便学的智慧之源乃是基于后得智——诸佛菩萨善巧方便的智慧、能力。欧阳先生作为唯识学家的意义，一直得到学界的推崇，但是欧阳先生对于"方便学"理念这一学术发现的意义，却没有得到后人的关注。今天我们在佛教中国化的问题视角重新契入讨论佛教思想史，并且希望藉由佛教思想史重新批判地检讨再思考佛教中国化的有关理论问题，欧阳竟无先生上述思想的学术意义及学理价值，值得我们尊重和深思。

二、印度大乘佛教经典的善巧方便概念思想

印度大乘佛教的经典中蕴涵着丰富深刻的善巧方便概念思想。在某种意义上，甚至可以说正是基于对于善巧方便问题的理解和认识，初期大乘佛教的经典才得以建构其与原始佛教及部派佛教有着很大差异的大乘佛教思想义理的体系。拙著《佛典汉译、理解与诠释研究》一书的上卷，便是基于上述学术视角对大乘佛教经典中善巧方便概念思想所作一次系统的发掘和整理。① 这里我们先酌取此书的要点，略述如下。

首先，学界一般认为般若经一系经典是较早出现的初期大乘经典，而在般若经一系经典中，《八千颂般若》则是在时间上较早出现的大乘般若经。汉语佛典中与此经对应的汉译，先后有汉支娄迦谶所译的《道行般若经》（大正藏编号为224，共10卷30品）、吴月氏国居士支谦所译《大明度经》（大正藏编号为224，共6卷30品）、苻秦天竺沙门昙摩蜱共竺佛念所译《摩诃般若经钞》（存5卷13品）、后秦龟兹国三藏鸠摩罗什所译《小品般若波罗蜜经》（10卷29品），以及唐代玄奘大师所译的《大般若波罗蜜多经》第四分。我们在鸠摩罗什所译的《小品般若经》第十五品即《大如品》中，可以读到下面这段经文：

> 舍利弗！是六千菩萨，已曾供养亲近五百诸佛，于诸佛所，布施、持戒、忍辱、精进、禅定，不为般若波罗蜜方便所护故，今不受诸法，漏尽，心得解脱。舍利弗！菩萨虽行空、无相、无作道，不为般若波罗蜜方便所护故，证于实际，作声闻乘。舍利弗！譬如有鸟，身长百由旬，若二、三、四、五百由旬，翅未成就，欲从忉利天上，来至阎浮提，便自投来下。舍利弗！于意云何？是鸟中道作是念：我欲还忉利天上。宁得还不？不也，

---

① 程恭让：《佛典汉译、理解与诠释研究——以善巧方便一系概念思想为中心》北京：中国社会科学出版社，2017年。

世尊！舍利弗！是鸟复作是愿：至阎浮提，身不伤损。得如愿不？不也，世尊！是鸟至阎浮提，身必伤损。若死，若近死苦。何以故？世尊！法应尔。其身既大，翅未成就故。舍利弗！菩萨亦如是。虽于恒河沙劫，布施、持戒、忍辱、精进、禅定，发大心大愿，受无量事，欲得阿耨多罗三藐三菩提，而不为般若波罗蜜方便所护故，则堕声闻、辟支佛地。①

罗什此段译文中，先后三次出现"不为般若波罗蜜方便所护"这句汉译。我们比较上述其他四种汉译本相关的同段译文，可以看出内容基本相同，而罗什的译文所传达的意义最为清晰。这段经文有两点内容颇为引人注目：一是关于忉利天巨鸟的譬喻，这只巨鸟的翅膀因为某种原因，没有长成或是曾经长成但如今已经损坏了。二是"不为般若波罗蜜方便所护"这个译语，这里的"般若波罗蜜方便"这种特殊的汉语表达方式，究竟是指什么意思呢？是指"般若波罗蜜"就是"方便"呢，还是指"般若波罗蜜"及"方便"这二者呢？我们在今存梵本《八千颂般若》中，可以找到这段经文对应的梵文，从梵本可以看到：罗什译文中三次出现"般若波罗蜜多方便"相关译语的地方，在梵本中分别是：（1）te khalu punarime prajñāpāramitayā aparigṛhītā upāyakauśalyena ca virahitā abhūvan，（2）upāyakauś alyavikalatvādbhūtakoṭiḥ sākṣātkṛtā，（3）sacedayaṁ prajñāpāramitayā aparigṛhīta upāyakauśalyena ca virahito bhavet。② 其中，第一处可以译为：这些菩萨不为般若波罗蜜多所护，并且缺乏善巧方便；第二处可以译为：由于其等缺乏善巧方便，因而实际被实证了；第三处可以译为：假使存在这种情况：不为般若波罗蜜多所护，并且缺乏善巧方便。其中今存梵本文的第二处，只出现"善巧方便"的概念，而没有提到"般若波罗蜜多"的概念。根据梵本对勘可知汉译中的"般若波罗蜜多方便"，确实是指"般若波罗蜜多"及"善巧方便"两个概念，"不为般若波罗蜜方便所护"，参照梵本，意义是：不为般若波罗蜜多所护，及缺乏善巧方便。所以《八千颂般若》的这段经文，是以鸟儿需要一双健全的翅膀，才可以飞行得更好、更高、更远的常识，来晓谕大乘佛教教法思想义理学的精要：菩萨学佛，虽行布施、持戒、忍辱、精进、禅定五度，虽行空、无相、无愿三种解脱门，虽然发大心、立大志、成大事，但是如果没有很好的般若波罗蜜多及很好的善巧方便的训练，即如果不被般若波罗蜜多及善巧方便这两项重要的菩萨品德或菩萨行的原则所统摄，那么一个修学的菩萨就易于堕落到声闻乘或独觉乘，而不可能达到无上的正等菩提的崇高目标。所以

---

① （后秦）鸠摩罗什译：《小品般若波罗蜜经》，《大正藏》第 8 册，第 563 页上。

② Aṣṭasāhasrikā Prajñāpāramitā, Buddhist Sanskrit Texts-No.4, edited by Dr.P.L.Vaidya, published by The Mithila Institute of Post-graduate Studies and Reseach in Sanskrit Learning Darbhanga, 1960, p.155.

这段经文的本义，很清楚，是用巨鸟具有两个翅膀的譬喻，来说明菩萨不可以舍弃般若和方便两项重要品德的训练。同时基于鸟的两个翅膀一般拥有平衡并举的常识，我们也可以理解这段经文同时寓含菩萨乘佛教教法思想中般若与方便两种菩萨品德或菩萨原则平衡并举的义理学精要。

在初期大乘经典中，如果说《八千颂般若》是比较侧重在般若概念思想的升格的大乘经，那么可以说《法华经》则主要是支持善巧方便思想升格，揭橥以善巧方便概念为中心的一系大乘教法思想的经典。关于这一点，在《法华经》的核心一品即《方便品》中，有很多处清楚的显现，而在《法华经》全经中，其实善巧方便一系概念思想也始终都是统摄性的主轴。其实，《法华经·方便品》开头的两段长行文字，已经把《法华经》这一教法核心思想清楚地表达出来。这两段文字中的第一段赞叹佛智甚深、难知难见："诸佛智慧甚深无量，其智慧门难解难入，一切声闻、辟支佛所不能知。所以者何？佛曾亲近百千万亿无数诸佛，尽行诸佛无量道法，勇猛精进，名称普闻，成就甚深未曾有法。"① 第二段则是赞叹佛陀具备伟大的善巧方便这种最高或最后的波罗蜜多，常常以"随宜言说"（密意说）的方式教化众生，使其悟入佛道："随宜所说意趣难解。舍利弗！吾从成佛已来，种种因缘，种种譬喻，广演言教无数方便，引导众生令离诸着。所以者何？如来方便知见波罗蜜皆已具足。"② 这两段话中的前一段话，揭示佛陀出世的本怀，或者说佛陀现身世间立教弘法、救度众生的根本目的，是要为众生明确说明佛陀所证悟的最高境界：菩提或佛智；后一段话则揭示为了达成佛陀出世的这一本怀，佛菩萨圣贤说法立教即建立教法的内在依据，此内在依据即是善巧方便这种特殊的智慧或能力，以及在《法华经》大揭秘之前佛陀说法度众的通常模式。所以，《法华经》这两段经文所开显的，正是佛陀证法与佛陀教法二者必须相分的佛教教法思想的根本原理，以及教法层面依据善巧方便以说法的教法思想原则，也就是通过善巧方便的菩萨品德把佛陀的证法和教法予以连接的原则。可以说这两段经文把这部初期大乘经中《方便品》的深刻内涵，乃至整个《法华经》全经思想义理的深刻内涵，都已经深度概括而无有余蕴。

《法华经·方便品》上述核心思想义理不仅表现在其长行文字中，也反复表现在其颂文部分的经文中。这里仅摘录下面这个颂文，以见一斑：

upāyakauśalya mametad agraṁ
bhāṣāmi dharmaṁ bahu yena loke
tahiṁ tahiṁ lagna pramocayāmi

---

① （后秦）鸠摩罗什译：《妙法莲华经》卷1，《大正藏》第9册，第5页中。
② （后秦）鸠摩罗什译：《妙法莲华经》卷1，《大正藏》第9册，第5页中。

trīṇī ca yānāny upadarśayāmi①

此颂文，罗什法师译为："佛以方便力，示以三乘教，众生处处着，引之令得出。"②比罗什约早一百年的西晋译经大德竺法护的译文，则是："佛有尊法，善权方便，犹以讲说，法化世间，常如独步，多所度脱，以斯示现，真谛经法。"③根据此经的梵文本，参照两位先贤的汉译，可以把这个颂文新译如下：我的这个善巧方便极为殊胜，依据它，我在世间说了很多的法，使到处陷溺者得以解脱，并且示现三种乘。可以看出：此颂文的第一句，是佛陀称赞自己所证得的善巧方便的殊胜性，因此是在表述善巧方便的特质；第二、三、四句三句，是晓谕佛陀以善巧方便这种内在品德或思想原则，为诸多的众生说法，救度诸多的众生，并且建立以三乘为特色的系统的教法体系，因此颂文的这三句话，是在表述善巧方便的功能。所以这个颂文很好地传达出在教法层面善巧方便的殊胜性质，及其说法、度众、立教这三项重要的功能角色。

再次，我们在这里不可以不提到《维摩经》。在中国佛教思想史上，唐以前的高僧大德都对《维摩经》崇高的义理学价值，给予极高的尊崇；唐宋以后，这部经典的佛学地位显著下降，直到近现代，由于太虚大师等人的提倡，这部经典的佛学意义，才重新得到佛教界的正确评估。从大乘佛教释经学及义理学发展的历史而言，自古以来《维摩经》被看成是一部附属于《般若经》的经典，这样的看法虽然揭示了《维摩经》思想与般若思想之间确实存在的高度密切的义理关联性，不过对于《维摩经》自身思想之特殊色彩及其真正独具之佛学义理价值，则不免有所委屈。事实上，《维摩经》可以看作是对《八千颂般若》所揭橥大乘般若一系概念思想的动向，及《法华经》所揭橥大乘善巧方便一系概念思想的动向，加以辩证整合的经典，对于般若一系概念思想与善巧方便一系概念思想这两系初期大乘思想进行融合、整合或辩证，恰好可以反映这部初期大乘经真正独特的义理学性质。

关于这部经典整合般若智慧与善巧方便两系思想的性质，我们可以由对该经下面这个著名颂文的解读看出。此颂文，支谦的译文为："母智度无极，父为权方便；菩萨由是生，得佛一切见。"④罗什的译文是："智度菩萨母，方便以为父；一切众导师，无不由是生。"⑤玄奘大师的译文是："慧度菩萨母，善方便为父；世间

---

① Dr. P.L.Vaidya 校勘本 Saddharmapuṇḍarīka，第23页。中亚本，第21页。
② （后秦）鸠摩罗什译：《妙法莲华经》卷1，《大正藏》第9册，第6页上。
③ （西晋）竺法护译：《正法华经》卷1，《大正藏》第9册，第68页下。
④ （吴）支谦译：《佛说维摩诘经》卷2，《大正藏》第14册，第530页上。
⑤ （后秦）鸠摩罗什译：《维摩诘所说经》卷2，《大正藏》第14册，第549页下。

真导师，无不由此生。"① 梵文的记录则是：prajñāpāramitā mātā bodhisatvāna māriṣa | pitā copāyakauśalyaṃ yato jāyanti nāyakāḥ。② 不难一眼看出，这个颂文的几种梵汉文本内容完全一致。《维摩经》中的这个颂文非常清楚地将般若譬喻为佛菩萨之母、将善巧方便譬喻为佛菩萨之父，这代表了初期大乘佛教一个十分重要的思想传统，这就是将般若波罗蜜多与善巧方便予以并举并重、辩证整合的思想义理的传统。可以说《维摩经》中的这个譬喻是十分生动也十分明确地把般若与方便平等并举、相辅相成的意义，以无比卓越的清晰的方式展现出来了。从思想逻辑而言，《维摩经》中这个般若母、方便父的譬喻，恰好可以看成是对《般若经》的佛母般若理念及《法华经》所特别重视的善巧方便思想理念所完成的一次辩证性的理念整合。

《维摩经》中还有很多经文都不同程度地展现对于般若、方便上述辩证关系的重视。尤其是下面这段经文：

> 何谓缚？何谓解？贪着禅味，是菩萨缚；以方便生，是菩萨解。又无方便慧缚，有方便慧解；无慧方便缚，有慧方便解。何谓无方便慧缚？谓菩萨以爱见心庄严佛土、成就众生；于空、无相、无作法中，而自调伏，是名无方便慧缚。何谓有方便慧解？谓不以爱见心庄严佛土、成就众生，于空、无相、无作法中，以自调伏而不疲厌，是名有方便慧解。何谓无慧方便缚？谓菩萨住贪欲、瞋恚、邪见等诸烦恼，而植众德本，是名无慧方便缚。何谓有慧方便解？谓离诸贪欲、瞋恚、邪见等诸烦恼，而植众德本，回向阿耨多罗三藐三菩提，是名有慧方便解。③

这段经文不仅揭示大乘菩萨以方便作为依据接受轮回生活的原理、以方便作为依据进行禅修的原理，还特别揭示大乘菩萨"无方便慧缚，有方便慧解；无慧方便缚，有慧方便解"的义理学原则，说明没有般若智慧相配合的善巧方便，或没有善巧方便相配合的般若智慧，都是菩萨的系缚；而与般若智慧相配合的方便，与善巧方便相配合的般若智慧，都是菩萨的解脱。这段经文阐述的义理学原则彻底地说明：一个菩萨乘的行者，其般若智慧与善巧方便的两项品德或原则，是在任何时候、任何环境下都须臾不可以相互分离、割裂或对立的。

初期大乘经中，还有一部著名的经典——《十地经》。在《华严经》完成全部结集之前，这部大乘经曾经在佛教界长期单行，以其系统、严密的菩萨地思想，在

---

① （唐）玄奘译：《说无垢称经》，《大正藏》第 14 册，第 576 页上。
② 大正大学综合佛教研究所梵语佛典研究会：《梵文维摩经》，东京：大正大学出版会，2006 年，第 79 页。
③ （后秦）鸠摩罗什译：《维摩诘所说经》卷 2，《大正藏》第 14 册 第 545 页中。

大乘佛教教法思想中发挥重要的理论影响。那么这部经典对于善巧方便一系概念思想的态度又是如何呢？我们在这里可以总略地说：《十地经》汉译中出现大量的译语："方便慧"，或"慧方便"，或其他一系相关的译法，这些译语或译法在后来结集的整部的《华严经》汉译中，也大量存在。汉译的"方便慧"或"慧方便"，其实就是指"般若与方便"，或"方便与般若"，这个译语所要传达的正是在菩萨地中，般若与方便平衡并举、相辅相成的菩萨地思想原则。由于传译《十地》及《华严》者，未于这些相关的译文处，作学术术语意义上的强调，导致其后的汉语佛教注释者大都未能理清《十地》及《华严》的这种菩萨地义理学的深义。如我们在《十地经》第七地中，可以读到梵本第 13 颂如下：

gambhīrajñānaparamārthapadānusārī
ṣaḍbhūminiścitamatiḥ susamāhitātmā
prajñāmupāya yugapadyabhinirharanto
bhūmyākramanti vidu saptami caryaśreṣṭhām①

在《华严经》之《十地品》中，此颂被汉译为："深智慧定心，具行六地已，一时生方便，智慧入七地。"② 参照梵本，可以新译为："拥有深智慧，随行胜义句，六地心意定，自己善入定；同时而践行，般若及方便，智者则进入，第七胜行地。"③ 此颂文是在讨论：于第六菩萨地住立的菩萨，如何得以进一步进入第七菩萨地的问题。前半颂，是言第六地菩萨已具的品德，后半颂，则言第六地菩萨进入第七地的条件。此颂所揭示的意义是：一个第六地菩萨若是能够同时、同处（yugapady）践行方便与般若二者，即可以顺利地进入第七菩萨地。此处 yugapady，副词，既表示"同时"，又表示"相俱"。所以这个颂文很清晰地表明将方便与般若两种菩萨品德同时并且不相分离地予以关联性地修学，是菩萨得以越过第六菩萨地、进入第七菩萨地的必要条件。

以上，我们酌举初期大乘经中四部最具代表意义的经典，来证明对善巧方便概念思想的高度重视，是初期大乘经典的重要思想义理；对于般若智慧与善巧方便辩证关系的强调，对于二者平衡并举、相辅相成的重视，确实构成初期大乘经义理学思想一种普遍而素朴的智慧意识。初期大乘经典的这些思想，在后来的大乘经、大乘论中，得到继承和延续，成为大乘思想义理的共识和基础。限于篇幅，关于此问题，

---

① Daśabhūmīśvaro nāma mahāyānasūtra, Revised and Edited by Ryuko Kondo, Rinsen Book Co., 1983.
② （东晋）佛驮跋陀罗译：《大方广佛华严经》卷 25，《大正藏》第 9 册，第 562 页下。
③ 参考荒牧典俊译：《十地经》，《大乘佛典》第八卷《十地经》，昭和六十二年三月三十日新订再版发行，中央公论社，第 204 页。

我们在这一部分中,不再一一展开讨论。这里仅举《大乘庄严经论》中的有关说法,代表我们的观察和结论。这部大乘重要论典曾建构大乘的七大义理,其说为:

> 次说大乘七大义。偈曰:缘行智勤巧果事皆具足依此七大义,建立于大乘。释曰。若具足七种大义,说为大乘。一者缘大,由无量修多罗等广大法为缘故;二者行大,由自利利他行皆具足故;三者智大,由人法二无我一时通达故;四者勤大,曰三大阿僧祇劫无间修故;五者巧大,由不舍生死而不染故;六者果大,曰至得力无所畏不共法故;七者事大,由数数示现大菩提大涅槃故。已说大乘七大义。①

今存这部论书的梵本中,还可以看到这一段的梵文,现在我们将它征引如下:

mahāyānamahatvavibhāge dvau ślokau| ālambanamahatvaṁ ca pratipatter dvayos tathā| jñānasya vīryārambhasya upāye kauśalasya ca||59||

udāgamamahatvaṁ ca mahatvaṁ buddhakarmaṇaḥ| etanmahatvayogād dhi mahāyānaṁ nirucyate||60||

saptavidhamahatvayogān mahāyānam ity ucyate| ālambanamahatvenāpramāṇa vistīrṇasūtrādidharmayogāt| pratipattimahatvena dvayoḥ pratipatteḥ svārthe parārthe ca| jñānamahatvato dvayor jñānāt pudgalanairātmyasya dharmanairātmyasya ca prativedhakāle| vīryārambhamahatvena trīṇi kalpāsaṁkhyeyāni sātatyasatkṛtyaprayogāt| upāyakauśalyamahatvena saṁsārāparityāgāsaṁkleśataḥ| samudāgamamahatvena balavaiśāradyāveṇikabuddhadharmasamudāgamāt| buddhakarmamahatvena ca punaḥ punar abhisaṁbodhimahāparinirvāṇasaṁdarśanataḥ|②

可以看到:《大乘庄严经论》是从七个方面来规定大乘的"大性":(一)所缘大性(ālambanamahatva,唐译为"缘大"),(二)践行大性(pratipattimahatva,唐译为"行大"),(三)智慧大性(jñānamahatva,唐译为"智大"),(四)发起勤勉大性(vīryārambhamahatva,唐译为"勤大"),(五)善巧方便大性(upāyakauśalamahatva,唐译为"巧大"),(六)证得大性(samudāgamamahatva,唐译为"果大"),(七)佛业大性(buddhakarmamahatva,唐译为"事大")。与这七种"大性"相结合的则是"大乘",所以"七种大性"是大乘之所以为大乘的本质规定性。善巧方便概念位列七种大性中的第五种大性,所以这里的颂文和论文是明确地将善巧方便概念作为规定大乘本质的七个基本概念之一。而论文此处在

---

① (唐)波罗颇蜜多罗译:《大乘庄严经论》卷12,《大正藏》第31册,第554页下。
② Lévi, Sylvain. (1907). Mahāyānasūtrālaṁkāra, Exposé de la doctrine du Grand Véhicule, vol. I, Paris, p.171.

对善巧方便概念的解释中,强调了菩萨既不舍弃轮回、也不为轮回所污染的生命特质,这与初期大乘经以来从菩萨行的角度定义及理解善巧方便概念思想的义理传统是一致的。

论中这里是以缘、行、智、勤、巧、果、事七个概念为中心,讨论大乘之为大乘的本质和实质的问题。其中第五个概念是"巧",释义中指为:"不舍生死而不染",正是菩萨善巧方便品德精神体现的方式之一。所以这里的"巧"义,正是指菩萨行的善巧方便。此后大乘论书关于这一点的解释,更加明确化了。如安慧所著《大乘阿毗达磨杂集论》中的以下解释:

> 由与七种大性相应故名大乘。何等名为七种大性:一境大性,以菩萨道缘百千等无量诸经、广大教法为境界故;二行大性,正行一切自利利他广大行故;三智大性,了知广大补特伽罗、法无我故;四精进大性,于三大劫阿僧企耶方便勤修无量百千难行行故;五方便善巧大性,不住生死及涅槃故;六证得大性,证得如来诸力无畏不共佛法等无量无数大功德故;七业大性,穷生死际示现一切成菩提等,建立广大诸佛事故。①

大乘的第五种"大性",这里已经被明确为"方便善巧大性"。所以我们可以看出:《大乘庄严经论》及《大乘阿毗达磨杂集论》这两部代表性的大乘论典,都把善巧方便一系概念思想明确地确立为反映大乘思想信仰本质性内容的思想原则之一。这足以表明初期大乘经关于善巧方便概念思想的有关认识,此时已经通过权威论书的论述得以升华,善巧方便的菩萨品德或菩萨行原则已经被确立为反映、体现及规定大乘教法本质及实质的一种重要的概念。

三、中国古代大德充满善巧方便智慧的经典诠释

不仅印度大乘佛教的义理传统高度重视善巧方便一系概念思想,中国佛教的高僧大德,自古以来也同样重视大乘佛教的这一思想传统。

首先,道安大师是被学界公认为推动佛教中国化的第一人。道安大师的许多著作早已佚失,但我们从他留下来的片段文献中,还是可以发现他重视善巧方便概念思想的诠释线索。根据方广锠先生的考证,道安大师关于般若类经典,共有14种著作,现在仅三种存世,即在梁僧祐所著《出三藏记集》中保存的道安大师的三篇《般若经》诠释文字,分别是《道行经序》《合放光光赞略解》(卷七)及《摩诃般若波罗蜜

---

① (唐)玄奘译:《大乘阿毗达磨杂集论》卷11,《大正藏》第31册,第743页下至744页上。

经抄序》(卷八)。① 在《道行经序》中，道安大师写有下面这段话，提出对《道行经》文本义理结构的读法："且其经也，进咨第一义以为语端，退述权便以为谈首。行无细而不历，数无微而不极，言似烦而各有宗，义似重而各有主。琐见者庆其迹教而悦寤，宏哲者望其远标而绝息。陟者弥高而不能阶，涉者弥深而不能测，谋者虑不能规，寻者度不能暨。窈冥矣！真可谓大业渊薮，妙矣者哉！"② 如前已言，支娄迦谶所译的《道行般若经》，是初期大乘佛教般若系经典《八千颂般若》的第一个汉译本。道安大师关于支娄迦谶译本的上述读法中，开头两句话非常值得注意："进咨第一义以为语端，退述权便以为谈首。"从《道行经》文义结构来看，《道行经》的第一品是《道行品》，正是佛陀借助舍利弗之口，宣说般若一系概念思想之深义（"第一义"）；第四品是《沤拘舍罗劝助品》，所谓"沤拘舍罗"，正是道安大师此处所谓的"权便"，也就是指"善巧方便"；所谓"劝助"，参照梵本，是指"随喜"（anumodanā）和"回向"（pariṇāmanā）。随喜及回向，也是这部初期大乘经所侧重提倡的两种修行法门，这两种修行的法门也正是善巧方便概念思想的重要表现。所以这品经文，甚至包括此品经文以下的部分，可以视为是由弥勒菩萨所发起的关于善巧方便一系概念思想的讨论。因此《道行般若经》从一开始就凸显了般若、方便两系思想及其相互之间密切关系的义理学架构。道安大师对于《道行般若经》经义结构的上述文本解读，表明他对《般若经》的这一重要的义理学结构，是有着很深的体认的。

在道安大师另一篇《般若经》序言，即《合放光光赞略解序》中，他曾写过如下的一段话：

> 凡论般若，推诸病之疆服者，理彻者也；寻众药之封域者，断迹者也。高谈真彻迹者，失其所以指南也。其所以指南者，若假号章之不住，五通品之不贡高，是其涉百辟而不失午者也。宜精理其彻迹，又思存其所指，则始可与言智已矣。何者？诸五阴至萨云若，则是菩萨来往所现法慧，可道之道也；诸一相无相，则是菩萨来往所现真慧，明乎常道也。可道，故后章或曰世俗，或曰说已也；常道，则或曰无为，或曰复说也。此两者同谓之智，而不可相无也。斯乃转法轮之目要，般若波罗蜜之常例也。③

道安大师这里提出其解释《般若经》的原则，是"宜精理其彻迹，又思存其所指"。

---

① 方广锠：《道安评传》，北京：昆仑出版社，2004年，第274–275页。
② （梁）僧祐：《出三藏记集》，《大正藏》第55册，第48页上。
③ （梁）僧祐：《出三藏记集》，《大正藏》第55册，第47页上。

就是说一方面要"精理""彻迹"——排除疾病的轨迹和救治的局限;另一方面又要"存其所指"——保持践行的方法和道路。道安大师认为,能够把上述两个方面善巧地予以结合者,才可以被称为"智",也就是说以这样的原则贯彻《般若经》思想义理的解释,才能比较客观和精确地掌握这部大乘经的深义。道安大师接下来借用《老子》首章"道可道,非常道"的说法,对于上述两个方面的诠释智慧的辩证融合问题,进一步予以具体的指点。他在这里提出"法慧"和"真慧"两个概念,认为经典中凡是说五阴,乃至说萨云若,都是显示菩萨的"法慧",体现《般若经》思想中的"可道";凡是经典中谈一相无相,则是显示菩萨的"真慧",体现《般若经》思想中的"常道"。道安大师这里所谈的两种智慧,其实就是指般若(真慧)与方便(法慧)。道安大师还进一步指出:不仅菩萨的上述两种智慧都是"智慧",而且它们彼此之间的关系是相辅相成的,彼此不可以分割,不可以互相对立,不可以相互否定,他称这种关系为"不可相无"。最后,道安大师在这篇序言的末尾得出结论:基于"法慧"与"真慧"所体现"可道"与"常道"的辩证统一,是"转法轮之目要,般若波罗蜜之常例",也就是说二者的辩证和善巧是佛教弘法工作的重要轨则,是《般若经》思想义理诠释的重要原理。我们看到道安大师这篇《般若经》序言已经把般若与方便辩证统一的理论结构,不仅视为理解《般若经》思想义理的关键,也视为理解佛教弘法思想的关键了。

僧叡是道安大师的高足,也是罗什入关以后长期协助其佛典汉译工作的人,是继道安之后魏晋时期中国佛教学人中般若学研究最为精深的专家之一。罗什于403-404年译《大品般若经》,我们看到在僧叡所著的《大品经序》中,他写有下面这段话:

> 摩诃般若波罗蜜者,出八地之由路,登十阶之龙津也。夫渊府不足以尽其深美,故寄大以目之;水镜未可以喻其澄朗,故假慧以称之;造尽不足以得其崖极,故借度以明之。然则功讬有无,度名所以立;照本静末,慧目以之生;旷兼无外,大称由以起。斯三名者,虽义涉有流,而诣得非心;迹寄有用,而功实非待。非心,故以不住为宗;非待,故以无照为本。本以无照,则凝知于化始;宗以非心,则忘功于行地。故启章玄门,以不住为始;妙归三慧,以无得为终。假号照其真,应行显其明,无生冲其用,功德旍其深。大明要终以验始,沤和即始以悟终。荡荡焉,真可谓大业者之通途,毕佛乘者之要轨也。夫宝重故防深,功高故校广,嘱累之所以殷勤,功德之所以屡增,良有以也。①

---

① (梁)僧祐:《出三藏记集》卷8,《大正藏》第55册,第52页下至53页上。

僧叡这段话是他对罗什所译《大品般若经》思想义理的解读。他这一解读中非常值得我们注意的,是"大明要终以验始,沤和即始以悟终"这两句话。这两句话中的"大明",正是指般若波罗蜜多这个概念;"沤和",正是指善巧方便这个概念。所以僧叡的这两句话可以这样解读:般若智慧与善巧方便两个概念,是《大品般若经》中的两个核心概念,这两个概念及其所阐发的思想义理,是贯穿《般若经》整部经典始终的核心思想义理。当然,我们也可以把僧叡这句话中的'大明",理解为是指《般若经》中的《大明品》;把这句话中的"沤和",理解为是指《般若经》中的《沤和品》。在罗什汉译的27卷本《摩诃般若波罗蜜经》中,其中的第32品,即是《大明品》;其中的第69品,即是《方便品》。这样僧叡两句话的意思就是说:含有方便概念思想的《方便品》,与含有般若概念思想的《大明品》,在这部般若经中占据一前一后而能统摄全经的特殊的地位。不管采取上面哪一种解读的方法,都可以看出这两句话在僧叡这篇序言中的出现,从魏晋时期中国佛教释经学发展及义理学建构的角度言,都可以说实有非凡的标志性意义。它足以证明僧叡体察到了般若、方便两系概念思想的重要性,以及相应而言,般若、方便并列并举的思想在《般若经》中的重要意义和地位。僧叡,作为一个《般若》经典研究的专家,主张避免从狭义的角度,也就是纯粹从般若概念及其思想的角度理解《般若经》的诠释方法。

慧远是道安大师麾下另外一位高足,是东晋佛教中的领袖级人物,是与道安大师一样在推动佛教中国化历程中具有重要历史作用的佛教的领袖。上面一节我们曾经讨论过《八千颂般若》中巨鸟双翅的譬喻及其意义的问题,《般若经》中的这段经文显然曾经引起慧远的关注和重视。现存记录鸠摩罗什与慧远佛义论辩的著作《大乘大义章》中,记有慧远的相关提问:

> 远问曰:经说罗汉受决为佛。又云:临灭度时,佛立其前,讲以要法。若此之流,乃出自圣典,安得不信。但未了处多,欲令君决其所滞耳。所疑者众,略序其三:一、谓声闻无大慈悲,二、谓无沤和、般若;三、谓临泥洹时,得空空三昧时,爱着之情都断,本习之余不起,类同得忍菩萨,其心泊然,譬如泥洹后时,必如此爱习残气,复何由而生耶。斯问以备于前章。又大慈大悲积劫之所习,纯诚着于在昔,真心彻于神骨。求之罗汉,五缘已断,焦种不生,根败之余,无复五乐,慈悲之性,于何而起耶?又沤和、般若,是菩萨之两翼,故能凌虚远近,不坠不落。声闻本无此翼,临泥洹时,纵有大心,譬若无翅之鸟,失据堕空。正使佛立其前,羽翮复何由顿生?若可顿生,则诸菩萨无复积劫之功。此三最是可疑。虽云有信,

悟必由理，理尚未通，其如信何？①

慧远这里提出的核心问题是：《法华经》中说到罗汉授记作佛，罗什也援引作为证据，证明法身的存在。但是罗汉与菩萨的生命特质是不同的：一、罗汉无大慈悲心，而菩萨则久劫以来始终涵养大慈悲心，没有大慈悲心的罗汉如何可以作佛呢？二、罗汉无沤和、般若，而沤和、般若则是菩萨的两翼，就如鸟儿有了健全的两个翅膀，就可以凌空高翔，不坠不落，菩萨有此两翼之后，就可以一直达到最高最圆满的觉悟，而罗汉是声闻人，声闻人无此两翼，如何能够在其修学的过程中不会中途坠落下来呢？三、罗汉临涅槃时，得空空三昧时，无爱习残气，菩萨则有这种爱习残气，爱习残气是转生轮回的必要条件，罗汉无此残气，则何由可以转生呢？而如果不能转生，又何可积累广大无尽的功德，乃至获得无上的正等菩提呢？总之，在慧远看来，大慈悲心、健全的沤和与般若、爱习残气这三者，都是菩萨作佛的必要条件，而这三者在罗汉那里都不具备，所以罗汉如何可以授记作佛，这在慧远看来是一个让理性深感困惑的佛教义理学的重大理论问题。慧远上述质疑中的第二项质疑，提出了罗汉与菩萨品德修养上的一个重要区别：罗汉缺乏般若、沤和这两翼，而菩萨则具备此两翼。沤和，在最早期汉译佛典中，是对于"方便"（upāya）一字的译音，所以沤和、般若，也就是后来汉译佛典中的方便与般若。慧远这里的引用和诠释，表明他是中国佛教思想史上第一个明确地把方便、般若视为"菩萨之两翼"的思想家，此处的提问也表明他是中国佛教中最早一位对于《八千颂般若》中巨鸟双翅的譬喻及其所传达菩萨乘教法思想中般若、方便并重并举的义理学原则，怀有高度、深切的体认的中国佛教的理论家。

我们在罗什的弟子僧肇身上，也能看到与僧叡、慧远等人有着大体相似路径的教法思想诠释取向。这一点可以由僧肇在《注维摩诘经》中所提出的权智之说，清楚地昭示出来。僧肇在那里曾说：

肇曰：夫有不思议之迹显于外，必有不思议之德著于内。覆寻其本，权智而已乎。何则？智无幽而不烛，权无德而不修。无幽不烛，故理无不极；无德不修，故功无不就。功就在于不就，故一以成之；理极存于不极，故虚以通之。所以智周万物而无照，权积众德而无功，冥寞无为而无所为，此不思议之极也。巨细相容，殊形并应，此盖耳目之粗迹，遽足以言乎。然将因末以示本，托粗以表微，故因借座，略显其事耳。②

---

① （后秦）鸠摩罗什等：《鸠摩罗什法师大义》卷2，《大正藏》第45册，第133页上、中。
② （后秦）僧肇等：《注维摩诘经》卷6，《大正藏》第38册，第382页上、中。

僧肇这段《维摩经》释文，提出外内、本迹、本末、粗微等多组概念，将"不思议"的外在表现及内在根据区分开来，表现在外的不思议，是一些神通的现象，它们是粗显的而非隐微的，是现象而非本质，是枝节而非根本，而作为内在根据的不思议，则是菩萨圣者内在的德性修养，它们是隐微的，是本质的，是根本的。而这些隐微的本质的根本的内在德性修养的根本，究竟是什么呢？僧肇认为，就是佛菩萨圣者拥有的权智。因此，在僧肇看来不思议思想是本经的中心思想，本经所揭橥的所有佛教思想都以不思议思想为基础，本经所展示的诸多菩萨实践、神通现象，是不思议的外在表现，而作为这些不思议的理论及实践的支撑的依据，则是菩萨圣者内在德性根本的权智。这样僧肇实际上赋予了权智之说在本经所有的佛教概念及思想中最核心及最殊胜的位置。僧肇此处所谓的"权"，以修德、积德为功能，因而正是指善巧方便；所谓的"智"，以炬幽、照物为功能，因而正是指般若智慧。所以僧肇"权智"之说的"权智"，包括了"权"（方便）及"智"（般若）两个概念，僧肇通过诠释《维摩经》所表述的权智思想，是魏晋时代中国佛教经典诠释学中般若、方便菩萨二德既二分又互补这一思想理念最清晰、最透彻的释经学体现。

在僧肇的另一部更加著名的著作《肇论》中，有开篇之《宗本义》一篇，我们在其中读到如下一段话：

> 沤和、般若者，大慧之称也。诸法实相，谓之般若；能不形证，沤和功也。适化众生，谓之沤和；不染尘累，般若力也。然则般若之门观空，沤和之门涉有。涉有未始迷虚，故常处有而不染；不厌有而观空，故观空而不证，是谓一念之力权慧具矣。一念之力权慧具矣，好思，历然可解。①

这段话中"权慧"的说法，与《注维摩诘经》中所说的"权智"完全对应。这段话的要点有二：其一是规定了般若、方便各自的对象与职能，如文中所说：般若观空，方便涉有，这是二者所涉及的对象的区分；般若观照实相，方便则保证能不取证实相，方便救度众生，般若则保证不染尘累，这是二者功能作用的差异。其二，般若与方便在具体作用的方式上有一个重要特点，那就是二者不可分割地融合在一起，而正因为二者不可分割地融合在一起，所以这段话提出"一念之力权慧具"的思想，也就是说般若与方便二者虽然是两种不同的智慧，指向不同，功能不同，但二者却包含在、具足于菩萨的一心之念当中。我们看到无论是在讨论般若思想的著作《肇论》中提出的"权慧"说，还是在讨论《维摩经》思想的注疏著作中提出的"权智"说，僧肇都以般若与方便平等平列、相辅相成的思想理念作为其释经学及义理学的主轴，

---

① （后秦）僧肇：《肇论》，《大正藏》第45册，第150页下至151页上。

可见这是僧肇的佛学诠释及其佛教思想的根本和精要所在。我们也可以看到僧肇基本的思想倾向与僧叡是一致的，但是僧肇显然更加自觉地将般若、方便辩证关系的思想理念系统地转化成其佛教释经学及义理学具有核心建构意义的思想原则。

自梁代之后，中国佛教的《法华经》文字及义理的理解，普遍受到光宅法云《法华经》注疏著作的影响，所谓"自梁陈已来解释《法华》，唯以光宅独擅其美，后诸学者一概雷同"①，光宅《法华经》诠释的义理影响力，由此可见一斑。光宅法云《法华经》注疏中最重要的一个理念，是以权实之辨解释《法华经》第二品《方便品》的要义。法云所谓的"权"，是指方便，或方便智；所谓的"实"，是指实际，或"实智"。就文本而论，《法华经》第二品中凡是法云理解为"实"或"实智"的地方，其实是指佛陀的证法，佛智或菩提，因此《法华经》的原意是以善巧方便作为沟通佛陀教法与证法的关键：佛陀依据善巧方便与众生互动，将众生引导到佛智菩提的崇高目标；佛陀依据善巧方便所展开的说法弘教的活动，分为两种模式，即密意说模式及大揭秘模式，前者展开为三乘，后者表现为一乘，此为《法华经·方便品》思想义理之大略。所以，可以说《法华经》的经义原本并不存在所谓的权实之辨，但是经过法云的诠释，则一方面强调了"方便"是为展现三乘的权法，另一方面又强调了"开权显实""废权显实"的考虑，一举造成将善巧方便概念所指佛菩萨重要品德的佛法思想大幅降格的理解方式。法云上述倾向的《法华经》诠释对此后的中国佛教理解产生了相当深刻的影响。包括中国佛教南北朝隋唐时期两位杰出的佛教义理学大师，开创天台宗的智者大师，及开创三论宗的吉藏大师，也都同样受到法云注疏的强大影响。② 不过智者和吉藏都一方面继承法云《法华经》权实二智模式的理论智慧，一方面试图化解法云权实理解模式中所蕴涵及可能引起的负面及矛盾的因素。

如智者大师个人关于权实关系问题的特殊智慧，凝聚在他下面的两段论述中：

> 今明权实者，先作四句：谓一切法皆权，一切法皆实，一切法亦权亦实，一切法非权非实。一切法权者，如文云："诸法如是性、相、体、力、本、末等"，介尔有言，皆是权也。一切法实者，如文："如来巧说诸法，悦可众心"，众心以入实为悦。又"诸法从本来，常自寂灭相"，又云："如来所说，皆悉到于一切智地"，又云："皆实不虚"，又大经四句皆不可说也。一切法亦权亦实者，如文所谓"诸法如实相"，是双明一切亦权亦实，

---

① （唐）湛然：《法华文句记》，《大正藏》第34册，第153页中。
② （隋）智𫖮：《妙法莲华经文句》，《大正藏》第34册，第40页下至41页中；（隋）吉藏：《法华义疏》，《大正藏》第34册，第487页上。

例如不净观，亦实亦虚（云云）。一切法非权非实者，文云："非如非异"，又云："亦复不行上中下法，有为无为、实不实法，非虚非实如实相也。"①

智者大师又说：

> 若一切法皆权，何所不破？纵令百千种师，一一师作百千种说，无不是权，如来有所说尚复是权，况复人师，宁得非权？如前所出悉皆权也。若一切法皆实者，何所不破？"唯此一事实，余二则非真"，但一究竟道，宁得众多究竟道耶？如前所出诸师，皆破入实，宁复保其樔窟耶？若一切法亦权亦实，复何所不破？一切悉有权有实，那得自是一途，非他异解，一一法中皆有权实，不得一向权一向实也。若一切法非权非实，复何所不破？何复纷纭琼森建立？直列名尚自如此，遥观玄览旷荡高明为若此，况论旨趣耶？②

可以看出智𫖮这里分别是从四个角度界定权实之间的关系 一切法皆权的角度，一切法皆实的角度，一切法亦权亦实的角度，一切法非权非实的角度。他不仅是从逻辑上泛泛申明上述四个角度，而且分别从《法华经》里找到对应的经文，来加以诠证和说明。智𫖮这里对权实关系的界定，实际上是从逻辑学的角度穷尽考虑权实关系的各种可能，他也示范性地说明了在这部《法华经》经文中包含了从四个不同角度理解权实关系的可能。这样来看待权实关系的层次，就是丰富的、多维度的，并不存在简单化的非权即实、非实即权的那种状况，如同在法云的诠释著作中经常透现的那样。其次，上面所引智𫖮的第二段话指出，从以上四个角度所建立的任何一个层面的权实关系，也都存在破解、突破的可能，也就是说没有任何一种从逻辑思维角度所建构的权实关系是固定的，是绝对的，是具有充足的意义和根据的。智者大师这样的说法，表明他其实是要以圆教的智慧，来化解从逻辑理性、知识论层面建构权实关系的一切理论企图的局限。智者大师的《法华经》诠释强调基于日常逻辑思维所考虑的佛教义理学理论诠释的根本局限，对于突破法云模式权实二智理论视角下对于《法华经》善巧方便概念思想的模糊或误解，批判地回归《法华经·方便品》开头部分经文所明确彰显证法、教法相分的佛教义理学的核心智慧，揭示了一种彻底检讨和通盘审视的可能性。

我们也可以同样地看待吉藏的《法华经》理解。如吉藏下面的一段说法：

---

① （隋）智𫖮：《妙法莲华经文句》，《大正藏》第34册，第37页上。
② （隋）智𫖮：《妙法莲华经文句》，《大正藏》第34册，第37页上。

> 复次欲明权实二智相资成，故说是经。所以然者，非权无以辨实，非实无以明权。由实起权，由权显实。由权显实，故权资于实；由实起权，故实资于权。三世诸佛智用虽多，不出斯二。但迷宗之徒，或执权而丧实，或守实而亡权。今欲开显权实二智相资成，故说是经也。①

这是吉藏在《法华玄论》中所写下的一段非常重要的诠释文字，对于理解吉藏《法华经》诠释中权实关系思想的根本实质与理论旨趣，有颇为重要的参照意义。吉藏这段话是从"权实二智相资成"的角度来申论他所理解的《法华经》权实二智的关系，他明确指出无论是"执权而丧实"，或是"守实而亡权"，都是对于权实关系的不合理处置，都会导致权实关系的严重偏废。我们不知道吉藏写下上面这些话，究竟是不是有所针对。但是从这段话所显示的诠释立场看，吉藏显然不会完全同意简单化地扬实抑权，废权显实，宣布《法华经》的思想义理的根本宗旨是"开权显实"，而是试图要表达"开显权实二智相资成"，因为这才是他所理解《法华经》思想义理的根本精神。吉藏所写的上面这段话中，还有十分醒目的一句，是"三世诸佛智用虽多，不出斯二"，意思是：权与实，或权智、实智，都是三世诸佛"智用"的重要表现。我们根据这句话也完全解读不出注疏的作者对于权智、实智的关系有任何轻重、褒贬的思想意识。总之吉藏诠释《法华经》时所发挥的权实关系论，显然也是意在避免把"权智"与"实智"加以对立、从而把善巧方便局限于"权智"的理解方式。考虑到吉藏关于权实关系的这种特殊义理学立场，我们觉得甚至应当把他论述的另外一个相关的著名论题，即所谓"般若是体，方便是用"②的学说，理解为是吉藏在般若学思想建构的传统视域下设法强调善巧方便概念思想的意义及价值的一种努力。

我们知道《大乘起信论》是南北朝时期在中国佛教中获得广泛流行，在隋唐时期中国佛教思想的义理学建构中起到重大作用，唐宋以后成为中国佛教义理学基本模式的一部重要的大乘佛教的论书。关于大乘佛教善巧方便一系概念思想的诠释和理解的问题，其实在这部论书中，也有颇多的论说。如论中说：

> 复次，究竟离妄执者，当知染法、净法皆悉相待，无有自相可说，是故一切法从本已来，非色非心，非智非识，非有非无，毕竟不可说相。而有言说者，当知如来善巧方便，假以言说，引导众生，其旨趣者，皆为离

---

① （隋）吉藏：《法华玄论》，《大正藏》第34册，第365页下。
② （隋）吉藏：《净名玄论》，《大正藏》第38册，第881页中。

念归于真如，以念一切法令心生灭，不入实智故。①

《起信论》这段经文指出一切法本来以"毕竟不可说"作为特征，而凡是"言说"，都是如来依据其善巧方便，假借言说来引导众生。《起信论》这里实际指出了证法和教法存在的根本差异：在佛陀证法的层次，根本不存在也不需要"言说"，而在佛陀教法的层次，则要考虑众生的需要，出现所谓的"言说"，而"言说"的内在依据则是佛陀所具足的善巧方便的圣德。《起信论》这种对证法与教法的区分，对善巧方便及根据善巧方便的"言说"作用的定位，是完全符合初期大乘佛教善巧方便一系概念思想的基本原理的。

在《起信论》卷下，可以读到下面这段文字：

> 法我见者，以二乘钝根，世尊但为说人无我。彼人便于五蕴生灭毕竟执著，怖畏生死妄取涅槃。为除此执，明五蕴法本性不生，不生故亦无有灭，不灭故本来涅槃。若究竟离分别执著，则知一切染法净法皆相待立。是故当知，一切诸法从本已来，非色非心、非智非识、非无非有，毕竟皆是不可说相。而有言说示教之者，皆是如来善巧方便，假以言语引导众生，令舍文字入于真实。若随言执义增妄分别，不生实智、不得涅槃。②

这段文字的内容与上引那段文字的内容基本相同。不同的是，前面那段文字是在佛陀证法、教法区分的层次上，界说善巧方便的本质及其作用，这段文字则是在纯粹教法的层面继续讨论善巧方便及其相关的语言文字的问题。经文指出：在教法的层面理解佛陀的善巧方便及其语言文字，最重要的思想原则就是"舍文字入于真实"，也就是不可"随言执义增妄分别"。这里提出的思想原则，也就是传统佛教"依义不依语"的诠释原则。

《起信论》中还有下面一段话，也涉及对于善巧方便概念思想的理解：

> 问：虚空无边故世界无边，世界无边故众生无边，众生无边故心行差别亦复无边。如是境界无有齐限，难知难解。若无明断，永无心相，云何能了一切种、成一切种智？答：一切妄境从本已来理实唯一心为性，一切众生执著妄境，不能得知一切诸法第一义性；诸佛如来无有执著，则能现见诸法实性，而有大智显照一切染净差别，以无量无边善巧方便，随其所应利乐众生。是故妄念心灭，了一切种、成一切种智。问：若诸佛有无边

---

① [古印度]马鸣造，（梁）真谛译：《大乘起信论》，《大正藏》第32册，第580页中。
② [古印度]马鸣造，（唐）实叉难陀译：《大乘起信论》卷2，《大正藏》第32册 第588页下。

方便，能于十方任运利益诸众生者，何故众生不常见佛、或睹神变、或闻说法？答：如来实有如是方便，但要待众生其心清净乃为现身。如镜有垢色像不现，垢除则现。众生亦尔，心未离垢，法身不现，离垢则现。①

这是两段问答之语，包括两个问题：第一个问题：如果说众生学佛，断其无明，则无心相，如是如何可以了知纷繁复杂的人生万象、世间百态？这个问题其实本质上是质疑：已经断除一切无明的佛陀，其生命的存在与一般众生有绝对的本质的差异，那么佛陀与众生交流互动的根据何在呢？经文提出，佛陀具有善巧方便的品质，这种善巧方便的品质，便是佛陀与众生交流互动的内在依据。第二个问题：如果说佛陀具有善巧方便，可以与众生互动并利益众生，人们为什么不能经常地与佛陀感应交流呢？回答是：众生这一面其实存在与佛陀感应交流的可能性，问题是需要"待众生其心清净"，佛陀才会为其现身。也就是人们要实现生命的转变，就能感受到佛陀的善巧方便。所以，这两段问答的主旨是讨论佛陀与众生、众生与佛陀交流互动的依据及其可能性的问题。经文处理这些问题的原则，仍是诉诸佛陀所具有的重要品德："善巧方便"。

从以上几处可以看出，《起信论》不仅高度重视大乘佛教思想义理中的善巧方便问题，其对善巧方便概念思想的理解也是完全符合初期大乘教法思想的本义的，其关于"善巧方便是佛陀与众生交流互动依据"的思想是极为深刻的。唐代以后，特别是经过华严祖师法藏对《起信论》加以注解并提倡之后，《起信论》成为中国佛教思想义理的纲要书，因此《起信论》中关于善巧方便概念思想的相关说法，对于唐以后中国佛教对于大乘佛教的善巧方便概念思想传统的正确认识和理解，可以说也起到了极其重要的引导作用。

谈到唐代及唐代以后中国佛教对善巧方便概念思想的理解问题，禅宗六祖南宗惠能大师及其留下的《六祖坛经》的意义，在此也不可以不郑重地予以提出。学界一般将敦煌博物馆本的《坛经》，视为目前所知《坛经》最早的存在形态。这部早期《坛经》中有个颂文，也牵涉方便概念思想的理解问题："若欲化愚人，事须有方便，勿令破彼疑，即是菩提见。"②颂文提出在教化"愚人"时，需要有"方便"；而依据方便教化人们的目标，则是使其"菩提"得以彰显。这里强调"方便"是教化的关键，而依据方便教化的目标指向，则是"菩提"。以上的理念表达虽然十分简略，但与初期大乘经典以方便为"教法"的依据、以菩提即佛陀的"证法"规定方便的性质的思想径路，是完全一致的。

---

① ［古印度］马鸣造，（唐）实叉难陀译：《大乘起信论》卷2，《大正藏》第32册，第590页上。
② 周绍良编著：《敦煌写本坛经原本》，北京：文物出版社，1997年，第147页。

南宗惠能不仅是中国禅宗史上的一代宗师，也是中唐以后适应中国社会的具体历史文化环境，将佛教中国化推到一个历史新高峰的佛教大师，因而惠能的佛教思想被称为"最具中国化特色的佛教思想"。①从《六祖坛经》惠能的佛学讲法侧重在《般若经》的诠释可以看出，他深受般若一系概念思想的影响；从他在《坛经》中多次引用《法华经》《维摩经》等经文可以看出，他对于这些经典所侧重阐发的善巧方便一系思想的重大意义、般若与方便平等并举等的大乘义理学教法思想原则，应该不可能没有深切的领会；从他强调无论在寺或居家都可学佛，无论西方、东方皆有净土等伟大卓越的佛学理念更没有疑问：他的善巧方便的智慧、能力是何等的深刻而博大！遗憾的是敦煌博物馆本《坛经》及《坛经》敦煌写本都篇幅短小，没有容纳更多关于善巧方便概念思想的论说，不能不成为中国佛教思想史的一件憾事。

在其后的宗宝本《坛经》中，我们看到经文发展了关于善巧方便概念思想的有关论述。如上面提到的那个颂文，在宗宝本中改为："欲拟化他人，自须有方便，勿令彼有疑，即是自性现。"此颂文中，"愚人"改为了"他人"，用字比较中性；"事须"改为了"自须"，更加明确了"方便"是指说法者内在品德的意义；"菩提现"改成"自性现"，则是以"自性"代替"菩提"，贯彻南宗禅法从"自性"的角度诠释佛智菩提的特殊见地。

另外，宗宝本《坛经》还有下面几处，增加了关于善巧方便概念思想的论述：

（1）达闻偈，不觉悲泣，言下大悟……师曰："经意分明，汝自迷背。诸三乘人，不能测佛智者，患在度量也。饶伊尽思共推，转加悬远。佛本为凡夫说，不为佛说。此理若不肯信者，从他退席。殊不知，坐却白牛车，更于门外觅三车。况经文明向汝道：唯一佛乘，无有余乘，若二若三。乃至无数方便，种种因缘譬喻言词，是法皆为一佛乘故。汝何不省，三车是假，为昔时故；一乘是实，为今时故。只教汝去假归实，归实之后，实亦无名。应知所有珍财，尽属于汝，由汝受用，更不作父想，亦不作子想，亦无用想。是名持法华经，从劫至劫，手不释卷，从昼至夜，无不念时也。"②

（2）僧智常，信州贵溪人，髫年出家，志求见性……师曰："彼师所说，犹存见知，故令汝未了。吾今示汝一偈：不见一法存无见，大似浮云遮日面，不知一法守空知，还如太虚生闪电。此之知见瞥然兴，错认何曾解方便，汝当一念自知非，自己灵光常显现。"③

---

① 洪修平、孙亦平：《惠能评传》，南京：南京大学出版社，1998年，第354页。
② （唐）惠能：《六祖大师法宝坛经》，《大正藏》第48册，第356页上。
③ （唐）惠能：《六祖大师法宝坛经》，《大正藏》第48册，第356页下。

（3）师曰："汝知否？佛性若常，更说什么善恶诸法，乃至穷劫无有一人发菩提心者；故吾说无常，正是佛说真常之道也。……故于《涅槃》了义教中，破彼偏见，而显说真常、真乐、真我、真净。汝今依言背义，以断灭无常及确定死常，而错解佛之圆妙最后微言。纵览千遍，有何所益？"行昌忽然大悟，说偈曰：因守无常心，佛说有常性，不知方便者，犹春池拾砾。我今不施功，佛性而现前，非师相授与，我亦无所得。师曰："汝今彻也，宜名志彻。"彻礼谢而退。①

法达、智常、志彻三人，皆列于惠能"十弟子"行列，在最早期的敦煌博物馆本《坛经》中也能看到他们的事迹。不过传世本《坛经》关于三人事迹的叙述，都出现关于善巧方便概念思想的说法。如在和法达的问答中，惠能引用《法华经》"乃至无数方便，种种因缘譬喻言词"的经文，以善巧方便的教法理论，启发法达了解佛教教乘的多样性与统一性的道理；在与僧智常的对话中，六祖警示无论是"不见一法"或是"不知一法"，都还是存在"见知"的思维方式，因而都还不能理解作为教法思想的本质的"方便"；在与僧志彻的对话中，六祖引用《涅槃经》的说法，使得志彻领悟无论是说无常还是说常性，都是教法的"方便"。应该说传世本《坛经》所记惠能这些关于善巧方便的教法思想十分宝贵，南宗禅法有"不立文字"的倾向，与重视文字的教法传统，存在一定的对立。传世本《坛经》增加关于善巧方便概念思想的论述，可以视为是南宗内部对于其宗风表述的某种调整吧。从这种调整也可以看出，惠能及其传承的中华禅学不仅不会拒绝大乘佛教善巧方便一系概念思想的教法传统，而且应该对这一传统予以独具特色的发扬光大。

最后要谈一下《宗镜录》的相关思想。此书的编集者是五代至北宋初年的永明延寿（904-975），这部书是北宋初期编定的一部佛学名著，是唐宋佛教思想史上致力会通禅宗思想与传统教派思想的经典作品，在宋以后中国佛教思想史上占据特殊重要的地位。我们在《宗镜录》开头《标宗章第一》中，可以读到编集者编撰此书的旨趣：

问：先德云：若教我立宗定旨，如龟上觅毛，兔边求角。《楞伽经》偈云"一切法不生"，不应立是宗。何故标此章名？答：斯言遣滞。若无宗之宗，则宗说兼畅。古佛皆垂方便门，禅宗亦开一线道。切不可执方便而迷大旨，又不可废方便而绝后陈。②

---

① （唐）惠能：《六祖大师法宝坛经》，《大正藏》第48册，第359页中。
② （宋）延寿：《宗镜录》卷1，《大正藏》第48册，第417页中。

这则问答中的问意,是引用"先德"和《楞伽经》的说法,质疑立宗(建立教法思想旨趣)的必要性。答语中指出文中所立的"宗",是"无宗之宗",是"宗"和"说"都能够兼容的说法。这个回答清晰说明《宗镜录》调和"宗"(教外别传之宗)和"说"(传统的语言文字教法)的基本旨趣。这个回答还为所谓的"说"(教),提出基本的原则:"古佛皆垂方便门,禅宗亦开一线道。切不可执方便而迷大旨,又不可废方便而绝后陈。"无论是古佛的"方便门",还是禅宗的"一线道",都是指用语言阐释佛教教法思想、引导人们学习佛陀"大旨"的善巧方便一系的概念思想。《宗镜录》此说明确指出无论在传统佛教,或是在禅宗中,方便善巧概念思想都跟佛教的教法思想传统有关,因而都有其重要的意义和作用。答辞中提出既不可执方便、也不可废方便的原则主张,比光宅法云以来"废权显实"的说法更为理性,对待善巧方便及相关语言文字的态度也要合理得多、积极得多。

《宗镜录》中还引用《起信论》的文字,证明善巧方便及由善巧方便所显发的"言语文字"的重要性:"《起信论》云:当知一切诸法从本已来非色非心,非智非识,非无非有,毕竟皆是不可说相。所有言说示教之者,皆是如来善巧方便,假以言语,引导众生,令舍文字,入于真实。"作者解释说:"若随言执义,增妄分别,不生实智,不得涅槃。又若文字显总持,因言而悟道,但依义而不依语,得意而不徇文,则与正理不违,何关语默。故《大般若经》云:若顺文字,不违正理,常无净论,名护正法。"①强调"文字显总持,因言而悟道",对于善巧方便及作为其经常的表现形式的语言文字,显然持非常正面和积极的态度。在"不立文字"的禅宗流行之后,延寿的这种态度和思考可以对治禅宗末流极端反语言、反理性的非智主义的倾向。因此《宗镜录》这样的语言观在唐宋以后中国佛教思想上的正面意义需要高度评价。

《宗镜录》中又引《胜天王般若波罗蜜经》中的一段经文:"三世如来,同在一处自性清净无漏法界,若一若异不可思议,智慧神力同一法界。般若方便,二相平等。"②作者解释说:

> 同在一处自性清净者,一切凡圣皆以无所住而住自性清净心秘密藏之一处。若一若异不可思议者,以报身妙土之相,相入相资,故云若异;以法身自体之性,相遍相即,故云若一。如芥瓶灯室,同喻难量,故云不可思议。般若方便二相平等者,诸佛以般若方便,常相辅冀。何者?以般若观空,不住生死;以方便涉有,不住涅槃。以不住生死故,智眼常明;以

---

① (宋)延寿:《宗镜录》卷61,《大正藏》第48册,第763页上。
② (陈)月婆首那译:《胜天王般若波罗蜜经》卷7,《大正藏》第8册,第723页上。

不住涅槃故，悲心恒续。悲智体同，故云平等。①

这段疏释中特别珍贵的，是《宗镜录》编集者对于《胜天王般若波罗蜜经》中"般若方便"一句的疏释。作者指出"般若观空""方便涉有"，明确般若与方便各自的功能，强调二者的"平等"，可以说完全继承了由道安、慧远、僧睿、僧肇等开创和赓续的中国佛教思想义理的诠释传统。

《宗镜录》还引用过《华严经·十地品》的下面这段经文：

《华严经》云：第七远行地，当修十种方便慧殊胜道。所谓虽善修空无相无愿三昧，而慈悲不舍众生；虽得诸佛平等法，而乐常供养佛；虽入观空智门，而勤修习福德；虽远离三界，而庄严三界；虽毕竟寂灭诸烦恼焰，而能为一切众生起灭贪瞋痴烦恼焰；虽知诸法如幻、如梦、如影、如响、如焰、如化、如水中月、如镜中像自性无二，而随心作业，无量差别；虽知一切国土犹如虚空，而能以清净妙行庄严佛土；虽知诸佛法身本性无身，而以相好庄严其身；虽知诸佛音声性空寂灭，不可言说，而能随一切众生，出种种差别清净音声；虽随诸佛了知三世唯是一念，而随众生意解分别，以种种相、种种时、种种劫数而修行。②

所引这段文字出自《十住经》即《华严经·十地品》的第七地，这段文字的意思是：圆满了第六菩萨地的菩萨道的菩萨，通过由善巧方便及般若智慧所引发的十种特殊的道中发起，则得以进入第七菩萨地（梵本如下：yo'yaṃ bhavanto jinaputrā bodhisattvaḥ ṣaṣṭyāṃ bodhisattvabhūmau suparipūrṇabodhisattvamārgaḥ saptamīṃ bodhisattvabhūmim ākramati, sa daśabhir upāyaprajñājñānābhinirhṛtair mārgāntarārambhaviśeṣair ākramati |③）。译文中所谓"虽善修空无相无愿三昧，而慈悲不舍众生"等十项内容，就是由方便、般若所引发的十种"道中发起"的一种"道中发起"。《宗镜录》的编集者解释说："经云：虽善修空无相无愿三昧者，是对治凡夫著有徇乐之见。而慈悲不舍众生者，是对治二乘沉空畏苦之见。下诸句义，皆同此释。故云：声闻畏苦，缘觉无悲，俱失菩萨二利之行。"④ 由于受到《十地品》译文及唐代古注的影响，《宗镜录》此处的疏释中没有能够直截了当地指明《华严

---

① （宋）延寿：《宗镜录》卷1，《大正藏》第48册，第929页上、中。

② （唐）实叉难陀译：《大方广佛华严经》卷37，《大正藏》第10册，第196页上、中。

③ Daśabhūmīśvaro nāma mahāyānasūtra, Revised and Edited by RYUKO KONDO, Reproduced by Rinsen Book Co., Kyoto 1983. p.114.

④ （宋）延寿：《宗镜录》卷94，《大正藏》第48册，第927页上。

经》上述著名经句明确包涵菩萨地般若与方便并列对举思想的实质,但是他指出这段话中每组句子中的上一句,是"对治凡夫着有徇乐之见";下一句,是"对治二乘沉空畏苦之见",因此每组句子都表现"菩萨二利之行"。这里所谓"菩萨二利",即是指菩萨行的自利与利他,菩萨自利之行,即是般若精神的发挥;菩萨利他之行,即是善巧方便精神的发挥。所以《宗镜录》此段文字虽然没有点明般若与方便平等并举的菩萨行思想的核心义理学原则,但是却包含了这一原则的实质涵义。

《宗镜录》还有一处也谈到了权实的问题:"若破四性境智,此名实慧。若四悉赴缘,说四境智,此名权慧。则权实双行,自他兼利,方冥佛旨,免堕己愚。"① 这里延寿关于权慧、实慧的说法当然继承了法云以来的诠释传统,但是他的解释中侧重"权实双行,自他兼利"的说法,所谓"权实双行",表示不应当在权与实之间形成对待、对立的关系;所谓"自他兼利",是表示在自利、利他之间同样不应当形成对待、对立的关系。这说明《宗镜录》与吉藏、智𫖮的释经学思维方式都一样,他们都一方面继承法云权实之辨的诠释遗产,另一方面极力避免降格善巧方便及形成权实对峙的义理过失。

四、结论:回归善巧方便概念思想的本真 突破"佛教中国化的两重命运"

有趣的是,在方立天先生讨论佛教中国化问题那篇著名论文的结尾,方先生这样写道:

> 第五,佛教中国化的两重命运。在佛教中国化的过程中,最能充分体现中国民族性,最富于民族化色彩的宗派,如禅宗,流传最为久远,影响最为深刻,反之,有的佛教派别没有结合中国的实际,有如昙花一现,很快就消退在中国历史的长河之中,这是一个方面。另一个方面,某些佛教宗派或佛教学者大量融合中国传统文化,尤其是儒家文化,以致彼此的思想界限趋于模糊。由于佛教的非宗教化倾向增加,佛教的出世性和超越性,即相对独立性减少,这又是促使佛教失去存在价值和走向衰败的原因。在中国古代,佛教中国化的程度愈高,流传就愈久。②

方先生认为:在佛教中国化的过程中,存在着"两种命运":第一种命运是:

---

① (宋)延寿:《宗镜录》卷61,《大正藏》第48册,第763页下。
② 方立天:《佛教中国化的历程》,原载《世界宗教研究》1989年第3期,转引自《方立天文集》第一卷《魏晋南北朝佛教》,北京:中国人民大学出版社,2006年,第444页。

佛教中国化的程度愈高，就流传就愈加久远；第二种命运：佛教中国化的程度愈高，其独立存在的价值及其佛学意义，就愈加可疑。所以他认为佛教在中国的发展，或佛教中国化的历程，存在两种命运的"特异的矛盾"，并且这种"矛盾"在他看来是"难以排解不可克服的"。

方先生虽然创造性地提出了佛教中国化的内在机制学说，但他考察佛教中国化的历程，主要还是从佛教智慧的外部加以观察和整理，而不是基于佛法的内在智慧来予以考虑。如果我们同意善巧方便一系概念思想确实是佛教弘法立教的内在依据，因而一般而言是佛教文化一切"在地化"的内在依据，特殊而言也是佛教文化中国化的内在依据，如果这样，善巧方便概念思想确实是佛教推动在地化及中国化的"内在机制"，那么基于善巧方便的中国化佛教的"两重命运"及其之间表现出来的"难以排解和克服的矛盾"，就是不合乎理论的内在逻辑的。

所以，回到善巧方便这一概念所表示的佛法基础，我们可以对于佛教中国化的概念作出新的进一步的界定：所谓佛教的中国化，是指以中国文化的元素为外缘，以佛菩萨圣者的善巧方便品德、能力为内因，所形成的中国样式的佛教形态或中国形态的佛教样式。只有从这样的概念出发，才能够更好地理解佛教中国化的本质或实质问题。

其次，从佛教思想运作的内部逻辑来考虑佛教的中国化问题，诉诸善巧方便概念思想理解佛教的中国化问题，我们对于佛教中国化的内在动力、发展过程、评判标准、规律本质等问题的理解，与主要是基于外部视角考察的分析和结论，当然会有很大的不同。这正是本文作者试图"接着"方先生的说明继续推进佛教中国化问题理论研究的理由所在。

其三，我们系统地梳理了中国佛教思想文化中的善巧方便概念智慧诠释及理解的历史，发现一方面中国佛教无论是透过佛典的汉译还是通过佛教教法思想的理解，都十分成功地发现并创造性地大力继承及弘扬了印度大乘佛教善巧方便的智慧、精神，从这一方面可以看出无论是印度的大乘或中国的佛教，其内在的基于善巧方便概念思想的诠释精神是一贯的，这是中国佛教汉译及诠释合法性的理论根源所在，也是中国佛教思想创造智慧的理论基因；从另一方面，我们也发现在中国佛教的理解及与诠释活动中，确实一定程度上存在弱化善巧方便概念思想的倾向，特别是宋元以后中国佛教的思想活动与社会现实同构，存在严重轻视乃至误解善巧方便概念思想实质的理论偏好和历史情境。只有从这两个方面的观察相结合的视角，才有可能比较完整、准确地理解晋唐之间及唐宋之后中国佛教善巧方便概念思想的本来面目，也只有基于对于中国佛教善巧方便概念思想这种本来面目的省思，我们才有可能理解唐宋以后佛教中国化历史发展过程中种种的优点与缺点、成功与失败，挫折与奋起，经验与教训。

最后，通过善巧方便一系概念思想的回溯性反思，也说明突破佛教中国化历史难题的方式，归根结底还是应该回到善巧方便这一大乘佛教的基本智慧传统上，解铃还须系铃人，中国佛教应当重新回归善巧方便的教法思想传统及般若智慧与善巧方便并重并举、辩证统一的义理学核心原则，因为只有这样中国佛教的思想创造活动才有其本源，佛教的中国化才有其原则和抉择，佛教的"中国化"和中国佛教的"佛教化"才能够有机地得以结合，"佛教思想"和"中华文化"也才会辩证地"双赢"。总之，如果说般若智慧是佛教义理学的"纯粹理论理性"，那么善巧方便则是佛教义理学的"纯粹实践理性"。也正因此，与般若智慧不一不二、不即不离、平衡开发、辩证彰显的善巧方便的菩萨品德及菩萨行伦理原则，不仅是佛教中国化义理诠释及理解的真正的智慧源泉，也是佛教中国化具体理论、实践活动得以有效落实的真正的行动准则。

伦理冲突与调适

——佛教中国化的观念演进

温金玉　中国人民大学哲学院　净土文化研究中心

内容提要： 佛教作为一种外来文化，传入中土起，便开启从观念到制度的中国化过程，经过冲突、磨合、协调、融合，最终在观念层面解决了本土化的转化，倾力于打造中土圣地与圣僧形象，并突出了忠孝两全的伦理建构，彻底融入中国文化之中，成为世界文明史上最为成功的文化嫁接案例。

关键词： 夷夏论；方外之宾；致拜君亲；中国化

印度文化圈与中国文化圈在丝绸之路打通后，原先相互隔离的状态被打破，开启了漫长而频繁的交流过程。佛教随着商旅马队的清脆蹄声传入汉地，与原有的儒道思想发生冲突对立，协调融合，最终形成三教合一的共识，儒家治世、道家治身、佛家治心的价值论也一直流行于世间，成为世界文明史上最为成功的文化嫁接案例。然而透过历史的尘烟，我们依然会看到佛教中国化过程中的不易与艰辛。本文将从儒佛两家在伦理层面的冲突与协调入手，来分析佛教中国化过程中的观念演进。

一、问题的提出

佛教作为一种域外文化由两汉之际传入，初传中国就面临着如何中国化。中国化解决的是生存问题，其实"中国化"概念的提出并不是一个新名词，早期的格义佛教，就是"中国化"的古典表达。可以说，佛教的创立改变了世界，佛教的传入改变了中国。佛教的产生，使人类的思想世界多了一种全新的理论体系，与苏格拉底、柏拉图代表的古希腊哲学，中国的孔子和老子学说，共同构建了世界历史的轴心时代。而佛教的东传，由中国而东亚，而世界。可以说，正是佛教的诞生与传播，改变了世界文化的格局。

对中国思想界而言，也可以说因佛教的传入而改变了中国文化的格局。佛法东来是在汉代儒学一统局面形成之后发生的，而至魏晋南北朝时期的相融。隋唐达到大盛，使原来以儒道两家为主的天下，变成了儒释道三足鼎立的世界。"罢黜百家，独尊儒术"的提出，不单单是一种思想的推崇，而是致力于一种意识形态的倡导，统治秩序的构建，以及社会行为规范的确立，实现的是大一统的"教化"功能。董仲舒指出"《春秋》大一统者，天地之常经，古今之通谊也"。其时思想的状态是"师异道，人异论，百家殊方，指意不同"，导致"上无以持一统，法制数变，下不知所守"。因此他提出："诸不在六艺之科、孔子之术者，皆绝其道，勿使并进，邪辟之说灭息。"这样就可以"统纪可一，而法度可明，民知所从矣"！① 董仲舒的建议，契合了汉武帝维护大一统王朝的巩固需求，为此，汉武帝设立五经博士，建立太学，提升六经和儒学地位，经明行修，射策选士，天下学子，向风而行。在这样的形势下，初传的佛教如何在儒学的国度生存发展，便成为一个需要抉择的问题。陈寅恪先生在《冯友兰〈中国哲学史〉下册审查报告》中曾论及这一主题："释迦之教义，无父无君，与吾国传统之学说，存在之制度，无一不相冲突。输入之后，若久不变易，则绝难保持。是以佛教学说，能于吾国思想史上，发生重大久远之影响者，皆经国人吸收改造之过程。其忠实输入不改本来面目者，若玄奘唯识之学，虽震动一时之人心，而卒归于消沉歇绝。近虽有人焉，欲然其死灰，疑终不能复振。其故匪他，以性质与环境互相方圆凿枘，势不得不然也。"② 佛教无论从其教义或是制度来看均与中国原来文化有着较大的差异，冲突是必然的，协调是必需的，中国佛教一路走来，就是走着这样一条坚持与妥协的调和之路。

二、佛教传入中土后面临的两大观念问题

1. 夷夏之辩与边地意识

从春秋战国时代开始，中国就逐渐形成了具有强烈文化优越感的民族理论"夷夏论"。认为"华夏"民族居住在世界的中央，"夷、戎、蛮、狄"分别居住在世界的东西南北四方。这种地理概念，被称为"四裔五方"的"中国"意识。中国是礼仪之邦，四夷则是化外之民。"有礼仪之大，故称夏；有服章之美，谓之华"。③ 华夏，成为中国的代名词。

《礼记》的《王制篇》对传统的中国天下观有很好的说明

---

① 《资治通鉴》卷十七。
② 陈寅恪：《冯友兰〈中国哲学史〉下册审查报告》，《金明馆丛稿二编》，上海：三联书店，2001年，第283-284页。
③ 孔颖达：《春秋左传正义》。

> 中国夷狄五方之民，皆有性也，不可推移。东方曰夷，被发文身，有不火食者矣；南方曰蛮，雕题交趾，有不火食者矣；西方曰戎，被发衣皮，有不粒食者矣；北方曰狄，衣羽毛穴居，有不粒食者矣。中国夷蛮戎狄，皆有安居，和味，宜服，利用，备器，五方之民，语言不通，嗜欲不同。

何谓中国？谭世宝教授认为："汉文的'中国'的'国'本指上古的邦城，故'中国'其实是指'国中'也就是城中。后来改作指华夏族天子直辖的政治文化中心城市京师（首都）为天下的中心城市，和泛指其直接统治的华夏族国家地区为天下的中心国家地区，并且在秦汉以来成为古代儒家史书论著对我国承继华夏正统的国家王朝地区的通称。"①

印度佛教也有自己的天下观，只不过将"中国"变成了恒河流域佛陀出生、出家、弘法、入灭的区域。王邦维教授指出："世界的中心在哪里，中国处在世界的什么位置上，这些原本不是问题的问题，在印度的佛教传入中国以后，被提了出来。中国人发现，自己的国家不一定就是世界的中心。这中间很明确的一点是，依照印度佛教的观点，世界的中心不在中国。印度佛教另有一种'中心观'。"②这一"中国观"挑战了中国固有的天下观。中印度成为"中国"，印度之外的区域，变成了"边国"。陈金华教授在《东亚佛教中的"边地情结"论圣地及祖谱的建构》③一文中对此主题也作了详细论证。在《根本说一切有部毗奈耶皮革事》中有如下说明：

> 从此（即舍卫国）东方，有奔茶林，彼有水，名曰奔茶。从此已去，名为边国。南方有国，名摄伐罗佛底，有水亦名摄伐罗佛底。从此已外，亦名边方。西方有国，名窣吐奴，邬波窣吐奴婆罗门村，此外名边方。北方有山，名嗢尸罗，此山之外，名曰边方。④

窥基法师对《瑜伽师地论》中"又处中国不生边地"更作了如下的解释：

> 依俗间释，唯五印度，名为中国。中国之人，具正行故。余皆边地，设少具行，多不具故。佛法所传，唯中印度，名为中国。威仪礼则，顺正理故；苾刍等具正行故，具正至故。余虽少具，多乖仪则。行不纯故，皆名边地。⑤

---

① 谭世宝：《印度中天竺为世界和佛教中心的观念产生与改变新探》，《法音》2008年第2期。
② 王邦维：《佛教的"中心观"对中国文化优越感的挑战》，《国学研究》第25辑，2010年。
③ 陈金华：《东亚佛教中的"边地情结"论圣地及祖谱的建构》，《中国佛学》2012年总21期。
④ 《根本说一切有部毗奈耶皮革事》，《大正藏》第23册，第1053页上。
⑤ 《瑜伽师地论略纂》，《大正藏》第43册，第106页上。

对于"中国"的殊胜，佛教经论作了大量的渲染，认为佛菩萨都会生于中国，而不会选择边地。如以下记述：

> 佛兴出世，要在阎浮利地。生于中国，不在边地。所以尔此阎浮利地者，东西南北亿千阎浮利地，此间阎浮利地，最在其中土旱。神力胜余方，余方刹土，转不如此。①

> 菩萨不生边地，以其边地人多顽钝，无有根器。犹如痖羊，而不能知善与不善言说之义。是故，菩萨但生中国。②

从以上两组地理的观念演出"华夏中心说"与"天竺中心论"，成为佛教传入中国面临的一大问题，到底谁是"中国"？

同样在中国佛教僧传中，早期也认为天竺就是"中国"。西晋建兴年间（313-317）净检从西域沙门智山剃发，受十戒。后东晋咸康年间（335-342）又有僧建于月氏国得《僧祇尼羯磨》及《戒本》，于升平元年（357）请昙摩羯多立比丘尼戒坛，净检与同志三人共于坛上受具足戒，此为我国比丘尼之滥觞。等求那跋摩于刘宋元嘉元年（424）到中土后，又复有师子国尼八人来。时景福寺尼慧果、净音等苦求更受。《事钞》记载说："答曰：'善哉，夫戒定慧品，从微至著，若欲增明，甚相随喜。'且令西尼学吾，更往中国请尼，令足十数。"③此处的"中国"，更是指向印度。

佛教传入中国以后，"夷夏论"成为一种焦点问题。《牟子理惑论》里的"问者"，以儒家的立场设问：孔子曰："夷狄之有君，不如诸夏之亡也。"孟子讥陈相更学许行之术，曰："吾闻用夏变夷，未闻用夷变夏者也。""吾子弱冠学尧、舜、周、孔之道。而今舍之，更学夷狄之术，不已惑乎？"④牟子在此委婉挑战了传统的"四裔五方"的中国意识。

这样的天下观，是中国人难以接受的。但作为佛教徒，他们又不得不接受，认定"中国"或是在印度。印度才是世界的中心，而华夏不过是未开化的"边鄙之地"。在向往"佛国"中心的思潮中，应数中国僧人当时的西行求法最是热烈。我们可以通过法显与玄奘的亲身描述来佐证。在《高僧传》中有如下记载：

> 法显住此三年，学梵书梵语，写律。道整既到中国，见沙门法则，众僧威仪，触事可观，乃追叹秦土边地众僧，戒律残缺。誓言自今已去，至得佛，

---

① 《出曜经》卷第二，《大正藏》第4册，第717页下。
② 《方广大庄严经》，《大正藏》第3册，第541页下。
③ 《四分律删繁补阙行事钞》卷中一，《大正藏》第40册，第51页下。
④ 周叔迦：《牟子丛残新编》，北京：中国书店，2001年，第10-11页。

愿不生边地。故遂停不归。法显本心欲令戒律流通汉地，于是独还。①

这里的"中国"就是指中天竺，而"边地"即是指中土。同样当玄奘到达菩提迦耶时，亦有相同的感受：

奘初到此，不觉闷绝。良久苏醒，历睹灵相。昔闻经说，今宛目前。恨居边鄙，生在末世。不见真容，倍复闷绝。②

此处的"边鄙"亦是指中土。即使是未出边境之人也有这样的感慨。如释道安在《阴持入经序》中说：

安末近积罪，生逢百罹，世事孔棘，世乏圣导，潜遁晋山，孤居离众。幽处穷壑，窃览篇目。浅识独见，滞而不达。夙宵抱疑，谘诹靡质。……世不值佛，又处边国。音殊俗异，规矩不同。又以愚量圣，难以逮也。③

在《十二门经序》中也表达了同样的情绪：

安宿不敏，生值佛后，又处异国。楷范多阙，仰希古烈。滞而未究，寤寐忧悸，有若疾首。④

在《地道经序》中还说：

子生不辰……先哲既逝，来圣未至。进退狼跋，咨嗟涕洟。⑤

其弟子僧叡在《毗摩罗诘提经义疏序》中也说："先匠（道安）所以辍章遐慨，思决言于弥勒者，良在此也。"⑥道安往生兜率天的目的是要让弥勒菩萨来决疑。当时迷信远来的和尚会念经。如道安常注诸经，恐不合理，乃誓曰："若所说不堪远理，愿见瑞相。"乃梦见胡道人头白眉毛长，语安云："君所注经，殊合道理。我不得入泥洹，住在西域，当相助弘通，可时时设食。后《十诵律》至，远公乃知和上所梦宾头卢也，于是立座饭之，处处成则。"⑦

当时一些碑文也有这样的记载：

---

① 《高僧法显传》，《大正藏》第 51 册，第 864 页中－下。
② 《续高僧传》，《大正藏》第 50 册，第 451 页上。
③ 《出三藏记集》卷六，《阴持入经序》，《大正藏》第 55 册，第 45 页。
④ 《出三藏记集》卷六，《十二门经序》，《大正藏》第 55 册，第 46 页。
⑤ 《出三藏记集》卷六，《地道经序》，《大正藏》第 55 册，第 69 页。
⑥ 《出三藏记集》卷八，《大正藏》第 55 册，第 59 页上。
⑦ 《神僧传》卷二，《大正藏》第 50 册，第 954 页下。

在开封博物馆中收藏的《刘根等四十一人造三级砖浮图记》中说:"生于千载之下,进不值鹫岩(释迦)初轩,退未遇龙华(弥勒)宝驾。"

在山西盂县城北兴道村《兴化寺高岭诸村造像记》中说:"生遭季运,前不值释迦初兴,后未遭弥勒三会。"生不值佛世,成为弥漫当时的一种痛。

北魏僧人昙鸾就发出了"五浊之世,无佛之时"的感慨。日本学者藤堂恭俊认为昙鸾的无佛感是一种与释迦、弥勒二佛隔绝之后,在信仰上产生的危机感,因此他得到《观经》之后,重新找到了希望,转向了西方极乐世界,他相信阿弥陀佛现在西方世界,以本愿力,不断救度着众生。这是昙鸾净土信仰的因缘。

这种文化中心的差异,让佛教进入中国后,面临许多的尴尬与不适,也引发了儒道对其不间断的批评。即使到了明朝时,这样的情结依然浓烈。如永乐帝的外交政策中,包括郑和下西洋,完全无视贸易带来的利润,其终极理想就是用儒家礼仪秩序规范"四夷",确立以明朝为中心的东亚国际政治秩序,并将其永远维持下去。"帝王居中,抚驭万方,当如天地之大,无不覆载。远人来归者,悉抚绥之,俾各遂所欲。"①永乐帝梦想的还是"四夷朝贡的盛世"。

对于这种不适,中国佛教自觉开启了对边地情结的克服。

(1) 对中土高僧的圣化

中国佛教界开始塑造本土高僧形象,以消解或替代印度佛教的神圣性。如对东晋慧远的评价:"外国众僧,咸称汉地有大乘道士,每至烧香礼拜,辄东向稽首,献心庐岳。"②天台祖师智者大师被称为"东土小释迦"。在唐时,据说湛然在五台山邂逅不空的门人含光。含光告诉湛然,他在印度遇到一个对天台宗极其心仪的天竺僧人"大唐有天台教迹,最堪简邪正,晓偏圆"。殷切地希望能将天台著作译成梵语,以便在印度流通。湛然作如下评论:"岂非中国失法,求之四维。而此方少有识者,如鲁人耳。"③《宋高僧传》作者赞宁称赞道宣:"宣之持律,声振竺乾。宣之编修,美流天下。是故无畏三藏到东夏朝谒。帝问:自远而来,得无劳乎?欲于何方休息。三藏奏曰:在天竺时常闻西明寺宣律师秉持第一,愿往依止焉。敕允之。"④比如从未去过印度的道宣律师就以天人托梦"感灵而出",仿照天竺祇洹寺的样子造了一座戒坛。后来义净律师认为"咸是凭虚"。但得到印度来华僧人的肯定与认可。认为戒坛形制与天竺者相仿。"近以乾封二年九月,中印度大菩提寺

---

① 《太宗实录》永乐元年十月辛亥。
② 《高僧传》卷六《慧远传》,《大正藏》第50册,第360页上。
③ 《法华文句记》,《大正藏》卷50,第359页下。
④ 《宋高僧传》卷十四,《大正藏》第50册,第790页中。

沙门释迦蜜多罗尊者，长年人也，九十九夏来向五台，致敬文殊师利。今上礼遇，令使人将送。既还来郊南，见此戒坛，大随喜云，天竺诸寺皆有戒坛。又述乌仗那国东石戒坛之事，此则东西虽远，坛礼相接矣。"① 更有说，道宣戒坛建成后，还得到宾头卢尊者的赞许。在《宋高僧传》中记载："尝筑一坛，俄有长眉僧谈道知者，其实宾头卢也。复三果梵僧礼坛，赞曰：'自佛灭后，像法住世，兴发毗尼，唯师一人也。'"②《佛祖统纪》也说："有长眉僧（即住世宾头卢）来谓之曰：'昔迦叶佛曾此立坛。'师乃撰《坛经》行于世。"③

（2）化身信仰的兴起

除了高僧的塑造，中国佛教开启化身模式。如认定南朝傅大士是弥勒化身；净土善导大师是弥陀化身。法然《选择集》中言："大唐相传云，善导是弥陀化身也。"北宋慈云《西方略传》、择瑛《修证仪》、用钦《白莲记》皆言"善导和尚是弥陀化身"。明朝莲池《往生集》言："善导和尚，世传弥陀化身。"民国印光大师言："善导和尚，系弥陀化身，有大神通，有大智慧。"又以偈赞言："世传师是弥陀现，所说当作佛说看。"净土祖师法照、少康又是善导的化身。寒山与拾得两位大师，是唐代天台山国清寺隐僧，佛教史上著名诗僧，并称"寒拾"。行迹怪诞，言语非常，相传是文殊菩萨与普贤菩萨的化身。丰干是阿弥陀佛的化身。永明延寿被视为阿弥陀佛的化身：吴越王以诞辰，饭僧于永明寺。王问永明大师："今有真僧降否？"师曰："长耳和尚，乃定光佛应身也。"王趋驾参礼，定光云："弥陀饶舌。"少选，跏趺而化。五代契此和尚被认定是弥勒的化身。

（3）圣地的异地再造

佛教名山的构建，其目的是要与儒家五岳信仰、道家洞天福地相抗衡，道教有十大洞天、三十六小洞天、七十二福地。佛教中心的转移体现在中国明清时期四大名山的信仰体系建构。如五台山与佛教大乘菩萨信仰结合，开启了一种建立佛教圣地的新模式。唐代以后，五台山作为佛教圣地就受到来自东北亚、东南亚和南亚信徒的朝拜，成为跨越国界的佛教圣地。如释迦蜜多罗"麟德年中，来仪此土，云向清凉，礼拜文殊师利。自云九十五夏，每跣足而行，常唯一食。或复虚中七日，兼修露坐，不栖房宇，而辄至食，向东北遥礼"。④ 其举手投足之间，都向世人证明，中土清凉山就是文殊道场。

---

① 《关中创立戒坛图经》，《大正藏》第45册，第808页下–809页上。
② 《宋高僧传》卷十四，《大正藏》第50册，第790页中。
③ 《佛祖统纪》卷三十九，《大正藏》第49册，第367页下。
④ 《古清凉传》卷上，《大正藏》第51册，第1098页下。

这一构建圣地的模式,也传到近邻日本和朝鲜半岛,他们又模仿中国的清凉圣地,建构了各自的佛教圣地。佛教的空间传播,如同击鼓传花,最终在包括南亚、中亚、东亚和东南亚等在内的广大区域内,建立了一个庞大的佛教信仰文化圈。

2. 王权至上与致拜君亲

在中国两千多年来政治权力占据至高无上的地位,国家制度所代表的政治权力之于佛教的运行经常是具有决定性的,因此,中国社会完全脱离于政治的纯粹文化史、经济史、宗教史,几乎是不可能的。僧人要不要拜君亲,似乎是一个礼节问题,其实事关重大。在佛教教理上,人人平等,且僧人是方外之人,不从世俗礼仪。所以,除佛陀之外,不拜俗人。这是宗教信仰的原则问题。然而,它同中国强调天地君亲等级秩序的儒家伦理相冲突,从东晋时代,国家就在拜不拜君亲的问题上,与佛教教团发生过多次争论。

(1) 慧远与"沙门不敬王者论"

东晋元兴二年(403)当时总揽政权的桓玄,在沙汰沙门之后,又下令全国的僧侣必须要向王者敬礼。这道命令引起慧远的反对,致书给桓玄,宣称沙门乃"方外之宾",不应该向君主礼拜,这就是史上闻名的《沙门不敬王者论》。慧远主张出家人乃方外之宾,变俗以达其道。"出家则是方外之宾,迹绝于物。其为教也,达患累缘于有身,不存身以息患,知生生由于禀化,不顺化以求宗。求宗不由于顺化,则不重运通之资,息患不由于存身,则不贵厚生之益。此理之与形乖,道之与俗反者也。若斯人者,自誓始于落簪,立志形乎变服。是故凡在出家,皆遁世以求其志,变俗以达其道。变俗则服章不得与世典同礼,遁世则宜高尚其迹。"出家者就是超凡脱俗之方外人,与世俗之境界、作为就会有所不同。表现于外在就是服章不与世俗同,礼仪不与世俗同,方能体现出离之气象。出家并不违背忠孝原则。"夫然,故能拯溺俗于沉流,拔幽根于重劫。远通三乘之津,广开天人之路。如令一夫全德,则道洽六亲,泽流天下。虽不处王侯之位,亦已协契皇极,在宥生民矣。是故内乖天属之重,而不违其孝;外阙奉主之恭,而不失其敬。"①佛教主张自度度人,自立立他。所以沙门虽然表面看是成就一己之事业,其实可以惠及六亲,泽被天下。沙门虽然未处王侯之位,但同样以自己的修行有助于王化,恩泽于百姓。在这个意义上,忠孝皆可圆满。

(2) 唐代拜君亲政策的落实

慧远的行为固然是佛教僧人应有之态度,但这一现象也只有在东晋王权尚未强化、崇尚方外生活方式的社会里,才会可能存在。而在中国北方强大的胡族专制君

---

① 《弘明集》卷五《沙门不敬王者论》,《大正藏》第52册,第30页中。

权下,是完全没有可能,只能是法果礼敬王者的选择。但此后南方王权通过设立僧官制度,致力于控制僧团。这是让沙门屈服于王权的第一步。但礼敬问题始终未能解决。到隋唐时,因为统一王权的建立健全,这一问题再度被提出。

从资料方面来看,目前在彦悰《集沙门不应拜俗等事》六卷、道宣《广弘明集》中几乎收录了当时所有的相关史料。虽然隋唐均是统一国家,但对待佛教的态度有所差别。隋文帝通过禅让制度,取得天下,他在统治时期,全力复兴遭到北周武帝毁灭的佛教。李唐王朝建立后,武德四年(621)六月二十日,身为太史令的傅奕上废佛法奏事十一条。唐高祖李渊征询沙门的意见,法琳法师据理回答,李渊竟无词以对,傅奕之议因而不行。武德九年(626)三月,唐高祖下诏沙汰寺僧;只京师留三寺千僧,其余寺宇并赐王公,僧徒放还故乡。但到六月三日,高祖退位,太宗大赦天下,佛教又恢复旧观。

贞观五年(631)正月,公布了令僧尼道士拜父母的诏书,据《资治通鉴》卷193记载:"春,正月,诏僧、尼、道士致拜父母。"在《贞观政要》卷七《礼乐》收录了唐太宗的话:"贞观五年,太宗谓侍臣曰:佛道设教,本行善事,岂遣僧尼道士等妄自尊崇,坐受父母之拜,损害风俗,悖乱礼经,宜即禁断,仍令致拜于父母。"①这里看到,太宗是要求僧尼致拜父母,而不是君王。从上述谈话来看当时的情形,僧尼道士不仅不拜父母,反倒要受父母之拜。但这一要求并没有贯彻下去,据《佛祖统纪》卷三十九"贞观七年(633)"条记载,"敕僧道停致敬父母"不到两年时间就取消了。

玄宗继位后,力图对以往的政治进行改革。其首辅姚崇也积极推进以整顿纲纪为目的的各项政策,其中就有沙汰伪滥僧并限制建造奢华寺院的政策。根据姚崇的提议,玄宗于开元二年(714)正月七日,首先下令整顿僧尼,让一万二千(有说二万)伪滥僧还俗。二月十九下诏禁止创建寺院,且维修旧寺须经官府审批。此外玄宗对致拜君亲的问题也很注重,于开元二年闰二月三日发布了唐代第三次命令僧尼拜父母的诏书。《令僧尼道士女冠拜父母敕》收入《唐大诏令集》卷130,其中有"自今以后,道士女冠,僧尼等,并令拜父母。丧纪变除,亦依月数。"②前两次均是不了了之,而此次好像并未遭到佛教的抵制。从东晋开始的这一场争论,到玄宗开元年间落下帷幕,最后以王法的胜利告终。《新唐书》卷四十八记录"道士女冠、僧尼见天子必拜"③。

---

① 《贞观政要》卷七《礼乐》。
② 《唐大诏令集》卷一三〇。
③ 《新唐书》卷四十八。

我们再来看看佛门中的孝道。其实即使早期佛教也不排斥孝亲。佛陀在忉利天宫为母亲摩耶夫人及诸天说法三个月，让母亲及大众领受佛法真谛，获得解脱。还有佛陀为生父担棺的故事。在中土影响巨大的《梵网经》记载："孝顺父母师僧三宝，孝顺至道之法。孝名为戒，亦名制止。"唐代高僧宗密在《佛说盂兰盆经疏》序中说，孝道"始于混沌，塞乎天地，通人神，贯贵贱，儒释皆宗之"。禅宗六祖慧能强调修行要与儒家的孝道联系在一起："心平何劳持戒，行直何用修禅。恩则孝养父母，义则上下相怜。让则尊卑和睦，忍则众恶无喧。"① 在慧能之后，佛教进一步向儒家靠拢，竭力与儒家的伦理学说相融合，撰写了一批论孝的著作，出现了一批名噪一时的"孝僧"。最著名的是契嵩法师的《孝论》。契嵩大量写作护教文章，与主张排佛者相抗。同时大力倡导"儒佛之道一贯"说，维护佛教的地位。《孝论》共十二章，是契嵩阐述佛教孝道观的重要论文。此外为了说明佛教与儒家孝亲观契合无间，佛教徒抬高《盂兰盆经》的地位，纷纷为其注疏，广为宣传，并形成声势浩大的"盂兰盆节"。清代著名居士彭绍升还将称念佛名与行孝联系起来，认为称念佛名是行孝的最好方式。

佛教作为一种外来的文化，传入中土后，与中国固有文化相协调、相融合，最终完成中国化的形态转型，成为中国传统文化中儒释道三大系统之一，三教和而不同，相济互补，共同构建了中国民众的信仰天空。

---

① 《六祖大师法宝坛经》，《大正藏》第48册，第352页中下。

真实理与虚假心

——从"简非"看《摩诃止观》的撰述思路

王雷泉　复旦大学哲学学院

内容提要：《摩诃止观》堪称汉传佛教最重要的一部系统佛学，五略勾勒了全书基本框架和著述思路。五略的重点在发大心，这一单元的文本分方言、简非、显是三部分。在正面阐述发真正菩提心之前，首先简别非大乘的十种虚假心，本文取材方言、简非前两部分，分四节论述智顗建构教义体系的思路和方法：

一、发菩提心为成佛之道。界定心的语义为虑知心，即能明辨是非，表达自由意愿的主体意识。菩提指觉悟的智慧，同时有成佛之道的实践意义。此菩提道概括佛教的教义体系：四谛（境），对圆满教理的真正理解；四弘（行），树立上求下化菩萨行愿；六即（果），揭示圆教六种修证阶位。

二、依教理简别虚假之心。为展现真正菩提心，首先简别并别除十种非大乘的虚假心。世间九类凡夫外道，耽迷于世间生死，如蚕自缚，是为"九缚"。二乘虽能出离世间，然执著于出世涅槃，没有慈悯众生之悲心，如獐独跳，是为"一脱"。大乘以即世间而出世间的菩萨行超越九缚一脱，故须站位法界视域，依四谛教理之是而简择虚假心。

三、论机教感应中的方法。简非的真理标准，除了"约是简非"，即依据四谛教理简别十种非心，还须"寄是简非"，即寄托佛菩萨与众生的感应道交而论发心。为此引证大乘经论，阐述佛菩萨为教化众生，以四随、四悉檀等方法对机说法，唯机教感应，方能成办大事。

四、论证五略的编撰思路。根据上述真理观和方法论，论证五略的编撰思路，且含摄《摩诃止观》十广内容。根据众生根机禀赋不同，以四悉檀等说法方式，使众生各得法益。虽圣说多端，皆归结止观。以止观一名统摄佛教的理论和实践体系："发菩提心即是观，邪僻心息即是止。"

第一节 发菩提心为成佛之道

一、境行果的教义结构

若举可与西方大神学家所著系统神学相媲美的佛学通论，《摩诃止观》堪称汉传佛教最早且最重要的一部系统佛学。《摩诃止观》十卷本，以五略十广架构全书，其中五略二卷，为发大心、修大行、感大果、裂大网、归大处，勾勒了全书的基本框架和著述思路，相当于全书概论。

在五略中，最重要的是发大心这一单元，其文本分为三个部分：方言、简非、显是。"方言"，界定菩提和心的语义，确认心即虑知心，即能明辨是非、表达自由意愿的主体意识。菩提指觉悟的智慧，同时有成佛之道的实践意义。"简非"，简别并剔除凡夫外道和二乘十种非大乘的虚假心。"显是"，从境行果三方面明确真正菩提心。四谛（境），对圆满教理的真正理解；四弘（行），树立上求下化菩萨行愿；六即（果），揭示圆教六种修证阶位。

从上述境行果结构来看，发菩提心既是确立正确信仰的基础，也是原始要终，将发心之始、修行过程、成佛之终融为一体的成佛道路。唐代南泉普愿禅师有段著名语录："须向那边会了，却向这边行履，始得自由分。"从这三句话中，可抽出真实理、平常心、自由分三个关键词，为理解智者大师建立系统佛学的撰述思路，提供了简明扼要的理论参照。自由分，学佛以认识真理得自由为究竟目标；平常心，生命的不自由在于心灵的迷惑，故以平常心对治分别心；真实理，体现在断惑证真的实践过程中。境是真理之境，行是菩萨之行，果是自由之果。境行果三者，是一个有机的整体。

境，在认识上转识成智，达到境智冥一的境界。境是认识的对象，包括宇宙间万事万物的现象（相、事）及事物的本质（性、理）。境与心对应，就认识机制而言，表现为凡夫的分别识和圣者的无分别智。佛教对真理之境的认识，即透过如波浪般幻化的现象达到事物的本质，透过表面幻相和抽象名相而把握实相。天台圆教的视域，从三界拓展到凡圣十法界，对真理之境的理解，取决于能观之智的高下和方法的巧拙，以此判摄藏通别圆四教对四谛教理的认知深浅。

行，在修道上转染成净。四谛教理是教理行果的统一体系，解行相应，理事圆融，性修不二。在修证成佛的实践中，性是成佛的可能性，修是将佛性转成现实的实践。四谛通大小乘之理，而四弘专指大乘，依四谛之理发起上求菩提、下化众生的菩萨行愿。圆教四弘誓愿，以真俗中一念三谛，为发誓愿之理境。以圆融具足而充满活力的法界视域，将三道即三德的圆理，体现在上求下化的圆行中，消解一切色心、主客、境智、凡圣之分别。

　　果,在生命价值的提升上转凡成圣。果,与因地上的发心修行相对应。按照天台圆教,确立六即的果位论,阐明从凡夫之始到成佛之终,理事圆融、初后无滥的关系。在根本理体的性德上,确立发心学佛的可能性(即);在具体实践的修德上,更有在事上进行由浅入深修证进程的必要性(六)。如《金刚经》所言"一切贤圣皆以无为法而有差别",转凡成圣的优入圣域,与对真理认知的深度相应,则圆教以三谛圆融的中道智慧,其果位层级远较前面藏通别三教为优。从判别理境有大小、行愿有偏圆,到果位纯一圆教,如此从浅至深、由粗转细,而以圆教无作菩提心为是。

　　在"发大心"单元中,本文依据"方言"和"简非"文本,作为《摩诃止观》导读第四讲《真实理与虚假心——从"简非"看〈摩诃止观〉的撰述思路》,先作简要勾勒。至于"显是"文本,则分作《信解真理而发大心——依四谛理境发菩提心》《上求菩提,下化众生——发菩萨四弘誓愿》和《超克自卑与我慢——六即成佛的阶位》三讲具体展开。

二、三门增上发菩提心

　　在"方言"一节文本中,先对菩提心作语义学上的解析。菩提(Buddhi),即觉悟的智慧,有成佛之"道"的意义。发起菩提心,即发起成佛的道心,此菩提智慧贯通从此岸到彼岸的修行历程。般若是因上行动的智慧,为六度之上首,引导各种度向解脱彼岸的修行。菩提作为觉悟成佛的智慧,在成佛的道路上有阶段性的成果,则列为发心、伏心、明心、出到、究竟五菩提。

　　心,在印度有多种语义。质多(Citta),是能保存众生所有生命行为信息、能思虑、能想象和记忆的意识主体。外道将此能思辨、记忆,并在三世中流转的心,执著为实体性的自性,亦称灵魂。外道执著的自性我,是一个起主宰作用、不受任何东西影响而独自存在、常存不变的实体。佛教的缘起论,所破的就是对这个自性我的执著,缘起故无自性,不存在有一个永恒不变的实体。

　　心还有其他的语义,不在菩提心中所摄。比如污栗驮(Hrd),草木之心,印度亦计草木有命,能随时生落。又称矣栗驮,积聚精要之义,如《心经》是般若部旨要,戒本名为戒心,是结戒要文等,皆指概要、纲要的意义。又指肉团心,此乃色法所摄,是物质性的东西。

　　通过辨析心的不同语义,界定心的语义即虑知心,亦即通常说的自我意识,指能明辨是非、表达自由意愿的主体意识。此虑知心,天台宗主要指第六识,在定境中修观之心。发菩提心是佛教徒确立正确信仰的基础,也是修习止观的前提。

　　觉悟这个术语来自佛教,有自觉、觉他和觉行圆满之位次,又有本觉、始觉和究竟觉之维度。就觉悟的维度来说，凡夫处于不觉，经学佛走向始觉；外道心外求法，是为邪觉；小乘明缘起性空之理，是为正觉，然因偏于自利故称偏觉；菩萨自觉觉他是为等正觉，但在未成佛之前尚有欠缺，故称缺觉；唯有佛是无上正等正觉，故称圆觉。发菩提心，发的就是成佛之心。故学佛的中心，一言以蔽之：清除精神污染，提高思想觉悟。从污染到觉悟，学佛要做到三个转变：

一、生命主体的转凡成圣。在凡夫趋向成佛终极目标的过程中，贤人位处于凡圣之间，作为过渡阶段。儒家教育的宗旨和路径是：士希贤、贤希圣、圣希天。士以贤人为榜样，贤人以圣人为榜样，圣人的价值源头来自天道、天理、天命。此即《中庸》所说"天命之谓性，率性之谓道，修道之谓教"。佛教转凡成圣的路径，借用了中国固有的圣贤这些术语。凡夫从发心开始，历十信位，尚是外凡。经过十住、十行、十回向等三十贤人位，为内凡。到达初地，即优入圣域，历十地菩萨和等觉位，臻妙觉位即成佛。

二、哲学认识上的转识成智。凡夫的认识状态，处于偏离真理的分别识，即禅宗六祖惠能所说："凡夫见二，智者了知其性不二。"学佛就是从分别识的状态，转入到无分别智的不二状态。生命价值的提升，从凡夫位，经贤人位，直到优入圣域，取决于对真理的认识深度，此即"一切贤圣皆以无为法而有差别"。

三、道德价值上的转染成净。通过认识论上的转识成智、价值论上的转染成净，清除种种烦恼情执，才能在生命主体上做到转凡成圣。只有在清除精神污染的过程中，才能逐步提高思想觉悟，故要以智慧对治十种非心，扭转被业力牵引的生死流转历程。因此，必须先简非，才能显正。启发凡夫的不觉，导正外道的邪觉，转小乘偏觉为菩萨的等正觉，进而走向究竟的大乘圆觉。

简非与显是，皆依真理作为判别是非真假的标准。那么，真理的标准来自何处、通过什么方法才能掌握真理？在简非中，简别十种虚假心的真理标准，首先，依据佛陀经教及四谛教理体系。其次，就信仰的神圣性而言，还须仰仗于佛菩萨的机教感应。在众生与佛菩萨的感应道交中，"感"是众生自下而上地仰望星空，接受佛菩萨的开示教导；"应"是佛菩萨自上而下地应身示现，根据众生不同根机而施行教化。最后，不忍众生苦、不忍佛法衰的大悲心。由此可见，真理的标准和力量的来源，来自三个方面：一、对四谛真理的推理，是智慧增上；二、来自佛菩萨的加持，是信愿增上；三、发菩萨救度众生的大悲心，是慈悲增上。

上述三门增上发菩提心，在"显是"中展开详尽论述。在"简非"中则作为不言自明的前提，而于信愿一门较多论述。简别并剔除凡夫外道和二乘的十种虚假心，必然要有站位更高的大乘菩提心视域。从理上讲，心、佛、众生，三无差别。从事上而言，天台宗将自行因果、化他能所的纵横坐标，定位在法界视域，展开上求下化的菩萨实践。心，指发菩提心的生命主体。佛，为纵向上求菩提的究竟目标。众生，为横向成熟有情、净佛国土的遍法界一切依正对象。在菩萨行者上求下化的道路上，自行和化他是相互增上、共同成就的动态过程。要想做老师先得做学生，要想普度众生，先要接受佛菩萨的教化。佛菩萨根据众生根机而对机说法、因病施药，故有四随、四悉檀等教化方法。

第二节　依教理简别虚假之心

一、依法界视域超越九缚一脱

为通向菩提大道，首先必须辨别不通大乘的虚假之心。智者大师将其略为十种，皆是歧路小径，分为四个层次：

（一）三种世间恶道：地狱、畜生、鬼

地狱道，以其根深蒂固的贪瞋痴烦恼，起上品十恶，堕入火途道。如昔五比丘懒惰懈怠，为人所轻，为骗取供养，伪装习禅修道。以专行巧伪，邪浊心故，福尽命终生于地狱。经八千劫，虽复为人，仍得石女之报。（《未曾有经》，《大正藏》第 17 册，第 583 页下）

畜生道，欲念深重，如海吞流，如火焚薪，起中品十恶，堕入血途道。如恶人提婆达多，欲害佛陀，以修五通骗取信众。天台宗论三恶道，与通常所说略有不同，视畜生道为中品十恶。

鬼道，内无实德，欲得名闻，装神弄鬼，虚比贤圣，起下品十恶，行刀途道。"如摩犍提梵志弟子举其尸着床上，舆行城市中多人处唱言，若有眼见摩犍提尸者，是人皆得清净道，何况礼拜供养者。"（《大智度论》，《大正藏》第 25 册，第 82 页中）

（二）三种世间善道：阿修罗、人、天

阿修罗道，嗔心甚重，自视甚高，如鹞鹰俯视群生。外扬仁义礼智信五德，只为标榜自己轻视他人而设，故居下品善道。

人道，以行世间善法，故免下三恶道之苦，不及诸天之善，故苦乐参半。因执著世间之身，为烦恼痴心所染，无出世之因，故轮转于世间而不得出离，为中品善道。

天道，欲界天人，因修十善道得享天上纯乐，为上品善道。因修色界四禅和无色界四定，关六根六尘不令出入，得生色界无色界天。

（三）三种外道：魔罗、尼犍、梵心

魔罗道：为欲界四禅他化自在天上的魔王。世间有人修行即将成功之时，会撼动魔王的地位，故派出大批的魔女、魔众来扰乱众人之心。

尼犍道：人间出家的外道，如佛世时耆那教一类外道。

色无色道：以修习禅定，得生色界无色界。举三禅乐如石泉为喻，指此类众生以求生天以乐为本，三禅乐如石泉，虽然不再痴迷于感官的外乐，但意识执著于禅定的内乐。犹如石中涌泉，但自滂沱，此行色无色道，与外道无异。

（四）出世间小乘道

出离凡夫所耽湎的世间，展开由凡入圣的修行。破烦恼恶业，藉由清净智慧，净慧藉由清净禅定，净禅藉由清净戒律。戒定慧三法更相由藉，皆以戒为根基。

以上十种，要么沉溺于世间快乐，要么沉溺于小乘出离之心，皆非大乘菩提心。

> 又九种是生死，如蚕自缚；后一是涅槃，如獐独跳，虽得自脱，未具佛法。
> 俱非，故双简。前九是世间，不动不出；后一虽出，无大悲。俱非，双简也。
> 有为无为，有漏无漏，善恶染净，缚脱真俗等，种种法门亦如是。

世间九类凡夫外道，受烦恼业力的束缚，耽迷于世间生死；或虽修色界无色界禅定，以生死有为心修行，亦不能动摇世间牢墙。"是世间，不动不出"，皆不能超脱三界，如蚕自缚。出世间的小乘道，以出离轮回、证得涅槃为目标，虽能出离三界，然执著于出世涅槃，如獐独跳。"虽出，无大悲"，二乘虽能出离世间，然只求自己解脱，没有慈悯众生之悲心，于众生没有济拯之益，故俱名为非。以上这十种心都不属于大乘菩提心，称作九缚一脱。

既然九缚一脱俱名为非心，则生命的视域，依心眼高下可判分成三种世界：一、与凡夫污染心灵相对应的世间；二、二乘所追求的出世间；三、大乘即世间而出世间的法界。大乘菩萨以出世的精神做入世的事业，把世间和出世间整合在更宽广恢宏的视域中，这就是法界。

法界是最宽广的视野，具有三种特征：普遍性，包含世间和出世间的一切法；活动性，包含凡圣十法界一切生命的活动；具足性，含摄一切色心凡圣诸法。于是，以大乘的法界观视之，依根机之利钝、迷惑之轻重、解理之浅深、生死之解脱，就有了界内和界外的区别。天台以藏通二教为界内，别圆二教为界外。根据视野的广度和解理的深度，四教对四谛法门的理解，就有深浅高下的不同。

正是站位法界的宽广视域，针对九缚一脱的非心，要依四谛的基本教理，提出简别是非的标准。以智慧扭转业力牵引的生死流转，以解决离生死之苦、得涅槃之乐的根本问题。对四谛教理的认知，进而涉及有为与无为、有漏与无漏、善与恶、染与净、缚与脱、真与俗等种种法义的辨析。对这些法义的辨析，在"显是"部分对境行果的展开论述中，对四谛教理展开由小向大、由浅入深、由偏到圆的层层解读，从而有界内界外四教的诠释体系。

二、依教理之是而简择虚假心

> 又九法约世间苦谛,后一非苦谛,虽非苦谛,曲拙灰近,故双非简却。次有为有漏约集谛,后一非集谛,虽非集谛,曲近灰拙,亦双非简也。

苦和乐,是凡夫最基本的情感。苦指世间的生死轮回,乐指出世间的解脱涅槃。在九缚一脱的非心中,九缚处生死世间中,如蚕自缚,为苦谛集谛所摄,同是有为有漏。二乘如獐独跳,离苦入灭。二乘虽消除了三界的苦谛和集谛,因无大悲,则"曲拙灰近",并非究竟,亦在简非之列。

"曲",谓析智迂回。小乘是析空智,大乘是体空智,此指小乘的空性智慧并不究竟。"拙",谓生灭拙度。小乘虽然出离了世间,但没有悲心,属于拙度。"灰",指小乘所证涅槃,只是达到灰身灭智的程度。"近",就达到大涅槃的究竟目标而言,小乘但至化城,不能行远而达究竟宝所。《法华经·化城喻品》提出会三归一的终极目标。小乘所证涅槃境界,仅仅是达到终极目标途中的一个休息会所,犹如幻化出的海市蜃楼。小乘证得涅槃,仅仅是万里长征第一步,以后的道路更加漫长艰难,只有大乘才能行深致远,直达成佛宝所。

> 次善恶、染净约道谛,后一是道谛,虽是道谛,亦如前简。次缚脱、真俗约灭谛,后一虽是灭谛,亦如前简。

四谛之中,约善恶染净分别,集是恶染,道是善净;约有为无为分别,苦集道是有为,灭是无为;约有漏无漏分别,苦集是有漏,道灭是无漏,故云有为无漏是道谛。小乘把生死和涅槃割裂开来,故依大乘菩提心,也必须简除。

> 若得此意,历一切根尘、三业四仪、生心动念,皆此观察,勿令浊心得起,设起速灭。"如有明眼人,能避险恶道,世有聪明人,能远离众恶。"初心行者,若见此意,堪为世间而作依止。

根是主观认知能力,尘是客观认识对象;三业指身口意三业;四仪是指行住坐卧四威仪。依四谛教理,辨析生死涅槃、世间出世间的因果理法,则于一切主客观场合,于行住坐卧四威仪中,对自己身口意三业恒起观察,若起非心,应以教理之是而除灭之。

正如《四分尼戒本》所说:"譬如明眼人,能避险恶道,世有聪明人,能远离诸恶。"以佛法教理指导自己身心,则能远离一切险道众恶,以高风亮节成为世间众生的依止。

简非的真理标准,有"约是简非"和"寄是简非"两种。依据四谛教理,简别九缚一脱的十种非心,称为"约是简非"。寄托佛菩萨与众生的感应道交而论发心,称为"寄是简非"。

第三节　论机教感应中的方法

一、众生与佛菩萨感应道交

> 问：行者自发心？他教发心？答：自、他、共、离，皆不可。但是感应道交而论发心耳。

按湛然《止观辅行传弘决》的科判，从此问答开始，进入"寄是简非"。发心行菩萨道，在自觉觉他的过程中，接受已经觉悟的佛菩萨之救济，与救度广大众生，是同步进行、相互增上的。在法界视域中，心、佛、众生，同处于相互作用的不可思议境界中。

所问发心修行是行者自发心，还是他人教发心，此问虽无表面上的十种非心，但把自发心与他教发心对立起来，依然陷入执著自他的自性之过。凡执著名相自性者皆非，发心不能停留在可思议的名相中，故必须通过离四句、绝百非的否定性思辨，遣除可思议的名相自性，进入不可思议的法界视域。

众生与佛菩萨皆同处一大法界中，所谓寄是简非，指菩萨行者发菩提心，既不是单纯的自发，亦非完全靠外部的灌输，而是与佛菩萨感应道交而论发心。大乘发心，有智慧、信愿与慈悲三要门。从信愿增上而言，凡夫通过闻思修增长智慧，还须仰仗佛菩萨与众生之间机教相应的上下互动。机，指众生的根机；教，是随顺不同对象而有相应的教化方式和内容。感，是众生自下而上的仰望呼唤；应，是佛菩萨自上而下的应声示现。故谓机教相应、感应道交。"约不思议而论感应，方乃名是。圣既非应而立，以赴四机；受者非感而感，以得四益。"（《止观辅行传弘决》）四机，就是应赴不同根机，而有藏通别圆四教对教理的诠释；四益，则是通过四悉檀的教化方式，使接受者获得相应的益处。

> 如子堕水火，父母骚扰救之。《净名》云"其子得病，父母亦病"，《大经》云"父母于病子，心则偏重"。动法性山，入生死海，故有病行、婴儿行，是名感应发心也。

智者在此引《维摩》《涅槃》两经，以证感应的合理性。佛菩萨与众生天性相关，义同父子。于理上，一切众生皆有佛性；于事上，犹如子女堕入水火，父母一定会竭力救拔。故《维摩经》说"其子得病，父母亦病"，《大般涅槃经》说"父母于病子，心则偏重"。正是佛菩萨与众生血肉相连的关系，佛菩萨在不同场景下，灵活运用各种方法加持、教化众生。

法性不动如山，众生恶深如海。正是众生刚强难化，搅动法性之山，沉沦于无边的生死苦海，故菩萨普度众生的大誓愿由此而生。智者大师将菩萨大愿概括为四弘誓愿：众生无边誓愿度，烦恼无尽誓愿断，法门无量誓愿学，佛道无上誓愿成。既要有精卫填海、愚公移山般勇猛前行的精神，还须有普门示现的方便善权，方能动难动之山，入难入之海。普门示现，即普遍地施设各种法门，针对不同对象而有不同的救度方法。如《法华经·观世音普门品》所示，观音菩萨有三十二种应身示现。

　　南本《涅槃经·圣行品》，提出菩萨所修五种行法：1.圣行：菩萨依戒定慧所修之行，圣乃正之意；2.梵行：于空有二边无爱著染，菩萨以此净心运于慈悲，与众生乐而拔其苦；3.天行：天指第一义天，菩萨由天然理成妙行；4.婴儿行：以婴儿喻人天、小乘，菩萨以大慈之用，示同人天、声闻、缘觉小善之行；5.病行：菩萨以平等心，运无缘大悲，示现同于众生之烦恼病苦等行。

　　菩萨以无缘大慈、同体大悲的精神，带领广大众生同行菩提大道。究竟真理是实，善巧方便是权，故须在方法论上强调权与实、巧与拙相即不二的关系。菩萨五行中，天台宗特别强调普施人天二乘一切善行的婴儿行，以及示现众生烦恼病苦之恶的病行。如《维摩经》所说，诸佛解脱要从众生心行中求，故菩萨行于非道而达于佛道。九缚一脱都是非道，在世间的三恶道和三善道、人天各种外道乃至于出世间小乘道，都活跃着大乘菩萨的身影。在人道，菩萨示现为士农工商各个阶层。以众生都有病，故菩萨就示现病相，病行最严重者无过于地狱，故发愿我不入地狱谁入地狱。将此理论贯通至极深处，则导出天台宗独具的性恶法门。菩萨正是以此慈悲之因应化世间，方有与众生感应道交之果。

二、佛菩萨教化众生的方法

（一）以四随、四悉檀说法

　　《禅经》云："佛以四随说法：随乐、随宜、随治、随义。"将护彼意，说悦其心；附先世习，令易受行；观病轻重，设药多少；道机时熟，闻即悟道。岂非随机感应利益？《智度》论四悉檀，世法间隔名"世界"，随其堪能名"为人"。两悉檀与四随同，亦是感应意也？

　　在此引证经论，提出教化众生的方法论：四随、四悉檀、五复次、五因缘。这些方法本质上都是相通的，但侧重点各有不同。四悉檀，宗趣、成就之义。为佛菩萨与众生感应道交，为成就众生而对机说法的方式，为天台释经学常用的方法。此处所引证的《禅经》，据《私记》，勘诸禅经都无四随之文。智者在此主要据《大智度论》，强调四随与四悉檀都是佛菩萨度化众生的方法，名异义同。

随乐欲，"将护彼意，说悦其心"，相当于世界悉檀；

随便宜，"附先世习，令易受行"，相当于为人悉檀；

随对治，"观病轻重，设药多少"，相当于对治悉檀；

随第一义，"道机时熟，闻即悟道"，相当于第一义悉檀。

这两种对机说法的方式，四随侧重于主观的说法者方面，四悉檀则侧重于所被的对象方面。

> 更引《论》五复次：一、明菩萨种种行故说《般若波罗蜜经》；二、令菩萨增念佛三昧故；三、说跋致相貌故；四、拔弟子恶邪故；五、说第一义故说《般若波罗蜜经》。此五复次与四随、四悉皆不异，又与五因缘同。若不随机，恼他故说，于彼无益。若大悲雷雨，得从微之著。

佛说《大品般若经》的缘起，共有二十一条理由。智者从解释《大品般若经》的《大智度论》中，挑选了初、二、五、六、十这五条。引此五复次理由，进一步证明四随、四悉檀，皆是凡圣之间感应道义的法门。

同时，引述上述经论，也用以论证撰述《摩诃止观》的五略十广架构，亦是基于佛菩萨的说法方式。五因缘，即《摩诃止观》大意章所说的发大心、修大行、感大果、裂大网、归大处。五复次中：一、菩萨种种行，即相当于发大心；二、令菩萨增念佛三昧，即相当于修大行；三、说阿鞞跋致（不退转、不懈废）相貌，即相当于感大果；四、拔弟子恶邪，即相当于裂大网；五、说第一义，即相当于归大处。皆说明佛菩萨以大悲心，针对众生不同根机而方便施教。若不随顺机缘而僵硬说法，则于度化对象无益。

（二）机教感应，能办大事

> 《论》云："真法及说者，听众难得故。"如是则生死非有边非无边，实相非难非易、非有非无，此名"真法"；能如此说听，名"真说听"。有三悉檀益，名有边；第一义益，名非有边非无边。故知缘起能办大事，则感应意也。

引《中论》"真法及说者，听者难得故"，说明在真法、说者和听者三者之间，相互契合之难。真法，即作为真理的诸法实相。按《法华经》所说："唯佛与佛，乃能究竟诸法实相。"对学佛者而言，实相妙法难闻，故需要善知识引导。说者，是佛菩萨自上而下对众生应化示现，然佛菩萨妙应难感，难以感化凡夫众生。听者，众生妙机难发，要找一个好的听众也难。

佛法的传播，是双向互动的过程。佛菩萨自上而下教化众生，众生自下而上接受佛法，存在着机教相扣、感应道交的关系。学佛是不断努力求取实相的过程。四悉檀作为佛教的诠释学，立足于真俗二谛论的真理观和方法论，以此方法阐明真法，解决佛菩萨与众生间感应道交之难。

世界、为人、对治三种悉檀，由俗向真，以由假入空的空智证得涅槃。然空不离假，从空入假，以假智回真向俗，世间与涅槃相即不二。假，有空前假与施设假两种。空前假，未修空观之前凡夫外道的虚假心，故以空观从假入空，破除凡夫外道如蚕自缚的虚假心。施设假，也叫建立假，菩萨为救度众生，还需从空入假，在空性基础上，以方便智慧在世间作一切佛事，以此破除小乘如獐独跳的偏空。第一义悉檀，即超越空假二边，为真俗不二的中道智慧。

故知以四悉檀因缘，能明妙感应，众生从下而感，佛菩萨从上而应，达到上下交流、感应道交，能办一切佛事。

> 然四随、四悉、五缘名异，意义则同。今说之，四随是大悲应益，悉檀是怜愍遍施，盖左右之异耳。言因缘者，或因于圣，缘于凡；或因于凡，缘于圣，则感应道交。当知三法，言味相符则意同。
>
> 随乐欲，偏语修因所尚；世界，偏语受报间隔，盖因果之异耳。便宜者，选法以拟人；为人者，观人以逗法，此乃欣赴不同耳。

以上四随和四悉檀的教化方式，与《摩诃止观》的五因缘，名义虽异，意义相符。四随，是佛菩萨出于大悲心，随顺众生根机而选择合适的说法方式。四悉檀，则是佛菩萨怜愍众生愚钝，而为说法对象遍施对症的法药。若细加辨析，则有因果、能所的侧重不同。随乐欲，侧重于因上，使众生发起学佛的钦慕之意；世界悉檀，则侧重于果上，使众生获得学佛的效益。随便宜，是辨能赴之机，为学人选取合适的教法；为人悉檀，是观所选之法，为对象开出相应的药方。

《摩诃止观》的五略架构，亦基于四随、四悉檀的方法，在真俗圣凡之间，以因缘不同而更互感应。"或因于圣，缘于凡；或因于凡，缘于圣，则感应道交。"众生与佛菩萨之间，是双向互动的动态关系。众生有善恶、贤愚、利钝、强弱等根机上的差异，则在与佛菩萨的感应关系中，其主次作用就有所不同。如果行者发心勇猛，虽然同样可得到佛菩萨的加持，然行者本人的自力修行是主要原因，圣人的帮助只是助缘。如果行者善根微弱，须仰仗佛菩萨的他力救助，则圣人的加持为主要原因，行者自己的努力成为旁助。"若众生发心勇猛，虽假圣应，即以众生为因，圣人为缘。若众生善根微弱，圣人敦逼，即以圣应为因，众生为缘。亲生为因，疏助为缘，故从强弱，立名不定。"（《止观辅行传弘决》）智者大师通过阐述感应道交的根本原理和方法，为撰述《摩诃止观》的五略架构，提供了圣教依据。

第四节　论证五略的编撰思路

一、王略架构的经教依据

> 又五因缘者，众生信乐为因，佛说一法一切法，大菩提心也，于经是乐欲，于论是世界；众生有大精进勇猛，佛说一行一切行，则四三昧于经是便宜，于论是为人；众生有平等大慧为因，感佛说一破一切破，获胜果报及遥经论，于经论俱是对治；众生有佛智眼为因，感佛说一究竟一切究竟，得说旨归寂灭，于经论俱是第一义也。

菩萨行者处于上求下化的纵横坐标上，以上所述佛菩萨接引救助的方法，同样也运用于菩萨行者度化众生的事业中。《摩诃止观》是一部系统阐述自行因果、化他能所的佛学教科书，作为全书概要的五略，其编撰思路皆与佛菩萨四随和四悉檀的说法方式相通。

发大心。佛以法界互融视域，说世间一切法皆是佛法，以众生喜闻乐见的方式，引导众生进入佛门，进而生起大菩提心。此以众生信乐为因，感佛说法界互融之法为发心之缘。与随乐欲和世界悉檀名异义同。

修大行。众生感佛为说不思议行，而精进修四种三昧等一切法门。此与随宜和各各为人悉檀，名异义同。

感大果、裂大网。众生修行破惑，自身得平等大慧证果，以此智慧弘法利生，通经除裂他人疑网。感大果、裂大网，俱相应于四随和四悉檀中的对治。

归大处。众生以一心三智三眼为因，旨归涅槃三德，自行妙满，化他妙成，俱名究竟。故与四随和四悉檀中第一义同。

> 又五缘、五复次者。菩提心是诸行本，论举种种行，盖枝本之异耳。四三昧是通修，念佛是别修，盖通别之异耳。胜报备说依正、习果、报果，跂致偏举习果入位之相，盖双只之异耳。除经论疑滞者，经论是起疑执处；拔弟子恶邪者，是起过人，人处异耳。本末究竟等，与第一义名同易见，所以不寻，是为义同。

再引证《大品般若经》和《大智度论》的五复次理由，为《摩诃止观》的五略架构提供圣教依据。

发大心。发菩提心是根本，以此根本修《大智度论》所述的菩萨种种行。以行填愿，以枝荣本。枝本虽殊，同成菩提道树。

修大行。以四种三昧涵摄禅观、念佛、持咒、读诵、忏悔诸行，且通藏通别圆四教,此亦与五复次中"令菩萨增念佛三昧"相通。然念佛仅为诸行中的一种,且四种三昧中的念佛包括实相、观想、称名三种念佛,而五复次中的念佛法门偏重语行,故有通别之说。

感大果。修行证果,具足依正胜妙果报,报果来自习果,故果报即兼具依正和习报二双。五复次中"说跋致相貌",只是指正报习果,故偏为单只。然"习必招报,正必有依,现虽云只,当必具双。二文虽殊,共成无生一位意耳。"

裂大网。裂经论疑网,消除对经论的疑执处,与五复次中的"拔弟子恶邪",有人处之别。然而,"人起恶邪,必依经论。处有疑滞,必由邪人。拔除邪疑,更无前后,故成一意"。

归大处。初发心为本,后同归究竟解脱处为末。本末即究竟,究竟即第一义,故与五复次中"说第一义故"名异义同。

四随	四悉檀	五因缘		五略	五复次
乐欲	世界	信乐为因	大菩提心	发大心	种种行
便宜	为人	大精进勇猛为因	四三昧	修大行	念佛
对治	对治	平等大慧为因	获胜果报	感大果	阿鞞跋致
				裂大网	拔弟子恶邪
第一义	第一义	佛智眼为因	旨归寂灭	归大处	本末究竟等

二、圣说多端皆结之止观

又圣说多端,或次说或不次说,或具说或不具说,或杂说或不杂说。众生禀益不同,或次益不次益,或具益不具益,或杂益不杂益。或四悉檀成五缘,五缘成四悉;或四悉成一因缘,一因缘成一悉;或一一因缘皆具四悉,四悉具五缘。如是等种种互相成显,还以三止观结之,可以意知。又以一止观结之,发菩提心即是观,邪僻心息即是止。

《摩诃止观》书中,以止观一名统摄佛教的理论和实践体系。根据众生根机禀赋不同,以四悉檀等说法方式,或讲渐次,或讲不定,或讲圆顿,以使众生各得法益。若以四悉檀对五因缘,一一相对,故名为渐次止观。或四悉檀成一因缘,或一因缘成四悉檀,故名不定止观。随举一法,皆具一切,故名为圆顿止观。以上三种止观,皆归结止观的根本要义:"发菩提心即是观,邪僻心息即是止。"当知以上所论四谛、四随、四悉檀、五复次、五因缘,无非都是为了简除十种虚假心,发起真正菩提心。

在发大心和修大行文本中,在论述结束处,或以三种止观,或以一止观作为总结。

不过，从《释名章》以后，文末结之以止观的表述，则出现不多了。《大意章》作为全书概略，在文末结成三止观，只是作概略性的总结，不能理解为具体的修行行相。以圆顿行相为例，须具二十五远方便，而以十境十乘为正修。

三、五略与十广的关系

> 五略只是十广。初五章只是发菩提心一意耳。方便、正观只是四三昧耳。果报一章只明违顺，违即二边果报，顺即胜妙果报。起教一章转其自心利益于他，或作佛身，施权实，或作九界像，对扬渐顿、转渐顿、弘通渐顿。旨归章只是同归大处秘密藏中。故知略、广意同也。

智者大师在简非文末，特别强调五略只是对全书十广内容的概要。

（一）十广中的大意、释名、体相、摄法、偏圆等五章，其精要为"发大心"所摄，因为发菩提心是确立正确信仰的基础，也是修习止观的前提。以境行果三者阐释发大心，事实上将发心之始、修行过程、成佛之终，皆融为一体，可谓概论中的概论。

（二）方便、正修二章，就浓缩在"修大行"中。方便，指五科二十五种方便，是修习止观的仪轨和前行。正修，是圆顿止观的修行，以一心三观，观不思议之境。作为观心门的渐次、不定、圆顿三种止观，系由内在的证悟历程予以分类。四种三昧，则侧重于外在的修行仪轨而分类。三种止观与四种三昧，构成表里纵横的方式，将印度传入中国的禅法组织成一个秩序井然的有机体系。在《摩诃止观》文本中，则以此详彼略的方式进行论说，依四种三昧的某一种行法而修证三种止观，亦可依三种止观的某一种而实修四种三昧。

（三）果报章，相当于五略的"感大果"，论述自行因果。辨明菩萨道的修行，以彻底破除无明、证得中道实相为究竟。如果达不到，尚执空、有二边，所获得的只是"凡圣同居土""方便有余土"的果报，故称二边果报。如果修行证得中道实相，所获得的即是"实报无障碍土"的胜妙果报。

（四）起教章，相当于五略的"裂大网"，论述化他能所，解决众生疑惑。菩萨行者自行成就，转为利益于他人，运用各种方便而传番教法。到成佛化物之时普门示现，或化身为法王，或化身为菩萨、声闻等九法界众生的形象，施设各种方便而显示究竟真理。针对不同根机的对象，用正说反说的种种方法，弘扬或顿或渐的修行法门，进而说顿渐互转的圆顿之法，乃至融通顿渐一切法门。

（五）旨归章，相当于五略的"归大处"，自行化他皆归结涅槃三德。一切修行法门最终只是同归于诸法毕竟空寂的究竟解脱处。旨归所具有的法身、般若、解脱三德，无法用语言描述，一一都归入唯佛与佛乃能究竟的秘密法藏中。

由此可知，五略与十广意义相同，只是内容有开合、详略的区别而已。概论与广说前后重迭交互，全书形成此详彼略、前后照应的嵌套式结构。感大果、裂大网、归大处这三略涉及证果的圣境，点章而已，实际上没有详述。与此相应，十广中的果报、起教、旨归后三章也没讲，只能从五略中后三略提纲挈领的简述中，略窥十广中后三章的概况。在发大心这一单元中，"方言"和"简非"的文本虽然短小，却相当完整地展现了《摩诃止观》的撰述思路和实践方法。在发心成佛的菩萨道实践中，简非与显是相辅相成，断惑证真不会止息。在探究真实理中克服虚假心，在断除虚假心中日益接近真实理。

太虚的佛教改革及其对当代宗教中国化基层实践的启发

邵佳德　南京大学哲学系

内容提要： 坚持我国宗教中国化方向是中国特色社会主义宗教理论的重要内涵，但其在基层社会中仍面临理论解读和工作实践的困境。我国宗教有着丰富的发展经验，特别是像佛教这样有悠久中国化历史的宗教，其在近现代以来已经出现了诸多重要的改革举措。太虚等僧人的人生佛教改革虽然不是以中国化为旗号，但其理论和实践却有很多中国化的意义。历史上的宗教发展和近代佛教改革的经验与教训，在有效衔接理论总结与实践指导、辩证看待中国主体与世界影响、全面理解中国宗教特点、准确把握中国化时代主题方面，均有值得借鉴的资源，是探寻我国宗教中国化实践出路的宝贵财富。

关键词： 太虚；宗教中国化；基层实践

坚持我国宗教中国化方向，一直以来就是中国特色社会主义宗教理论的题中之义。在 2015 年中央统战工作会议上，习近平总书记提出"积极引导宗教与社会主义社会相适应，必须坚持中国化方向"[①]；2016 年全国宗教工作会议上，习近平总书记再次指出"积极引导宗教与社会主义社会相适应，一个重要的任务就是支持我国宗教坚持中国化方向"[②]；2017 年党的十九大报告中，重申了"坚持我国宗教的中国化方向"[③]。在 2021 年 12 月召开的全国宗教工作会议上，习近平总书记强调要坚持我国宗教中国化方向，积极引导宗教与社会主义社会相适应，提高宗教界自我管理水平，提高宗教事务治理法治化水平，努力开创宗教工作新局面，更好组织和

---

① 习近平：《巩固发展最广泛的爱国统一战线 为实现中国梦提供广泛力量支持》，《人民日报》2015 年 5 月 21 日，第 1 版。
② 习近平：《发展中国特色社会主义宗教理论 全面提高新形势下宗教工作水平》，《人民日报》2016 年 4 月 24 日，第 1 版。
③ 习近平：《决胜全面建成小康社会 夺取新时代中国特色社会主义伟大胜利——在中国共产党第十九次全国代表大会上的报告》，北京：人民出版社，2017，第 17 页。

引导信教群众同广大人民群众一道为全面建成社会主义现代化强国、实现中华民族伟大复兴的中国梦而团结奋斗。① 党的二十大报告又重申了"坚持我国宗教中国化方向，积极引导宗教与社会主义社会相适应"。坚持我国宗教中国化方向被再三强调，充分表明了中国化这一方向是我国宗教工作未来若干年的发展重心。

但是坚持我国宗教中国化方向究竟应该如何实践，尤其在基层社会的处境目前仍然有待探索。佛教作为中国化历史悠久的我国宗教，积累了大量理论和实践经验，特别是近现代以来的佛教改革，其本质就是中国化和时代化的进程，这对于今天讨论我国宗教中国化的基层实践困境有诸多启发。

一、太虚佛教改革及其地方性实践的中国化意义

中国佛教在发展到近代以前，已经经历了近两千年的演进和变迁。晚清以来佛教再度面临来自各方的挑战而陷入困境，以太虚大师等为代表的僧人，在20世纪上半叶陆续提出并实践了其"人生佛教"或"人间佛教"的理念，他与他的弟子们认为人生佛教是新时局下可行的发展模式，由此展开了佛教在中国的又一次重大转型。

太虚主张，"人生佛学"者，当暂置"天""鬼"等于不论，从"人生"求其完成以至于发达为超人生、超超人生，洗除一切近于"天教""鬼教"等迷信；依现代的人生化、群众化、科学化为基，于此之上建设趋向于无上正遍觉之圆渐的大乘佛学。而实现的途径，当先从大乘经论研求得正确之圆解，发菩提心，学菩萨行。先修习大乘十信位菩萨之善根，获得初步之证验，完成人生，然后再渐趋入于十住、十行、十回向、四加行、十地等三无数劫之长劫修证，由超人、超超人以至于佛。而其建立，"则当有专以修学及宣传与办理于佛学为职业之僧团，及普收全民众之学会，使皆成为大乘的组织化与纪律化，涤除旧染，湛发新光"②。白德满（Pittman）认为，恢复并强调与入世的人间佛教有关的要素，表明太虚意图对宗教传统进行一种"创造性复兴"。③

人间佛教的走向之所以重要，一个关键原因在于其不仅提出了理论创见，而且是一场有实践意义的社会运动。太虚等僧人之所以重要，也是因为他们不仅提出理论而且尝试在僧团中进行改革。太虚的佛教改革最后是要将佛法普及于人世、在人

---

① 《坚持我国宗教中国化方向 积极引导宗教与社会主义社会相适应》，《人民日报》2021年12月5日，第1版。
② 太虚：《人生佛学说明》，《海潮音》卷9第6期，1928年7月7日，第1至4页。
③ 白德满：《太虚——人生佛教的追求与实现》，台北：法鼓文化，2008年，第211页。

世建立佛国净土。① 为实现此计划要坚决革除包括"迷信"内容、剃派法派等僧制传统，要改革包括僧人遁世或专事鬼神的态度。而要建设的则是人生佛教、新的僧伽制度、新的信众制度。在这些宗旨的指导下，太虚及其周围的一批主张佛教改革的僧人积极破除"迷信"、分离神佛、改革僧制、打压经忏佛事，同时参与及领导佛教会、兴办及主持佛学院、主编佛教期刊报纸、进行普世性的弘法甚至参与政治活动，掀起了民国佛教革新的浪潮。

但太虚的改革计划在地方实践中收效有限。关于这一点，太虚自己和前辈学者都有述及，比如洪金莲对太虚改革的贡献和局限都有清楚论述，她指出："在理论上，僧制的整顿，有着一套完备的具体蓝图，但是一落到现实环境时，则捉襟见肘，到处都显得障碍难行。"② 不过，从太虚对近代佛教进行革新的各项理论和实践的正反经验，至少可以得出几点启发：首先，再宏大的理论建构都需要在基层社会的落地。太虚的计划在各个城市之所以没有被充分实现，一个重要原因就在于他和弟子们无法正视地方僧人、官员等群体的实际需求，使得改革计划遭受重重阻力。③ 其次，佛教中国化的过程离不开对其世界发展的观照。太虚人生佛教的设想虽然处处考虑中国佛教自身的发展历史、弊端及其出路，但太虚也是近代与日本乃至世界佛教人士互动最为频繁的僧人。例如太虚曾经详细比较过中日佛教的长短之处和异同，并认为中国佛教的长短之处正与日本佛教相反，而进行这种比较，用太虚的话说是因为"今者华、日佛徒往来渐密，情感已通，望于此四短、四长间能互相了解，取其所长，补其所短，则华、日佛教徒乃真能化除隔阂，携手宏传佛教于人世也"。④ 观察中国佛教与他国佛教和宗教的异同，是重新认识自我和改造自我的必要途径。第三，佛教中国化要充分重视中国人信仰宗教的特点。近代以来"宗教"概念的重新定位对于人们理解佛教有重要影响⑤，太虚一方面意识到这一变化，在阐述了他对于佛学性质的新认知时也始终强调佛教的主体地位而不主张取消其宗教性，但在实践中又未能充分考虑中国民众信仰宗教的特点及其惯性，因此很多改革举措在普

---

① 关于太虚人生佛教、人间净土思想的研究较为丰富，参见洪金莲《太虚大师佛教现代化研究》，台北：法鼓文化，1999年。邓子美、陈卫华《庵下一代新僧》，西宁：青海人民出版社，1999年。罗同兵《太虚对中国佛教现代化道路的抉择》，成都：巴蜀书社，2003年。Don Alvin Pittman, *Toward a Modern Chinese Buddhism: Taixu's Reforms*, Honolulu: University of Hawai'i Press, 2001。

② 洪金莲：《太虚大师佛教现代化之研究》，第276页。

③ 邵佳德：《近代佛教改革的地方性实践——以民国南京为中心（1912-1949）》，台北：法鼓文化，2017年，第288-302页。

④ 太虚：《敬告亚洲佛教徒》，《太虚大师全书·制藏·制议（二）》，北京：宗教文化出版社，2005年，第439-441页。

⑤ 邵佳德：《近代中国"佛教"概念的重新发明及其影响》，《西南民族大学学报》2022年第3期。

通地方信众中难以推行。第四，佛教中国化的核心议题是其时代化。太虚的改革计划有强烈的时代性，融入了诸多当时代的新元素，并且他也应时而动，不断修正对僧制的改革的蓝图，并在佛学院等机构的设置中充分考虑了培养能够适应时代需求的现代新僧。

太虚等近代僧人留下的改革议题并未终结，仍是今天的中国佛教乃至其他宗教需面对的时代课题。而太虚等人改革的经验与教训，则给中国宗教发展留下了丰富的遗产，包括理念与实践的充分结合、与世界宗教文化的互动、重视中国宗教的独特性、契理契机的变革方式等，这些对于今天讨论宗教中国化，尤其是其具体的基层实践路径，有重要的借鉴意义。以下就从上述几个面向，尝试探讨我国宗教中国化面临的当代困境及其解决方案。

二、基层处境：坚持宗教中国化方向的实际问题

坚持我国宗教中国化方向，并非一句空泛的口号，需在我国宗教的具体工作中，尤其是基层宗教工作中体现。而宗教在基层的中国化进程，仍然存在较多的困境，这主要体现在：一方面，宗教界人士和宗教干部对宗教中国化的认识仍有待加强，如何理解中国化的实质、中国化有何重要性、需不需要继续推进中国化，这些问题仍需要从理论角度厘清并加以宣传。另一方面，在如何推进中国化的实践中，工作的机制与路径仍有待探索，具体来说，首先是基层的宗教中国化实践常浮于表面，路径单一、同质化现象严重、无系统性，工作的方法亟待丰富、深入；其次是工作的评价体系有待建立标准，基层宗教人士和宗教干部对如何具体做法和标准常感到困惑，对于建立一套具有操作性的评价标准有较为急迫的需求；最后，宗教工作的人才资源亟须补充，无论是宗教界的有识之士还是宗教工作部门的专业人才，都需要进行扩充。

但目前关于我国宗教中国化进程中问题或路径的研究，仍然主要仍以学理的阐释为主[①]，较少真正触及理论与实践的互动关系，以及基层工作的实际问题。这使得推进我国宗教中国化进程在实践中缺乏智力支撑，一定程度上呈现出中央精神与地方政策、学理探究与工作实践间的张力甚至断裂。

因此，要真正坚持我国宗教中国化方向，仍需在基层工作中解决理论和实践的困境。事实上，我国宗教在历史发展中无不经历了中国化的过程，特别是像佛教这

---

① 例如，张志刚：《"宗教中国化"义理研究》，北京：宗教文化出版社，2017年。郑筱筠：《历史必然性与文化创新性——关于坚持宗教中国化方向的理论逻辑及实践路径》，《世界宗教文化》2020年第6期。

样的外来宗教，其在历史上不断变化转型的过程，以及在此过程中积累的大量基层实践的经验，恰是当代我国宗教中国化可以充分借鉴和吸收的。

三、历史经验：坚持宗教中国化方向的破题资源

从学术研究的角度来说，我国宗教的中国化是一个老的议题，而当代宗教治理中提倡的中国化，一般认为包括政治上的认同、文化上的融合、社会上的适应，有更加特殊或者明确的政治和实用语境。

1. 宗教中国化的学术理论与基层实践

宗教中国化有学术和治理的两重语境，并不意味着二者之间必然有断裂，相反应该看到，一方面理论研究中的宗教中国化模型是基于对我国宗教历史发展和基层样态的现实观察得出的，另一方面对理论的总结决定了在制定当代宗教政策时坚定走中国化的道路。可以说我国宗教中国化的理论来源于我国宗教的长期发展中的基层实践经验，同时又回归到实践中成为当代宗教治理工作的指导思想。宗教中国化从内核到外在、从思想到实践应该是合理的逻辑演进的必然结果，而不是两个独立的议题。

以佛教为例，在其中国化过程中，教理教义的中国化是核心内容，也即佛教思想中国化是其他制度、生活层面中国化的基础。传统的研究不论是注重佛教传入中国，还是关心佛教在中国社会中的转变，理论模型背后的关切都是在讨论佛教如何在中国社会中与中土文化融合，实际即本土化的过程。[①] 早期佛教更多在上层社会传播，随着在中土的普及，佛教逐步深入到基层社会、乡风民俗、家族信仰之中。对佛教的理论研究也从关注其与帝王将相的互动，逐步转到探讨其在地方士绅甚至普通民众间的社会影响力，同时这类研究促使当代宗教界普遍认同佛教是中国化程度较高的一种宗教。佛教中国化的历史演进和佛教中国化的理论研究说明两点：一是宗教深入地方社会、百姓生活是其展现活力和影响的重要表现；二是宗教现实发展的经验催生了理论的形成，而理论的演进又影响到当代的实践，抽象化的概念与可操作的实践得以衔接。

2. 宗教中国化与世界性宗教

理解我国宗教中国化的关键词之一是"我国"和"中国"。这就需要准确把握宗教中国化与全球化的关系。首先，"我国"意味着中国化的主体是得到我国认可

[①] 参见[荷兰]许理和著，李四龙、裴勇等译：《佛教征服中国》，南京：江苏人民出版社，2017年。Kenneth K. S. Ch'en, *The Chinese Transformation of Buddhism*, Princeton: Princeton University Press, 1973.

的合法宗教，这表明中国化方向并非要干涉他国宗教或将别国宗教进行中国化。但在我国有长期发展历史并受到政府认可和民众接受的外来宗教，如佛教、基督教、天主教、伊斯兰教等，其实已经历了漫长的中国化路程，不能将这些"外来宗教"归为"外国宗教"，相反这些宗教也应在"我国宗教"之列，并仍需不断中国化。其次，中国化意味着我国宗教应当沿着符合中国文化根基和时代发展趋势的方向前行，这就需要引导和支持我国宗教以社会主义核心价值观为引领，增进宗教界人士和信教群众对伟大祖国、中华民族、中华文化、中国共产党、中国特色社会主义的认同，坚决反对"去中国化""逆中国化"的导向，防范宗教与外部势力结合威胁国家安全。最后，同时也需注意，我国宗教中除了道教和一些民间信仰外，佛教、基督宗教、伊斯兰教等都是有影响力的世界宗教。一方面，世界性宗教在各国发展中都要面临在地化、处境化的过程，这是普遍规律。例如，天主教明末清初进入中国时引发礼仪之争，而鸦片战争以来基督新教则是随着西方坚船利炮一起进入中国的，历史的教训说明了简单宣扬西方神学思想或带有殖民主义倾向的传教均不会成功，只有建立一个适应中国社会文化处境的独立教会，才是可被接受的中国基督宗教。另一方面，在当今人类命运共同体形成的过程中，无需刻意排斥某些宗教的世界性，相反地可以有效利用其在世界各区域、各文明中的发展经验和影响力，规范其在我国境内的发展、提升我国宗教的世界话语。

3. 宗教中国化与中国宗教的特性

理解我国宗教中国化的关键词之二是"宗教"。中国的宗教的特点相较于他国国民而言有较明显的独特性。社会学家杨庆堃提出中国宗教历来具有分散性（diffused）的特点。① 中国人的宗教信仰和实践往往与西方的制度性（institutional）宗教有所区别。有观点认为，这种区别本质上并不是"制度性"和"非制度性"的区别，也不是"有组织"与"无组织"的区别，更不是"聚"与"散"的区别，而是"独立于世俗制度之外"还是"混合于世俗制度之中"的区别，是成员的宗教身份"独立于其世俗身份"还是"混同于世俗身份"的区别。故也主张将diffused religion译为"混合宗教"，将institutional religion译为"独立宗教"。② 依照此种看法，中国宗教的一大特性就是与世俗其他制度混同，而不是成为一个独立的领域。因此中国宗教的信仰与实践往往融合在世俗的政治、经济、文化、社会生活中，中国信徒的宗教身份也往往模糊不清。但这不意味着中国没有宗教、中国人没有信仰。在推进我国宗

---

① 参见杨庆堃著，范丽珠译：《中国社会中的宗教》，上海：上海人民出版社，2006年，第268–307页。diffused religion 除了被译为"分散性宗教"外，还有"普化宗教""散开性宗教""扩散性宗教""渗透型宗教"等译法。

② 卢云峰：《论"混合宗教"与"独立宗教"》，《社会学研究》2019年第2期。

教中国化的过程中，一方面要尊重中国信徒的信仰宗教的特点，准确看待和积极引导其健康发展；另一方面也要避免在中国化的过程中过度消融或忽略了宗教性。按照马克思主义宗教观的基本原理，宗教的产生、发展与消亡均有其条件和规律，不应人为加以消灭，这也符合新时代中国特色社会主义宗教理论的基本观点。

4. 宗教中国化与宗教时代化

理解我国宗教中国化的关键词之三是时代性。尽管中国宗教有其自身的历史传统，但不意味着在发展过程中要食古不化，相反的，应当看到宗教历史传统的形成都是在与当时代的社会、经济、文化等互动中形成的。因此，从历史传统与时代新意的辩证关系来看，当代我国宗教的中国化，必须走符合时代要求的道路。正如习近平总书记在2021年全国宗教工作会议上强调的，宗教界要弘扬爱国精神，讲大局、讲法治、讲科学、讲爱心，不断增进对伟大祖国、中华民族、中华文化、中国共产党、中国特色社会主义的认同。同时要在宗教界开展爱国主义、集体主义、社会主义教育，有针对性地加强党史、新中国史、改革开放史、社会主义发展史、中华民族发展史、中华民族发展史教育，引导宗教界人士和信教群众培育和践行社会主义核心价值观，弘扬中华文化。要坚持总体国家安全观，坚持独立自主自办原则，统筹推进相关工作。要加强互联网宗教事务管理等新的时代课题。例如，道教是土生土长的中国宗教，如果仅从字面意思理解，道教就不存在中国化的问题，但无论是道教的教理诠释还是教徒实践，都需要在时代的政治与文化背景下展开。宗教中国化不仅是地域范围的限定，更有时间维度的要求。

四、实践方式：坚持宗教中国化方向的基层出路

通过对宗教中国化的概念分析以及历史经验的解读，至少有四点做法有助于解决目前基层实践的困局。

首先，宗教的学术研究应当与基层的宗教治理实践紧密结合。2021年的全国宗教工作会议指出，要培养一支精通马克思主义宗教观、熟悉宗教工作、善于做信教群众工作的党政干部队伍，一支政治上靠得住、宗教上有造诣、品德上能服众、关键时起作用的宗教界代表人士队伍，和一支思想政治坚定、坚持马克思主义宗教观、学风优良、善于创新的宗教学研究队伍。这三支队伍的建设，本质上是要健全政、教、学界良性互动的宗教工作体制机制，完善宗教事务的治理格局。从宗教的理论探讨与工作实践角度来说，二者密不可分，对基层宗教现象的调查是宗教理论形成的重要来源，而理论的发展则又为政府管理宗教以及宗教界自身实践指明了方向。从主体来说，研究队伍主要负责理论探讨，党政干部队伍和宗教界代表人士队伍主要负

责工作实践。一方面研究队伍深入基层调研,才能了解真情况、发现真问题,进而打造好宗教队伍,强化我国的宗教学术话语权;另一方面理论阐释不能简化为纸上文章,只有在指导工作实践中才能检验其效力。在具体的基层实践中,可以通过在地方开设宗教理论讲座、组织宗教工作培训、设立宗教工作服务站等方式,加强三支队伍间的互动,增进基层信众和工作者对于宗教中国化重要性的理解程度,强化其实践的意愿,优化其工作的方法。

其次,宗教的地方性与世界性并行不悖。历史教训和现实经验都表明,在坚持本色的同时保持与国际的良性交流,才有可能在世界上强化中国宗教的话语权,讲好中国宗教的故事。例如佛教在20世纪后半叶就是依靠其在整个东亚地区流行的世界宗教的地位,发挥了重要的"黄金纽带"作用,汉传佛教不仅在与其他佛教传统的交流中凸显了自身的主体性,也为当代中国外交作出了积极的贡献,是中国佛教在世界舞台上的绝佳亮相。当然,把握好我国宗教的本土性与世界性关系是多渠道的,不仅仅是国家层面的决策,也可以是基层宗教的实践。例如基督教、伊斯兰教在固定的讲经活动时,既需要结合中国文化与地方民俗作出符合时代要求的诠释,但也不应简单比附或生搬硬套,特别需注重一些共同价值在教义中的体现,例如佛教的平等理念、基督教的博爱思想等,无需刻意回避这些价值对全人类的共同意义。合理地解读这些中国化了的价值理念,进而将之在世界舞台重新展示,时常可以为解决全人类的共同难题贡献智慧。中国化的最终目的不是闭关自守,而恰恰是在世界范围内凸显中国的声音。

第三,尊重中国社会中宗教的历史特点。正因为历史上中国社会中宗教存在的形态比较独特,往往融入社会其他领域,故中国人的宗教信仰和实践常隐而不显。在近代以来西方"宗教"概念重新进入中国并重塑我国宗教生态后[①],宗教虽被视为一个独立的领域加以管理,但其中诸多深层的文化内涵和复杂的社会关联被切割或忽视。当代中国的宗教问题,绝不局限在思想或信仰层面,而是和政治站位、经济利益、文化风俗、阶层结构、生态环保等息息相关,因此宗教治理需要与政治、经济、文化、社会、生态治理结合。在我国宗教中国化的基层实践中,宗教工作部门、宗教界要与其他各相关部门加强联系,探索建立长效的联合治理机制,能够预测风险、防患未然,而非头痛医头、江心补漏。

第四,宗教中国化的实践应注重时代主题。时代性是我国宗教中国化的重要内涵之一,在当代,宗教中国化的时代内涵主要包括弘扬爱国爱党精神、提升法治化水平、增进对中华文化的认同、重视互联网宗教信息服务管理等。其中既有历史传

---

① 陈熙远:《"宗教"——一个中国近代文化史上的关键词》,《新史学》2002年第13卷第4期。

承性，比如政治认同、文化认同这都是我国宗教历来的传统，只不过具体认同的对象有所变迁；也有与现代法律结合以及处理网络新生事物等新内容。贴合时代的发展就是最大的中国化，但对于基层实践来说，文件的指导精神仍然难以标准化、稍欠可操作性，可行的做法是各地依据社情民意，制定出一套可操作、可量化、可评估的多级分类指标，含括团体建设、场所建设、服务社会、依法依规办教、思想教义建设、和谐宗教关系建设等，使宗教团体及场所、基层宗教工作部门、社区等在宗教中国化方向上有路径可循，有目标可达，而各地的差异性和有效措施最终又可汇总成为全国性的实践指南。

结　语

太虚时代的宗教改革，面临古今中外的时空剧变，很大程度上就是我国宗教中国化进程在近代的呈现。如何认识中国宗教的特点、如何应对世界文化的冲击、改革理想如何落地等议题成为了当时佛教改革运动的中心。虽然表达的形式和因应的方式有所差别，但这些问题的核心在今天的宗教工作中依旧重要。近代太虚改革佛教以及历代宗教中国化的经验教训，为我国宗教中国化面临的当代困境提供了破题资源，对我们在理论和实践层面深入促进宗教中国化有重要借鉴意义。

世界化与神圣性

——法舫人间佛学实践的两个维度

李天纲　复旦大学哲学学院宗教学系

东亚佛学的世界化

法舫（1904-1951），河北井陉人，1921年出家，1922年即入武昌佛学院，为首届学生。法舫一生追随太虚法师，曾任职柏林教理院、世界佛学苑图书馆，担任《海潮音》主编。他通晓英语、欧美梵学和现代西方哲学，在"人间佛学"诸高僧中非常突出。1941年，法舫接受太虚法师的安排，去印度、锡兰学习南传佛教，研究巴利文、藏文和梵文，并用这些语言工具研究佛教教理。1947年太虚法师圆寂后，曾短期回国担任雪窦寺住持。随即又到香港宣讲佛学，1950年在锡兰参加了世界佛教徒联谊会大会之后，留在当地，主讲中国佛教至去世。法舫法师壮年去世，是中国佛教建设的遗憾。他的代表作为《唯识史观及其哲学》，为他一生研究唯识论的成果，其中包含了他的重要思想。

法舫法师对中国近代"人间佛教"的贡献，有实践和教理两方面。实践方面，他南下印巴次大陆和东南亚，为沟通佛教三大语系（汉传、藏传和南传）[①]作出了艰苦卓绝的努力；教理方面，他的重要贡献就是为近代唯识论寻找一个佛学本体论。后者是本文想着重加以说明的一点，即想观察法舫法师怎样在太虚法师开创的"人间佛学"中，试图调整和端正作为佛教认识论的"唯识学"与作为佛教本体论"空论"之间的关系，以保持佛教的神圣性，而不至于以经验主义认识论代替作为信仰的佛教本体论。我们知道，近代佛教自谭嗣同、章太炎等提倡唯识学之后，一直强调人通过"眼、耳、鼻、舌、身、意"等"六识"来认识世界，最后在末那识中达成自我意识，直至终极的阿赖耶识。唯识论强调人的认识论的重要性，有把它代替本体论，

[①] 关于法舫沟通三大系佛教的贡献，可参见河北省社科院哲学所刘洋《法舫法师与世界三大系佛教交流》一文，为作者在2018年北京大学"孟加拉文学与文化研究暨泰戈尔谭云山家族到法舫"学术研讨会上的发言文稿。

以哲学、逻辑学（因明学）、伦理学、心理学等学术研究代替礼仪、法会、超度等信仰仪式的倾向。

中国近代"人间佛教"有两个倾向特别明显，一即以唯识论为代表的"理性化"，另即以梵学复兴的"世界化"。这两个巨大变化，在当时是比"中国化"更重要的两个向度。可以说，中国近代佛教就是因为"世界化"得到了复兴，因为"理性化"站稳了脚跟。沟通汉传、藏传、南传佛教，并将之放在世界（包括欧美日）佛学复兴运动背景中，即是中国近代佛教世界化的一个突出而可贵的现象。在近代民族主义思潮中，相比儒教、道教的本土特征，佛教是最为国际化的一个宗教。"人间佛教"当然还是扎根中国社会、文化和思想资源，帮助摆脱19世纪、20世纪的各种危机，但是它主要是通过与全球佛教复兴运动交往沟通获取信仰资源和发展动力，法舫法师就是这个运动的一个突出的代表。

东亚佛学研究之间的密切交流，始于光绪十二年（1886）杨文会（1837-1911）在伦敦与南条文雄订交。杨文会从日本收集佛教古籍，辑成《汇刻古逸净土十书》，协助李提摩太翻译《大乘起信论》（1894），初期以净土宗为主，后期则逐渐转入唯识论。1895 年，杨文会在上海与印度佛教复兴运动团体摩诃菩提会（Mahabodhi Society）的创建人斯里兰卡籍的达磨波罗订交，从此提出"华梵融通义自圆"的主张，中国佛教运动的"世界化"从东亚进一步扩展到南亚、东南亚。章太炎（1869-1936）在戊戌变法时期研读唯识论，以"眼耳鼻舌身意"的"六识"来讲读西方经验主义认识论。章太炎在 1917 年 7 月就在江苏教育会支持下，发起建立"亚洲古学会"，联合中、日、印学者"复兴古学"，其中自然包括佛学，是与世界佛学复兴运动作基础的。

相比日本的佛学复兴，中国近代佛学虽然基础雄厚，但学术研究不够。1924 年 7 月 18 日，法舫翻译《日本文学博士木村泰贤》，从神户坐船到上海，参加在庐山牯岭大林寺举办的世界佛教联合会并作演讲。按他对中国佛学界的观感，在行记中写道："中国佛学研究法，尚未脱训诂的习气。所谓近代的科学方法，尚未承用。所研究者，悉以旧时之天台、华严、俱舍、唯识、因明、律学等为主。关于是等主论，以附加讲义科段为研究法，或参照东西学者所研究之成绩，以明原典与译文之相违，然后主张自说。此等情况，相当日本二三十年前之状态云。"[①] 其时法舫入学武昌佛学院两年，对未来的佛学研究正展开思考，翻译木村泰贤的这篇文章一定对他产生了深刻影响。

---

① 法舫：《支那佛教事情》，原载《海潮音》，第五年第十二期，收入《法舫文集》（一），北京：金城出版社，2011 年，第 108 页。

1924年10月，太虚法师趁庐山举行世界佛教联合会大会之际，提出在日本组织召开东亚佛教大会。"此次联合各国之大运动，其最初发动者为中国之太虚法师，盖以担负佛教对于世界的责任而活动也。在中国之庐山已开大会两次，然为整理佛教徒之中心计划，又欲在日本开东亚佛教联合会云。"① 联合东亚佛教民族，以及印度佛教学者研究"亚洲古学"，1926年秋，东亚佛教大会终于在日本举行；次年，太虚法师南下东南亚，"于新加坡设立南洋佛教会，第一步工作使佛教文化引起教育事业。由是非推行佛教大学与图书馆之建设不可"。②

"近十年或十五年来，很多佛教国的思想进步的领袖们大家形成了一种佛教徒世界联盟的观念。1930年日本召集了一个国际佛学会议（译者按：即东亚佛教联合会）世界各佛教国的代表都参加了。锡兰出席的是最有力的一个代表团，提出设立国际组织的议案，是被大会采纳了。但是不幸得很，在不久以后日本就干出所谓'中国事变'来了。后来，就没有作更进一步的动作。虽然这样，关于那个议案，有好些国家在互相通讯联络。在事实上，在1940年之末，锡兰要派遣第二次代表团去日本，作更详细的策划。为了此事，一切的准备都好了，日本政府答允招待供给代表团的一切所需，并计划完成他们的程序。代表团大概是决定三人，在日本住一年。但是，在那最后的一分钟，实际上是刚刚在定票位启程之前，那个计划就完全取消了。"③ 马教授为锡兰大学教授，教授巴利文，锡兰佛教会会长，太虚法师的好友。1943年，法舫到锡兰留学，即与马教授交往。本文作于1946年，刊登于《每日新闻报》的"佛陀圣诞专号"，回溯世界佛教联合运动。

按锡兰大学马教授的回忆，太虚法师在1940年访问锡兰。"蒋介石将军的亲切朋友太虚大师来访锡兰了。他率中国佛教访问团，来访问锡兰佛教徒。"④ 按照太虚与锡兰佛教会的商量，双方有意建立中锡佛教文化学会，发行佛教研究刊物。太虚提出自己可以在上海等地的居士中筹集部分出版经费，帮助锡兰方面的出版计划，并询问锡方是否能够筹集相应的基金。锡兰方面表示可以在马来亚（马来西亚）的佛教徒中筹集。太虚回国后，"履行了他所答允的一部分责任，还在太平的时候，

---

① 法舫：《日本中外日报对于组织东亚佛教大会之记载》，原载《海潮音》，第五年第十二期，收入《法舫文集》（一），北京：金城出版社，2011年，第114页。

② 法舫：《日本佛教徒之现代中华佛教观》，原载《海潮音》，第十年第三期，收入《法舫文集》（一），北京：金城出版社，2011年，第127页。

③ 马拉啦色格罗著，法舫译：《世界佛教徒联盟》，收《法舫文集》（一），北京：金城出版社，2011年，第162页。

④ 马拉啦色格罗著，法舫译：《世界佛教徒联盟》，收《法舫文集》（一），北京：金城出版社，2011年，第159页。

他寄来了些钱作出版刊物之用。"① 同时,太虚还提出了双方派换学者的计划,法舫就是太虚实施这个互访计划派遣到锡兰的第一位学者。原定由锡兰摩诃菩提会派遣两位青年比丘到中国的计划,因为战争没有实现。"他考虑着,决定把世界上佛教徒再集合起来,加强他们的血族同盟,使他们相互了解,促他们注意他们的伟大的历史,同时使他们发表宣传佛教于世界。当他说的时候,他的面孔上充满着热情和理想的光明,可以看见他的才能。这位佛教徒精神上的领袖,他拥有超过任何祖师的大量信徒。所以,他太虚大师,比任何其他的人有资格做这样的想象。"②

20 世纪 30 年代兴起的东亚、东南亚之间的佛教联合团体,它们固然是一个以佛教为纽带的跨民族、国族的信徒联盟。从信仰和民族特点来说,亚洲佛教运动至少具有地域主义特征,但分析一下该运动的性质并非民族主义,而是世界主义的。太虚、法舫从事亚洲佛教徒之间的信仰交流具有鲜明的国际佛学复兴运动背景,或者说,本身就是受到该运动激励而发生的。东亚、东南亚的佛教联合运动,试图要跨越中、日、韩、大乘、小乘、汉传、藏传等不同佛教教派,具有广泛的内部多样性,因而也很容易与全球其他不同的佛学运动建立关联。按照太虚时代的估计,"在两次世界大战的中间,欧洲和美洲有很多开明的男女们对佛教发生了兴趣,为了彼此的集会、研究和宣传起见,他们建立些学会,在美国这个的团体,差不多有一百左右。好些团体有他们的总部和杂志,有些为会员们共通去礼拜,建筑了佛教殿堂。一种文学已经大量地生产了,同时常常有电台放送广播讲演"③。太虚、法舫们自觉地认为他们的事业,是"世界佛教同盟"的一部分,他们的口号是"全世界佛教徒联合起来"。

据 Stedhen Renovich 在英国佛教会《中道》(*The Middle Way*)上发表的《加拿大与美国之佛教》披露,佛教初期传入美国是在 19 世纪 90 年代,由日本大阪地区的西本愿寺在旧金山创办佛教青年会开始。至 20 世纪 40 年代,已有 25000 名佛教徒,大多数属于日本改革派佛教西本愿寺,也有少数归属东本愿寺,还有一些不属任何教派的禅宗、日莲宗、真言宗信徒。"二战"期间,东、西本愿寺与日本军部关系不清,在美洲遭遇困难,日籍僧人被遣返回国,直到战后才得到恢复。④

---

① 马拉拉色格罗著,法舫译:《世界佛教徒联盟》,收《法舫文集》(一),北京:金城出版社,2011 年,第 159 页。

② 马拉拉色格罗著,法舫译:《世界佛教徒联盟》,收《法舫文集》(一),北京:金城出版社,2011 年,第 162 页。

③ 马拉拉色格罗著,法舫译:《世界佛教徒联盟》,收《法舫文集》(一),北京:金城出版社,2011 年,第 163 页。

④ Stedhen Renovich 著,法舫译:《加拿大与美国之佛教》,《法舫文集》(一),北京:金城出版社,2011 年,第 167 页。

英国的佛学家克里斯蒂·马斯·汉弗莱斯（Christy mas humphreys）在《今日佛教运动在欧洲》一文中提出的一个思想很重要。他认为欧洲的佛教是大乘还是小乘并不重要。重要的是，佛教在已经有信仰的人群中传播，并且"它允许其他的宗教与其并行，甚至于在佛教名义之下大讲其宗要"①，这样英国佛教就必然是"一种英国的佛教"。"当佛教成为英国人心上一种生活力的时候，它决不能保留像锡兰佛教或者中国佛教的原状……佛法的形式是必须要改变。"②欧洲出现的佛教，不是大乘（中国），不是小乘（锡兰），而是英国自己的佛教，即如 Carfan Ellan 所称的"佛教新乘"（Nava Yana）。

人间佛教（人乘佛教）的本体论

"新乘"的思想，值得中国的人间佛教运动借鉴。如英国人在佛教教义中作选择，按文化环境因素的限制，英国佛教是"英国的"；按当前时代因素的影响，英国佛教是"新乘的"。既然中国、日本、锡兰都处于"二战"以后的20世纪环境中，那亚洲的佛教也会受其时代影响，成为新乘佛教；在中国，即为"人间佛教"。例如，在联合国建立以后，英国国会人士还想联合全球各宗教力量，建立一种民间性质的"全球治理"。1948年，英国国会议员弥灵顿（Ernest R. Millington）发起"十字军世界政府"③，在征得澳大利亚、比利时、加拿大、智利、中国、丹麦、法国、荷兰、印度、新西兰、挪威、巴基斯坦、南非、瑞典、美国等民间人士的赞同后，也写信邀请太虚法师的"人乘佛教"加入其中。太虚和法舫对于这项邀请是积极的，法舫把《致太虚大师书》翻译过来，刊登在《海潮音》第二十九卷第十期。

法舫很是清醒，虽然欧美人士在战后热衷佛教，"欧美人渴望佛教，真如大旱之望云霓"。但是，法舫提醒说："他们所需要的不是我国先行的佛法，希望读者要注意。"他翻译的法国巴黎佛学友谊会居里（Monsieor Juery）先生论文《对于欧洲人的一种佛教》④，法舫把佛教普度众生的五乘（人乘、天乘、声闻乘、缘觉乘、菩萨乘）中的"人乘"，作为人道、人文主义来解释，即通过人本身的努力来完成自身的救赎。这种"人道教"（孔德）的极端表达是无神论的，但是法舫是想保留信仰的。1950年1月，法舫在香港寓所（荃湾鹿野苑明常楼）写道："近十年来，

---

① Stedhen Renovich 著，法舫译：《加拿大与美国之佛教》，《法舫文集》（一），北京：金城出版社，2011年，第169页。
② Stedhen Renovich 著，法舫译：《加拿大与美国之佛教》，《法舫文集》（一），北京：金城出版社，2011年，第169页。
③ 法舫：《组织世界政府之运动致太虚大师书》，《法舫文集》（一），北京：金城出版社，2011年，第180页。
④ 法舫：《组织世界政府之运动致太虚大师书》，《法舫文集》（一），北京：金城出版社，2011年，第184页。

我很少阅读中国文的佛书，尤其是大乘佛教的经论。"①

佛教研究方法的普遍化，即引入"哲学"概念，同时分析中国、印度和西方的佛学。法舫在《唯识论谈》第二编"绪论"中，开宗明义第一节"哲学的名义"，论述在唯识论研究中引进"哲学"概念的必要。"大概哲学所研究的也正是唯识所研究的，范围甚广。哲学在中国所研究的是义理，故可名义理之学；在印度则名有四吠陀、曰五明、曰十优波尼沙昙。古代希腊哲学家，把哲学分为三部：一物理学、二伦理学、三论理学。现在的哲学家则分哲学的范围为：一、本体论，是研究宇宙世界的道理，及存在之本体及'真实'之要素，又名宇宙论，是研究世界之起源及其历史的发展等；二、人生论，是研究人生之来源，究竟人是否由动物进化而来，并研究人类的心理学，及如何做人的伦理学；三、知识论，是研究知识产生，及其性质和作用的。至于研究知识之真为邪正，则是知识论理的。"②法舫引进的"哲学"概念，是同时期中国哲学家也刚刚引进不久的"西洋哲学"的范畴和定义。"哲学一名词，中国古书无之，是日本维新之后，对于英文 Philosophy 一词的译语，中国延用之。"③当时的中国哲学家（法舫引用张东荪）从东洋、西洋引进"哲学"概念，主要用来研究儒家思想。法舫则将其扩展到汉传佛教和印度思想，探索出一条佛学研究普遍化的路径。

在近代佛学各宗派中，法舫自认是属于唯识论，不过他对唯识论的研究有着更加宽阔的眼界，并在寻找更加世界化的方法。他肯定唯识论在近代的崛起，是佛教革命的一个重大的标志性成果。"最初提倡唯识宗的是杨文会（仁山）居士，他是今年复兴中国佛学的有力人物。他与日本名学者南条文雄为好友，杨先生受南条的影响很大。唯识宗的唐人注疏多流专于日本，他从日本取回古典，校印流通，功德无量。其后有梅光曦、欧阳竟无、刘珠源、张克诚、韩清净、唐大圆、吕澂、景昌极、王恩洋、邱希运、持松、常惺、会觉、法舫、法尊、芝峰、印顺、默禅、谈玄等，都是精研唯识学的人。这些人中，有的是述古的，有的是考据的，有的是发扬新论的，有的是探究历史的，都各有所长，各有著述行世。在佛学的研究方面，这一宗算是最盛行了"。法舫在这一系列的唯识宗学者中的治学特点，就是他试图建立与日本、东南亚、欧美佛学研究的关系，打造与当代哲学研究各门学科之间的关系。

为"人间佛教"寻找神圣本体

神圣性，看起来是"人间佛教"的一个软肋，即关注人生，方便社会，相当于

---

① 法舫：《唯识史观及其哲学·原序》，《法舫文集》（二），北京：金城出版社，2011年，第3页。
② 法舫：《唯识论谈》，《法舫文集》（二），北京：金城出版社，2011年，第105页。
③ 法舫：《唯识论谈》，《法舫文集》（二），北京：金城出版社，2011年，第100页。

19世纪欧美宗教的"世俗化",不免就会有神圣性的缺陷。太虚用"世俗化"参与社会变革,提出"人间佛教",对中国的佛教复兴运动贡献巨大。但是,过于的"世俗化""政治化",也令"人间佛教"有神圣性的缺乏。章太炎、欧阳竟无等学者倾向于把唯识论作认识论来研究。但是,如果仅仅把唯识论当作认识论,再将认识论代替本体论,则会产生"以哲学代宗教""以伦理代宗教"的"无神论"结论,这对于"人间佛教"在信仰向度上的发展是不利的。佛教用哲学,但不是哲学,而是信仰。如果佛教还要继续作为一种宗教,这个"神圣性"问题很关键,法舫是唯识论学者中发现这一缺陷的很少的几个学者之一。

太虚不能算是一个严格的唯识论学者,但他为创建"人间佛教"而提出"三大革命"中的"教理革命",需要一个普世化、全球化和现代化的哲学—佛学基础。法舫是"教理革命"在这个方向上的实践者,他觉得唯识宗的"有论"中所包含的经验主义,就是"人间佛教""人乘佛教"的哲学基础。他的思考既回答了太虚法师提出的"教理革命"问题,但更加深入地发现"世俗性"与"神圣性"对立的问题,提出要以"唯识论"为认识论,去探寻有神的本体论,这样的做法更形学理,也与欧美、印度、日本的佛学复兴运动步调一致。在国际佛学运动中,日本净土真宗(东西本愿寺)、禅宗(铃木大拙)都是先行一步,而太虚、持松、法舫等人的人间佛教世界化实践又提出了一个中国方案。

正是在"本体论"的意义上,法舫和唯识论学者就主张以 substance 的概念来研究"佛教的两大学派思想",即"一、唯识学派是讲'有'的,故佛家称为'有宗';二、三论学派是讲'空'的,故佛家称为'空宗'"[①]。法舫是把唯识作为"有"(存有论)来研究的,他有作品《"有"之研究》。明、清佛学一直是讲习"空""无"之论,近代唯识论讲"有",讲感知,讲"六识"(眼耳鼻舌身意),讲经验主义,这是一个大的突破。在法舫等人看来,"六识"研究和经验主义研究是可以互通的,现代哲学的语言和佛学研究的词汇应该是一致的,这样才能将佛学研究"世界化",不然只是在佛学内部自我循环,不能与别的民族的学术作交流。

法舫法师是自觉继承和阐发太虚"人间佛教"思想的学者,将"人间佛教"置于佛教教理和现代哲学双重基础之上,是法舫一生的努力。法舫说,《海潮音》第十五卷(1925)有"人间佛教专号",就是"提倡普遍的'人乘菩萨法',因为佛说法大都是以人类为对象,由人乘扩张至菩萨位。虽然有五乘、三乘和无量乘,而其重心还在人乘方面。所以太虚大师二十余年来弘法运动,虽有其全系佛法之见解,

---

① 法舫:《唯识论谈》,《法舫文集》(二),北京:金城出版社,2011年,第104页。

而对这现世界人类宣传，无非是'佛教人间化'，渐次实现'人间佛教化'的主义。"①按法舫的说法，人间佛教的哲学基础就是"人道主义"，故他的这次演讲题目就是《做人与学菩萨》，而次标题依次是："佛法与人生""佛陀在人间""现在人生需要佛法""人的名义""人的生活""人的生起""人的生命"等。演讲内容和方法则是寓佛法于哲理，是用哲学的语言来讲求佛法。

法舫意识到"人间佛教"的积极有为，在世界观上肯定"人间世"为一种真实存在。如果一味说"空"，就不能有真正地容下现代科学、经世哲学。法舫认为传统佛教确实是一个讲"空"的宗教，但唯识论是讲"有"的哲学，唯识论是来给佛教调整本体论的。在这里，法舫和欧阳竟无的"佛教非宗教非哲学"的论证路线并不相同。传统佛教讲"空"，连神也否定，这就是造成了"无神论"。法舫认为唯识论是讲"有"，有神。"'有'，在宗教上所含意义，也非常重要。怎么见得呢？因为宗教家，除开佛教，根本就不敢否定宇宙人生的一切现实境界。假设他们否定了'有'，否定了宇宙现实，说一切皆空，一切'非有'，否定了宇宙现实，说一切不存在，那么他们本身就站不住了，也和他们自己讲的话相违背了。最明显的例子是宗教家要承认有天或神的存在。"②法舫据《般若经》的例子，一般佛教只是用来说"空"，而没有知道它背后还有"有"。他认为，《般若经》"所说'空'义，第一是破除我执相和法执相，因为我法执的自性存在，虚妄自性存在，障蔽了客观性的物和事的本相，而且这我执相或法执相的虚妄知识，是不正确的，是颠倒的，是'无中生有'的"。

按法舫这样的解释，《般若经》所谓"色就是空""空就是色"的含义，就相当接近于中世纪阿奎那哲学"二元论"，即认为人的知识和神的本质是两个并不相同但相互接近的存在；又是和近代欧洲德、法现象学本体论哲学中的"现象即本质"的关系讨论即哲学承认世界本质不可接近，而人的认识可以研究。我认为法舫的这个说法和阿奎那"二元论"比较接近；而当代哲学家较多是用现象学来比较唯识论，如张庆熊、倪梁康。法舫自己更加愿意把《般若经》加以比较的是现代科学中的"相对论"和当时中国进步哲学中的"辩证唯物论"，因为"这两派学说左右了20世纪的时代，也可以说这两个派别是20世纪的新鲜产物"③。这种追赶现代科学、哲学的想法和太虚是一致的，但法舫是更加深入思考了这个问题。

---

① 法舫：《做人与学菩萨：在世界佛学苑研究院讲》，《法舫文集》（三），北京：金城出版社，2011年，第35页。
② 法舫：《做人与学菩萨：在世界佛学苑研究院讲》，《法舫文集》（三），北京：金城出版社，2011年，第110页。
③ 法舫：《做人与学菩萨：在世界佛学苑研究院讲》，《法舫文集》（三），北京：金城出版社，2011年，第117页。

法舫唯识论研究的方法

用哲学概念（本体论）、多元教理（中日印），以及外国语言（英梵日）来研究传统佛学。法舫身在海外，用英语思考，和日本、东南亚、美国、欧洲学者打交道，他还在跟踪更新的学术流派，这个是1950年代以后大陆唯识论学者如吕澂等人不再能够继续做下去的工作。法舫在《唯识论谈》（1934年3月在武昌佛学院讲授，1950年1月在香港荃湾寓所写成）的系列讲座中说："最近西洋学术界中发生了一个新的学问曰：知识社会学，就是要从社会学中去研究人类的知识，想把知识独立，即是与'能知''所知'并立而存在。"（第153页）

法舫实际上提出了"佛学为本，哲学为用"的方法，法舫在《唯识论谈》中的"结论"中说："不是将佛学附会哲学，不是作搭体文的文章。是将佛学和哲学上的这个问题拿来做比较的研究。我对于深玄的哲学是门外汉，对于精密的唯识学，也不究竟。只觉到这两种学问，是站在世间法中学出世间法的人应该研究的。'可能性'是哲学上的重要的问题而被研究哲学的人忽略了。种子义的'功能力'说，在'唯识学'上也是占着最重要地位，学唯识学的人不能不详细研究。"

对于如何提升"人间佛学"的神圣性，法舫有一系列的思考。他的完整想法还需要系统的清理和阐释。篇幅所限，姑且举他在自己主编的《海潮音》上发表了一系列文章为例，看法舫如何阐释人间佛教的基本要旨，并非只是世俗意义上的人生佛学，而是"超世"的神圣佛学。

在《海潮音》第15卷第5号上，法舫主张在人间佛教中发扬小乘精神、大乘"超世"："中国现社会之不重视佛法者，推其根本原因，在于以往之专宏大乘。以专宏大乘故（其实大乘即在人间），不仅人间佛法不问闻，即超世之小乘佛教，亦率皆唾弃。"① "超世"就是super nature，超越人世间，达到梵天。显然，法舫到南亚、东南亚留学，就是他躬行实践的求法。他实实在在地以自己的行动学习更加注重个人修行的小乘佛教。

在民国时期的"显密之争"中，法舫提出显密互补的主张，其目的还是在抑制了清末以来汉地密宗流行的弊病之后，借用密宗的传统来提升人间佛教的神圣性。他在《海潮音》第14卷第7号，主张引进日本中古佛教更加重视的密宗《大日经》（《大毗卢遮那成佛神变加持经》，唐善无畏、一行译），即日本佛教"大日如来"信仰的教义来源。清末以来达赖、班禅、李佳白（尚贤堂）等在上海介绍和传播西藏密宗教法，颇得信徒拥戴，法舫等人因其可以补充汉传大乘佛教（"显宗"）的

---

① 《与某居士论建立人间佛教书》，《法舫文集》（四），北京：金城出版社，第133页。

神圣性之不足，故而赞成。但密宗在上海等工商世俗社会传播后，亦有流弊，"因不守戒律，不谙教理，二流毒所及，为害至深。如魔子曰：'密教兴，显教灭'。"① 对此，法舫并不同意把密宗与显宗对立起来，或者认为密宗才是神圣和超世，显宗只是世俗与人伦。法舫主张显密互补，相得益彰，"人间佛教"当以密宗精神来增强自己的神圣性。故此，法舫主张复兴"唐密"，引进"东密"，正确认识"藏密"，全面系统地研究佛教密宗传统，用以完善被认为仅仅处于"显密"阶段的人间佛教。

法舫提升"人间佛学"的主张，更加明确地表现在他在以西方哲学的"本体论"知识，谈论建立一个终极本体，即宇宙论（Cosmology）意义上的上帝存在。他在《海潮音》第15卷第1号，主张把"人间佛教法之思想基础"，建立在以因缘说基础上的"宇宙本体论"，其次识宇宙现象论、宇宙解脱论、宇宙目的论。② 法舫文章中讲的"宇宙本体论"，虽不见他自己用西方哲学概念的详细解释，但含义应是 universal substance，即超出人的生命，也是人生的来源之"神梵天"。按存在主义哲学家蒂里希（Paul Tillich）的理论，举凡宗教，就是那种具有终极关怀（ultimate concerning）理论的信仰。法舫就是试图要把"人间佛学"加入终极信仰的佛学家。和欧阳竟无主张"佛教非宗教非哲学"不一样，了解现代宗教理论的法舫，倒是强烈主张佛教是一种完整的宗教。在《宗教在人间》一文中，他说："宗教的建立，根本是信仰；信仰的目的，是人生向上求趣的快乐的象征。"③ "向上求趣"，和蒂里希的'终极信仰'很是相像。

---

① 《全系佛法上至密宗观》，《法舫文集》（四），北京：金城出版社，2011年，第15页。
② 法舫：《人间佛教史观》，《法舫文集》（四），北京：金城出版社，2011年，第66页。
③ 法舫：《宗教在人间》，《法舫文集》（四），北京：金城出版社，2011年，第136页。

从"人间佛教"到"佛教徒商人"

——东亚佛教文化维度下稻盛和夫思想考察

丁建华　浙江工商大学东亚佛教文化研究中心、稻盛和夫商道研究中心

内容提要：人间佛教的理念蕴含于佛教的思想历程中，可以说，从一开始，佛教就是以现实人生为起点，并又返归于现实人生的。佛商在世俗生活中实现佛教超越性的追求，或以超越性的精神境界直面世俗生活，是人间佛教理念的体现。作为东亚佛商的代表，稻盛和夫十三岁时因生病面临生死问题，通过邻居借给他的《生命的实相》，开启了贯穿他一生的关于人生的思考。稻盛和夫关于人生思考的核心是，人生是一场修行，其目的与途径都是围绕心性展开的。关注现实人生，克制私我以提升"心"的境界与力量，是东亚佛教文化在稻盛和夫思想中的集中体现。以稻盛和夫为代表的佛教徒商人对超越性的诉求，表现在对商业行为中一味诉诸金钱的否定，使得人成为商业行为的主体与对象，对社会精神的丰满起到了不容忽视的作用。

关键词：人间佛教；稻盛和夫；佛商

一、引言：从"人间佛教"到"佛教徒商人"

佛教从印度传入中国，再传入韩国、日本，成为影响东亚文化形成的重要因素，对东亚文化的思想、民俗等方面产生了深远的影响。相比较印度时期，东亚佛教文化展现出不同的风貌，尤其在对现实人生的观照上，与印度偏向兰若、头陀、宴坐的风格形成差异，直至近现代，兴起了"人间佛教"的思潮。

人间佛教是佛教人间化的现代表达，是由近代太虚所提出的思想理念。人间佛教理念的提出，是基于佛教由传统向现代转型过程中，针对传统佛教过度强调鬼神祭祀的一种否定，"人间佛教，是表明并非教人离开人类去做神做鬼，或皆出家到寺院山林里去做和尚的佛教，乃是以佛教的道理来改良社会，使人类进步，把世界

改善的佛教"。① 人间佛教理念的提出，既是对佛教根本精神尤其大乘精神的继承，也是对当时时代的契合，"人生佛教云者，即为综合全部佛法而适应时机之佛教也"。②'至佛法流传之地，则锡兰有佛音之综合整理，中国（内地）有天台智者、贤首法藏等之综合整理，（中国）西藏则有着菩提道次第论之宗喀巴为之综合整理，此皆一方根据佛法真理，一方适应时代机宜，以综合整理而能昌行一方域者也。时至今日，则须依于全般佛陀真理而适应全世界人类时机，更抉择以前各时域佛法中之精要，综合而整理之，故有'人生佛教'之集说。"③ 佛教在印度会适应时代而有所改变，从印度传入别国也会因风土人情之变化而改变，人间佛教的呼吁便是对佛教现代化的一种回应。

笔者认为，人间佛教的本质是以佛教的精神观照现实人生，佛教徒商人是其重要的体现形式。自佛教产生之始，商人便代表社会中的一股主要力量与佛教产生联系，一方面，商人拥有财富，可以作为佛教发展的重要支撑，不仅给予佛陀说法的场地，而且为僧团贡献自身的财富，"佛教的出家教团多接受国王、王妃或大商人的皈依和经济上的支持，这些人布施广大的园林给寺院"。④ 另一方面，由于商业的不确定性很高，商人也希望在情感上有所寄托，"僧团不仅有国王们的支援，商人阶级也支援佛教僧团。商人们组商队穿过密林，横断沙漠，与远方的都市作交易；或是乘船出大海，与他国通商。为了要渡过这些危险，需要有冷静的判断、勇气与耐力，于是理性宗教的佛教符合他们所好，而且商人们前往他国，非得自由的与异民族或不同的阶级交往不可，所以坚守阶级制度的婆罗门宗教并不合当；相对于此，农民则紧紧地与婆罗门宗教结合。商人阶层中，不止是部派教团，皈依大乘教团的人也很多，他们当中的富商、指导者称作'长者'（Srastin）。长者中以皈依佛陀的给孤独长者（Sudatta，须达）及优罗迦长者为出名，而自原始佛教的时代以来，佛教信众中闻名的长者很多。在大乘经典中，长者也经常作为佛陀说法的对象，可以认为他们也支援部派教团。由于国王和长者们的援助，僧团既无生活之虞，而贯彻出世间主义，致力于研究与修行，于是完成了分析极精致的佛教教理；这是阿毗达磨（Abhidharma，法的研究）佛教'。⑤ 可见，商人与佛教之间从一开始就有着独特的依存关系，佛教徒商人便是这种关系的集中体现。

相对于历史中佛教与商人的传统关系，佛教徒商人这一称呼是近来产生的，与

---

① 太虚：《怎样来建设人间佛教》，《太虚全书》第十四编。
② 太虚：《人生佛教开题》，《太虚全书》第二编。
③ 太虚：《人生佛教开题》，《太虚全书》第二编。
④ [日]平川彰著，庄昆木译：《印度佛教史》，台北：商周出版，2002年，第107页。
⑤ [日]平川彰著，庄昆木译：《印度佛教史》，台北：商周出版，2002年，第107—108页。

儒商一样，凸显商人独特的企业文化与人格特质。佛教徒商人作为一种文化现象，体现了物质追求与精神诉求的统一，在追求财富的过程中，也同时关注精神世界，通过佛教这一历史悠久的文化充实、提升、满足自身的精神需求，营造良好的企业文化。在东亚社会中，稻盛和夫正是佛商的代表，其思想中蕴含有深刻的东亚佛教文化，并通过他本人的人生理念、企业治理展现出来。

二、基点：现实人生的关照

"人间佛教"的理念虽于近现代提出，但人间佛教的思想却早已蕴含于佛教的发展过程中，可以说，佛教从一开始就是以现实人生为起点，并又返归于现实人生的。

佛教的诞生是乔达摩·悉达多对现实人生困惑的思考与解答，集中体现于四谛与十二因缘这两个原始佛教时期最为核心的理念。四谛指的是苦、集、灭、道四种真理，苦是对现实人生的描述与价值判断，集是人生苦难的原因揭示，灭是消除人生苦难，而道谛正是消除苦难的方式与途径。十二因缘，包括无明、行、识、名色、六入、触、受、爱、取、有、生、老死，通过十二个范畴不仅揭示人生的流变过程，而且也明确人生苦难的根源在于"无明"，即对人生的真实状态的无知。

佛教发展至部派阶段，以有部的阿毗达磨哲学为代表，热衷于概念系统的归纳、建构与理论的探究，类似繁琐的经院哲学，其实是想通过对经典中作为"法"的概念的探究，寻求超越现实人生苦难的道路，这一点，可以从其归纳、构建的较为完整的佛教修行实践体系就可以发现了。从身器清净、五停心、四念住、四善根，再到暖、顶、忍、世第一法，进而四向、四果，不论是之后批判阿毗达磨哲学的中观学，还是同样热衷于概念体系构建的唯识学，抑或是中国佛教天台、华严等，都是以这一修行体系为底本的，由此可见，虽然部派佛教构建了繁琐的哲学，但其思想之根底不能不说是仍旧关注现实人生以追求解脱的。

大乘佛教阶段，中观学认为，佛教最根本的理论是缘起，缘起表现为两个方面，一方面是条件性，所谓"此有则彼有，此生则彼生"，另一方面，表现为对内在规定性的否定，即自性空，这两方面便被概括为"缘起性空"。站在缘起性空的立场上，中观派的开创者龙树提出："涅槃与世间，无有少分别，世间与涅槃，亦无少分别。涅槃之实际，及与世间际，如是之二际，无毫厘差别。"[①] 这意味着，不论是佛教否定的杂染的世间，还是受到肯定的值得追求的清净的涅槃，其本质都是缘起性空，并不存在真正的杂染与清净，"烦恼即菩提"也就为大乘佛教留惑润生、寻求教化、

---

① ［古印度］龙树：《中论》，《大正藏》第30册，第36页上。

改造现实人生开辟了道路。

中国佛教的发展过程中，虽部派佛教思想也有传入，但与中国文化一拍即合并成为中国佛教主流的一直都是大乘佛教，"中国一开始便主张以大乘佛教为中心，实际上只信仰大乘，宣扬大乘经典才是真正的佛说，而小乘属于低下之物，社会上普遍存在这种论调。因此，中国佛教几乎没有大乘和小乘之争"。[①] 正因如此，中国佛教的宗派，如天台、华严虽然构建了不亚于阿毗达磨的繁琐理论，但仍坚持"烦恼即菩提"的大乘精神，禅宗更是通过"无情有性"等命题揭示即使是最清净的佛都与污秽的"干屎橛"平等，从这样的思想土壤中诞生了几经文化加工塑造而成的济公形象。

由此可知，佛教虽然是以追求超越现实人生为目标的，却从未脱离现实人生，大乘佛教的精神更是以观照现实人生为主旨。稻盛和夫思想中具有强烈的关于现实人生的思考，基本上所有论著都不乏对于现实人生的思考，甚至可以说，关于现实人生的思考是稻盛和夫思想的基点。

关于人生的思考，从稻盛和夫十三岁时遭遇生死问题之后便开始了。十三岁时，稻盛和夫不幸感染了肺结核，几近丧命，由于叔叔、婶婶也在同时期因罹患肺结核而去世，街坊邻居流传"稻盛家因为业障，可能会全部死于肺结核"的耳语，受此流言影响，稻盛和夫以为自己也将不久于人世，所以心情异常沉重。正是这时，他通过邻居太太借给他的一本书《生命的实相》，开启了贯穿于稻盛和夫一生的关于人生的思考。

稻盛和夫认为，首先，人生是每一个瞬间的积累，"所谓人生，归根到底，就是'一瞬间、一瞬间持续的积累'，如此而已。每一秒钟的积累成为今天这一天；每一天的积累成为一周、一月、一年，乃至人的一生。同时，'伟大的事业'乃是'朴实、枯燥工作'的积累。如此而已"（《干法》）。其次，人生的态度决定人生的选择，人生的选择决定了人生的走向，"针对自身所处的环境，是采取卑屈、怨恨等消极的态度，还是把困难的任务当作自己发展的机会，以积极的态度去应对？选择不同的态度，走不同的道路，到达的终点也会大相径庭。无论是工作还是人生，都是同样的道理。"（《干法》）再次，人的价值正在于其具备理性、智慧、心性，能为社会、世界作出其应有的贡献，"人的价值不仅仅是存在，具备智慧，具备理性，具备心性，因而人被称为'万物之灵'。人是地球上进化程度最高的生物，人应该具备超越存在的伟大价值。我认为，这种价值就在于人能够为社会、为世人做出贡献。"（《心法》）最后，人生在于通过不断的改善命运，以实现美好的追求，"形

[①] [日]水野弘元著，刘欣如译：《佛典成立史》，台北：东大出版公司，2009，第18页。

成人生的要素，一是人与生俱有的命运，一是人的思想和行为所造成的'业'（因果、业障）……'因果报应法则'的影响力或多或少强于'命运'。因此，我们可以运用'因果报应法则'来改变与生俱来的命运。也就是说，如果一心向善、时时行善，命运的方向也会随之往好的方向转变。"（《人为什么活着》）

三、核心：个体私我的克制

关于人生的思考，稻盛和夫有一个核心的观点，人生是一场修行，其目的与途径都是围绕心性展开的。他说："所谓现世，就是一个修行的道场，修行的目的就是净化具备善恶两面的人心。通过修行提升人性、塑造美好的人格，这就是人生的目的。但是，因为人既有烦恼又有自由，如果放任不管，就很容易坠入极恶非道。为了防止堕落，释迦牟尼提出了'六波罗蜜'这一套修行的方法，帮助人们提升心性，走进菩萨道。"（《心法》）通过净化人生，提升人性，塑造人格，其实质都是围绕"心"展开的思想活动。

"心"作为存在与主体的交叉点，是东亚佛教思想体系中的核心。中国佛教第一个宗派开创者智𫖮提出"略心能含万法"[1]，智𫖮推崇《法华》圆教，站在圆教的立场上，他认为，作为主体的"心"与一切相含摄，一即一切，一切即一，此时之"心"不仅是人的意识，更是意识深层的主体的代表，所以，当智𫖮说心含万法的时候，其实质是在说主体即存在、主体即本体，换句话说，心的本质与一切的本质是统一的，或者说心就是一切的本质。正因为此，智𫖮提出观心即能洞解一切经论的观点，他说："精修观心，洞解一切经论，若经论不从心出者，观行之人，既不听不读，何得内心通达耶？此乃有所言说，冥与经论相应。意在此也。"[2] 经论记载的是佛教的理论，理论指向的是对人生、世界的真实的揭示，观心则是越过理论，从自身内心直面人生、世界的真实。智𫖮的思想，一方面代表之前中国佛教思想的集成，另一方面也深刻地影响了中国佛教之后的发展，尤其为"不立文字""教外别传"的禅宗开辟了重"心"的道路。

诞生于东亚传统文化，深受东亚佛教文化影响的稻盛和夫将"心"所意味着的内在反省，与性格、人格的提升同样作为自己对人生思考的核心。

一方面，稻盛相当重视工作，工作的目的就是为了提升"心"的境界，"人工作的目的是提升自己的心志——这是我的观点。只有通过长时间不懈的工作，磨炼

---

[1] （隋）智𫖮：《妙法莲华经玄义》，《大正藏》第33册，第778页中。
[2] （隋）智𫖮撰：《四教仪》，《大正藏》第46册，第768页中。

了心志，才会具备厚重的人格，在生活中沉稳而不摇摆。每次与这样的人接触，就能引起我的重新思索，思索工作这一行为的神圣性。"(《干法》)"全神贯注于自己的工作，只要做到这一点，就可以磨炼自己的灵魂，铸就美好的心灵。有了美好的心灵，就会很自然地去想好事，做好事，为社会、为他人着想，并落实在行动中，你的命运就一定会向好的方向转变。"(《干法》)"劳动本来的意义，并不仅仅是为了取得报酬。特别是在贫穷的时代，干活、勤奋工作就意味着抑制自己的欲望——想休闲、想偷懒、想玩乐这样的欲望。克制这类欲望，作为结果，就是锻炼自己的心志。"(《心法》)工作是人生中的重要方面，从时间占比来说，可能是大部分人一生的主要方面，如果在工作中感受不到自由与快乐，不是自我价值的实现，那么工作只是异化劳动。稻盛和夫认为，不能把取得报酬作为劳动、工作的目的，他们都认为，应当把劳动作为实现自我价值的途径，只是稻盛站在东方文化的立场上，转向了内省的自我人格的完善。

另一方面，除了通过外在的工作修炼"心"之外，稻盛和夫同时强调内在的对自我、私我的克制。在处理人与人之间的关系时，私我的克制，意味着能够为他者考虑，儒家所谓"己所不欲，勿施于人"的忠恕之道正是这一意味，佛教则是跨越了人这一种类别而遍及全部生命的"慈悲"，"拯救人类的哲学就是要将'欲望人'还原为'良心人''理性人'。这种哲学的核心十分简单，用四个字表达，就是'利他自利'，用两个字表达，就是'利他'。""'利他'在儒教就是'仁'，在基督教就是'爱'，在佛教就是'慈悲'，'利他'存在于人类的本性之中。"(《拯救人类的哲学》)并且，克制私我，对处理人与自然的关系同样重要，稻盛和夫说："人类如果不肯遵照佛陀有关'知足'的教诲，节制自身的欲望，与地球这个生态环境中存在的一切生命共存共生，回归朴实的、有节制的生存方式，那么，人类就会滑向自我灭亡的深渊。""人类现在必须思考一个问题：我们怎样来和这个地球共生共存？这就必须从爱、慈悲、同情以及利他之心出发，而不是无止境地追求基于欲望和利己之心之上的所谓经济增长。"(《拯救人类的哲学》)

四、总结：佛教徒商人对趋利商业的提升

通过在缅甸的田野调查，社会学者麦尔福·史拜罗认为，佛教有三点理论不利于社会的发展，"佛教的核心经验隐含着某些基本教义，这些教义全都不利于世间作为：1.权力与财富、虚荣与奢侈不应是被追求的目标，人们应鄙弃之；2.为达成解脱所挣扎奋斗的对象，必须是自己的欲望和冲动，而不是外在的世界；3.最重要的，

人们必须克服对世间及世间中一切事物的执著"。① 概言之，佛教思想对贪欲的否定，使得人在社会发展中缺乏参与力与创造力，从而减缓甚至是限制了社会的发展。

　　站在社会发展的角度上，这一批判相当典型，也具有力量。在中国佛教发展的历史中，也不乏这样的批判，从慧远的辩解，到三武一宗灭法，历史上政权乃至儒学对佛教的批判中，认为佛教偏于克制、内向的教化阻碍社会发展是其重要维度。王阳明甚至批判佛教克制、内向的"心"是一个"自私自利"的心，"'不思善、不思恶时认本来面目'，此佛氏为未识本来面目者设此方便。'本来面目'即吾圣门所谓'良知'。今既认得良知明白，即已不消如此说矣。'随物而格'，是'致知'之功，即佛氏之'常惺惺'亦是常存他本来面目耳。体段工夫，大略相似。但佛氏有个自私自利之心，所以便有不同耳。今欲善恶不思，而心之良知清静自在，此便有自私自利……"② 他认为，佛教外弃人伦，不顾家、国、天下，只是不思善、恶以达到个体的清静自在，所以只是"自私自利"罢了。

　　然而，从稻盛和夫的思想探究，可以发现，以佛教徒商人为代表，并没有一味追求内心而放弃世务，而是以一种超越性的内心境界积极从事世俗性的商业。正如稻盛和夫思想中，对人生的关照以及个体私我的克制，佛教现代化的一个重要表现，就是近现代呼吁的"人间佛教"，其实质是以佛教的超越性重新审视世俗的商业行为，不沉迷于金钱，而重视现实的每个人的人生。笔者认为，从这一维度来说，以稻盛和夫为代表的佛教徒商人，不仅没有消极地阻碍社会的发展，更是以一种超越一般商业精神的文化，否定一味的金钱诉求，对社会精神的丰满起到了不可否定的作用，正如稻盛和夫的呼吁，人成为了商业行为的主体与对象，"人生真正的目的是成为一个有品质的人！"（《人为什么活着》）

---

① ［美］麦尔福·史拜罗著，香光书乡编译组译：《佛教与社会——一个大传统并其在缅甸的变迁》，嘉义：香光书乡，2006年，第716页。

② （明）王守仁撰，吴光等编校：《王阳明全集》，上海：上海古籍出版社，2011年，第75页。

隋唐时期汉传佛教僧众的饮食制度

王大伟　四川大学道教与宗教文化研究所

内容提要：饮食作为僧众日常生活中最重要的活动之一，从原始佛教时期就被制定出诸多制度性内容。我们所熟知的"过午不食""蔬食""断酒肉"等佛教饮食原则，实际是印度与中国两种文化影响下形成的汉传佛教饮食制度。隋唐时期的僧众经常参与受斋活动，这不仅是饮食层面的需要，更是佛教行持的展现，是信众、教团、僧侣三方诉求的社会化行为。律典中原则上禁止僧人自造食，隋唐时期的僧人依然受制于这方面的制度规定，但由于寺院生活的需要，僧人同样要准备必要的造食空间与工具。虽然隋唐时期的僧人对自造食有一定程度的回避，但在不得已的情况下，自造食恐怕依然是会出现的状况。

关键词：隋唐；受斋；自造食；饮食制度

饮食是僧众日常生活最重要的内容之一，佛教的饮食制度也是凸显自身宗教特色的途径，我们所熟知的"过午不食""蔬食""断酒肉"等名词，都是与佛教饮食制度相关的内容。隋唐时期的汉传佛教已经历了梁武帝推行的"素食改革"，酒肉无论从戒律还是道德层面，都从僧人的饮食世界中消失（起码在佛教文献中是如此）。如果从大众对佛教认知的角度来说，僧众持守的特殊的饮食制度有浓郁的汉传佛教特征。僧人获得饮食的方式，有受斋、乞食、造食等多种。受斋带有仪轨性，且具有修行的目的和性质，所以在佛教的饮食制度体系中，一直比较受到重视；乞食是印度佛教传统中获得饮食的基本方式，即使传入对乞食行为有所鄙弃的中国，佛教僧侣的这个传统也依然被维持下去；造食是僧众获得食物的稳定手段，当寺院有了稳定经济来源，且不需要僧人乞食为生的话，就必然要自己造食生活。

一、受斋的仪轨性特征与饮食方式

"斋"本指古人在祭祀典礼等活动中清心寡欲，洁净身心，是表示庄重恭敬的举措和带有仪式性的活动。侯冲总结佛教中"斋"的含义，认为包含两个方面："一是指法会。在这个意义上,'斋'被用于神事活动,指斋供仪式。二是与饭食有关。不论是净食、非时食还是素食,都是如此。"① 本文所要研究的"斋"属于食物层面,佛教中借用"斋"表达僧徒受食时的状态,同样是因为僧侣的饮食活动也是一项修行,尤其是受斋时,无论对供养者还是受供者,是双方都能获益的举措,能"增长善根",故受斋往往具有特殊的行持意义。"此云受斋,又云增长,谓受持斋法,增长善根。"② 同时斋与戒也往往相关,佛教中的"过午不食",不仅是对持斋的时间性要求,更是一项戒律制度,所以斋戒之间存在着甚深的渊源关系,故道世在《法苑珠林》中提道:"斋者,齐也。谓禁止六情,不染六尘,齐断诸恶,具修众善,故名斋也。又斋戒体一名别。若寻名定体,体容小别。斋者,过中不食为名,戒者,防非止恶为义。故《萨婆多论》云:八个是戒,第九是斋,斋戒合数,故有九也。"③ 一般意义上僧人的过午不食都可视为"持斋",这是僧人一天中最重要的饮食活动,也是僧俗供养僧侣的重要途径,所以僧众的"受斋"是双向的,一方面自身完成过午不食和接受供养的佛教传统,另一方面也给其他供养者累积功德的机会,佛教在饮食方面的这项"大传统",从原始佛教到汉传佛教从未中断。

受斋或设斋都是一种仪轨,带有求福积德的愿景,在中古时期,设斋是表示追福及供养的重要手段,《国清百录》中就曾多次记载晋王杨广为智者大师忌日设斋,如《王遣使入天台设周忌书》:"岁序推移,日月如逝,智者迁化已将一周,追深悲痛情不能已。念慕感恸,何堪自居,今遣典签吴景贤,往彼设斋,奉为亡日追福,迟知一二。杨广和南。开皇十八年(598)。"④ 国清寺的僧人很快就组织了五百人的斋会,"天台沙门智越一众启:典签吴景贤至,奉教为先师亡日设斋,僧众五百一时云集"。⑤ 仁寿二年(602),已经是皇太子的杨广令灌顶到京,校勘智者《法华玄义》的注疏,完成工作后,命大都督段智兴送其回寺,并颁赐恩赏,同时"又令书一函与众,又遣扬州司功参军蔡恪,到为智者设千僧斋"。⑥ 杨广登基后,在大业元年(605)十一月,敕度国清寺49人出家,并设千僧斋,"大业元年十一月二十九日,敕度四十九人出家,熏陆香二斛,筑四周土墙,造门屋五间,设一千僧斋物二千段,米一千斛"。⑦ 中古时期的王朝,以斋会的形式举行庆祝及追

---

① 侯冲:《中国佛教仪式研究》,上海:上海古籍出版社,2018年,第20页。
② (宋)法云编:《翻译名义集》卷七,《大正藏》第54册,第1173页中。
③ (唐)道世撰,周叔迦、苏晋仁校注:《法苑珠林》卷八十八,北京:中华书局,2003年,第2533-2534页。
④ (隋)灌顶纂:《国清百录》卷三,《大正藏》第46册,第812页中。
⑤ (隋)灌顶纂:《国清百录》卷三,《大正藏》第46册,第812页中。
⑥ (隋)灌顶纂:《国清百录》卷三,《大正藏》第46册,第814页下。
⑦ (隋)灌顶纂:《国清百录》卷四,《大正藏》第46册,第816页中。

荐功德是重要的政治操作，如显庆元年（656），唐高宗立代王李弘为太子，就在大慈恩寺设立了五千僧斋："显庆元年春正月景寅，皇太子忠自以非嫡，不敢久处元良，乃慕太伯之规，陈表累让。大帝从之，封忠为梁王，赐物一万段、甲第一区。即以其月册代王弘为皇太子。戊子，就大慈恩寺为皇太子设五千僧斋，人施帛三段，敕遣朝臣行香。"① 这一年的四月，为了表示庆祝高宗亲书的碑石送至慈恩寺，高宗在大慈恩寺设立二千僧斋，以示仪轨之完成和隆重："（显庆元年）夏四月八日，大帝书碑并匠镌讫，将欲送寺，法师惭荷圣慈，不敢空然待送，乃率慈恩徒众及京城僧尼，各营幢盖、宝帐、幡花，共至芳林门迎……十四日旦，方乃引发，幢幡等次第陈列，从芳林门至慈恩寺，三十里间烂然盈满。帝登安福门楼望之甚悦，京都士女观者百余万人。至十五日，度僧七人，设二千僧斋，陈九部乐等于佛殿前，日晚方散。"② 玄奘参与甚至主持的这种超大规模斋会，具有鲜明的政治色彩，成为国家借佛教建构自身仪典的途径，但对普通僧众来说，他们能真实参与的，可能只有获得饮食这项内容。

义净对印度、南海（今印度尼西亚一带）等地僧人受斋活动的仪轨有详细描述，王邦维对当时印度佛教的受斋仪轨有个总结性的提炼：

> 一、施主事先发出邀请，"礼拜请僧"，放斋之日，再次"来白时至"。"僧徒器座。量准时宜，或可净人自持，或受他净物"。施主家一切准备就绪。
>
> 二、僧人们来到施主家。安置停当，首先看水。如水中无虫，用此水洗脚，然后休息片刻。时间将近中午，"施主白言时至"，僧人们洗手，施主也洗手。施主先在僧人们面前"置圣僧供"，然后正式行食。行食对依着僧人的地位而有先后。施主合掌跪在上座前，口唱"三钵罗佉多"（善至）。上座回答："平等行食。"然后依次受食。授食之人必须当前并尽，恭敬屈曲身，两手执器，器中盛放食物。僧人们随受随食。食物当然十分丰厚。
>
> 三、僧人们吃完饭，漱口，洗手。从座位上起来，右手满掬食物，出外"普施众生"。再捧食一盘，跪在上座前。上座洒水念咒。然后僧人们捧出屋外，撒在幽僻的地方，或者树林里，或者河池中，算是布施给"亡及余鬼神"。
>
> 四、然后施主授齿木，供净水。最后僧人们向主人告别，口口念道："所

---

① （唐）慧立、彦悰著，孙毓棠、谢方点校：《大唐大慈恩寺三藏法师传》卷八，北京 中华书局，2000 年，第 178 页。

② （唐）慧立、彦悰著，孙毓棠、谢方点校：《大唐大慈恩寺三藏法师传》卷九 第 139 页。

修福业,悉皆随喜。"僧人们再各自念诵伽他。①

义净所描述的印度僧人受斋的程序说明这些带有仪轨性质的饮食活动,已成为僧人生活的一部分,是一个完整有序的仪式活动。义净同时还描述了南海及中亚地区的受斋模式,大体都在印度仪轨的范畴内。对于僧人的生活来说,食物是重要的,受斋的仪轨同样也是重要的,这是牵涉到生存与修行两方面的大事。圆仁在《入唐求法巡礼行记》中记载了一次他参与的受斋活动的仪轨:

> [开成三年(838)十一月,扬州开元寺]廿四日,堂头设斋。众僧六十有余。幻群法师作斋叹文,食仪式。众僧共入堂里,次第列坐。有人行水。施主僧等于堂前立。众僧之中有一僧打槌,更有一僧作梵,梵颂云:"云何于此经,究竟到彼岸。愿佛开微密,广为众生说。"音韵绝妙。作梵之间有人分经。梵音之后,众共念经,各二枚许。即打槌,转经毕。次有一僧唱"敬礼常住三宝",众僧皆下床而立,即先梵音师作梵,"如来色无尽"等一行文也。作梵之间,纲维令请益僧等入里行香,尽众僧数矣。行香仪式与本国一般。其作斋晋人之法师先众起立,到佛左边,向南而立。行香毕,先叹佛,与本国咒愿初叹佛之文不殊矣。叹佛之后,即披檀越先请设斋状,次读斋叹之文。读斋文了,唱念"释迦牟尼佛",大众同音称佛名毕,次即唱礼,与本国道为天龙八部诸善神王等颂一般。乍立唱礼,俱登床坐也。读斋文僧并监寺、纲维及施主僧等十余人,出食堂至库头斋。自外僧、沙弥咸食堂斋。亦于库头别为南岳、天台等和尚备储供养。众僧斋时,有库司僧二人并备诸事。唐国之风,每设斋时,饭食之外别留料钱。当斋将竟,随钱多少,僧众僧数,等分与僧。但赠作斋文人别增钱数。若于众僧,各与卅文;作斋文者,与四百文。并呼道儭钱。计与本国道布施一般。斋后,同于一处漱口归房。凡寺恒例:若有施主。拟明朝煮粥供僧时节,即暮时交人巡报:"明朝有粥。"若有人设斋时,晚际不告,但当日早朝交人巡告:"堂头有饭。"若有人到寺请转经时,亦令人普:"上堂念经。"其扬府中有卅余寺,若此寺设斋时屈彼寺僧次来,令得斋儭,如斯轮转,随有斋事。编录寺名次第,屈余寺僧次。是乃定寺次第,取其僧次。一寺既尔,余寺亦然,互取寺次,互取僧次。随斋饶乏,屈僧不定。一寺一日设斋。计合

---

① (唐)义净撰,王邦维校注:《南海寄归内法传校注》之第三章《〈南海寄归内法传〉研究之二——论义净时代的印度佛教寺院》,北京:中华书局,1995年,第137页。

有当寺僧次,比寺僧次。①

圆仁很详细地为我们描绘了唐代寺院斋僧活动的仪轨和栏式,大致可以简化如下:

> 提前一日告知众僧明日受斋——准备好斋叹文,食仪式——大众入(食)堂,施主立于堂前——一位僧人打槌作梵——大众转(念)经——僧众下床立,先梵音师作梵,大众行香——叹佛、读斋叹文——读斋文僧、监寺、纲维及施主僧等十余人,出食堂至库头受斋。大众在食堂受斋——在库头为南岳、天台等和尚设供——受斋将结束,为大众发布施嚫钱——受斋结束。

圆仁还描述了当时扬州的四十余所寺院,编制了寺院和僧人参加斋会的次第秩序,这样就保证了扬州地区的僧人都可以参与某个寺院组织的受斋活动,这是佛教平等布施和大僧团一体共存观念的具体实践,带有鲜明的佛教受斋特色。

圆仁另外也描述了在五台山竹林寺参加斋会时的仪轨程序

> 竹林寺斋礼佛式:
> 午时,打钟,众僧入堂。大僧、沙弥、俗人、童子、女人依次列坐了。表叹师打槌,唱"一切恭敬敬礼常住三宝,一切普念"。次寺中后生僧二人手把金莲,打鑗钹。三四人同音作梵。供主行香:不论僧俗男女,行香尽遍了。表叹先读施主设供书。次表赞了。便唱"一切普念"。大僧同音唱"摩诃般若波罗蜜"。次唱佛菩萨名。大众学词,同礼"释迦牟尼佛、弥勒尊佛、文殊师利菩萨、大圣普贤菩萨、一万菩萨、地藏菩萨、一切菩萨摩诃萨"。"为廿八天〔帝〕释梵王等,敬礼常住三宝。""为圣化无穷,敬礼常住三宝。""为今日供主众善庄严,敬礼常住三宝。"为师僧父母、法界众生,敬礼常住三宝。打槌唱云施食咒愿。上座僧咒愿了,行饭食。上下、老少、道俗、男女平等供养也。众僧等吃斋了,行水汤口。次打槌念佛。表叹师打槌云:"为今日施主〔众〕善庄严及法界众生",念"摩诃般若波罗蜜多"。大众同音念"释迦牟尼佛、弥勒尊佛,大圣文殊师利菩萨、一万菩萨、一切菩萨摩诃萨"。如次学词同念念佛了,打槌随意,大众散去。②

其简要程序如下:

---

① [日]圆仁著,白化文等校注:《入唐求法巡礼行记校注》卷一,石家庄:花山文艺出版社,2007年,第69—70页。
② [日]圆仁著,白化文等校注:《入唐求法巡礼行记校注》卷二,第255页。

午时打钟入堂——表叹师打槌唱念——三四僧人作梵——供主行香——大众行香——表叹师读供书、表赞——大众唱念——施食咒愿——行饭——食后表叹师打槌唱念回向——大众念佛菩萨——斋会结束。

从扬州与五台山两处寺院的仪轨来看，竹林寺的仪式比较简单，核心程序是围绕施主（供主）展开，供主的行香过程被突出出来，同时对于称赞供主的功德也相对多些。义净描述的印度佛教受斋仪轨与圆仁所记的唐代仪轨相比，汉传佛教寺院要准备专门的斋愿文，此类文章的功用与印度佛教受斋活动中的偈颂赞叹或祝愿有相似性。另外，在斋供活动中接受嚫钱也是中国佛教受斋仪轨中的特点，这也成为僧人收入的一部分。

圆仁的行记对一些比较重要的斋会活动有相对详细的记载，除了正常的"斋（饭食）"，这种赴请活动是圆仁在华行脚生涯中参与的重要仪式，也是留学僧拓展人际交往的手段，笔者对此类受斋活动进行了统计：

序号	内容	事由	时间	卷码
1	国忌之日，从舍五十贯钱于此开元寺设斋，供五百僧。早朝，〔诸〕寺众僧集此当寺，列坐东北西厢里。辰时，相公及将军入寺来……擎行香时受香之香炉，双坐。有一老宿圆乘和上读咒愿毕，唱礼师唱为天龙八部等颂。语旨在严皇灵，每一行尾云"敬礼常住三宝"。相公诸司共立礼佛，三四遍唱了，即各随意。相公等引军至堂后大殿里吃饭，五百众僧于廊下吃饭。随寺大小，屈僧多少：大寺卅，中寺廿五，小寺二十。皆各座一处长列。差每寺之勾当，各令弁供。处处勾当，各自供养。其设斋不遂一处，一时施饭，一时吃了，即起散去，各赴本寺。	为唐玄宗国忌行香设斋	开成三年十二月八日	《入唐求法巡礼行记校注》卷一，第83-84页
2	本国判官藤原朝臣贞敏于开元寺设斋，出五贯六百钱，作食供养新画阿弥陀佛、妙见菩萨、四天王像并六十余众僧。	日本国藤原贞敏设斋	开成三年十二月九日	《入唐求法巡礼行记校注》卷一，第86页
3	是年日也。官俗三日休假，当寺有三日斋。早朝，相公入寺礼佛，即归去。	年节寺院设斋	开成四年（839）正月初一	《入唐求法巡礼行记校注》卷一，第90页
4	晓，供养药粥。斋时即供饭食，百种尽味。视听男女不论昼夜，会集多数。兼于堂头设斋供僧。入夜，更点灯供养，兼以梵赞。计二日二夜。	疑为元宵节节庆活动延续	开成四年正月十八日	《入唐求法巡礼行记校注》卷一，第100页
5	相公于开元寺设斋，供六十余僧，舍钱七贯五百文，以宛[充]斋嚫二色。	扬州地方长官设斋	开成四年三月三日	《入唐求法巡礼行记校注》卷一，第125页

6	庐山寺设登州刺史乌君斋。当寺僧二人：寺主僧一行、直岁僧常表。日本三僧。都有五人。村人廿余。各于自宅随力所办，修理饭食，擎将来。寺主僧一行表叹。村人于堂前同斋。各自所将饭食各自吃，不分与人。各割自食分以供僧也。	登州地方长官、村民设斋	开成五年（840）二月二十八日	《入唐求法巡礼行记校注》卷二，第214页
7	立夏。天气阴沉。登州留后官王李武来院相看。便闻渤海王子先日来到，拟归本乡。待敕使来发去。于当寺夏供，院有斋。普请。赴彼断中。众僧五十来。	渤海国王子设斋	开成五年三月二十八日	《入唐求法巡礼行记校注》卷二，第240页
8	朝筵得公验。尚书赐给布三端、茶陆斤。斋时当寺有斋。今日尚书郎君生日，因设长命斋。	尚书设长命斋	开成五年四月一日	《入唐求法巡礼行记校注》卷二，第242页
9	朝筵入州，参见中丞。中丞家里设一十僧斋，便赴中丞请。于使宅里斋。	唐州地方长官设斋	开成五年四月十四日	《入唐求法巡礼行记校注》卷二，第251页
10	停点院设百僧斋。赴请同斋。	五台山停点普通院设斋	开成五年四月二十九日	《入唐求法巡礼行记校注》卷二，第263页
11	寺中有七百五十僧斋。诸寺同设。并是齐州灵岩寺供主所设。	竹林寺设斋	开成五年五月五日	《入唐求法巡礼行记校注》卷二，第264页
12	阁院有施主，设七日僧斋。	竹林寺阁院设斋	开成五年五月七日	《入唐求法巡礼行记校注》卷二，第268页
13	[敕使]于此寺设敕斋。斋后，转《花严经》一部。	大花严纲维寺设斋	开成五年六月七日	《入唐求法巡礼行记校注》卷三，第291页
14	敕使设斋，供一千僧。	敕使设斋	开成五年六月八日	《入唐求法巡礼行记校注》卷三，第291页
15	今上诞阳日，敕于五台诸寺设降诞斋。诸寺一时鸣锺。寂上座老宿五六人起座行香。	唐文宗生日五台山诸寺设斋	开成五年六月十一日	《入唐求法巡礼行记校注》卷三，第291页
16	赴四众寺主请，共头陀等到彼寺斋。	太原华严下寺寺主设斋	开成五年七月十五日	《入唐求法巡礼行记校注》卷三，第314页
17	赴节度同十将胡家请，共供主僧义圆，到彼宅斋。	太原节度使等地方官员设斋	开成五年七月十七日	《入唐求法巡礼行记校注》卷三，第317页
18	共头陀赴尼真如心宅斋。亦是同巡五台者也。	尼真如心设斋	开成五年七月二十二日	《入唐求法巡礼行记校注》卷三，第317页
19	共头陀赴大业寺律大德院斋。尼大德三人亦共头陀司巡台来。	太原大业寺僧设斋	开成五年七月二十三日	《入唐求法巡礼行记校注》卷三，第317页
20	准敕：诸寺行香设斋。当寺李德裕宰相及敕使行香。是大历玄宗皇帝忌日也。愍用官物设斋。当寺司道场三教谈论大德知玄法师表赞。	唐玄宗忌日设斋	开成五年十二月八日	《入唐求法巡礼行记校注》卷三，第358页

| 21 | 国忌。当寺官斋。 | 唐玄宗忌日设斋 | 会昌元年[841]十二月八日 | 《入唐求法巡礼行记校注》卷三,第392页 |

  僧人的受食满足了施主供养僧众并获得功德的期待,这需要僧众完美配合才能实现,这是对僧人的行止、礼制、仪轨等多方面的考察。所以,无论是道宣、义净还是圆仁,普遍对斋会规制非常重视,这不仅仅是吃一顿饭的问题,对他们来说更代表了佛教的形象与信众的期许,也是借此传播和扩大佛教影响的极好途径。对于受斋时僧人的仪制,赞宁在《大宋僧史略》中曾很明确地描述到:"自佛法东传,事多草昧。故《高僧传》曰:设复斋忏,同于祠祀。魏晋之世,僧皆布草而食,起坐威仪、唱导开化,略无规矩。至东晋有伪秦国道安法师,慧解生知,始寻究经律,作赴请、僧跋、赞礼、念佛等仪式,凡有三例,一曰行香定座是也。宣律师《赴请设则篇》大明轨则,圆顶之徒,苟不披览,破谷之消,而乃自贻,吁哉!近闻有西江商客赛愿营斋,先示文疏,数僧无能读者,被商客驱之。一何可笑!后生闻此,当寅夜攻学,一则不虚受施,一则覆庇群僧,一则扬名于四方也。"①可见在宋代,受斋对僧众来说,依然是展现佛教样貌的手段,所以赞宁对受斋时僧人应有的样子,有比较精确的描述。受斋这项活动,涉及信众、教团、僧侣三方面的需求,必然不是单纯的领受饭食,而是带有社会互动意义的多面诉求。

二、僧人参与造食活动的必然与矛盾

  对于生活在寺院中的僧众来说,自造食是不可避免的日常生活内容,佛教对自造食有着严格的制度性约束。在原始佛教时期,世尊对僧人自造食并不支持,这只是在没有办法情况下的通融之法。如《弥沙塞部和醯五分律》中记有:"尔时诸比丘尼自煮生物作食,诸白衣讥呵言:'云何比丘尼自煮生物?既自煮作食,何为复就人乞耶?无沙门行,破沙门法!'诸长老比丘尼闻,种种呵责,乃至今为诸比丘尼结戒,亦如上说。从今是戒应如是说:'若比丘尼,自煮生物作食,波逸提。'"②但在遇到灾荒等较难乞食的时期,自煮食也获得了世尊的允许,不过不能视为一种常规模式,"佛在毗舍离。时世饥馑,乞食难得,诸比丘持食着余处,失之,作是念:'若世尊听我等共食一处宿者,不致此苦。'以是白佛,佛言:'听共食一处宿。'诸比丘于余处作食,失之,便作是念:'若世尊听我等于住处作食者,不致此苦。'以是白佛,佛言:'听在住处作食。'……佛在毗舍离。尔时世尊患风,阿难自煮

---

① (宋)赞宁撰,富世平校注:《大宋僧史略校注》卷上,北京:中华书局,2015年,第43-44页。
② (刘宋)佛陀什共竺道生等译:《弥沙塞部和醯五分律》卷十四,《大正藏》第22册,第96页中下。

药粥上佛。佛问阿难：'谁煮此药？'答言：'是我所煮。'佛告阿难：'我先听诸比丘共食宿、住处作食、自作食、自持从人受，汝等今犹用此法耶？'答言：'犹用。'佛言：'汝等所作非法！我先饥馑时听，今云何犹用此法？从今犯者突吉罗！'"①从世尊所制戒律的角度来说，僧众将食处与宿处合一，在住处作食等，都是为了应对饥馑灾荒的不得已举措，不能视为常态，否则犯突吉罗，其行为虽然属于恶作、小过，但依然是僧众罪责的一种。所以，僧众在不得已的情况下，原则上不参与直接作食。

道宣在《四分律删繁补阙行事钞》中根据《四分律》的记载，明确了"自煮"的一些原则性问题："二明自煮者。僧祇若、练若处净人病，无净人者，得净谷已，比丘自舂，作粥与净人。净人若食不尽，不得自食（准《十诵》，先无共心，一心与者亦得）。僧祇若净人难得，比丘欲自作食者，当自洗不受腻器，着水，自然[燃]火令沸（此是体净，僧器有腻不合自然火也，诫之）。使净人着米，内汤中已，更不得触。使净人煮沸已，得以木横置地。比丘在上，令净人置食器木上，口言受受，然后自煮令熟与病人。莫令不受物落中，乃至煮菜令萎，同上作法。姜汤亦不得自煮，以变生故。若乞得冷食自温煮不犯。作食时，净人小者，得捉其手教淘教写抒饭等。"②这些规定实际是在严格限制僧人参与造食的活动。从道宣的这段记载来看，僧人即使是自造食，也要受到净人的帮助，甚至要手把手地培养年轻净人学好基本的作务规则。这些内容在宋代依然被律僧视为生活准则，转而借此否定禅僧自作自食的生活习惯，灵芝元照就在《四分律行事钞资持记》中说："自余可知，即今禅众，不知戒相，畜集僧众，择菜造食，举世盛传，矜为正则，流弊斯久，孰为改之。"③中古时期的僧人出现过有人因无人造食而舍具足戒的情况，如南北朝时的释道判曾西行求法，徒行至突厥时，由于无法遵从当地风俗而被送还："达于长安，住乾宗寺，判以先在穷险，无人造食，遂舍具戒，今返京室。后乃更受之。"④道判在突厥境内由于不肯杀生，且坚持素食，故只能自造食物生活，舍戒重受是他重新获得僧人身份的途径。《法苑珠林》里记载的有关鄮县阿育王寺的一个典故，也可说明此时僧人在自造食方面存在一定的困难：

梁武普通三年，重其古迹，建木浮图。堂殿房廊，周环备满。号阿育王寺。四面山绕，林竹葱翠，华卉间发，飞走相娱。实闲放者之佳地也。有碑颂之，

---

① （刘宋）佛陀什共竺道生等译：《弥沙塞部和醯五分律》卷二十二，《大正藏》第22册，第148页上中。
② （唐）道宣撰：《四分律删繁补阙行事钞》卷三，《大正藏》第40册，第121页中下。
③ （宋）元照撰：《四分律行事钞资持记》卷一，《大正藏》第40册，第213页中。
④ （唐）道宣撰，郭绍林点校：《续高僧传》卷十二，第407页。

著作郎顾胤祖文。

> 寺东南三里山上，有佛右足迹。寺东北三里山头，有佛左足迹。二所现于石上莫测其先。寺北二里有圣井，其实深池。中有鳗鲤鱼，俗号为鱼菩萨也。人至井所礼拜，鱼随声出。至隋末贼过，伪礼鱼现，贼便以刀斫之，因断鱼尾。自尔潜隐，虽唤不出。时有至心邀请礼拜者，但濆水而已。初有一僧，闻塔来礼，处所荒凉，将食为难。有一老姥患脚，来为造食，便去。日日如是，怪之。去后私寻，乃入池内，校量即是池鱼所化也。①

池鱼化作老妇，为僧人造食，解决僧人吃饭的难题，这种神异故事恰好说明了中古时的僧人依然在持守尽量不自造食的戒律。圆仁在华游历期间，如果遇到灾荒难以乞食，或者停留在某些小寺，无法提供饭食时，他们就必须自己造食："（开成五年四月）廿四日。天阴，发，从山谷西北行廿五里。见遇一羊客驱五百许羊。行过一岭，到两岭普通院。院主不在。自修食。院中曾未有粥饭。缘近年虫灾，今无粮食。"② 普通院是接待游方僧人的寺院，这种寺院由于天灾已无粮食，圆仁一行只能自己造食，但好在他有弟子及净人跟随，似乎不必自己手造饭食。

三、道宣对寺院饮食制度的构想

道宣对僧众寺内的饮食生活是有制度性构想和安排的，这主要体现《祇洹寺图经》与《量处轻重仪》两部文献中。道宣在他构想的祇洹寺图景中，在大院以东，距离核心区有一定距离的区域，设置了厨库等院落的位置：

> （供僧）院东坊有仓碾碓磑，南西北方各开门。日有米谷食调，管理频烦，人物榛丙，此院尤甚。其北大堂名造食厨，横置一舍，广极眺瞩，有三十六灶。东西而列，银同所成。中诸食器，为是天有，人非所议。厨东一院，门向南开。是米面库，众具藏此院。东北角有一小院，中有房宇，典座所居。凡日造食，维那厨舍之前，典座居厨之后。院更有职司，不相摄属。
>
> 最巷北大院名僧食所。自开三门，中门之北有大食堂。堂前列树，方维相对，交阴相接，渠流灌注，甚可观阅。凡僧食者，多止此林。值雨依堂，故有两设林。南院北门之右，食厨之地置一食堂，凡造讫，净人持之来置此堂。不入北院，时至行讫，量此堂中僧，但取食，曾不见诸食具。故有

---

① （唐）道世撰，周叔迦、苏晋仁校注：《法苑珠林校注》卷三十八，第1210页。
② ［日］圆仁著，白化文等校注：《入唐求法巡礼行记》卷二，第259页。

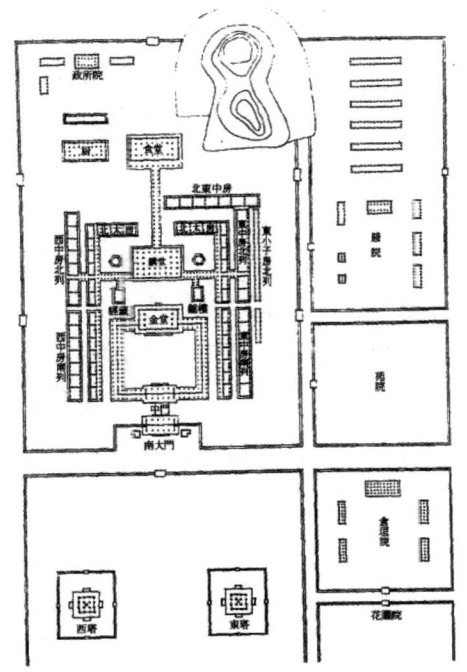

奈良大安寺平面图。
图片来源：安家瑶：《唐长安西明寺遗址的考古发现》，《唐研究》第六卷，2000年，351页。

僧制，东厨食房，非知事者，不得辄至。斯则净秽两别，各有其途，净地所置，事不获已，故在寺东三里而置，别结大界于上加时。若依教中大小乘经，皆所不许。僧厨净厨纵有结者，是佛前制，后敕废前，自有常则得安乐。然行于废教，甚可畏也。

后竹园寺，依教立厨三里。里中荒林竦峻，有黑师子杀诸比丘。佛又开教阿难狭制限至三间，卷开无权，不许遮碍，用斯诸地，可不镜乎。

食林之东有一小院，门向南开，是僧净人常行食者小便之（疑漏"处"字），院东北角有小便处。若大便者，出大院外别有处所。①

从这段关于厨库空间的描述来看，道宣构想出了一个完整严密的僧人饮食生活空间，这个院落属于寺院的附属区域，但不能离寺院很远，要方便僧人生活，甚至要安排厕所等功能空间。实际上，道宣出于照顾老病比丘的目的，还为他们设计了脱换衣服及洗浴的空间，极大地方便了这部分人群。这个供僧院位于祇洹寺大院东大路之左，实际是个独立的院落，是按照唐代院、坊的模式进行规划的，在这片空间设置了"菜园、果园、礼佛前更衣处、仓房、碾磑、牛马坊、井灶、食厨院、供食院、药库、病房、浴室、洗浴室更衣处、大小便处、病人大小便处等"②，这完全是一个独立的生活区域，是有别于寺院核心功能的世俗化院落。道宣生活的西明寺与其所描绘的祇洹寺伽蓝配置有相似之处。虽然目前关于西明寺的院落配置依然不详，但由于日本奈良大安寺是仿西明寺所建，故可以作为西明寺院落配置的参考③，从大安寺的伽蓝配置图中能看出，在讲堂之后就是

---

① （唐）道宣撰，王大伟、陈宪良校注：《唐代道宣著作两种校释》，成都：四川大学出版社，2018年，第91—92页。
② 王贵祥著：《中国汉传佛教建筑史》二册，北京：清华大学出版社，2016年，第479页。
③ 安家瑶在《唐长安西明寺遗址的考古发现》一文中，对两个寺院的情况有所讨论，他认为"从两个寺址的发掘资料来看，奈良大安寺的主要殿堂及塔的配置，很可能是模仿西明寺中轴线附近的布局，对于复原唐西明寺的伽

食堂与僧厨，而且都是独立的院落，这与文献的描述几乎一致。

中古寺院中完全配备了造饭的场所与饮食空间，僧人可能在有净人的情况下，应该不会直接参加劳动。道宣在《量处轻重仪》中记载了寺院需要配置的基本工具："五造食众具（其例有三）。初转生食具，谓水陆碾磴、碓磨、扇车、罗具之属，并所覆之屋；二熟食之具，谓鼎、镬、鎗、釜、盆、甑、鏊等，并案橙机架及饼模杂具；三盛食之具，谓瓮、盘、盂、钵、盌、槃、合、七勺等。六现成五熟。一蒸熟、二煮熟、三煿熟、四炙熟、五炮熟（皆谓羹饭饼食类须五成）。"①道宣对造食之处需要的工具是比较熟悉的，说明僧人虽然原则上不参与造食，但依然要筹备必需的生活工具。所以，僧厨在中古佛教寺院中是作为必备空间存在的，虽然从律典的记载来看，僧人对自造食有一定程度的回避，但在不得已的情况下，自造食物恐怕依然是会出现的状况。

蓝配置有很重要的参考价值，同时也给我们理解西明寺发掘部分的布局以有益的启示。"[《唐研究》第六卷，北京：北京大学出版社，2000年，第343页。

① （唐）道宣撰：《量处轻重仪》，《大正藏》第45册，第841页上。

当代玉佛寺院建设之奠基

——1979-1995

邓子美 江南大学宗教社会学研究所

内容提要：本文以真禅法师《玉佛丈室集》中有关寺院建设部分的亲身记述为依据，扼要追述了历经浩劫后玉佛寺院建设的重启、奠基全过程，指出了真禅法师及其承继的人间佛教思想与华严菩萨行对寺院建设的引领作用，充分肯定了当代寺院建设的成就，并回顾了其背景，旨在警醒殷鉴不远，在新的历史条件下，更须精心守护、发扬赵朴初强调的中华佛教三大优良传统。

关键词：上海玉佛寺；寺院建设；真禅法师；人间佛教；华严学

玉佛禅寺建寺已140周年了，这140年也正是世界与中国空前巨变的百余年。本文论述重心所在的1979-1995年，则是玉佛寺院建设由被损毁至重振的关键时段，是由真禅法师住持、为当下玉佛寺院建设奠基的时期，也是经历了浩劫之后的全国思想解放、社会振奋、投入现代化建设的非常值得怀念的时期。可是，如今成为社会支柱的一代，即80后、90后由于那时年幼，对这一重要时段尚记忆模糊，而见证一切的50后、60后等都已垂垂老矣。因此重温真禅法师《玉佛丈室集》保存的第一手史料非常必要。

一、毁坏易 守护、建设难

佛教早已融入中华传统文化，佛寺也是优秀传统遗产的体现，僧伽则正是优秀传统的守护者，佛寺建设主持者。玉佛寺自1882年建寺，历经曲折艰难，终成沪上最为著名的大寺。真禅法师在《玉佛丈室集》中，对开山祖师与历代住持及有贡献的执事之成就皆一一道来，因篇幅所限不赘。在此重点摘取真禅法师所记寺史中最为艰难的一段铺开，此殷鉴不远，因为劫难的形式总有变，其"苦"却不变，如真禅法师所揭示："一切有为心行，常常受到种种逼迫的苦恼，不能得到自由。"[1]他说："1966秋，环境险恶，非人世所堪"。[2]那正是"十年浩劫"方起，玉佛寺不可能幸免。以"破四旧"为名，上海佛教界首当其冲的是有三十多年历史的附设于玉佛寺旁的"上海佛学书局"被红卫兵摧毁，无数经书被丢到街头燃烧，大火三日不熄；静安寺、龙华寺先后被砸，玉佛寺也多次受到骚扰，到处被玷污。玉佛寺僧人则大多或被驱离或散失，仅剩下住持苇舫（1909-1969）、监院真禅（1916-1995）等五个出家人，他们竭尽全力，用种种伪装方法巧妙保护佛像文物，但仍经常挨批。玉佛僧伽靠日糊纸盒而随时可遇不测地捱过了苦难十年。其间，连送葬表达哀情都不能，如1973年，恩泽玉佛的远尘法师寂，真禅哀痛之余，感叹"时值艰难之会，未克津送"[3]，但他们仍守护着寺院，"终于使玉佛寺成为全市唯一没有遭到彻底破坏的寺院"。[4]这在全国也罕见。

烧毁、打毁只需一瞬间，而守护、建设则需历代僧俗长时间勉力、坚持、集聚、累积，添砖加瓦。

二、玉佛寺院建设之重启

首先是由于"四人帮"的极"左"路线被粉碎，1977年底，真禅出席上海市第五届政协会议，次年他参加了以赵朴初为团长的中国佛教代表团，访问日本。紧接着，关于"真理"标准的讨论与"实事求是"方针的重新提出，极大解放了思想，传统文化不再遭诋毁与禁锢。而由中共十一届三中全会召开，开始了全面的"拨乱反正"。于是，1979年农历四月八日佛诞节，玉佛寺举行浴佛仪式，这是"十年动乱"以来的上海首次佛教活动。同年6月，上海市佛教协会召开第三届理事会，真禅被推举为会长，同时被玉佛寺两序推举为玉佛寺住持，举行升座典礼。1980年，他赴北京出席中国佛教协会第四届全国代表大会，当选为常务理事。1981年以后，玉佛寺恢复佛事活动，开始筹募基金，全寺殿宇建筑修缮一新。正如法师亲身回顾：玉佛"中间历劫几毁废，伊余力护生死之。十年辛苦一僧衣，率众坚守赖糊纸。忝任住持重抖擞，修葺一新日千里"。[5]这形象地描绘出玉佛寺僧俗上下历经劫难后的精神振奋。其后，

---

[1] 释真禅：《论"人生一切皆苦"思想的意义和影响》，《玉佛丈室集》第3集，上海：上海社会科学院出版社，1992年，第391页。

[2] 释真禅：《苇舫和尚行业碑》，《玉佛丈室集》第2集，上海：华东师大出版社，1990年，第388页。

[3] 释真禅：《远尘和尚行业碑》，《玉佛丈室集》第2集，第364页。

[4] 释觉醒编著：《真禅法师年谱》，玉佛寺内部印行本，2006年，第16页。

[5] 释真禅：《庆祝玉佛寺建寺110周年述怀自勉》，《玉佛丈室集》第5集，上海：学林出版社，1992年，第433页。

真禅在原有毁宇基础上又为实现早先心愿，将明代唐寅（伯虎）绘观音像、文徵明书《心经》碑刻、唐贯休和尚所绘"十六尊者"像，重刻于大雄宝殿两侧；将明代董其昌书《四十二章经》《释迦如来成道记》墨刻镶于丈室廊壁。① 这些都是无比珍贵的传统文化瑰宝，也是佛教与中华优秀传统融合的集中体现。

然而寺院建设不仅体现在建筑等外在方面，更重要的乃在凝聚人心的思想、组织、教育、制度建设等内在方面。玉佛寺在这些方面的举措如今看来虽平常，然而在当时的上海乃至国内皆领先。如定期举办佛经讲座、佛菩萨圣诞法会庆典。寺中恢复丛林制度，继而创办学戒堂，招收学员剃度出家，传授佛门仪轨、日常课诵及基本佛学课程；"文革"期间被迫离寺的僧人也重回寺院，寺中常住众增加到一百数十余人。同时上海市佛协于1983年秋，创建了上海佛学院，院址就设在玉佛寺内。分正科、预科两班，这是经历浩劫后上海地区第一所培养僧伽人才的中等专科学校。学制3年。1985年秋，为了培养较高层次的僧才需要，设研究班，选拔正科班毕业的学修俱优的僧众学习，学制2年。同时，又在慈修庵开办上海佛学院尼众班（后迁至沉香阁），学制也为2年预科、2年正科，培养学有专长的比丘尼人才。真禅与上海名僧都亲自为学员授课，还聘请了上海市社会科学院高振农、华东师范大学苏渊雷等名师任教。

在反映各地寺院需要、总结各地寺院经验的基础上，1993年，在中国佛教协会第六次代表会议上，赵朴初进一步对全国佛教界提出加强信仰建设、道风建设、教制建设、人才建设、组织建设的要求。在这次大会上，真禅被选为中国佛教协会副会长。

三、当今玉佛寺坚固基础的奠定

"信仰建设"当居于寺院建设首位，然在赵朴初看来，这与思想建设乃为一体。因为他早在1983年就提出："我以为在我们信奉的教义中应提倡人间佛教思想。"② 真禅法师在上海积极呼应这一主张，发表了《发扬佛教文化传统，提倡人间佛教思想》《佛法与人生》《人间净土论》等多文，并在信众中广为阐发。苏渊雷先生对之早有推崇。③

然而，真禅法师最可贵之处在于其继承太虚人间佛教思想，弘扬华严宗风之独到深湛见地。自1984年以来，他住持玉佛寺17年，每年春天都举行华严佛七法会，

---

① 释真禅：《十六尊者碑刻前言》，《玉佛丈室集》第5集，第387、391页。
② 赵朴初：《中国佛教协会三十年》，《法音》1983年第6期，第19页。
③ 苏渊雷：《玉佛丈室集·序》，《玉佛丈室集》第3集，上海：上海社会科学院出版社，1991年。苏先生文中开首便引用了赵朴初强调的人间佛教思想，特别是守护中华佛教三大传统——佛教学术文化研究所需的资料搜集与思想交流、国际国内佛教友好交往、体现农禅并重的共修训练等，都不是仅靠线上冷冰冰的数码所能代替的。

宣讲《华严经》，特别是其中的《普贤行愿品》讲得尤多。他的主要著作《玉佛丈室集》中，专列有《〈华严经〉与华严宗》《华严经普贤行愿品浅释》《华严经净行品浅释》《华严经十地品浅释》等重要文章，集中阐释了华严菩萨行的内涵：从对《华严经》的全面介绍及其注释梳理，到菩萨行愿发心、戒行以至修行时经历的阶位、境界等无不明白开示。正如学者所说，法师"告诉我们的就是如何在修行中，依佛经所说，严格要求自己，从身、口、意三个方面对照，真正使自己成为一个与人与世为善，对世间发展有帮助作用，具悲悯大愿的人间菩萨"。① 同时，真禅也强调太虚思想的指导意义，指出："太虚大师在《怎样来建设人间佛教》一文中，还对什么是人间佛教作了解释。他说：'人间佛教，是表明并非教人离开人类去做人做鬼，或皆出家到寺院山林里去做和尚的佛教，乃是以佛教的道理来改良社会，使人类进步，把世界改造的佛教。'又说：'人间佛教，并非人离去世界，或做神奇鬼怪非人的事。即因世人的需要而建立人间佛教，为人人可走的坦路，以成为现世界转变中的光明大道，领导世间的人类改善向上进步。'这是说，一个人觉悟了佛法原理，把佛教作为思想信仰的中心，并以此为出发点，去实行救世救人，建设人类的新道德和新秩序，从而使国家富强，人民安乐，这就是人间佛教思想的主要内容。"②

真禅法师不但积极阐发人间佛教思想，而且带领玉佛寺两序大众躬行实践。他积极推动佛教文化事业，认为："因为，我知道，现在我们玉佛寺每逢农历初一、月半，进庙人数有两三万，可说是香火旺盛。但这毕竟是一种低层次的佛教，几百年后，在中国佛教史书中，留不下任何记录。只有撰写一些佛学著述，可以传之后世，代表着这一时期佛教发展的水平。"他不但自己撰写了约两百万字著述，汇为《玉佛丈室集》，"也希望一些哲学家、文学家和历史学家，也能重视对佛学的研究，撰写一些佛学著作，这将功德无量"。③ 因此，他打算每年从个人积蓄与信众敬奉的香仪中，拿出部分"刻经书，出版佛学著述"，"推动佛教文化事业发展"。④ 当时玉佛寺就策划出版了《上海玉佛寺丛书》，为体现玉佛特色所在的佛教文化事业奠定了基础。此后，玉佛寺又与多家出版社合作，获得全国佛教学者支持，推出《觉群》《觉群佛学》与多套佛学丛书，截至2017年，几乎每年都举办"觉群文化周"与佛学研讨会，成为全国寺院中的当代佛教文化翘楚。

同时，真禅还极为关心和赞助社会福利事业和公益事业，自1985年至1995年，

---

① 陈卫平、徐东来：《真禅法师与华严学》，《真禅法师与当代佛教》，北京：宗教文化出版社，2006年。
② 释真禅：《论人间净土》，《玉佛丈室集》第5集。
③ 释真禅：《佛教与文化》，《"真禅法师与当代佛教：纪念真禅法师圆寂十周年研讨会"研究数据》（电子版），上海：玉佛寺，2005年。
④ 释真禅：《实践佛陀遗教，广作福利事业》，《玉佛丈室集》第3集，第320页。

真禅个人以及代表玉佛寺向中国残疾人福利基金会、上海市残疾人福利基金会、上海市儿童福利院、上海市伤残儿童康复中心、上海儿童世界基金会、中国福利会托儿所等社会福利团体和其他单位共计捐献了人民币四百余万元。他还说："关心和支持资生福利事业，是我们每个佛教徒的神圣职责。十多年来，我们在这方面作出了一点贡献。但我知道，这些捐赠，只是沧海中的一滴水。可是滴水汇总，可以成为巨川大海。所以我在每次捐赠之后，身心感到无比的愉快和踏实。"① 其后，真禅倡导的支持社会福利事业和公益事业优良传统，也在玉佛寺得以光大。

自 1981 年至 1991 年，真禅曾先后访问了印度、泰国、中国香港、日本、新加坡、法国、澳大利亚、马来西亚。1983 年，他率领上海佛教代表团循唐代玄奘大师自长安西行路线，历经敦煌、吐鲁番、古高昌国等地到达新疆，回沪后撰写了《玄奘大师传略》及《玄奘求法之路巡礼记》二书。1992 年 12 月，他兼任河南开封大相国寺方丈，并举行盛大的晋山典礼，捐出铸大铜佛款三十万人民币，另捐四万元给地方政府，举办社会福利事业。1993 年，还应台湾光德寺住持净心法师之邀，到我国台湾弘法访问，其间访问了四十多所寺庙和团体。同时，玉佛寺作为上海佛教对外交流的窗口，也热情接待了各国来访的许多佛教代表团与宾客。这些国内外佛教交流，也是佛教优良传统的体现。

玉佛寺有着倡导与践行人间佛教的优良传统。太虚在此曾创办了以传播人间佛教思想为职志的《觉群周刊》杂志，太虚好友与人间佛教坚定支持者——常惺法师的弟子苇一法师、亲承太虚的弟子苇舫法师都曾任玉佛寺方丈。由此可见，真禅的人间佛教思想历有渊源，他开创的这些人间佛教事业，都体现出当代寺院责任。

在道风建设、教制建设、人才建设、组织建设方面，真禅法师也卓有建树，如健全丛林规约，每月朔望坐香、诵戒，腊月打禅七等，而其最为突出的是在人才建设方面。他曾痛心地说："僧尼年龄的老化，几乎成为一个普遍的问题。许多寺庙，还是由六十岁以上，甚至七十、八十高龄的僧人在管理，四十岁左右的僧人，人数甚少……"在已经不多的青年僧尼中，"不少人文化程度过低，佛学修养太差，缺乏管理寺庙的能力……远远跟不上佛教发展的需要"。② 鉴此，他除了办上海佛学院培养人才外，还亲自送玉佛寺一批青年僧人入复旦大学佛学研究班深造。1993 年 4 月，他已近八十高龄，犹在上海佛教居士林青年学佛组成立五周年纪念会上对青年们讲话，深为勉励。可以说，当今玉佛寺坚固基础的奠定，皆有赖真禅法师对佛

---

① 释真禅：《佛法与人生》，《"真禅法师与当代佛教：纪念真禅法师圆寂十周年研讨会"研究数据》（电子版），上海：玉佛寺，2005 年。

② 释真禅：《培养青年僧人是中国佛教界的当务之急》，《玉佛丈室集》第 6 集，上海：学林出版社，1993 年，第 361、362 页。

教教育事业的支持与人才培养。

四、缅怀劫后幸存老一辈

真禅法师于1995年12月1日圆寂,世寿八十,戒腊六十四夏。生前曾任上海佛学院院长、上海佛协会长、上海市政协常委、全国政协委员、中国佛协副会长等职。

玉佛寺建寺的140年,正是世界与中国处于剧变中的140年。这期间,曾住持佛教的数百万汉传佛教僧伽随着传统文化的兴衰,曾面临多次劫难,能够经得住时代浪潮冲刷考验而生存,迄今尚能佛史留名者最多仅千余而已。①真禅法师可谓在上海幸存的老一辈代表,他法字昌悟,俗家姓王,名鹤树,江苏东台人。生于贫困农家,1921年依净修和尚出家,1931年在宝华山隆昌寺受具足戒,授戒师为德浩法师。九一八事变后回东台,入三昧寺启慧佛学院就学。1933年秋毕业,不久闻有"华严座主"之称的应慈法师来到扬州,即投应慈座下,系其亲承弟子。翌年至焦山佛学院深造。在焦山读了一学期,转学到镇江竹林寺竹林佛学院。依震华法师受学。竹林寺农禅并重,真禅读书用功,又长于耕作,颇受震华器重,亲自指点他功课,并命他担任初级班的助讲;同时,真禅还到镇江红十字会聆听太虚讲演"整理僧伽制度","深有启发"。1935年秋,竹林寺传戒,震华命真禅担任衣钵之职,管理全寺财务条理井然。其间又有幸亲近太虚,得以面聆教诲。"对于大师改革佛教的思想,钦佩之至。"②自1937年(七七事变)至1942年的五年间,应请在其二哥心严法师创办的富安大圣律寺佛学研究社任教。1942年5月,震华法师接任上海玉佛寺住持,创办"上海佛学院",真禅被任为佛学院训育主任,并担任玉佛寺堂主、代理副寺,成为震华之得力助手。1945年,震华为其传法授记为临济正宗第四十七世法嗣,并任竹林寺监院,在竹林佛学院授课。1946年江苏省佛教会成立,真禅当选为理事,其时内战初起。1947年3月,因震华在玉佛寺寂,他特从镇江赶来参加封龛典礼,目睹太虚为震华法师说法封龛刚毕,即脑溢血复发,"哀从中来"。他与玉佛寺止方、苇一、大醒、尘空、演培、月耀等法师一起,随侍在太虚身旁,亲历了3月17日太虚圆寂,4月8日太虚荼毗典礼全过程。③1948年,他继任竹林寺住持并兼竹林佛

---

① 笔者主编《中华佛教人物大辞典》(黄山书社,2006)的近现代部分,竭尽全国各地撰写者之力,共收录人名两千余条,如不计藏传、南传佛教及海外人物及居士、学者等,汉传僧伽仅千余人。另笔者编著《当代人间佛教传灯录(1949—2015)》(宗教文化出版社,2017),收录以太虚在武昌佛学院、闽南佛学院、汉藏教理院培养的历届学僧及教师为主,仅三院历届师生应不少于数千人,但该书诸作者竭力搜存,包括未在三院教学,但与太虚思想有传承关系的人物共116位,其中汉传僧伽92位。此皆可为佐证。

② 释真禅:《纪念太虚大师诞生一百周年》,《玉佛丈室集》第2集,第280页。

③ 释真禅:《纪念太虚大师诞生一百周年》,《玉佛丈室集》第2集,第271、303页。

学院院长，时年三十四岁。翌年，应慈法师在南京创设"中国华严师范学院"，真禅辞去住持及院长职务，到南京入院受学。应慈在院讲八十卷本《华严经》，真禅对此深有领悟，获应慈器重，命之担任辅讲。1949年，中华人民共和国成立。1951年秋，应慈法师应各界之请，在上海沉香阁传戒，真禅担任教授阿阇黎。戒期届满，应慈推荐他到玉佛寺任执事。翌年担任信众部副主任，为信众讲授"佛法概要"及教信众梵呗。1953年，应慈法师赴北京出席中国佛教协会成立大会，真禅随侍。后辅助住持苇舫，任玉佛寺寺务处副主任、知客等职。1959年，应苇舫法师之请，出任监院，综理寺务。同年，当选为上海市佛教协会常务理事。1965年8月，应慈法师以九十三岁高龄示寂，真禅参与治丧事宜。死生无常，正由参破生死，所以在劫后余生，真禅法师不遗余力地弘扬人间佛教思想与华严学。然能托付真禅法师这样的继承者，太虚与应慈亦可谓有幸。

真禅法师圆寂后，玉佛寺寺院建设之成果，被后继的觉醒法师及诸执事等珍惜着，在他们的带领下，推进为人间佛教以"文化建寺，教育兴寺"为特色的都市发展模式①，慈善公益事业的层次也更有提升……

---

① 潘德荣等：《人间佛教的都市发展模式：以上海玉佛寺为例》，北京：宗教文化出版社，2009年，第14页。

修行生活的重建
——以天童寺两位僧人为例

成　庆　上海大学历史系

内容提要：从20世纪80年代宗教政策落实以来，汉传佛教进入恢复重建寺庙与僧团组织的阶段，寺庙的重心基本停留在与寺庙恢复相关的事务方面，而少听到对于这个阶段僧侣修行生活重建的讲述，也使得对于当代汉传佛教的认知，容易流入一种标签化的印象，也就是"重经济，轻修行"。但在大的时代潮流下面，其实仍然潜藏着汉传佛教的传统修行生活，支撑着汉传佛教的内在发展。

关键词：修行生活；天童寺；经忏佛教

20世纪80年代中国宗教政策落实之后，佛教界开始逐渐恢复正常的宗教生活。但在一般的对当代佛教的描述中，这三十余年的佛教发展内涵常常被定义为寺庙重新开放、大规模重建与僧教育的恢复阶段。在这个过程中，同时存在其他一些演变的支流，可以借助第一手的口述史资料来深入了解这些过去不大被重视与了解的历史细节。

在考察这三十年的中国佛教发展过程中，关于修行生活的主题较少受到关注，这主要是因为各种历史原因，寺庙修行生活的完整性已经缺失，导致寺庙集体性的修行活动非常少见，如禅七、佛七等僧众共修活动长时间没有得到恢复。如焦山定慧寺从寺院恢复开始，直到1992年12月才重新恢复"精进佛七"共修。之所以迟迟未恢复，按照茗山的说法，"因寺庙初创，寺务人少事繁，精力时间皆不足故"。[①] 这大概可以说明，从佛教界恢复寺庙之后的相当长的时间里，除寺庙建设以及少数佛学院的僧教育之外，寺庙的修行活动非常缺乏。这当然一方面是因为茗山所谈到的寺务繁忙，僧人无暇顾及修行，另外还与寺庙缺乏修行领导者有密切关联。

因此，对这三十年以来的佛教恢复过程进行考察，有必要通过口述史的采访去

---

① 茗山：《茗山日记》，上海：上海古籍出版社，2002年，第905页。

考察修行生活在这个过程中是如何实践的，以及僧人又是如何理解修行的价值与意义的。

本文主要以天童寺两位僧人为主要考察对象，试图考察两位在20世纪80年代出家的僧人的出家动机，以及他们如何在汉传佛教恢复的过程中实践个人的修行生活，并且从中观察汉传佛教在修行传统方面的若干特色。

本文所进行的口述采访对象，是天童寺的两位常住僧人：一位是世泽法师（字传徽），出生于1932年4月9日（农历三月初四），福建福鼎人，俗名萧家齐，家中为佛教家庭，1982年在福鼎昭明寺青芝和尚处出家，1993年来到天童寺；另外一位为觉印法师，安徽宿松人，出身农村，曾在山西煤窑挖煤，1988年于安徽东至县法藏寺弘喜法师处剃度出家，1993年来到天童寺。

他们的共同之处在于，出家时间均为20世纪80年代，而且都具有相对较高的教育背景，并且于1993年同时进入天童寺，直至现在。对这两位背景与经历相似的僧人进行比较性的考察，可以了解在80年代以来的寺庙恢复过程中，僧人们是如何重建他们的修行生活的。

出家的动机

在20世纪80年代宗教政策落实之后，有大批曾经还俗或者易服的僧人开始返回寺院，如普陀山妙善法师，1966年7月，他被撤销农场职务，而且被迫改换俗装，直到1979年10月才返回普陀山，并且"由清了尼师等为之赶制僧装"。① 这个时期也开始有人出家，关于这部分出家僧侣的动机与心态，这方面仍然缺乏比较翔实的资料，不过界诠法师曾回忆当年他出家的动机是因为常去寺院，对寺院生活感觉非常亲切，而且学习方面始终感觉吃力，后来顺其自然出家，但是仍然遭受到父亲的反对，可见当时一般人对于出家仍然是持有怀疑态度的。② 济群法师则是1979年剃度出家，他描述他的出家是"水到渠成"的，这主要是因为整个家庭都是佛教信仰，而且也是因为对寺院生活非常喜欢，才自然走上出家的道路。③

在20世纪80年代，由于佛教家庭的影响而走上出家的道路，大概是相当比例的出家人的一般动机。在对天童寺世泽法师的采访中，当问及当年为何出家时，他说，"我五十岁生病，后来因为身体缘故没有上班，所以就选择了出家，有毛病不能上

---

① 净旻主编：《妙善大师年谱》，北京：中国文联出版社，2002年，第29页。
② 界诠：《界诠法师的学佛出家因缘》，新浪佛学，http://fo.sina.com.cn/xuefo/2016-12-28/doc-ifyxyxury8916213.shtml。
③ 济群：《从皈依到出家皆是水到渠成》，新浪佛学，http://fo.sina.com.cn/xuefo/2015-10-27/doc-ifxizwsi5618101.shtml。

班","我没有出家之前,就一直自己学佛,自己就吃素,在家里也吃素"。① 根据世泽的讲述,他在三十多岁时就已经在白岭天王寺皈依,从五十岁之后开始吃长素,在家修行用功,直至出家。由此可以大致看出,世泽虽然之前也接触佛教,直接出家的动机则是因为身体情况,另外"文革"时期的一些经历对他选择出家也有推动作用。②

而觉印法师的出家动机在其口述采访中却显得更为复杂,一方面是他对于出家前的生活不愿过多置喙,另外则是其出家经历和一般我们所理解的存在非常大的反差。当问及为何出家时,觉印回答道:"出家那算缘分吧。"这样的回答似乎是出家僧众在被问及出家动机时常用的话语。但是当继续追问他时,觉印的回答则是,他是突然冒出想要出家的念头,"也是怪事情,有很多东西都是不可思议"。

这样看似非常奇怪的出家经历,似乎超出常理,但是可以通过他的经历自述侧面进行理解。觉印选择出家,这背后一定有超出一般认知的原因与动机。在觉印的口述中,他描述了当时出家的经历,他只拿着介绍信和户口,没有带任何换洗衣服,直接去寺庙出家,而且在路上遗失了相关的身份证明文件,也没有打消出家的念头。所以,他的出家过程基本上没有经历长期酝酿与准备,而是非常突然的选择,甚至连家人也没告知,直到四五年之后才与家人之间恢复联络。这些足可以说明觉印的出家动机与一般的情况存在较大差别。

在其口述回忆中,觉印提到自己那段出家前后的感觉,"我那个时间我总觉得好像是糊里糊涂的",他说直到1993年来到天童寺之后这种感觉才消失。

另外值得注意的是,这两位出家人的剃度师父都是属于传统僧人类型,比如世泽的剃度师父为青芝和尚。青芝法师,字惟瑞,号心印。1917年生于福鼎白琳镇的商贾之家。十七岁时在智水和尚处剃度出家,后曾去宁波观宗讲寺、天童寺参学,本来打算留在观宗讲寺学习天台教理,但因智水法师圆寂而回到福鼎。

从以上两位僧人的出家动机描述中,我们可以发现在80年代的出家僧人群体中,出家动机仍然有非常差异化的光谱。我们一般会比较粗略地将80年代出家的僧人的动机概括为因为家庭经济情况或者是出身于佛教信仰家庭,但现实中的出家动机会更加复杂。比如世泽虽然有长期的地缘与家庭的佛教信仰背景,但是"文革"经历与生理病痛的原因也是重要的推动力。而觉印的出家动机则显得更为微妙复杂,很难用一般的家庭、经济以及其他的因素来解释他的出家动机,虽然这是非常少见的

---

① 本文中关于世泽与觉印的引文皆出自口述采访记录。采访时间:2017年11月14日,采访地点:宁波天童禅寺默照茶堂。

② "文革"时期的经历对于世泽出家的推动也有很大关系,这一部分是对世泽家人的采访了解的情况。

个案，但是这或许也提醒我们，现有的宗教社会学研究在宗教行为动机方面的分析比较侧重经济、社会的层面，这背后其实存在一个假设，那就是将出家视为一种经济人的行为，而没有考虑到宗教的特殊性。

修行生活的选择与特色

从这两位僧人的出家动机来看，他们选择出家的道路，并不是一般意义上的经济与家庭压力，而是有着更为复杂的诱因，因此他们在出家之后的行为选择，自然也会有一些差异性。

世泽法师于1982年在福鼎昭明寺剃度出家，1986年在九华山受戒。根据世泽的口述，在刚出家的五年时间里，被青芝和尚委任写文疏，任务相当繁重，也很少有亲近老和尚学习的机会。因此产生了烦恼，感觉这不是自己想要的出家生活，于是就来到了天童寺。

有趣的是，青芝法师对于经忏佛事其实有他特有的看法，在向学法师的回忆中，他提到青芝法师曾经给他当面谈到经忏佛事的意义：

> 他说，经忏本来是佛门中很重要的一种法事，可以教化世间超荐先人等，可以用它摄受未入佛门的众生，可以庄严各种佛事，这是过去祖师为了弘扬佛教所创立的重要法门。但随着历史的变迁，经忏的味道也变了，尤其在清末民国直至近日，在佛门中有很多人把经忏佛事作为谋生的工具，以经忏佛事作为赚钱敛财的手段，这有悖经忏佛事的积极意义。他还对我说，佛事经忏一定要学好，不能小看甚至看不起经忏，在以后住持弘扬佛法的时候有大用处，但不能以学经忏为赚钱，古代祖师曾经这样说过"饿死蒲团二，不赚经忏钱"。青芝老和尚精通佛事，焰口等地方佛事的各种仪轨相当熟练，擅长撰写各种佛事的疏文，每当寺里有各种大型的佛事活动，都亲自撰写疏文，在他现存的手稿中，保留着很多他亲自撰写的各种佛事疏文和各种佛菩萨圣诞以及每月初一、十五的祈祷疏文。他虽然精通佛事，但他基本上不外出做经忏佛事，只有在寺庙举行盛大的法事时，才偶尔亲自主持佛事活动，他主持佛事认真虔诚恭敬一丝不苟，信众从他所主持的佛事中，能感受到佛法的庄严与神圣，对佛教能产生更虔诚更坚定的信念。[①]

这段回忆可以佐证当时世泽在福鼎昭明寺不得不疲于应付经忏佛事的处境，但

---

① 向学："深切怀念青芝老和尚"，《青芝老和尚示寂十周年纪念集》，自印本。

同时也表明尽管青芝法师对于佛事有特别的看法，但对于刚出家的世泽而言，仍然有非常强烈的渴望要去寻找到自己的修行方向。

觉印在安徽东至法藏寺出家，根据口述采访，在刚出家的这段时间，除了每天有大量的寺庙建设工作完成之外，也开始跟随弘喜法师学习打坐，而当时的法藏寺常住有十人左右，每日也有禅堂的共修坐香。但是他一直有一种"糊里糊涂"的感觉，直到1993年来到天童寺之后，他才觉得开始清醒。至于为何来天童，觉印并没有正面回答，但是他提到当他后面回到法藏寺去见剃度师父时，对方告诉他要发心恢复天童寺的禅堂，而当时全国只有卧龙寺的禅堂已经恢复。这也从另外一方面反映出，觉印来到天童寺的动机应该也与坐禅修行有关。

关于觉印的剃度师父弘喜法师，并没有太多相关资料。按照觉印的口述采访，他对其师的情况了解也相当少，只知道是从九华山过来的。从修行的风格而言，弘喜则偏向于禅宗坐香，所以在当时如此繁忙的寺庙建设过程中，在法藏寺仍然每日有坐香的修行活动。

在过去的佛教史的描述中，20世纪80年代以来中国寺庙的修行活动常被描述为空白，但是从这样的个案中，我们或许可以了解到，就算是地方上的小寺庙，也仍然有一些不知名的僧人在从事着修行活动，而且这些"隐僧"往往扮演着延续修行传统的角色。这和后来弘喜法师嘱托觉印要恢复天童禅堂的细节联系起来，或许可以更为全面地理解80年代以来的汉传佛教的一些不大为人注意的细节。

世泽与觉印于1993年同一批来到天童寺，根据觉印回忆，当时同时入单的有六十余人，但最终留在天童的只有他们两位。为何他们能够最终留在天童？这或许是我们在观察僧人流动问题时的一个重要议题。

世泽在采访时候提到，来到天童之后，他终于告别写文疏的生活，而是在禅堂打坐，"那个时候，禅堂有空去，没有空就不去。没有功课就过来参加坐禅，白天也坐，晚上也坐，整天整夜坐，晚上坐到七点多下来"。而当时在禅堂参与禅修的大约有二十几位，一般白天都忙于佛事，晚上则进堂坐香。此时的天童寺，因为寺庙经济的问题，仍然常年举办水陆法会，因此并不是以禅堂修行为主。但是根据世泽的回忆："年年都有打禅七。从来到这里，年年都要打禅七，每一年都要打禅七。最少打一个，一礼拜禅七，最多打三个禅七，年年都有打。都是冬天的时候，十月十一月的时间打禅七。"

不过此时的禅堂并未正式恢复，按照觉印的回忆，天童寺的禅堂正式恢复是1998年，第一支香的参与者只有八人。所以在此之前，天童寺的禅堂虽然有出家人每日坐香，但并非是正式恢复，而只是靠各自的修行喜好和意愿。当时的天童寺，还是以经忏佛事为主，但是世泽与觉印都不愿意在佛事方面投入精力，他们对于修行有更强烈的渴望。所以在参加水陆法会时,他们不约而同地都选择在华严坛里阅经,而且根据世泽的口述,他听说一切经中,《华严经》最为殊胜,所以,"年轻的时候打普佛就安排我去看(《华严经》),另一个是觉印,我和他两个人看《华严经》。所以我看《华严经》看了五十多部,还自己平常加班看,晚上看","那一年宣化上人在美国讲的《华严经》,印得很多很多,拿这里来捐,这里每个人分一部,我也分了一部"。

从这一点可以看出,对于世泽而言,如何选择自己的修学道路的问题其实带有很强的偶然性,因为听说《华严经》非常好而产生想要读诵学修的想法,而且从此就主要依《华严经》来进行修学。而且对于世泽而言,他最重要的修行法门就是拜《华严经》,在谈到他的修行方法时,他说:

> 起初是拜《普门品》,《普门品》五千五百多个字,那很快的,我两个月就拜完了。两个月拜三部,我年轻时体力还很好。拜《地藏经》,《地藏经》很容易啊,两个月我就拜五部,这个短。《普门品》也两个月拜五部,这个也短。就开始拜《法华经》,听说《法华经》很长很长,《法华经》就拜半年了,半年就拜完成,很快啊。接着听说《华严经》最长,二十多部啊,拜《华严经》啊,慢慢拜,拜五年啊,一部拜五年啊。后来看看这个体格还很好,还可以拜,发菩提心,三年要完成。一部六十三万字,我直接来把它计算了,我准备三年拜,我决定慢慢拜,结果拜五年才完成,五年拜完看看我稍微还可以拜,因为我没有毛病,还可以拜,因为毛病没有啊,还可以拜,就小感冒。三年就拜完了。

这从另外一个角度可以反映出,当一个大环境的修行传统开始衰败时,作为一位想要修行的出家人是如何选择其修行道路与方法的。这种选择可能是来自于佛教内部各种修行方法的口耳相传,以及对某些经典的评价传统。例如,诵经、拜经长期以来作为汉传佛教的修行方式而流行,虽然这种修行方式常常是在没有教理学习的背景下进行的,但是这并不影响一个想要修行的出家人可以在这上面投入大量的时间和精力。据他回忆:

> 十天就六千拜,一百天就六万,一千天拜六十万,结果拜了五年。五年拜好,想想我这身体还可以拜,再拜,三年完成计划。一年拜六百拜,一天拜六百拜,三年一千天,一千天就六十万啊,整整三年拜完了。拜完以后又开始拜,就随心拜了,由它去拜,喜欢就拜,不喜欢不要拜也可以,现在拜了第四遍了,到了第十四卷,现在停下不拜了。

从世泽的描述可以看出，他的修行方法基本是自修式的，长时间的修行让他感觉"没有烦恼，很欢喜"。

觉印和世泽一样不愿意去应付经忏，他说：

> （天童寺）一年到头都是打水陆，几乎是天天打水陆，但是呢，这六十个人中间仍然有还有三四十个人全部专心地打水陆，只有我一个人，就只有我一个人没有做佛事。

觉印更偏爱坐禅，这源自他在出家的东至法藏寺就接受了这方面的修行训练，据他回忆，他在法藏寺时，除了每天挑水泥、砖头修建寺庙之外，就是在禅堂打坐。因此当他1993年来到天童寺之后，从1994年下半年开始，"一个人在禅堂内住了三年"。他是这样描述禅堂里的生活的："在那个禅堂的时间，我三年没有出来，闭关三年，就没出来过，也没有洗过澡。"

除了自己的修行偏好之外，他在禅堂坚持坐香其实还担负了恢复丛林共修生活的责任感，在他的回忆里，还提到了曾经回到东至法藏寺，他的剃度师父弘喜法师告诉他，"你应该自己静静头脑，好好坐禅，把天童寺禅堂搞起来，恢复起来"。所以，觉印在天童寺坚持坐香，除了是自己的修行生活选择之外，也同时有一个僧人对于寺院修行传统的重建所具有的某种责任感。

因此，对于世泽和觉印两位僧人而言，他们的出家动机虽然略有差异，但是他们比较一致的是对于修行生活有非常高的自觉与重视，而与当时流行于寺庙的经忏佛事划开距离。尽管在当时的环境下，寺庙的主要任务基本都是在修复寺庙建筑、恢复僧团生活的方面，但是对于世泽、觉印这样的僧人而言，他们的出家动机带有强烈的追求修行生活的因素，因此会自觉地在寺庙生活中寻找自己的修行道路，如同世泽诵、拜《华严经》的自修，以及觉印长期的禅堂坐香独修，都是这样一种修行生活的重建努力。

这两位僧人的经历也可以让我们重新审视过去一般认知的80年代以来大陆寺庙的图景，在重新修建寺庙和恢复传统僧团生活的过程中，我们更多关注的是寺庙经忏化与商业化的问题。而如果仔细深入到寺庙内部，就会发现寺庙内部在这三十多年的发展过程中，不仅有寺庙恢复的主线，同时也有各种我们容易忽略的暗流，世泽与觉印二位僧人修行生活的重建就代表着在一个大的时代趋势下，仍然有非常多异质性因素，甚至还会对主流的时代潮流构成批评性的力量。

比如在对觉印进行采访的过程中，他不仅谈到对经忏佛事的不满，也对寺内其他一些法师有自己特别的看法，例如，他对于某位方丈的评论就颇有代表性：

老和尚是个修行人，但是他们只能算是一个本本分分的一个信佛人，不能称他们为一个修道人，因为他们不懂得怎么修。

这样的评价从另外一个层面可以看出觉印对于修行道路的自信，以及对于修行生活的坚持，才能以如此纯粹的"修行标准"来衡量其他僧人，包括方丈。与此相应的，他对现在禅堂里的氛围也有相当多的不满，"不管你的其他事情怎么做，后头拿起手机来了，心无二用啊，禅堂里坐禅你怎么能用（手机）"？觉印对于现在年轻出家僧众的修行态度有非常多的批评，不仅认为他们无法专心坐香，过分依赖手机，而且也根本不听前辈的劝导："他又不听你的，他根本就不理会你讲得如何如何，他不听，不但不听，而且还……"足以说明在修行生活的重建过程中，虽然禅堂等修行形式慢慢建立起来，但是内在的核心仍然非常脆弱。

但是在问及一些关于修行的具体问题时，觉印则表现得非常谨慎，不仅反复地强调，修行是非常个人化的内容，不能随便告诉他人，"要如何做如何做要如何用功，这些控制起来是很好的，但是实际上不应该。因为坐禅是不规定你的，就等于说把你画了一个框框，禅宗要是把你画上框框，你根本就不行了"。在觉印看来，禅宗的修行是不能拘于一定的形式的，否则反而对修行有害。这样的倾向也从一个方面反映出许多当代汉传佛教禅宗修行者的特色是"反体系化"与"隐秘化"的倾向。一方面，觉印对于修行的具体看法是不能给出明确的框架和形式限制，另一方面，他也认为修行涉及的许多个人体验是不能随便分享的。

这样的一种特点，其实也可以和历史上禅宗的修行传统联系起来考察，在禅宗的修行史上看，早期侧重"以教印心"的传统慢慢因为教理的衰落而侧重于修行层面，也使得在禅宗修行的历史过程中，常常出现许多高僧批判的"暗证"现象，也就是虽然有许多的修行体验，但是这些体验缺乏教理的支撑，从而无法具体判别是否是正确的方向。所以，在对觉印的采访中，常常可以感受到他对修行的理解是非常"内敛化"的，也就是反对过多理论化的描述，也对修行的具体体验讳莫如深。这样的修行特质显然并不完全是早期禅宗的风格，而可能与延续明清后期禅宗的传统有关。

与之可作比较的则是世泽的修行特色，对于世泽而言，修行的方法非常简单，无非是拜经。在采访中，他不仅详细地介绍了他是如何拜的，而且还将拜经过程中的"仪轨"都简要地介绍了。这种修行的"透明性"恰好与觉印的风格形成比较鲜明的对比与反差。而世泽所依归的则主要是念佛法门，以求生极乐世界为目标，这样的法门特色也使得他的修行气质比较地活泼与外向，而觉印的"禅和"风范则比较倾向于内敛与保守。而这也可以反映出汉传佛教非常典型的两类修行特质。

结　论

　　本文以天童寺的两位 80 年代出家的僧人口述为基础，从他们出家的动机乃至修行道路的选择与具体特质方面，去考察他们如何在这样一个大变革背景下的佛教恢复阶段中重建自己的修行生活。

　　我们会发现，过去那种只注重大丛林的当代佛教观察视角显然不足以理解这三十年来中国汉传佛教的发展路径，也让我们对于僧人出家的动机有了更多元的理解。无论是世泽还是觉印，他们都超脱了传统那种以纯粹"生计"为目的的出家僧人形象，而是有更为复杂的动机与原因。并且在他们在重建修行生活的过程中，他们并不是面对一个完全空白的修行传统，而是通过各地零散分布的小寺庙与传统僧人的口传身教中来接续非常微弱的修行传统，虽然非常微弱，但却反过来可以不断地为传统大型丛林的修行传统建立提供动力与资源。

　　因此，在从过去的经忏佛教、商业佛教转型为修行佛教乃至现代佛教的汉传佛教发展脉络中，我们如何去理解修行传统是如何恢复、建立乃至传承的，就变得尤其重要。

寺院制度建设论与现代中国佛教形态转型
——基于倓虚法师与巨赞法师对论的视角

吴忠伟　苏州大学哲学系

前　言

晚清民国以来，由于中国传统社会的现代转型，中国佛教一直在应对由于"现代性"冲击而引发的合法性危机问题，并相应有不同的佛教变革方案给出；就"制度"议题而言，主要者有南京支那内学院的"居士护法论"与太虚大师的佛教制度改革论，前者试图确立"居士道场"的合法性，后者则仍是以出家僧为主导的道场建设。事实上，作为佛法僧"三宝"之一，"僧"（僧伽）乃是佛教的"组织"形式，其在空间上的具体表现便是"寺院"（道场），佛教制度正是依托于"寺院"建设而得以展开、实现的，故在很大程度上讲，现代佛教制度建设议题乃是落实到'寺院"制度建设问题[①]。对比，本文所论之一的倓虚法师基于佛教在知识论上的合法性，以广义"教育"定位近代佛教职能，给出了一建设性的关于道场运作有效性的思考。而至20世纪中期，由于新中国的成立，传统中国佛教之"制度空间"更处于消解、压缩状态下，其合法性遭遇新一轮危机。缘此，中国佛教界必须正面应对这一新的社会形态，通过反思传统，清理传统佛教中的消极因素，伸张"现代佛学"之新形态，以开辟新的"制度空间"，其中巨赞法师基于其"新佛学"而给出的"僧制改革"论乃是一最具代表性之论。本文即以民国至20世纪50年代为限，以倓虚法师的天台佛教制度建设论与巨赞法师的"僧制改革"论为典型，结合具体的历史语境，对比分析二者在围绕"寺院"而展开的制度建设上的主张与旨趣，以此对现代中国佛教形态的转型议题作一思考。

[①]　比如一个典型的例子便是民国初年佛教如何应对各地兴起的"废庙兴学"风潮。参见魏道儒主编，纪华传著《世界佛教通史·第6卷·中国汉传佛教：公元19世纪中叶至20世纪》第一章第三节，北京：中国社会科学出版社，2015年。

一、宗旨与道场之分：倓虚法师的天台佛教制度建设论

在中国近现代佛教史上，倓虚大师立寺弘教，于天台佛教制度建设贡献极大。倓虚大师的事功虽由种种因缘成就，而修作源于性具，实有其个人深刻的理论观念作为基础，其核心之旨便是基于知识论的立场，将佛教教育制度化地确立为佛教合法性的前提与保证。由此，在倓虚大师的天台道场/寺院建设中，佛教教育居于一突出之地位。以下我们结合《倓虚大师法汇》与《影尘回忆录》对此试作分析。

1. 传法与传座

我们首先从"传法不传座"原则说起，这一原则反映了倓虚大师对佛教道场依法"自主"运作的强调。众所周知，佛教解释学中有一著名的"依法不依人"原则，其实质乃是指向个体对法/文本"诠释"的缘起性，消除对"实体性"的执著，为此，这一原则可以进一步表述为"依义不依语""依了义不依不了义"，乃至"依智不依识"。"依法"解决了个体修证有效性的判定，但"依法"的解释学实践不是孤立的，而是在公共性的僧/僧伽组织的支撑下展开，没有这一公共性组织的支持，个体实践有效性的确证就难以给出，故此，僧伽——具体落实到制度层面便是道场/寺院的存在至关重要。由此就引出新的问题："修道"发生于"道场"中，虽然道场本是因为修道/法提供制度保证而获得合法性，但一旦"存在"，成为一"机构"，其本身也必须不断维系自身的存在——再生产。这样，道场与修道之间便形成了这样一种关系：道场建设是服务于修道，但道场自身的维持、发展不完全是直接关联于"修道"，其有自身的一套行政运作原则。此涉及"道场"的"教"（道）与场/寺院组织两重性的问题，关联到我们这里要探讨的主题：传法与传座之关系。

我们知道，传法指法统的传承、传递，是法师（特别是禅师）对弟子解悟法理的印可；传座则是道场/寺院住持之位的更替，乃出于大众的推选。二者分别属于"宗旨"与"道场"两个系统，并不同一。鉴于近代以来宗旨、道场原则混同的局面，同时基于对民国时期北洋政府先后有《寺院管理暂行规则》等寺院管理体例的制订这一背景①，倓虚大师明确主张"传法不传座"，强调"十方选贤"的重要性，以消除"道场"的"家族化"带来的弊端。倓虚大师指出，在相当长的时间内，中国佛教形成了这样一个传统，即传法并同时传座，也就是说：老师印可了某位弟子的悟解，并将住持之位传于他（或至少以之为后选/方丈储）。这样做，客观上会

---

① 关于北洋政府制订《寺院管理暂行规则》等寺院管理体例的情况，参见魏道儒主编，纪华传著《世界佛教通史·第6卷·中国汉传佛教：公元19世纪中叶至20世纪》第二章第三节。

带来不少流弊。第一是"感情过于理智",由以法为眷属转为以乡人、友邻为眷属,使得道场帮派化。第二,由于方丈储制度的设计,客观上造成了法子之间、师资之间的矛盾乃至争讼,影响僧团内部的和谐;第三,也是最大的问题是,下任住持的层次一般要低于前任,如此下来,代代相传,将导致每况愈下(当然,这也不是绝对的,但这种制度安排至少没有起到有效激励作用)。在倓虚大师看来,传法传座的客观结果就是佛教门庭的冷落、道场的衰败,中国佛教的衰落由此也就可理解了。①基于对传法传座之弊的认识,倓虚大师提出一项改革性措施,即传法与传座分开,"传法不传座"。倓虚大师从理论与历史两个方面说明了"传法不传座"的合法性。从理论上讲,传法、传座各有其职:传法涉及佛教宗派的弘法系统的传承,属于自利方面;传座则是关于道场的主持管理,归于化他方面。前者突出的是修行者个人对法理的解悟程度,而后者强调修行人的道德声望与组织领导能力,两者的要求并不相同。从历史上看,传法与传座虽有兼而有之者,但很多情况下是分开的,天台、禅宗的情况都是如此,并无固定说有传法必定传座的事。显然,倓虚大师乃是要确认"传法传座"非是本有之制度,实乃后来才形成,故无有其合法性。

倓虚大师将传法、传座对应于自利、化他,也就引出了宗旨与道场关系。宗旨乃是指某一宗派的法理,通过"传法"的形式,宗旨得以在时间序列中维系,尽管在传法过程必然存在着由于个体领悟程度的不同而导致对宗旨诠释的差异,但对宗旨的认同却是确定的。相对于宗旨的个人解说、体证性(因为即便宗旨见诸经典文字,也需要一个通过解证而接受、认同的过程),道场为有形之组织,具有一公共性、普遍性,故其是个体解证的制度支持。倓虚大师强调传法/传座之分,非是要切断宗旨/道场二者之联系,而是指出二者各自不同运作原则,以此突出道场自我维持的规范要求。倓虚大师在青岛湛山寺制定的《青岛湛山寺共住规约》(三十三条)中第二条为"本寺住持,定为十方选贤,不收剃度弟子,亦不专传法子",将"传法不传座"以"规约"形式表达,清楚反映了大师的道场依"法"而"自治"的理念。

2. 空理与事实

作为"共住规约"的"传法不传座"明确了道场的依法自治性,试图以此避免道场的"宗派化"。但倓虚大师的思考不限于道场运作的原则,更深入到道场自身的合法性基础问题,这就关联到近代佛教作为一知识形态的合法性问题。为此,倓虚大师通过突出空理与事实的体用关系,在知识论上说明佛教作为人类的精神活动形式的意义与价值。

知识论问题是中国近代思想界要着力处理的一个核心话题。知识论或可说认识

---

① 参见倓虚大师:《影尘回忆录》(下册),青岛湛山寺印,1993年。

论乃是西方近代哲学的中心问题，其要解决的根本问题乃是：批判传统的形而上学（经院哲学），为近代兴起的科学实践确定新的基础理论，故着力于探讨知识的起源、性质、对象、基础和范围等。① 近代认识论的兴起突出了人类理性的作用，对传统宗教神学的有效范围予以了限制，尤其是作为启蒙运动理论集大成者的康德，以其批判哲学，对人类理性的范围、权限予以了规范，通过认识论上的"哥白尼"式革命，将理念逐出知识对象的范围。随着西方思想因素的输入，科学在近现代中国逐渐获得了一种泛意识形态地位，国人由此发展了对理性的崇拜和对物质实在的认同，种种学说体系必须在"知识论"意义上予以检验，作为宗教的佛教的合法性面临挑战。在此背景下，对佛教合法性的论证必须要有一个"知识论"意义上的讲明。为此，我们看到，同近代其他佛学大师一样，倓虚大师对西学多有吸收，并试图基于佛教的立场对二者作一判释。如大师将佛教与哲学、科学并置，认为佛法广大精微，"不但超哲学，更可超乎科学，盖因哲学仍不出意识幅度之范畴，而科学则除显示所知法之无限，与能知心之有限外，对人生根本之问题，丝毫不能有所贡献"。② 倓虚大师并未完全否定哲学与科学之价值，其甚至还有这样的论调，认为佛教乃建立在理智基础上，经得起科学之考验，"科学愈昌明，佛法愈能发扬光大"，但正是在"知识论"意义上，大师指出哲学、科学非属"纯理智"，有其有限性。倓虚大师对哲学、科学的如是理解自然没有参考近代西方哲学的背景，因为其目的不在从理性的权限意义上对认识论问题进行讨论，而是要将作为"知识"的哲学、科学置于隶属佛教的理论位置。故与对哲学、科学的处理对应，大师对哲学中的"唯心""唯物"传统也予以批判，所谓唯心论乃是"专研究知觉，而废弃物质"，而唯物论则是"专研究物质，而废弃知觉"，由于二说角立，互不相容，使得心、物歧出。

针对心、物分离之说，倓虚大师基于天台的理具事造说，提出"一体二用"论："一体者，乃天然之性理。两用者，乃人心与物质是。"③ 以心、物为理体之二用，这是倓虚大师体用说的新颖处，其乃是要说明：理体、空理为不变者，心、物则为理体随缘之用，性/理体与作用不相离也，"如离体则无用，如离用则靡体"。故不识理体而妄执事用，则成烦恼。结合天台之"一体二用"说，大师认为"唯心""唯物"正是忘理体之本而执"事用"之表现，因为"心者，性之用也。物者，性之相也。性者，心相之体也。其心与物，乃性之一体而其两用"④，心、物既为性之用，

---

① 赵敦华：《西方哲学简史》，北京：北京大学出版社，2000年，第273-274页。
② 倓虚大师：《论文集》，香港湛山寺编辑：《倓虚大师法汇》（三），山东阳谷海会讲寺印行，1999年，第116页。
③ 《湛山文钞》，《倓虚大师法汇》（三），第71页。
④ 《湛山文钞》，《倓虚大师法汇》（三），第62页。

则不可在此二者间立宾主关系,而要认识到二者乃依性/理而起,无有独立之能。总而言之,倓虚大师认为唯心、唯物之说"皆系以六识分别遍计,偏谬而不究竟","皆成戏论"。倓虚大师以"一体二用"说超越唯心/唯物说的对立,也就在知识论上确立了佛教的合法性。

在一般知识论意义上确保了佛教的合法性,也就将佛教由一出世间之教法落实为对人心知见——知识的转化。任何一个个体众生均有其知识,知识之不同也是存在境界之不同,在倓虚大师看来,"明心见性"非是专属佛教修行者,而是人人皆要处理的一个大问题,故此,佛教指向了通过个体"自我"知识的提升而实现对人的圆满成就。在《知识与环境》一文中,倓虚大师就个体自我"知识"(知见)与环境关系,说明佛教作为一知识形态的合法性。所谓环境,有总相与别相之分,总相即指五蕴,别相则为依报世界,这里特指众生的十种存在境界,即所谓十法界。法界乃由现前一念知识造成,不同之知识层次证得或造成不同之法界。法界/环境乃是事实,其是从空理随缘而成;至于知识,则是"于事实而观不变之空理"。作为事实,环境乃是差异变化的,但环境既是空理随缘而成,则环境中含具不变之空理,只是由于众生不同之"知识",故对空理的把握尚有层次之别。对于众人来说,在把握事实、空理之关系上,多离理言事:"吾人多以事实而废空理,难免随生灭之事实,终归于忧悲苦恼。"① 这样一种"多以事实",就是未认清环境之来源,未认识到事实乃空理随缘而成,故视其为自在、实体,从而在"知识"与"环境"/事实之间形成一能、所认识关系,如是有为环境事实牵累之过。应认识到,环境事实乃空理随缘而成,最根本的当在"知识"层次之提升,如是方有环境之真正改变。基于此,倓虚大师特别提出"理想"的概念,以为"理想者,事实之母也"。这里所讲的理想,不是世俗意义上的理想,而是指基于空理而有的观念,或者说是落实于个体心灵层次上的空理,有此理想,方有事实之成,亦不会惑于"事实"之变化,宠辱不惊。自然,理想既为理想,则其为尚未实现者,尚不是事实,但理想既为事实之母,则其乃是事实之成就的根据。只要理想存在,则事实之荣衰虽有无常性,但总有新的事实生成的可能性,换言之,我们并不特别追求对既有之事实的维护或舍弃,因为事实最终来源于理想,故葆有理想要优先于对事实的考虑。当然,倓虚大师虽然特别强调"理想"的意义和不必拘束于事实(环境)的考虑,其并非要否弃事实,因为理想之成就正是要通过对"事实"之"观"而实现的。倓虚大师对《般若心经》之"照见五蕴皆空"的诠释重点即在:将此五蕴之境作为所观之境,通过观而达致"性空"之理。观达性空,其实就是将作为"我"的五蕴转化为作为"我的"

---

① 《湛山文钞》,《倓虚大师法汇》(三),第60页。

的五蕴，而五蕴并不除，因为五蕴乃为世间出世间法的"材料"，用之不同（所谓妙用、善用、错用），故成不同境界。① 联系大师对儒家《大学》《中庸》等经典的诠释，这一解释在某种意义上是继承了明清以来教界会通儒释的传统，只是更具有近代知识论的框架意味。

3. 教育与道场

佛教之合法性乃是建立在知识论之基础，此点对于理解倓虚大师的佛教制度建设理念颇为关键。近代佛教对知识论的诉求即将佛教教育置于佛教制度建设中的突出地位，则佛教教育也就"制度性"地成为佛教道场建设的内在需要，换言之，佛教教育成为佛教制度重要的组成部分。作为制度的佛教教育可作广义、狭义理解。从广义上讲，佛教教育乃针对社会大众的佛教教育，承担着对佛教合法性的知识论说明，为此，佛教也就制度性地置身于世俗教育体制之下，以补世俗教育之不足，助法律之不逮。从狭义上讲，佛教教育乃僧伽内部的佛教教育，与佛教的寺院道场紧密关联，倓虚大师建立寺院的同时，往往成立佛教教育研究机构，致力于佛教人才的培养、佛教义理的研讨，试图以此强化道场的修行与讲教色彩，纠正近代佛教道场的过于应俗之弊，如《青岛湛山寺共住规约》第十条、第十一条即对经忏作了严格限制，明确表示"本寺僧伽，概不出寺应赴经忏"。②

坚持道场的纯粹性，对道场的经忏应俗予以限制，这显示了倓虚大师天台佛教制度建设的近代知识论背景，其同宋代天台佛学的制度模式颇为不同：宋代天台乃是在存有论上将世间法纳入于出世间之佛法之中。依天台的性具论，抽象理体与具体之事相存有一体/用关系，即所谓由有理具三千之法，方有事造之用，这在宋代天台山家派那里更表述为极端的"别理随缘"说，即圆、别之分不在理之随缘与否，而在理体是否具法，具法方为圆理。由此，理体所具之毒害非是偶然随缘而成，乃是"本具"，故理毒即是性恶，其虽可消伏，但不可断除。宋天台的理体说突出了"理体""本具"的"有限性"，但却藉此将"世俗之法"纳入为理体的随缘之用。这样，出世间之法为体/理，实践世俗之法的最终依据乃在"理体"，实践佛法也就是"彻底"地实践世间法，故佛教出世间法在终极层面确保了世俗之法的有效性，这可以理解为宋代佛教对自身合法性的论证。这样一来，佛教的合法性具有一"本然"之制度性。虽然宋天台极为重视教义探讨，且义理探讨达到罕见的精微境界，但其对教义宗旨的掘发乃是服务于道场的以行忏而参与世俗，以此获得合法性之身份。故相对天台之前传法谱系与道场/寺院系统的非一致性关系，宋代天台确立了二者间的"一致"

---

① 倓虚大师：《般若波罗密多心经讲录》，《倓虚大师法汇》（一），第325页。
② 参见潘桂明、吴忠伟《中国天台宗通史》（下），2008年，第740页。

关系，以此将"宗旨"的传承与一特定道场的法脉联系起来。相对而言，倓虚大师佛教教育的制度性乃是基于近代佛教的知识论压力背景，故其所谓的制度性不是"存有论"意义上，而是"知识论"意义上的，这也就意味着：为佛教提供合法性支持的知识论系统——佛教教育对于作为佛教制度本身的"道场"/寺院有一相对独立之关系。换言之，佛教教育在知识论上确认了整个佛教的合法性，而不特别地与某一道场/寺院的存废关联，故佛教教育乃是"制度性"地纳入到道场建设中。由此，倓虚大师实际上在天台佛教制度建设上虽然兼有弘教立寺之功，而更为重要的工作还是佛教教育，因为正是佛教教育予佛教以一知识论的合法性，从而在很大程度上回应了中国佛教形态的现代转型问题。

二、巨赞法师的"僧制改革"论①

现代汉传佛教的合法性危机乃是传统中国社会在遭遇"现代性"后的产物，所以在中华民国成立后，面对来自社会的质疑乃至一些地方政权对佛教采取的激烈取缔、压制行径，改革佛教之舆论不断兴起，典型表现即是太虚大师主导的"佛教教理、教制、教产革命"论与南京支那内学院系统的"居士护法论"。虽然民国时期佛教的生存空间受到大大侵削，但佛教在"制度"上的合法性并未否定，相反，由于特定的政治条件与新型传媒技术的引入，佛教的"公共舆论"空间反有一发展，其特别表现在：大量佛教居士组织的兴起、大批佛教杂志的发行。其中倓虚法师基于广义知识论的考虑，区别传法与传座，将道场建设与"教育"内在结合起来，很可以看出民国佛教界在寺院制度建设上的努力与成效。不过到了20世纪40年代末，随着中国政治格局的变化，佛教"制度"空间上的合法性危机特别凸显出来，为此，中国佛教界必须正面处理、应对此一严峻性挑战。

对于中国佛教即将面对的这一"制度"性危机，现代高僧巨赞法师（1908—1984）可以说是最为敏感者。巨赞法师早年曾参与政治活动，后入佛门，不仅博通经论且涵盖内外学，可谓一代高僧。由于巨赞法师有横跨多界的特殊身份，平素又结交甚广，是以信息发达，洞察时局，有政治头脑。故早在1948年春在香港讲经时，巨赞法师即在思考如何配合着政治格局的改变，规划佛教的改革问题，正如其所云："当时我也很着急，讲完经，就到台湾去考察，想看看日本化的佛教，究竟如何。在台湾一月，走遍全台，参访了很多寺庙，认为日本化是有问题的（详情见《台湾行脚记》，载《觉有情》月刊），改革中国佛教教务，应配合时代。重订合理的办法，

---

① 参见拙文《巨赞、吕澂与现代佛教"自我更新"论》，《佛学研究》2017（2），总25期。

日本化只能参考而已。自台湾回到杭州,开始考虑草拟改革全国佛教教务的计划。"①

这段话是巨赞法师后来在汇报工作时所作的"追述",有其特定的政治背景,故可能不完全同于其当时的计划考虑,不过其要配合时局变化改革中国佛教的主意则是无疑的。后来新旧政权更替,巨赞法师成为中国佛教界的主要领导人之一,由其牵头在1950年上半年草拟了一份《改革佛教的意见》,其原则主要有三:一是反封建、反迷信;二是改革佛教现行寺院制度;三是运用科学历史的观点,"在理论方面,研究大乘教理,弃伪扬真以澄清思想;在行为方面,发扬菩萨行的积极精神,无我除执以实践理论"。②这显然是一个极为激进的佛教改革计划,显示了佛教在新中国承受了很大的压力,故对于《意见》,讨论者多有不同意见,典型者如喜饶嘉措活佛的看法,其意为:"改革二字,对于佛教未可轻用。据《意见书》中所说,不过教务问题。佛教徒的行为,本应随地区随时代而求适合,但教理与修养,即所谓佛教,绝不容有所变更,理应坚持,今定名为改革佛教,在汉文中或无问题,若译成藏文,则可能发生极大误会。至于佛教徒的行动如何能与政府相配合,本人以为此正佛教徒分内之事。"③喜饶嘉措活佛据佛教之随宜方便原则,以为佛教要适应、配合政治乃是佛教徒之"行为",而非是佛教"教义",前者为"教务",后者为"佛教",故要改革的不是"佛教",而只是"教务"。虽然喜饶嘉措活佛指出《意见》之表述或是汉语表达习惯问题,但其实还是根本反映了对于"佛教"改革议题,佛教界内部存有的不同理解:改革的是佛教教务还是佛教教理?尤其是我们还要考虑到,在汉藏两地不同的政教关系格局中,佛教实有迥异的身份地位,则喜饶嘉措活佛的意见提出也就很正常了。面对质疑之声,巨赞法师必须予以说明、澄清,故其区别了佛学与佛教,以为要改革的是"佛教",而非"佛学"或"佛法":"就我们内地佛教的习惯来说,一提到佛教,大都指佛教的形式或制度而言。如果就教理与修养来说,则平常都用'佛学'或'佛法'的名词。所以我们之所谓改革,与喜饶大师的意见相同。"④

由此,为了避免误会,《改革佛教的意见》后更题名为《中国佛教教务改革意见书》。显然,巨赞法师给出的佛教改革意见具有一代表性,反映了佛教界内部的一个主导

---

① 巨赞:《人民政协对于佛教界进行革新的启导作用——一九四九年十一月十二日讲于北京居士林座谈会》,吴志云主编:《巨赞文集》(下卷),南京:江苏古籍出版社,2000年,第705页。

② 巨赞:《人民政协对于佛教界进行革新的启导作用——一九四九年十一月十二日讲于北京居士林座谈会》,吴志云主编:《巨赞文集》(下卷),第715页。

③ 巨赞:《一年来工作的自白:将此身心奉尘刹,是则名为报佛恩——〈楞严经〉》,吴志云主编:《巨赞文集》(下卷),第716页。

④ 巨赞:《一年来工作的自白:将此身心奉尘刹,是则名为报佛恩——〈楞严经〉》,吴志云主编:《巨赞文集》(下卷),第716页。

性声音:佛教在"制度形式"上必须适应新的政治格局。不过,虽然《中国佛教教务改革意见书》指出要改革的只是佛教之"教务"(制度形式),但在具体理解"教务"(制度形式)上其实还是存有差异,因为这里牵涉到所谓"狭义"之"制度"与"广义"之"制度"问题。佛教"狭义"之"制度"但指佛教"契机"之形式,其可以"随时"而"变",此可能就是喜饶嘉措活佛所说的"佛教徒"的"应时"行为;而佛教"广义"之"制度"则不单纯是这些"权巧方便"行为,还包括佛教"僧伽"的组织形式与运作方式,此为巨赞法师所考虑。故从根本上来说,"制度形式"问题(主要是寺院经济)还是涉及如何定位、处理传统"佛学"(所谓教理),其指向的是"佛学"与"意识形态"关系的问题。因此我们也就不难理解,巨赞法师为何认为,不是佛教制度形式,而是佛教徒的"思想"观念乃佛教革新运动中的主要问题。也就正如其所云,佛教之制度形式问题其实不是佛教本身的问题,而是社会问题:"社会问题将随社会的进展而逐渐得到合理的解决,就是许多不合理的现象和封建顽固的堡垒,就我看来,绝不可能存在很久。所以我始终对于佛教形式或制度的改革,抱定乐观的态度。"①

由于佛教既有之制度形式不符合新中国之要求,而随着《共同纲领》《土地改革法》的出台,则"不管全国寺庙僧尼以及所有佛教徒对于佛教整理或改革的态度如何,佛教的形式或制度总是要整理或改革的"②。巨赞法师基本的观点是,佛教之思想主张与其制度形式应区别开,在很大程度上,中国佛教之制度形式乃是深受中国封建社会意识形态的影响,故改革的只是这些制度形式,而不是要否定佛教之根本思想主张。所以巨赞法师对"显性"的佛教制度形式之改革抱乐观态度,而更担心"隐性"的佛教徒之"精神"状态,因为在他看来:"佛教徒(包括出家僧尼、在家男女居士在内)的思想与行动大都(不是完全)暮气沉沉,缺乏朝气。好像一学佛,就把人类一点精光灿烂的势力埋葬起来似的。"③佛教徒消极的"精神"状态其实与佛教教义没有关系,甚至可以说是由对佛教思想的误解所致,在巨赞法师看来,其根本原因也还在于中国封建社会意识形态的影响。为此,巨赞法师特别给出"个人主义"与"集体主义"两种对立的观念形态。"个人主义"的基本立场是"以个人为主体,而团体组织次之",而"集体主义"则与之相反,乃是以"团体组织"为本,其最

---

① 巨赞:《从个人主义到集体主义——论佛教革新运动中的困难问题》,吴志云主编:《巨赞文集》(下卷),第722页。

② 巨赞:《从个人主义到集体主义——论佛教革新运动中的困难问题》,吴志云主编:《巨赞文集》(下卷),第723页。

③ 巨赞:《从个人主义到集体主义——论佛教革新运动中的困难问题》,吴志云主编:《巨赞文集》(下卷),第723页。

高境界乃是所谓的"人本的集体主义"(Humanigtic Collectivism),即"吸收了个人主义的长处的矛盾统一的集体主义"。在其看来,"个人主义"是负面的,而"集体主义"则是正面的,中国社会正在发生的变化即是由过去的"封建的个人主义"向"人本的集体主义"转向,然佛教对此过程不只是一被动适应,而是正可呼应配合。原因何在呢?巨赞法师认为,佛教本是"人本主义",并有早熟的"集体主义"的朝向,譬如"僧伽"的和合义,而进入中国社会后,佛教受到"阳儒阴道"的意识形态影响,其"人本主义"被此中国传统的"封建的个人主义"(Feudal Individualism)所污染,故:"老实说,中国佛教自赵宋以后,简直是'三教同源',一场糊涂。如果稍加分析,则形式掺杂了儒家的宗法制度,内容则是道家的个人主义。"[①]由此造成佛教界的"死水一潭"。可见,巨赞法师是以佛教徒的"意识形态"观念变革作为佛教革新运动的"根本",而佛教制度形式的改革乃是配合、相应于此观念改变,只有放下"个人主义"的包袱,主动走向"人本的集体主义",佛教才有前途,才能重新焕发"佛教早熟的集体主义的精神"。显然,巨赞法师"集体主义"的僧伽指向了中国佛教"寺院"/道场的运行原则的合法性问题,这一思考还是十分深刻的。

总结巨赞法师的"佛制"改革论,我们以为,作为新中国佛教组织的重要领导人,巨赞法师同时面临着佛教理论与实践的困境,故其一方面要处理"显性"层面的佛教"制度形式",如寺院经济等问题;另一方面更在"隐性"层面思考佛教徒的"观念"形态,并以之为佛教革新运动的根本。从这个意义上讲,巨赞法师也就将"意识观念"等同于"广义"的"制度形式",藉此解决佛教的有效"组织"形式问题。

结　语

综上所述,从民国至20世纪50年代,中国佛教界在因应现代性而带来的合法性危机时,有一围绕"寺院"而展开的佛教制度建设论上的讨论。以倓虚法师的天台佛教制度建设论与巨赞法师的"僧制改革"论为典型,我们结合具体的历史语境,对比分析二者在围绕"寺院"展开的制度建设上的主张与旨趣,以为:民国时期倓虚法师的天台佛教制度建设论主要着眼于佛教在制度设计上的问题,即"道场"运作的"有效性",故其有一些"程序"与"技术"上的僧制改革举措;相比之下,新中国成立后,巨赞法师基于"社会变革"的"新佛学"而给出"僧制改革"论,更多着眼于佛教制度本身的问题,即"道场"运作原则乃至"道场"存在的"合法性",

---

① 巨赞:《从个人主义到集体主义——论佛教革新运动中的困难问题》,吴志云主编:《巨赞文集》(下卷),第732页。

故对寺院建设有着更多意识观念层面的考虑。从民国时期的倓虚法师，到新中国成立后的巨赞法师，我们也可以看到，这一对合法性危机的应对，同时也勾勒了中国佛教形态现代转型的演进脉络。

戒与礼的冲突与融合

夏德美　中国社会科学院世界宗教研究所

内容提要：戒律是佛教徒的基本行为规范，体现着佛教的基本精神。戒律一传入中国，就与中国传统的礼文化产生了激烈冲突。在区分戒与礼异同的基础上，求同存异，实现"道并行而不悖"，成为佛教徒努力的方向。本文将从"义"和"制"两个层面分析戒与礼各自的内容、性质，梳理戒与礼在理论上和实践上从冲突斗争走向融和并存的主要发展阶段，考察戒与礼在互相影响下的双向扩充，在一个特定方面展现佛教中国化的曲折历程。

关键词：戒；礼；冲突；融合；双向扩充

佛教传入中国是人类文明交流史上的大事，是中国文化发展史上的大事。佛教给中国带来的不仅是一种内容丰富的宗教信仰，一种精深严密的思想学说，还有一整套组织严密的制度规范和迥然有异的生活方式。戒律作为佛教徒的基本行为规范，体现着佛教的基本精神。戒律一传入中国，就与中国传统的礼文化产生了激烈冲突。能否得到以礼为主要特征的中华文化的认同和包容是佛教能否在中国站稳脚跟的关键。戒与礼这两种不同的文化体系究竟有何异同，二者是如何在冲突斗争中走向互相交融、和平共处？这是佛教研究的重大问题，也为不同文明之间的交流互鉴提供了重要参考。

一、戒与礼的异同

佛教传入中国之前，中国社会已经形成了高度发达的礼乐文明。礼是以儒家为主体的中国传统文化的主要内容和显著特点，传统社会历朝历代都非常重视礼。制礼、修礼成为最高统治者关注的头等大事。现代学者对于礼的内容、特色、影响已有精深的研究。沈文倬将"礼"分为广义的礼和狭义的礼。前者指所有的政教刑法、朝章国典，也就是一整套的制度规范；后者专指适用于各级贵族的祀享、丧葬、朝觐、军旅、冠昏等方面的典礼，也就是传统所说的五礼或六礼。① 本文大部分情况下是在广义上使用"礼"这一概念，用以指称中国传统社会以儒家为主的制度体系、行为规范及其所体现的精神意涵，既包括狭义的礼，也包括法、律、刑等各种规范。

狭义的礼包含不同层面，学者们给出了不同的分类，台湾学者高明士将礼分为三个层面，即礼之义、礼之仪、礼之制。所谓礼之义，指礼的义理；所谓礼之仪，指礼的仪式；所谓礼之制，指礼的制度。② 陈戍国认为狭义的礼包括三部分内容：一，礼物，即体现礼的器物；二，礼仪，即使用着礼物的仪容动作；三，礼意，指由礼物和礼仪所表达的实实在在、明明白白的内容、旨趣或目的③。我们依据《礼记·郊特牲》中提到的"礼义""礼数"④、《礼记·乐记》中提到的礼之器⑤，以及《论语·阳货》所言，"礼云礼云，玉帛云乎哉？乐云乐云，钟鼓云乎哉"，将礼分为礼义和礼制两个大的层面。礼义又可以细分为具体义和根本义。礼制也可以分为制度规范和践行中的行为仪则。

礼缘于俗，某种礼对应着某种伦理规范，这些规范就是礼的具体义，在《礼记》等经典中有明确说明：

> 故朝觐之礼，所以明君臣之义也；聘问之礼，所以使诸侯相尊敬也；丧祭之义，所以明臣子之恩也；乡饮酒之礼，所以明长幼之序也；昏姻之礼，所以明男女之别也。⑥

五礼各自对应着不同的义，体现不同的伦理关怀。这些义还可以进一步概括，也就是《礼记·礼三本》中提到的礼的三种根本：

> 礼有三本：天地者，性之本也；先祖者，类之本也；君师者，治之本也。无天地焉生？无先祖焉出？无君师焉治？三者偏亡，无安之人。故礼上事天，下事地，宗事先祖而宠君师，是礼之三本也。⑦

礼的建立是为了表达对天地、先祖、君亲的尊敬和感恩，这就是礼的三个重大

---

① 陈戍国：《中国礼制史·先秦卷》，长沙：湖南教育出版社，1991年，第6页。
② 高明士：《中国中古礼律综论》，北京：商务印书馆，2017年，第13页。
③ 陈戍国：《中国礼制史·先秦卷》，第7页。
④ 《礼记·郊特牲》："礼之所尊，尊其义也。失其义，陈其数，祝史之事也。"（清）孙希旦：《礼记集解》卷26，北京：中华书局，1989年，第699页。
⑤ 《礼记·乐记》："簠、簋、俎、豆，制度、文章，礼之器也。"（清）孙希旦：《礼记集解》卷37，第975页。
⑥ （清）孙希旦：《礼记集解》卷84，第1254页。
⑦ （清）王聘珍：《大戴礼记解诂》卷1，北京：中华书局，1983年，第17页。

意义。礼的根本义是什么，《礼记·丧服四制》中这样概括："凡礼之大体，体天地、法四时，则阴阳，顺人情，故谓之礼。"① 礼体现的是天地的基本秩序和人情的基本需求。《礼记·礼运》中也说："夫礼，先王以承天之道，以治人之情。"② 那么，天地的基本秩序，或者天之道是什么？在儒家看来就是天高地卑、四时变化、阴阳互补等自然规律。人情的基本需求是什么呢？《荀子·富国篇》曰："礼者，贵贱有等，长幼有差，贫富轻重皆有称者也。"③ 人情，也就是人间的等级秩序。董仲舒在《春秋繁露·奉本》中对礼所体现的两方面的根本意涵进行了全面总结："礼者，继天地、体阴阳，而慎主客、序尊卑、贵贱、大小之位，而差内外、远近、新故之级者也。"④ 总之，我们认为，礼的根本义包括天之道、人之情两个层面，具有神圣性、血缘性、等级性三个基本特点。

广义的礼，既包括建设性的规范即应该做什么，也包括禁止性的规范，即不应该做什么，做了之后会受到什么样的惩罚（法、刑等）。广义的礼同样体现着天道与人情，《汉书·刑法志》记载："（圣人）必通天地之心，制礼作教，立法设刑，动缘民情，而则天象地……故圣人因天秩而制五礼，因天讨而作五刑。"⑤

在传统社会，礼的根本义基本是不变的，但具体的制度规范和某一规范所体现的基本旨趣（具体义）则会因时、因地的不同而不断变化。从《礼记》开始，礼就确定了"时为大"的原则，礼的条目可以根据不同时代的具体情况增减损益。朱熹曾说："所因之礼，是天做底，万世不可易；所损益之礼，是人做底，故随时更变。"⑥ 不变的礼是指礼之根本义，可变的礼指礼之制。

古印度佛教的戒律是佛陀制定的用来规范佛教信徒言行的规则，可以分为声闻戒和菩萨戒。声闻戒是小乘佛教的戒律，包括出家戒和在家戒，以出家戒为中心。出家戒就是律部经典规定的戒律，包括戒法和犍度。戒法是禁止僧尼做的言行（类似于法律条文），称为"止持"，做了这些事就违反戒律；犍度是僧尼受戒、说戒、忏悔等具体仪式及衣食住行方面应该遵守的规范，称为"作持"，不做这些事就是犯戒。菩萨戒的戒条没有严格规定，后人概括为摄律仪、摄善法、饶益有情三聚戒。

如果我们按照对礼的分析结构，戒律也可以分为两个层次：一，戒义，戒律所体现的宗旨、旨趣。二，戒法，具体的戒律规范。从具体的层面看，每一戒条都对

---

① （清）孙希旦：《礼记集解》卷61，第1467页。
② （清）孙希旦：《礼记集解》卷21，第581页。
③ （清）王先谦：《荀子集解》卷6，北京：中华书局，1988年，第178页。
④ （清）苏舆：《春秋繁露义证》卷9，北京：中华书局，1992年，第275页。
⑤ （汉）班固：《汉书》卷23，北京：中华书局，1962年，第1079页。
⑥ （宋）黎靖德：《朱子语类》卷24，北京：中华书局，1979年，第595页。

应着特定的义,比如不杀戒,体现的是对生命的尊重;不盗戒是对私有财产的尊重,不淫戒是对人的尊严的尊重,不妄语(大妄语)是对修行目标的尊重,等等。再抽象一点,声闻戒的基本旨趣就是一切恶的言行都不能有。恶包括本身就邪恶(指杀、盗、淫、妄等性戒)和违反社会规范(指避世嫉嫌戒)的言行。佛陀制戒时,提出了"十句义"的说法:

> 自今已去,与诸比丘结戒,集十句义:一、摄取于僧,二、令僧欢喜,三、令僧安乐,四、令未信者信,五、已信者令增长,六、难调者令调顺,七、惭愧者得安乐,八、断现在有漏,九、断未来有漏,十、正法得久住。①

这十句体现了戒律的基本精神,概括起来有两个方面:第一,使受戒者通过一层层不断努力,最终获得解脱;第二,使佛法久住于世。

随着大乘佛教的兴起,出现了菩萨戒的概念。早期菩萨戒以十善法为基本条目。《瑜伽》系菩萨戒提出了三聚净戒的分类,即摄律仪戒、摄善法戒和饶益有情戒。摄律仪戒的内容就是声闻戒,体现的是"诸恶莫作"的精神;摄善法戒就是一切善行都应该去做,体现的是"众善奉行"的精神;饶益有情戒指一切有利于众生的行为都应该做,体现了菩萨普度众生的宗旨。菩萨戒在具体义上与声闻戒有所不同,涵盖的范围更广,可以包括佛教徒的一切思想、语言和行动;但在根本义上,仍然以获得解脱和住持佛法为宗旨。

戒律是否可以改变?佛教传统中有两种看法,一种以大迦叶等比较保守的比丘为代表,主张戒律是佛陀所制,不能改变:"从今已后,佛所不制,不应妄制;若已制,不得有违。"②另一种观点则认为戒律可以根据不同情况因时因地进行适当调整。这种观点的依据是佛陀曾告知阿难"自今日始,听诸比丘,舍小小戒"③,佛陀还说过:"虽是我所制,而于余方不以为清净者,皆不应用;虽非我所制,而于余方必应行者,皆不得不行。"④这种观点为佛教适应更广大的地区、进入更多元的文化传统提供了理论依据。中国佛教戒律从总体上来看遵循的就是这种原则。

总之,从根本义上看,尊礼的儒者和持戒的佛教徒都认为自己所尊奉的是圣人所制定,体现了最高、最究竟的真理,都具有不可动摇的神圣性。只不过在儒者看来,这个最高真理是天道人情,天生育万物、慈爱万物,但天道又是高低有序、等次有别的;仁者爱人,但人与人之间又是尊卑不同、亲疏各异的。因此礼的本质既包含着仁爱,

---

① (后秦)佛陀耶舍、竺佛念等译:《四分律》卷1,《大正藏》第22册,第570页中。
② (南朝宋)佛陀什、竺道生等译:《五分律》卷30,《大正藏》第22册,第191页上。
③ (后秦)佛陀耶舍、竺佛念译:《长阿含经》卷4,《大正藏》第1册,第26页上。
④ (南朝宋)佛陀什、竺道生等译:《五分律》卷22,第153页上。

又具有明确的等级性。在佛教徒看来,这个真理是所有众生都可以通过戒除贪嗔痴、摆脱轮回,达到解脱和自在。在解脱的优先性上,佛教在某些情况下强调受戒者具有某种优势(这里主要指声闻戒,菩萨戒往往强调僧俗平等),但从根本上说,戒体现的是一种平等精神。一切众生都在轮回之中起伏轮转;但一切众生都具有佛性,只要持戒修行,都可以解脱成佛。在具体义上,礼和戒有很多不同,但也可以有很多共同的旨趣,如对生命的关注、对习俗的尊重等。在具体制度规范方面,礼和戒分别适应中印不同的地理环境、生活习俗、政治制度,从而体现出更大的差异性。从长期的历史发展过程来看,礼和戒的根本义相对稳定,会有部分改变;但在具体义和制度层面具有很大的可变性,这为礼与戒的融合提供了基本依据。

二、戒与礼的冲突与调和

佛教一传入中国,其特殊的制度规范就引起了中国人的注意,但在出家僧人主要限于西域来华使者或侨民后代之中、汉人还没有出家者的情况下,这些制度规范并不会引起中国人的反对。汉末三国之后,随着第一批汉族出家人的出现,剃发出家等迥异于中国文化传统的行为开始引起中国社会的强烈不满,戒与礼的冲突在所难免。我们认为戒与礼的冲突与调和在理论上大致表现出两种模式:

第一,制异义同。针对反佛者提出的佛教戒律规范与礼制差异巨大,因此佛教不应该存在于中国社会,佛教徒强调佛教的戒律规范与礼制虽然存在差异,但他们体现的基本精神是相同的。佛教徒剃发、出家、不拜君亲等行为方式严重违反了尊尊、亲亲的礼教基本原则,成为中土人士指责佛教徒的重要理由。《牟子理惑论》《喻道论》《沙门不敬王者论》等对这些问题进行了集中回应,强调"制异义同"成为佛教徒调和戒礼冲突的第一种理论模式。

佛教徒认为剃发虽然不符合"身体发肤受之父母,不敢毁伤"的古训,但沙门德行高尚,可以不受形式的约束:"由是而观,苟有大德,不拘于小。沙门捐家财、弃妻子,不听音视色,可谓让之至也。何违圣语,不合孝乎?"[1]沙门辞亲出家,无法生育子女,延续血脉,不利于家族的扩大,违背了传统的孝道,"不孝有三,无后为大"。佛教徒则认为修行者虽然离开家庭,但是他们通过修行作出贡献,获得成就,就可以光宗耀祖,还可以为祖先祈福,"令逝没者得福报以升天"[2]达到儒家不能达到的功能,这才是最大的"孝"。总之,在佛教徒看来佛教特殊的规范

---

[1] (南朝梁)释僧祐:《弘明集校笺》卷1,上海:上海古籍出版社,2013年,第21页。
[2] (晋)孙绰:《喻道论》,(南朝梁)僧祐:《弘明集校笺》卷3,第157页。

是修行的要求，并不违背礼的精神，慧远总结道："是故凡在出家，皆隐居以求其志，变俗以达其道。变俗，则服章不得与世典同礼；隐居，则宜高尚其迹。夫然，故能拯溺俗于沉流，拔幽根于重劫，远通三乘之津，广开人天之路。是故内乖天属之重，而不违其孝；外阙奉主之恭，而不失其敬。若斯人者，自誓始于落簪，立志成于暮岁。如令一夫全德，则道洽六亲，泽流天下，虽不处王侯之位，固已协契皇极，大庇生民矣。"①佛教徒的行迹虽然与世俗不同，不拜君亲，并不违背孝与敬的基本原则。相反，佛教徒高尚的德行可以有助教化、有利苍生。

南北朝之前，佛教发展规模有限，社会认可度较低，佛教徒在涉及戒与礼的关系时，往往强调戒与礼在根本义方面具有一致性，以此为戒律在中国的传播和实践创造条件。即使像慧远一样努力维护佛教独立性的高僧，在说明佛教规范存在合理性时也强调其不违背孝敬之道。这就是圣凯法师提出的"格戒"现象②。这种理论上的比附对于戒与礼的沟通融合具有重要意义，可以说这是戒律突破礼制的第一个阶段，为戒律规范在中国的存在争取到了合法性。

强调戒律与礼制"根本义"一致的思想和言论在南北朝时期也存在不少。但其意义却发生了分化：一方面，通过强调礼、戒体现的根本精神相同，为佛教传播和普及开辟道路，这种意义仍然存在，从《提谓波利经》到颜之推，各种以"五戒"比附"五常"的模式，都属于这种情况。另一方面，礼、戒精神相同论也为反佛者提供了理由和借口。顾欢在《夷夏论》中，首先指出佛道同源，"道则佛也，佛则道也"。然后强调佛、道在形式上有不同的表现，分别适应不同的种族、地域、文化，对华人而言，道教才是最适合的：

> 虽舟车均于致远，而有川陆之节，佛道齐乎达化，而有夷夏之别，若谓其致既均，其法可换者，而车可涉川，舟可行陆乎？今以中夏之性，效西戎之法，既不全同，又不全异。下弃妻孥，上废宗祀。嗜欲之物，皆以礼伸；孝敬之典，独以法屈。悖礼犯顺，曾莫之觉。弱丧忘归，孰识其旧？且理之可贵者，道也；事之可贱者，俗也。舍华效夷，义将安取？若以道邪？道固符合矣。若以俗邪？俗则大乖矣。③

顾欢列举华戎习俗不同和佛道二教的区别，并没有简单贬斥佛教，看起来持论公允，但其对西戎习俗的描述带有很强的文化优越感，是居高临下的评判。同时，

---

① （晋）慧远：《庐山慧远法师答桓玄书沙门不应敬王者书》，（南朝梁）僧祐《弘明集校笺》，第692页。
② 圣凯：《佛教观念史与社会史研究方法论》，北京：宗教文化出版社，2022年，第178页。
③ （南朝梁）萧子显：《南齐书》卷54，第931–934页。

既然佛、道所宣传的基本道理相同，汉人和印度人习俗不一，"印土俗恶，华风本善"，汉人沿用自己的习俗即可，佛教根本就没有在汉地传播的必要。

北周武帝灭佛时，也以礼戒相同作为灭佛的依据：

> 佛义虽广，朕亦尝览，言多虚大，语好浮奢……论其劝善，未殊古礼；研其断恶，何异俗律？昔尝为废，所以暂学。决知非益，所以除之。①

既然在劝善断恶方面，中国已经有礼和律（广义的礼），戒律就没有在中国被保留的必要性。在这个意义上的戒礼一致论显然不利于佛教的传播和发展。

第二，制、义皆异。针对反佛者以"戒与礼精神相同、制度规范分别适应中印不同地区，因此佛教没必要在中国存在"的观点，佛教徒指出戒与礼不仅在制度规范上差异巨大，其所体现的根本精神也不相同。

进入南北朝之后，随着佛教经典的系统翻译、佛教思想的广泛传播、佛教势力的发展壮大，佛教徒主体意识逐渐觉醒，在论争中，他们更多强调佛教思想优越于儒家、道教，佛教戒律不同于礼，但可以包容礼。

刘宋初年发生的踞食之争体现了佛教戒律要求独立的姿态。踞坐应该是来自古印度的一种坐姿，《僧祇律》中规定僧人进食时应该踞坐。《僧祇律》是法显西行取回的律本，于东晋义熙十二年（416）至十四年（418）译出。《僧祇律》大本译出之前，汉地流行的戒律也是根据《僧祇律》戒本，所以踞坐的方法应该早已被僧人们所知晓，但鉴于这种坐法与中国传统坐法差别较大，佛教界并没有采用这一方式。但随着《僧祇律》的翻译，随着晋宋之际戒律受到越来越广泛的关注，一些僧人为了体现严持戒律的精神，采用踞食方式。这就引起了以郑鲜之（364-427）、范泰（355-428）为代表的一些既是佛教徒又深受儒家礼制影响的士大夫的不满，他们先后给僧人、帝王、大臣写信，提出反对意见，发动了一场有关"踞食"的争论。范泰等人反对踞食的理由主要有两点：一，各国习俗不一样，佛教徒没必要遵循外国的规范："据今外国，言语不同，用舍亦异，圣人随俗制法，因方弘教，尚不变其言，何必苦同其制？"二、踞坐违反华夏礼仪："华夏本不偏企，则聚骨交胫之律，故可得而略……企之为义，意在宜进，欲速则事不得行，端坐则不安其居。时有倨傲之夫，故非礼法所许。"② 坚持踞食的慧义等僧人强调戒是佛陀所制，不能随便更改；戒与礼各有不同的适用范围："如来立戒，是画一之制，正可谨守而行，岂容以意专辄改作？俗儒犹尚谨守夏五，莫敢益其月者，将欲深防穿凿之徒，杜绝

---

① （唐）道宣：《广弘明集》卷10，《大正藏》第52册，第154页中。
② （南朝宋）范泰：《答义公》，（南朝梁）僧祐：《弘明集校笺》卷12，第653页。

好新乐异之客。而况三达制戒,岂敢妄有通塞?"①

宋末齐初,由顾欢挑起的夷夏之争中,佛教的优先性、戒与礼的不同被佛教徒反复言说。顾欢本意试图以佛道同源、戒礼不同论证中华有礼就已经足够,根本不需要戒。谢镇之批判顾欢的观点,认为佛教更为优胜。他说儒、道虽然尽美,却没有尽善,与佛教相比,有一定距离;佛教说法清楚而明白,精要而广博,有规矩可以遵循;"立仁树义,将顺近情,是以全角守祀,恩接六亲。摄生养性,自我外物,乃为尽美,不为尽善。盖是有崖之制,未鞭其后也。何得拟道菩提,比圣牟尼?佛教敷明,要而能博;要而能博,则精疏两汲;精疏两汲,则刚柔一致。是以清津幽畅,诚规可准。'②道是一,佛法才真正体现了道,"真道唯一,法亦不二;今权说有三,殊引而同归"。礼俗的出现是对道的损害,修道就应该反俗,持守佛教戒律是反俗的重要方式:"夫俗礼者,出乎忠信之薄,非道之淳。修淳道者,务在反俗;俗既可反,道则可淳。反俗之难,故宜祛其甚泰。祛其甚泰,必先堕冠削发,方衣去食。"③在这里,戒和礼的具体规定是不同的,有高低之分,他们所体现的根本精神也有优劣之别,戒体现了根本的道,礼却是对道的损害。

慧通、僧敏等僧人也参与了争论,他们认为从起源上看,佛、儒、道同源,但佛教是根本:

> 然则老氏、仲尼,佛之所遣,且宣德示物祸福,而后佛教流焉。然夫大道难遵,小成易习,自往古而致叹,非来今之所慨矣。老氏著文五千,而穿凿者众,或述妖妄以回人心,或传淫虐以振物性,故为善者寡,染恶者多矣。仆谓搢绅之饰,磬折之恭,殡葬之礼,斯盖大道废之时也。仁义所以生,孝敬所以出矣。智欲方起,情伪日滋,圣人因禁之以礼教,制之以法度,故礼者,忠信之薄,取乱之首也。④

他们认为,佛教是儒、道的根源,佛先遣仲尼、老子来汉地教化,然后佛教流行。《老子》说法虽然不错,但对其进行穿凿附会的人(主要指道教徒)太多。儒家的仁义礼制是在大道废时出现的,并不值得赞赏。佛教的各项修行规定更符合道德,各项礼仪制度更为纯朴,更符合大道:

> 剪发玄服,损财去世,让之至也……夫胡跪始自天竺,而四方从之。

---

① (南朝宋)慧义:《释慧义答范伯伦书》,(南朝梁)僧祐:《弘明集校笺》卷12,第651页。
② (南朝宋)谢镇之:《重书与顾道士》,(南朝梁)僧祐:《弘明集校笺》卷6,第356页。
③ (南朝宋)谢镇之:《谢镇之书与顾道士》,(南朝梁)僧祐:《弘明集校笺》卷6,第350页。
④ (南朝宋)慧通:《驳顾道士夷夏论》,(南朝梁)僧祐:《弘明集校笺》卷6,第381页。

> 天竺，天地之中，佛教所出者也。斯乃大法之整肃，至教之齐严，吾子比之狐蹲，厥理奚征……死则葬之中野，不封不树，丧制无期，哀至便哭，斯乃上古之纯风，良足效焉。①

剪发、胡跪等出自天竺，这里是天地之中，佛法出现的地方，这些仪轨更优越。佛法是大法、正法，佛教葬法更符合上古之风。佛教具有更为广泛的地区适应性、民族适应性：

> 大教无私，至德不偏，化物共旨，导人俱致。在戎、狄以均响，处胡、汉而同音，圣人宁复分地殊教，隔寓异风，岂有夷耶？宁有夏耶？②

由于佛教具有"无私""至德不偏"等特性，所以适应性广泛，那种认为佛、道各教化一方、夷夏不同的观点是错误的。

明僧韶《正二教论》认为佛道（包括儒）教法不同，体现的精神也是不同的；佛高于道，佛教可以包括道教，道教不能涵盖佛教："夫佛开三世，故圆应无穷；老止生形，则教极浇淳。所以在形之教，不议殊生；圆应之化，爱尽物类。是周、孔、老、庄，诚帝王之师，而非前说之证。既开塞异教，又违符合之验矣。……既教有方圆，岂睹其同？夫由佛者，固可以权老；学老者，安取同佛？"③ 既然佛教所体现的理是最高的，为了得到这种理，人们就不能拘泥于华夷界限，而应该采用佛教制度来变革华夏礼制："将求理之所贵，宜先本礼俗，沿袭异道，唯其时物。故君子豹变，民文先革。颉孙膺训，丧志学殷。夫致德韶、武，则禅代异典；后圣有作，岂限夷、华？况由之极教，必拘国服哉。"④

张融作《门律》，主张佛道一致："道也与佛，逗极无二。"⑤ 周颙坚决反对，他详尽辨析佛道之不同，认为佛教最高，儒家和黄老不及佛教，但也有一定价值："然自释之外，儒纲为弘，过此而能与仲尼相若者，黄、老实雄也。其教流渐，非无邪弊；素朴之本，义有可崇。"佛道二教不仅有时、世的差异，其本源也是不同的："若虽因二教同测教源者，则此教之源，每沿教而见矣。自应鹿巾环杖，悠然目击，儒、墨闽阎，从来何净？苟合源共是，分迹双非，则二迹之用，宜均去取。奚为翔集所向，勤务唯佛；专气抱一，无谨于道乎？"本源是通过"迹"来表现的，迹不同，源也不同。

---

① （南朝宋）慧通：《驳顾道士夷夏论》，（南朝梁）僧祐：《弘明集校笺》卷6，第382页。
② （南朝宋）慧通：《驳顾道士夷夏论》，（南朝梁）僧祐：《弘明集校笺》卷6，第384页。
③ （南朝梁）僧祐：《弘明集校笺》卷6，第318页。
④ （南朝宋）慧通：《驳顾道士夷夏论》，（南朝梁）僧祐：《弘明集校笺》卷6，第384页。
⑤ （南朝梁）僧祐：《弘明集校笺》卷6，第325页。

萧子显在《南齐书·高逸传》中指出儒家与佛教不同，佛教可以包括儒家："若乃儒家之教，仁义礼乐，仁爱义宜，礼从乐和而已；今则慈悲为本，常乐为宗，施舍惟机，低举成敬。儒家之教，宪章祖述，引古证今，于学易悟；今树以前因，报以后果，业行交酬，连璅相袭。"① 儒家礼的基本精神是乐、和，佛教的基本精神则是慈悲、常乐、敬，佛教具有更大的包容性。

这些宣扬佛教优越，强调戒律不仅在制度规范方面不同于礼，而且其所体现的基本精神也远远超过礼的思想充分体现了南北朝时期佛教自我意识的觉醒，体现了佛教在南北朝崇高的社会地位和巨大的社会影响力。这在中国历史上是非常独特的现象。

三、戒与礼的双向扩充

戒与礼的双向扩充，指戒与礼在互相刺激、互相比较、互相斗争中不断吸收对方内容、扩充自己、提高自己。

随着佛教逐渐渗入中国社会，戒与礼之间互相吸收、互相融合成为不言而喻的事实。在戒的方面（这里的戒指中国佛教的制度规范，是广义上的戒），主要有两种体现：第一，僧制的出现及发展。戒律是佛陀根据古印度的生活习俗、文化传统而制定的，并不完全适应于礼制盛行的中国社会。因此，中国僧众一方面要维护戒律的神圣性，另一方面也要找到适合中国社会的制度规范，这便出现了由僧团领袖制定的僧制。据现有资料，最早的僧制是由东晋时期的道安（249-254）制定的，此后重要的僧团领袖都会或多或少制定僧制。其中，最完备、影响最大的是禅宗高僧制定的清规。最有名的清规是唐代洪州百丈怀海（720-814）禅师制定的《百丈清规》，后经多次增订，元顺帝时（1333-1368在位），百丈山住持德辉奉敕重新修订，由金陵大龙翔集庆寺住持大䜣等校正，即今本《敕修百丈清规》。《百丈清规》分九章，前四章主要规定关于祝圣、国忌（帝王、王后忌日）、祈祷、佛诞节、涅槃节、达摩忌、百丈忌以及各寺历代诸祖忌等仪式。从第五章开始，才算是丛林本身的规章制度。翻阅《敕修百丈清规》的内容，不难发现这种中国化的佛教僧制已经较多吸收了礼的内容，皇权至上的观念和等级制在其中随处可见。清规是中国佛教独创的僧制，是佛教中国化的结晶，是戒与礼冲突融合的新成果。第二，以佛说为名，编撰《梵网经》菩萨戒。一方面，《梵网经》菩萨戒体现了中国僧人抛开声闻戒、建立独立菩萨戒的努力；另一方面，《梵网经》菩萨戒也体现了中国文化的传统和社会需求，

---

① （南朝梁）萧子显：《南齐书》卷54，第946-948页。

如对政治权力的特别重视，对孝的大力提倡等。① 无论是僧制，还是《梵网经》菩萨戒都是戒与礼冲突融合而形成的新的制度规范，极大扩展了戒的内容和适用范围。

在礼的方面，戒的传入，引起了礼多方面的变化。从制的层面看，南北朝中后期无论在国家祭祀，还是个人祭礼中出现的蔬食祭祀，都是受佛教不杀生戒的影响。梁武帝还制定佛教音乐，将其纳入礼制，《隋书》卷十三《音乐志上》载："帝既笃敬佛法，又制《善哉》《大乐》《大欢》《天道》《仙道》《神王》《龙王》《灭过恶》《除爱水》《断苦轮》等十篇，名为正乐，皆述佛法。又有法乐童子伎、童子倚歌梵呗，设无遮大会则为之。"武帝甚至将进行佛教活动的礼仪纳入国家正规礼仪，《陈书·杜之伟传》："中大通元年，梁武帝幸同泰寺舍身，敕（徐勉）撰定仪注，勉以台阁先无此礼，召之伟草具其仪。"② 南北朝之后，从国家祭祀到民间俗礼都越来越多佛教的影子。佛教的传入还带来了国家制度的变化，历代王朝制定的管理佛教的制度法规也都成为广义礼制的内容，如僧官制度、度牒制度等。从根本义的方面来看，佛教对礼也有一定的冲击和改变。南北朝时期，佛教徒所强调的"道为一""真道无二"等思想对礼的根本义形成一定冲击。在经过佛教的洗礼后，礼要想代表那个涵盖一切的道，也必须提升自己的抽象层次。到了宋代理学家那里，"礼"被提升为"理"，成为人心本有的特质和宇宙永恒的规范："礼是自家本有底，所以说个'复'，不是待克了己，方去复礼……礼是那天地自然之理。理会得时，繁文末节皆在其中。"③ 这显然扩充了礼的内涵，在某种程度上改变了礼的精神。

〔本文是作者主持的国家社科基金重点项目《天台宗与菩萨戒中国化研究》（20AZJ002）的阶段性成果，发表于《世界宗教文化》2023年第3期。〕

---

① 参见夏德美《晋隋之际佛教戒律的两次变革——〈梵网经〉菩萨戒与智𫖮注疏研究》，北京：中国社会科学出版社，2015年，第115-131页。

② （唐）姚思廉：《陈书》卷34，《杜之伟传》，第454页。

③ （宋）黎靖德：《朱子语类》，北京：中华书局，1986年，第1049页。

基于新时代佛教中国化导向的当代寺院建设的思考

董 群 东南大学人文学院

本届会议的主题是"佛教中国化与当代寺院建设",对此可以理解为,有三个层面的内容是重点需要讨论的,一是佛教中国化(历史的经验和当代的要求),二是当代寺院建设,三是这两者的关系。而从第三个层面来思考,既可以从佛教中国化的历史的经验背景下来谈对当代寺院建设的启迪,也可以从当代社会对宗教提出的中国化要求的背景下来探讨。本文从后者的角度展开,提出四点看法:一是寺院关键人物的作用,二是作为当代"道场"的寺院建设,三是寺院的人才建设,四是寺院的文化建设。本文不是纯理论探讨性的学术论文,而是从实践探索层面思考,当然,作为学者在这一议题上的外在和外行的思考,多少有一些空洞的色彩,笔者只是根据大会的主题,对此提出一些个人的想法,不当之处,请教界指正。

一、寺院关键人物的作用

寺院是推进佛教中国化的重要主体,寺院方丈或住持又是寺院在推进佛教中国化过程的关键人物。方丈或住持是一寺之主,古德曾说:"住持之要,当取其远大者,略其近小者。"① 从当今社会对佛教发展的要求来说,这个"远大"者,就是要有对于新时代佛教中国化的具体思考和落实。以往的寺院负责人,也被尊称为"长老",佛教对于长老是有要求的,"夫长老之职,乃道德之器。先圣建丛林,陈纪纲,立名位,选择有道德衲子,命之曰长老者,将行其道德"。② 这里讲的"道德",就是《道德经》中的"道德"之意,重道、掌握(得)道。从这个要求来讲,一寺之主在今天佛教中国化导向下,要"得"佛教中国化之"道",坚持佛教中国化的方向,探索具体有效的方法。

寺院规模有大有小,僧人有众有寡,历史积淀也有所不同。有的寺院源自两汉

---

① (宋)净善:《禅林宝训》卷一。
② (宋)净善:《禅林宝训》卷一。

三国,有的则近至清代、民国,无论何种规模、类型的寺院,也无论有多少常住,有多少居士外护的寺院,在今天来讲,其负责人作为此寺院的关键人物,都要有自觉的新时代的中国化意识。特别是有历史影响、积淀深厚、规模较大的寺院,其负责人更要有这一自觉意识。当然,这在佛教界是不成问题的,许多寺院都非常重视这一点,他们的一个重要的做法,就是对于本寺院的历史文化的探索,研讨佛教中国化的历史经验,在此基础上探索当代寺院建设的议题。

从历史上来说,做出佛教中国化探索的,多是关键人物,当然他们不一定都是寺院的方丈、住持,但他们都是领军人物,都是大善知识,一寺之主是善知识的一部分,"夫称善知识,为一寺之主"。①

对于历史上关键人物的中国化探索,智者大师曾经总结说:"古来诸师讲说,何必尽有经论明文?如开善、光宅五时明义,庄严四时判教,地论四宗、五宗、六宗,摄山单复、中假,兴皇四假,并无明文,皆是随情所立,助扬佛化。"② 开善指建康成实学派的建康开善寺智藏法师,光宅指建康成实学派的建康光宅寺法云禅师,他们提出了五时判教说,庄严指建康庄严寺僧旻,他提出了四时的判教,这三位是建康成实学三大师。地论宗的法师立四宗说:因缘宗、假名宗、诳相宗和常宗,自轨法师立五宗,陈代耆阇寺安廪法师立六宗判教,这些是指判教方面的创新,摄山三论提出了单复、中假等理论,而兴皇寺法朗法师则提出四假的观点:因缘假、随缘假、对缘假、就缘假。这些创新采用的方法,都是"随情所立","随情"之情,实际上是中国的社会、文化之情,也就是说,这些理论都是中国化的,而这些中国化理论的提出者,都是佛教史上的关键人物。智者大师概括的"随情所立",也是对于历史上的佛教中国化经验的总结,但自己也是"随情"而探索佛教中国化的典范。

现在诸寺院的关键人物们在中国化的自觉意识下,如何中国化,如何依新时代佛教中国化的要求来建设寺院,即在新的时代"随时而立",大家的任务还是很重的。

关键人物,除了寺院的负责人,还有一个重要的群体,就是佛教院校的教师。佛学院的院长多是由所在地区或所依寺院的负责人法师来担任,在院长治理下的佛学院,专门从事教学和研究的教师群体,其重要任务是在研究和教学中体现对于新时代佛教中国化的探索,将其研究的最新的观点传达给学生。

---

① (宋)净善:《禅林宝训》卷一。
② (隋)智顗:《四教义》卷一。

二、作为当代"道场"的寺院建设

寺院是修道的场所，传统寺院是道场，当代寺院更是道场的主要类型，当依道场要求来建设。至于道场的规范要求，既有传统的，也有新时代的。传统的要求，佛典有诸多的阐述，当代的要求，是在传统基础之上，结合佛教中国化的要求来建设。对于当代寺院的"道场建设"，需要思考和落实的重大议题，就是如何以寺院建设为载体，具体推进佛教的中国化，具体探讨寺院如何做。

传统的道场是什么？佛教多有具体的阐述，比如《法华经》，"所在国土，若有受持、读诵、解说、书写、如说修行，若经卷所住之处，若于园中、若于林中、若于树下、若于僧坊、若白衣舍、若在殿堂、若山谷旷野，是中皆应起塔供养。所以者何？当知是处即是道场，诸佛于此得阿耨多罗三藐三菩提，诸佛于此转于法轮，诸佛于此而般涅槃"。① 道场是经卷的受持、解说、书写、如说修行的场所，这说明道场是学道的场所、习道的场所、传道的场所。学道是每一个修行人在道场的研学，受持、解说、书写都是研学过程。习道是指研学基础上的修行，"学而时习之"，"习"道是要将所学的内容落实于具体的修行实践，学而有行，"如说修行"就是习道的过程。传道是在自己的学习基础上、自利基础上，进而利他，是对于佛法真理的推广。

《维摩诘经》对于道场也有详细的阐述，讲了30个内容，并作了简要的解释，比如说，"直心是道场，无虚假故"。② 为什么说直心是道场，直心无虚假？道场是养成直心的场所，在道场研学修行，要去除虚假之心。比如说，"发行是道场"。"发行"是指具体的发心修行，发迹造行，菩提达摩讲"如是发行"，发四种行，也就是修行的四项内容。《维摩诘经》又讲到深心、菩提心是道场，六度是道场，四无量心是道场，神通、解脱、方便是道场，讲到方便是道场，《维摩诘经》是从道场的教育功能而说的，"方便是道场，教化人生故"。③ "四摄是道场，摄众生故"。道场是摄众生的场所，摄受化益众生的场所。"多闻是道场，如闻行故"。道场是多闻佛法的场所，众生从道场多闻，而能依所闻之正法而行。所谓正观，比如以无常的观念对治常见。"伏心是道场，正观诸法故"。道场是调伏虚妄之心的场所，如何制伏？以佛教正观制伏。"谛是道场，不诳世间故。"谛是真实不虚，佛教讲的四谛、一谛之法，都是真实不虚的，不是欺骗世间人的。

---

① 《法华经》卷六。
② 《维摩诘经》卷一。
③ 《维摩诘经》卷一。

经典中的这些关于道场的阐述，都是今天的寺院之作为道场的建设的重要依据，同时，还要依据新时代佛教中国化的诸要求，进一步将传统和时代的要求结合起来，既要守正，更要创新。具体而言，寺院道场建设最重要的内容包括新时代佛教中国化导向下的信仰建设、道风建设、制度建设等等。

这几大建设其实在佛教界也经常讨论，也必须时时讨论，这个时时讨论的过程，是在新时代佛教中国化导向下的时时反思，需要反思这几大建设的现状如何，建设成就和经验值得交流，更需要反思还存在哪些不足，产生这些不足的原因是什么，如何来应对问题。

三、寺院的人才建设

人才建设是一个老议题，但当今佛教界的人才仍然是紧缺，人才对于寺院建设的重要性不容置疑，新时代的寺院建设需要各方面的人才，导向性的要求是"四句话"，政治上靠得住，宗教上有造诣，品德上能服众，关键时起作用。"三支队伍"的建设要求，包括了宗教界的人才队伍建设。

寺院的人才建设包括两个方面，一是培养僧家人才，二是培养居士人才。僧家人才（僧才）是出家人群体中的人才；居士人才是俗家人才，是有佛教信仰的居士中的佛教人才，这些人才皈依于某位法师，与佛教界交往较多，与某一寺院来往较多。

出家僧才的培养，分两个层面讨论，一是培养的方式，二是人才需求的类型。

培养的基本方式为两种，一是学院培养，二是僧团或丛林培养。

学院培养基本上有两种方式，一是佛教自办的佛学院培养，二是出家僧人在国民教育体系的院校中的培养。

佛学院培养在佛教界已有较长的历史，积累较多的经验，但也面临一些问题，其中有三个方面较为突出。

一是招生数量不足，一些佛学院的招生规模非常小，和国民教育体系的大专院校相比，其规模可以说非常小，真正是小型化的学院。招生人数在各佛学院之间有较大差距，有的佛学院相对多一些，有的则少一些。

二是师资不足，这个不足既有量的方面，更有质的方面。一些佛学院招生规模少，但师资也少，许多佛学院都在借用高校的师资作兼职，这是补足师资的一条重要途径，但有些远离大城市的佛学院，要借用高校师资就困难些，现在可以用网络教学，在一定程度上弥补这一不足，但网络教学的效果并不被普遍看好，所以有的佛学院坚持不管老师是从多远的地方聘请的，一定要到现场教室里来面授。在质的方面的要求，从中国化导向的培养要求来看，院校的师资与此要求还存在距离。

三是跟风提升培养层次。大学曾经有升格潮，佛学院也有，本来是预科的设置，升格到本科，本来是本科的设置，升格到硕士研究生，现在许多佛学院在招收硕士研究生。办学的热情应当受到鼓励，但如果条件不足而纷纷升格，其实没有太大的必要。在研究生导师方面的师资储备方面，佛学院的力量就更缺乏了，多是选择性地借用高校的师资。所谓"选择性"，是佛学院需要对聘用老师加以了解，既要看其研究成就，又要了解其佛学观点。

借助国民教育体系高校来培养是一条很好的渠道，高校学科设置的丰富性，在高校学习学术训练，可以培养学生更为宽广的学术视野。但高校有自己的入学要求，在常规高考入学的本科生层次中，没有出家人，高中生学历的出家僧人似乎少有参加高考的。在高校学习的僧人大致有两类，一是读研究生。有的在出家之前就上过大学，出家后考入了高校攻读研究生学位，有的还完成了博士的学历，拿到了博士学位，少量的进入博士后流动站，但这类僧人极少。有些僧人大学毕业后出家，没有经历过系统的佛学院学习，考入了高校的研究生，学历提升上去了，寺院僧团生活经历较短，其在内学方面的学习、丛林修行诸方面，还需要有一个相对系统化的自我提升的过程。二是成人教育类的本科学习，少数高校有专升本、高中起点本科之类的自考教育项目，佛教界可以与其协作，虽然其学科设置为宗教学的非常少，但即使是其他专业的学习，通过其考试科目，也可以提升僧人的国民教育体系的学历。

以上两种培养模式，除了在境内，也有到境外（国外）佛教大学、其他各类大学学习培养者，以前曾送出五位比丘培养，先后学成回国，发挥了重要的作用，之后又不断有外出学习、学有所成者，回国后有些进入了高校和社会科学院等教学科研机构，但相对来说，人数远远不能满足需求。

人才培养方式的另一种是僧团或丛林培养，这也是中国传统的僧才培养方式。丛林就是一个大学校，寺院就是一个教学实体。"所谓丛林者，陶铸圣凡、养育才器之地，教之所从出。虽群居类聚，率而齐之，各有师承。"[1] 传统佛教没有当代式的佛学院，但人才辈出，特别是在唐宋时代，其中体现出佛教对于人才的培养之功，这一培养经验也值得探讨，其经验在诸本《高僧传》中都有阐述。模仿"钢铁是怎样炼成的"句式，高僧是怎么炼成的，僧才是怎么炼成的，传统中有经验。基于历史的经验，当代寺院同样也发挥着教育功能，人才培养功能，这样的培养，重在事上磨炼，理上学习。

在俗居士人才的培养，大致有三种方式，一是寺院的培养，二是佛学院的培养，三是寺院的加持。

---

[1] （宋）净善：《禅林宝训》卷一。

寺院培养居士人才，一是对在本寺护持的居士之培养，二是对于社会信众的培养。对于在本寺护持的相关居士，他们除了参与寺院的相关事务的工作，同时也在寺院系统性地学习，通过这样的学习，强化正信，不断提升见地。这就要求寺院对于居士有教育之职责。寺院不只是对于在寺院护法的居士有教育之责，想要了解佛教文化知识的人，都可以在寺院有了解、学习的渠道，不只是在寺院空间看到教学材料，也有地方去表达问疑，有僧人来解答，有教育活动让其可以参与。同时，网络空间也是寺院教育重要场所，包括对居士的教育。

佛学院培养居士人才。作为专门的佛教教育场所，除了培养出家人才，也有培养在家人才之职责和力量，有些佛学院已经在这样做了，积累了诸多的培养经验。虽然佛学院不能颁发国民教育体系的证书，但许多学佛人并不在意这一点，他们要的是有机会系统地学习佛教。

寺院的加持，本文特别是指社会上各类大学培养出来的佛教研究人才，他们与佛教的直接接触，参与佛教界举办的各种文化活动，有利于这些人才的成长，这实际上是教界和学人的交流。现在为佛教界看重的学界的佛教学术研究人才，在他们的成长初期，刚刚进入学术界，多有与佛教界交流的经历。这一点，诸多寺院都提供了很好的平台，玉佛寺也是这一方面的重要典范，许多佛教学者参与了玉佛寺举办的各种学术文化活动，这特别对于学者们，特别是年轻学者来说，是非常重要的经历。

关于人才需求的类型。佛教在中国化背景下的当代发展，需要各方面的人才。历史上的高僧，以僧传为例，有十大类型，可以理解为十大人才类别，比如说，《梁高僧传》分为译经、义解、神异、习禅、明律、亡身、诵经、兴福、经师、唱导。《续高僧传》和《宋高僧传》则分为译经、义解、习禅、明律、护法、感通、遗身、读诵、兴福、杂科声德。《大明高僧传》则简化为三类，译经、解义、习禅。《补续高僧传》也是列为十类，与《续高僧传》同。

今天来讲，在传统的人才类型需要的基础上，在政治修养、内外学修养的基础上，佛教界更需要领众人才、研究人才、教学人才、弘法人才、经营管理人才、文艺人才、语言人才、新媒体人才等。传统的人才中有译经一类，今天的译经人才，所译的内容有了变化，其中重要的一项是白话翻译能够胜任这一工作的，既是"译经"的人才，也是义解的人才。传统的人才中有义解一类，今天的义解要求，则更需要把传统的佛教教义作出具有时代精神的诠释。

四、寺院的文化建设

文化是一个定义众多的概念，在中国传统的语境中，是"人文化成"，"观乎人文，以化成天下"（《周易》）。而西方的一个定义也是被广泛认同的，"文化或文明，就其广泛的民族学意义来说，是一个复杂的整体，包括知识、信仰、艺术、道德、法律、风俗习惯，以及作为社会的成员们透过学习而获得其他的能力与习性"。[①] 这个定义中的文化实际上谈到了三个层面的内容，其中提到的信仰，可以理解为文化的内核层。其中提到的法律、道德等，可以视为文化的中间层，思想和制度层面；其中的艺术层，可以理解为文化的第三个层面，是表层的方面。文学、艺术、美术、音乐等等都是这一层的文化的重要类型，这里讲的寺院文化建设，就是指的这个第三层面。

这一层次的佛教文化在历史上有着丰富的体现，形成了中国佛教的文学（包括俗文学）、诗歌、雕塑、绘画、书法、梵呗、民俗等等，构成中国文化的重要组成部分，僧人们也常常以这样的文化方式和士大夫交流。历史上有以画、诗、书等文化成就而名世的僧人，被称为画僧、诗人、书僧。像雕塑、壁画、佛教建筑等艺术表现，更多的是民间艺人的成就，他们的名字很少为人知道，这也说明了历史上佛教艺术的沉淀之深。敦煌壁画中有一幅千手观音，留有元代史小玉之名字，人们这才知道他的名字，但由于其艺术成就，他是否是"民间"的艺人，又有了争议。

对当代中国佛教来说，这一层次的文化建设也是成就很大的领域，特别是在书法、绘画、诗文等方面，以赵朴初居士为例，其诗文和书法都有很大的成就和影响力。作为当代寺院文化建设的进一步要求而言，要在新时代佛教中国化的导向基础上有更丰富的文化呈现，包括内容的呈现、形式的呈现、表现方式的呈现等。

比如说，佛教文化之表现方式的呈现，古代社会是没有影视表达方式的，而今天的佛教文化，在文本的基础上，可以用这一方式有更多的呈现，这一方面的成就当然也不少。但由于题材众多，可做的内容也几乎是无尽的。戏剧的表达形式，古代的佛教表达不是太多，在佛教的变文、俗讲等文本形式的基础上，有早期戏曲类的体现，而在今天，这一表达形式是非常普遍的，长剧、短剧都可以用来表达，但这一类的作品和演出相对较少，有些作品需要借助社会力量，比如，南京话剧团有《杨仁山》一剧。

现代媒体有全媒体和融媒体之形式。全媒体是指信息在媒体上的传播方式的全

---

① ［英］爱德华·泰勒著，连树声译：《原始文化》，桂林：广西师范大学出版社，2005年。

面性，使用户可以用自主的方式从终端设备来了解信息。融媒体主要指信息传播方式的融通性，融会诸种媒体方式共享信息。当代佛教文化传播的创新，以这类媒体，这样的方式，也是作为传播佛教文化的重要表现。

用这一类文化形式来表达佛教信仰，是不是会显现得很"俗"？是否会消解所谓的"神圣性"？只要把握好"理在事中"的圆融中道，把神圣落实在世俗之中，就会体现出通过文化的方式将世俗提升到神圣的功能。神圣和世俗不是对立的两边，圣在俗中，俗能含圣。但是此道理说时容易，做时较难。

结　语

在新时代佛教中国化导向下的寺院建设，是一个非常具体而又复杂的议题。上文提出了一些个人的零散式思考，也只是谈到其中的部分内容，而所谈的内容也可以进一步展开。这篇作为类似"工作探讨"式而又不是作者本人日常工作内容的思考，涉及当代佛教寺院建设"应当"如何的诸多议题，虽不是说每个寺院都要去全部做到相应的"应当"，但有些要求是共同的，在此基础上，不同的寺院基于自身的具体情形而努力开展一些创新性的探索，形成自身的一些特色，这就构成当代佛教寺院对佛教中国化探索的多样性。有条件的寺院，可以做得更多一些，玉佛寺属于这样的寺院，在佛教中国化与寺院建设方面，玉佛寺的成果已经有许多，相信还会有更多的成果和经验呈现。

寺院经济与佛教中国化的历程

杨维中　南京大学哲学系

"国家治理"是一个来源于国外的概念，其英文是"National Governance"。国家治理涵盖了政府治理、市场治理、社会治理等多元主体不同层次的治理。国家治理主要指的是国家在基本权力安排既定的情况下，如何使国家权力运行得合法、正当和高效，并获得整个社会的认同。中外学者对"治理"的界定都侧重治理主体和治理手段多元化、治理结构扁平化以及治理运作机制竞争化。研究国家治理现代化除了注重其一般属性之外，还要注重中国的独特国情，实现符合中国特色的现代国家治理。以国家治理的视域来分析研究中国古代宗教政策、政教关系以及佛教、道教、伊斯兰教、基督教教制建设，乃至宗教的中国化历程，不仅是对中国古代宗教史研究的新视角，而且能够为当代中国宗教治理提供历史经验。

佛教传入中国不久，就开始了其中国化的历程。在佛教与政治的关系上，僧人们认识到依附于皇权且在文化上走与中国文化融通之路，佛教才能获得顺畅传播、发展的机会。东晋高僧道安所说"不依国主，则法事难立"，成为后世僧人弘教所遵守的规范。总体而言，佛教遵守了"政主教辅"的政教关系模式。应该强调的是，佛教、道教都形成了以戒律、修行方法以及佛寺、道观的管理系统为内容的"教制"体系。这一体系既保证了自身具有相对独立的品格，也满足了朝廷对于佛教、道教的治理要求。以已经成型的唐代为例。佛教自身有以戒律和修行层级为标志的"七众"以及寺院"三纲""执事"为核心的管理系统。唐代道教也形成了自组织系统。"道士的组织制度大致可分为两个部分：一是教阶制度与法位制度。教阶制度即是以道士所受经戒法箓品级为标准将道士划分为不同的等级。法位制度是根据道士所受经戒符箓阶品，将他们分成不同法位等级。在每一法位中，随道士经戒符箓阶品的高低又授予他们不同的名衔。道士的教阶制度与法位制度基本一致。二是宫观执事制度。随着唐代道观规模的逐步扩大和道观事务的增多，分化出专门执掌道观的宗教事务和生活事务的道士。他们不仅有专门的称谓，而且职责也很明确。"①

从南北朝时期开始，佛教、道教相继参与了世俗的某些经济活动，形成了"寺院经济"和"道观经济"。特别是，五代之后，寺院、道观田产免税特权的丧失，寺院、道观实际上成为社会经济体系的组成部分，朝廷、地方政府也将寺院、道观当作经济体看待。如此一来，佛教和道教便陷入"困境"之中。作为以超越为目标的宗教组织，佛、道二教都需要远离以追求经济利益为目标的经营活动；作为社会经济体系的组成部分，作为纳入朝廷经济管理系统的"经济体"，佛教、道教又必须参与经济活动，必须有以盈利为目标的经营活动，否则，就无力承担朝廷所规定的缴纳赋役等税费的责任，就连完成出家手续所必须购买戒牒的费用也无法负担。佛、道二教与经济的关联时至今日仍然是一个现实问题，也是宗教治理中的难题。

南北朝之后，中国佛教寺院逐渐承担起了印度佛教寺院绝不会担负的社会功能。这一社会化的潮流，至宋代达到了一个新高度。宋代之后，中国佛教的社会化进程不断发展，特别是当代人间佛教的开展，更是以佛教的社会化为核心内容。因此，通过对宋代佛教寺院所发挥的社会功能的认真考察，可以帮助我们总结佛教社会化的利与弊，以趋利避害。

尽管从唐代起佛教寺院已经全方位地参与了社会经济文化活动，但宋代寺院经济的极度发达，一方面加重了寺院和僧尼的经济负担，尤其重要的是在寺院成为名副其实的经济单位的同时，僧尼实际上与"编民"没有区别，而有时其经济负担还要超过普通的民户。北宋张商英说："释氏虽众而各止一身一粥一饭，补破遮寒，而其所费亦寡矣。且其既受国恩，绍隆三宝，而欲复使之为农，可乎？况其田园随例常赋之外，复有院额科敷官客往来，种种供给，岁之所出，犹逾于编民之多也。"②尽管如此，宋代佛教寺院除用一部分资金修建、扩建寺域之外，还仍然依照佛教的精神兴办各种社会福利事业。从某种意义上说，大型的有影响的寺院实际上也是一个地区甚至全国的经济文化中心。宋代佛教所从事社会福利事业不仅包括修桥、造路、种树、掘井等公共建设事业，还有设置义冢、供应义餐以救济饥民等社会救济事业。二者的性质相同，而唯一不同的是佛教徒筹建公共建设事业是在短期内完成的，相对的，社会救济事业则通常是长期的，有的甚至持续了数十年之久。

佛教寺院和僧尼参与社会公共工程的建设，并不始于宋代。而随着寺院经济的极度繁荣，宋代寺院、僧尼参与建设桥梁、公路的事例明显增多。在宋代有许多木

---

① 《唐代道教管理制度研究》，第151页。
② （宋）张商英：《护法论》，《大正藏》第52卷，第640页下。

桥或浮梁改建为石桥，这些石桥有不少即是由僧人完成的。①抚州乐安县安浦桥原为大桥，屡建屡毁。理宗端平二年（1235）又毁于水，郡守黄□主张改建为石桥，乃责成绿源寺僧日章负责督造；运石砫三，上铺以木板，之二又铺石板，石板上面则铺层砖，覆以屋十一间，费钱一千五百缗则来自官府。②南昌府治的程公桥乃仁宗嘉祐年间（1056—1063）僧人所建。进贤县通济大石桥则是仁宗皇祐年间（1049—1054）僧法澄、法净所造，并建屋其上。奉新县和丰桥，孝宗淳熙五年（1178）县令王正邦重建，董其役者为两僧人，费时约九个月。③信州贵溪县杨林溪，秋夏时大水奔凑，甚难通涉。孝宗淳熙间（1174—1189）有僧允怀筑为浮梁。入元后，为求永久之计，龙虎山道士傅某、章某首出资倡为石桥，元英宗至治元年（1321）完工。④桐庐县客星桥，淳熙十年僧清式改为石桥，长一百五十尺，傍有石栏，凡六年方完工。⑤粤西全州清湘县之西，两山峙立，悬崖峭壁，其下则水瀑飞泉，道路险阻，控桂林之要冲，为湖湘往来之孔道，行旅视为畏途。自唐即凿石构木为桥，岁久即坏，以舟楫渡人，却时有沉溺。徽宗大观二年（1108）九月僧永玦乃化缘丐人，募工凿山，筑木桥二十间，并砌石路者几百步，虽遇江崩水垫，仍终岁增筑，终成坦途，政和三年（1113）三月完工，前后费时五年。永玦坚忍成就，诚勇于立事，猛于修政者。⑥建康上元县于孝宗乾道五年（1169）十一月重建镇淮和饮虹二桥，次年正月竣工。镇淮桥长十六丈，有二亭，广三十公尺，跨秦淮河上，适据府会要冲。饮虹桥长十三丈，屋十六楹，广亦三十六尺。二桥之规划建造皆出自浮图氏致胜、法才。⑦四川铜山县的挂金鱼桥，长一百三十尺，广五尺，架梁十二道，兴造于宁宗嘉定三年（1210），董其役者比丘道全、钟琏、妙超森。⑧联络成都、简州、陵州之通惠桥，也是成于乡僧士贤之手。旧桥经长江江水飘荡无存，士贤即根据旧址广架石磴，又迭石为长堤凡数十寻，经费亦由他化缘而成，官司未尝预闻，经始于徽宗崇宁三年（1104）十月，落成于大观元年（1107）二月。⑨严州百丈桥，跨淳安县南大溪，旁连衢、信、瓯、闽诸郡以趋吴、越，平常商旅往来枹北，朝夕不绝，滨溪邑民端

---

① 此专题参考了黄敏枝《宋代佛教寺院与地方公益事业》一文的有关资料。此文原为黄著《宋代佛教社会经济史论集》一书中的一章，后经作者补订收入《佛教的思想与文化·印顺导师八秩晋六寿庆论文集》，第267—294页。
② 《光绪抚州府志》卷八《津梁》引宋萧《新修安浦桥记》，转引自黄敏枝《宋代佛教寺院与地方公益事业》一文。
③ 《同治南昌府志》卷四《桥梁》。
④ （元）袁桷：《清容居士集》，《四部丛刊初编》卷十九《信州贵溪县杨林桥记》。
⑤ （元）孙应时：《烛湖集》，《四库全书》卷九《客星桥记》。
⑥ 《粤西金石略·修桥路记》，转引自黄敏枝《宋代佛教寺院与地方公益事业》一文。
⑦ 《景定建康志·桥梁》，转引自黄敏枝《宋代佛教寺院与地方公益事业》一文。
⑧ 《金石苑》，《石刻史料丛书》卷六《宋挂金鱼桥记》。
⑨ 《成都文类》，《四库全书》卷二十三《通惠桥记》。

赖贸易维生，一日不渡则生理俱息。旧有浮桥，舟腐板朽，一遇夏秋霪雨，更是阻碍不通。淳熙六年（1179）邑令乃捐俸金以倡，邑人亦出钱、材木以应，命僧如海总其事。如海精力强干，费时五个月而完成。桥南北长百丈，故以百丈命名。桥成之后三十年间三毁于水，嘉定元年（1208）重修改名嘉定桥，水浅处筑长桥十九节，累石为基址，水深处则改以浮桥二十八节，以铁链联舟。负责此项工程的除士人汪万石、周仁外，就是僧人师亮、法莲。①

湖州武康县有十二座桥是宋代僧侣所建，其名称分别是：第一崇武桥，是绍兴年间僧智坚主持修建；第二万安桥和第三南津桥，都是绍兴年间僧善诚所主持修建；第四念佛桥，是开禧年间僧杰大翁主持修建；第五华严桥，是元祐时僧通住持修建；第六禺山桥，则是嘉定时僧智德主持修建；第七普安桥，是绍兴年间僧净玉主持修建；第八，众善桥是嘉定间僧妙智主持修建；第九善利桥，淳熙时僧善利主持修建；第十黄山桥和第十一永安桥，都是绍兴年间僧法词主持修建；第十二郭林桥则是僧道益于建炎年间主持修建。②福州长乐县有八座桥亦成于宋僧之手，包括：第一善照桥，治平年间僧光觉主持修造，明嘉靖重修。第二豸桥，嘉定间僧人主持修造，凡三间，长三丈，阔八尺，明正德重建。第三延祥斗门桥，淳化时延祥寺僧造，长一丈四尺，有闸以蓄延祥湖水。第四仙桥，淳祐二年新城寺僧造，凡三间，长六丈，阔八尺，清、乾隆重修。第五灵源桥，元祐二年甘泉寺僧造，一间，长二丈二尺，宽五尺。第六溪上桥，元祐二年僧造，凡四间，雍正时重修。第七资福桥，宣和三年资福寺僧造，凡二间，长二丈，宽八尺。第八望河桥，绍圣二年甘泉寺僧淳照募建。③平江府吴江县长江桥于绍兴四年（1134）重建，则是由知县委托给十个僧人负责，每个僧人负责其中一部分。这些僧人分别从富室获得金钱上的资助。④另外，宋代著名政治家文天祥在《龙泉县上宏修桥说》一文中说："修桥辟路，佛家以为因果，世之求福田利益者，所以乐为之趋，而佛家者流所以积心竭力，勤苦奉承而不之恹也。予过泉江，道上宏，闻有郭公者，主石桥之役，盖毁家以成之，而僧昙发则朝夕为之督其事，颇难其力。"⑤此文记载了僧人昙发与民间人士一起修造桥梁之事，并且以福田思想作为佛教人士热心修造桥梁的动力，颇为精到真实。

上述例子大多是由地方官来发动，然后才责成僧人负责工程事宜。也有许多桥的修建是由僧人直接发起和负责的，如宋仁宗至和年间，江苏昆山县"景德寺前正

---

① 《嘉靖淳安县志》，《天一阁明代方志选刊》卷十五，台北：新文丰出版社。
② 《嘉靖武康县志》，《天一阁明代方志选刊》卷三《桥梁》，参见黄敏枝《宋代佛教寺院与地方公益事业》一文。
③ 《民国长乐县志》卷五《桥梁》，参见黄敏枝《宋代佛教寺院与地方公益事业》一文。
④ （宋）张端义：《贵耳集》，《学津讨源》卷下，第26页上。
⑤ （宋）文天祥：《文山先生全集》卷十《龙泉县上宏修桥说》。

事知子琼并小师知简舍衣钵造香花桥"。① 鄱阳中番城有澹浦湖,湖与陆地有桥、堤相连,仁宗景祐年(1034-1038)范仲淹命名为庆善桥。经过一百零七年,桥堤俱圮。又过了八年,浮图法照劝募民财治堤。法照卒后,惠才、德满又继续兴建终于完成。② 福建的许多著名桥梁,也都有僧人参与,如建于宋皇祐五年(1053),竣工于嘉祐四年(1059)的泉州洛阳桥,由郡守蔡襄主持,具体负责工程的是僧义波、宗善等人。被称为"天下无桥长此桥"的安平桥,于宋绍兴八年(1138),由曾祖派发起修筑,僧智渊亦施资捐助至二十一年(1151),才由郡守赵令衿续建好。据《福建通志》记载,宋代由僧人修的桥梁就有一百零一座,如同安的宏济桥,永春的永镇桥,仙游的九座桥、侍者桥、福清的通海桥、石塍桥、无患桥、蹑云桥、晋江的石笋桥、悲济桥,霞浦的赤岸桥,将乐的张坊桥、长乐的灵源桥等。福建僧侣建桥在当时占有相当大比例,如晋江僧侣建桥十九座,占总数37.3%;泉州僧侣参与兴建的桥有44座。

根据学者的研究,"宋代习惯于桥上设庵守桥,并以田养庵,以庵养僧,以僧养桥,在两浙路和福建路不乏其例"。③ 如上饶县善济桥旧为浮梁,旦人叶泽改建为石桥,自嘉定十四年(1221)到宝庆三年(1227)始竣工。桥枕溪百余丈,凡为屋五十四间,费钱几十万,旁建僧庐以职守视,割田立庵以备缮修。④ 建州诸溪桥绍兴间郡守林公改建为石桥,亦买田以为岁修之费,乃以田租(岁计二十五石)属之广教院。百余年间广教院主僧去来不常,悉改以田租为缁徒之粥食。于是郡守林公乃将田租归官,存五分之一以赡掌桥道者。⑤ 抚州临川县文昌桥,理宗宝庆元年(1225)毁于火。郡守薛师旦命僧妙严持簿募捐改建,桥上建亭三,一亭备迎送,西亭为神祠,东亭为佛庐,取金溪县东山寺废额匾给之,并给予闲田、弃地,俾妙严率其徒领寺守桥,以时视察而补治之。从洪武四年(1371)马文璧所撰《重修文昌桥记》,知道该桥尚有守桥僧。⑥ 严州遂安县南有钟义桥,有宋邑人王总得捐田五十亩给永济庵僧人主掌,负责该桥修造,随圮随修,后庵废桥亦毁,乃返其田,仍为浮桥。⑦ 衢州石塘桥时葺时毁,郡守袁甫乃责成能仁院僧道融置簿籍主其事,并将药师院岁收田租百石并归能仁院,因百石仅给药师一僧,而僧又老耄遂移转能仁院使用。⑧

---

① 《江苏金石志》卷十《景德寺僧子琼造桥记》。
② (宋)洪迈:《盘洲文集》,《四库全书》卷三一,《庆善桥记》。
③ 黄敏支:《宋代佛教寺院与地方公益事业》,《佛教的思想与文化·印顺导师八秩晋六寿庆论文集》,第272页。
④ (宋)真德秀:《真文正公集》,《四部丛刊初编》卷二。
⑤ (宋)汪应辰:《文定集》,《四库全书》卷九。
⑥ 《光绪抚州府志》卷八《津梁》。
⑦ 《景定严州续志》,《宋元方志丛书》卷八《寺观》。
⑧ (宋)袁甫:《蒙斋集》,《四库全书》卷十二,《衢州石塘桥院记》。

宋代寺院、僧尼还热心兴建、维修水利设施。如建康府治东门外土桥之东有一条小新河，河道浅狭，宁宗嘉定八年（1215）因旱蝗为灾，大批饥民蜂拥而至。当时，真德秀为江东运副欲因役以济民饥。乃拨下钱米，令蒋山寺主首继心差遣本寺僧行募五县丁夫开挖河道，直通蒋山寺，半途遇石阻路，不可掘方止。①福建三步池水利工程的维修也有僧人参与其中，这一工程是在海边修建长堤名为"长围"阻挡海潮对于濒海之田的侵袭，"自嘉定辛巳至绍定庚寅，官敷民钱，亟筑亟坏，辛卯又坏。太守温陵曾公用叹曰：'民之财有限，水之患无穷，长围千丈余，可使有漏罅乎？上腴数百亩可使化洿卤乎？'于是判官赵汝我奉檄修废，浮屠宗焕、宗超董其役，用椿杙大小二千四百五十、竹箈一千二百三十、草千担、夫千人。竹、木、草皆依市估，夫皆支僦直，钱皆出郡帑而民不知，事一毫、钱一孔皆咨于元僚，付之两衲而吏不予。……请索石为二马头以御潮，又曰他塘率有赡租而此独无，公立行其说，筑马头，择守僧，且取田于废庵以赡焉。凡池之费若干缗，马头之费若干缗，庵之租若干斛"。②这一处保护农田的海防工程，其费用由地方政府筹措，而工程的修建、管理则由僧人负责。再如熙宁五年（1072），在陈述古担任杭州地方长官之时，组织僧人维修了全城人赖以生存的由唐代人修造的五口水井，"唐宰相李公长源始作六井，引西湖水以足民用。其后刺史白公乐天治湖浚井，刻石湖上，至于近赖之。"而宋代"太守陈公述古始至，问民之所病，皆曰：'六井不治，民不给于水。'乃命僧仲文、子珪办其事。仲文、子珪又引其徒如正、思坦以自助，凡出力以佐官者二十余人"。③依此可知，这次重修六井的工程是太守全权委托僧人办理的，总计有二十余名僧人参与其事。

此外，寺院耕作农田也需大力兴修水利工程，这虽不是严格的福利事业，但却有助于地方的开发。庐山诸刹例皆以石渠接引溪流灌溉寺田，有长十余里者。李纲（1083—1140）在北宋末叶曾游庐山，有诗云："僧坊有能事，致远劳汲取。凿石为通渠，计里不计步。……沛然饮濯余，灌溉及园圃。"④其中像山北之江州崇胜禅院，旧名观音圆通道场，其土田皆上腴沃壤，有二百五十余丈之石渠，"去圆通二里，以圆通之壮观甲于山北，不减山南之归宗。而土田上腴，岁入倍之。石渠流水，二百五十余丈，水源有清音亭"。⑤此处所说的"归宗禅院"属南康军，为山南第一巨刹。"院东之水，故名鸾溪。溪上有桥，溪西石渠流泉二百余丈，因水为硙，

---

① 《景定建康志》，《宋元方志丛书》卷十三《山川志》。
② （宋）刘克庄：《后村先生大全集》卷八十八《新收三步池》。
③ 《苏东坡全集》卷三十一《钱塘六井记》。
④ （宋）李纲：《梁溪集》，《诸刹皆以石渠道水有至十余里者感之赋诗》，《四库全书》卷十七。
⑤ （宋）陈舜俞：《庐山记》卷一，《大正藏》第51卷，第1031页下。

瀹圃栽蔬，规摹气象，皆有可观者。"① 衡岳寺在长老纯粹住持三年间，遭罹旱灾。寺田旁有溪流，无法截流灌溉。纯粹攀爬绝壁，勘察地形，视其上源可接引之处，乃亲率僧行，镌凿石渠，引水溉田完工，是年秋，寺田即大丰收。②

宋代寺院和僧人也参与筑路工程，在此特引录黄敏枝先生的考证以说明之。③句容县介于万山之中，舟楫不通，商贾皆赖车毂运输各地。真宗治平初年（1004）本邑僧明庆曾劝募民财砌筑县城之街道，铺以砖石。后砖石路面长久以来因轮毂之交驰不休而碎裂。理宗淳祐六年（1246）秋，县令以砌街事责成兴教院（或寺）之僧觉先。觉先欣然应命，率其徒师皎相与募缘，并择市民之谨厚者主持钱谷之出入，而县署皆不参与其事。共修筑街面二百四十二丈，费钱二万二千九百五十六缗，米一零六石，次年夏天完工。④可见句容街衢前后两次的修砌皆由僧徒负责，官方并不干预其事，而两次的砌筑，经费也是全由僧徒劝募，官府袖手旁观而已。嘉兴崇德县自东兴以来至沙渚，徒步或挽舟所经过皆田塍路，若遇风雨冰雪，则相率陷于泥泞。演教寺僧思齐、蕴常先已筑成三里石路，尚余二十多里未筑，乃请崇胜寺道琛、文达招致道民张智、圆富、道崇、余智、超论等共同负责，经费则出于崇胜会和寺僧邑老、道民等三十余人，设伊蒲之馔，随能力捐钱与化缘，儳夫运石，自宁宗嘉定十六年（1223）冬季到理宗宝庆二年（1226）春季始竣事。这里特别提到道民参与地方建设。⑤长沙县之通衢大道，街面虽甃以砖石，然久已颓坏不堪，车马往来艰难。僧愿兴乃掩泥负土使道路平坦。⑥而南昌柳塘山之路乃僧崇璨所筑。⑦范成大入蜀，路过归州麻县堆下，昔时需登极天下之险的山路，后经浮屠法宝于山脚刊木开路后，即避开这段险厄之山路，时孝宗淳熙四年（1177）。⑧筠州之街衢之重新砌筑，是得力于僧体谦。体谦募缘得钱一千万，其中施三十万到一万钱者凡若干人，一万钱以下者不可胜数，另有一些喜舍人士则筑路五百尺至百尺。街道北断于江，南、西侧则围绕阛阓凡若干万尺，中间横渠暗沟则筑桥若干所加以沟通。体谦麻衣草鞋董其役，夙夜匪懈，饥食于施者，暮宿于瓦舍，一毫之钱不入于私，皆交由某氏主掌，

---

① （宋）陈舜俞：《庐山记》卷二，《大正藏》第51卷，第1032页中。
② （宋）胡寅：《斐然集》，《四库全书》卷二十，《衡岳寺新开石渠记》。
③ 参见黄敏枝《宋代佛教寺院与地方公益事业》一文，《佛教的思想与文化·印顺导师八秩晋六寿庆论文集》，第274—276页。
④ 《句容金石志》，《石刻史料丛书》卷五，《张絜砌街记》。
⑤ 《至元嘉禾志》，《宋元方志丛书》卷二十六，莫若冲《桥道记》。
⑥ （宋）释惠洪：《石门文字禅》卷二八《长沙甃街》，《四部丛刊初编》。
⑦ （宋）释道璨：《柳塘外集》，《四库全书》卷二，《□山砌路记》。
⑧ 《吴船录》卷下，第11页上。

朱出墨入，凡若干年始竣事，时治平元年（1064）。① 绍兴十九年，靖州初设，郡百废待举，地方官刘、王乃责成进士陈大有及僧世遂、祖能负责铺筑州之通衢七百余丈，费用乃出于刘、王二人之俸及四方捐输，而秋毫无及于民。②

宋代寺院一仍唐代，士庶于寺院中休息、游观、住宿、吃食、饮酒、宴客、沐浴等不一而足，大多属于免费接待。③ 宋代有专门为接待游僧而设之接待院，或接待朝拜佛教圣地士庶如五台山之普通院等，这也是我们所耳熟能详之事。宋代官府也注意到寺院的这种功能，因此，在一些险要山区素乏驿传之路上，兴建庵舍接待过客，不仅使旅游者有歇息住宿之处，同时因为庵舍之存在而使作奸犯科之宵小敛迹，藉以维持地方上的治安。例如，由潮州至惠州途中，由漳州至潮州南路一百里至漳浦县有仙云驿，又南行百九十里有临水泽，路远驿少，无寸木滴水，行人寄宿无所，有司乃斟酌道里远近随铺立庵，命僧主之，以待过客，且置田赡僧，俾僧守庵。于是南路共有十三庵，包括木棉铺庵（贾似道即被杀于此庵）、甘棠铺庵、横章铺庵、仙云驿庵、默林庵、无象庵、黄土庵、云霄庵、径心善护庵、大悲铺庵、半沙铺庵、临水淹、竹林庵，皆郡守傅伯寿所创置，时孝宗淳熙末年（1189）。其后伯寿侄瓮嗣为守，又创东路。东路有通源铺庵（为第三铺），为郡守方淙所设，亦赡以田；另有龙江庵（即第五铺）。由漳州往东至泉州同安县，有鱼孚庵。以上共十六所，除鱼孚庵外，皆在漳州属境。诸庵创置之初，皆为十方院，因有司更迭，主僧无常，寺田为巨室豪家所占，时日既久，庵圮僧亡。至郡守黄朴，除于东路创置鹤鸣庵（第二铺），置田以赡僧外，并重建半沙、云霄、僊云、鱼孚诸庵，其中鱼孚庵虽属泉州，费用仍由漳州支付，其他十二所庵亦加以装修一番。经过黄朴的一番整顿后，昔时行旅视为畏途，今则与行经中州通都大邑无异，同时为了避免过去僧逃庵荒的结果，黄朴向朝廷建议，将十七庵皆改以甲乙相承，庶免再遭覆辙，以图长存，朝廷亦予同意。④ 而杭州富阳县胡鼻山山势峻峭，下瞰大江，路窄而险，行者深以为患。山路复有亡赖之徒作奸犯科，甚不平静。孝宗乾道时（1165-1173）县令陆梱下令辟路，沿山路建庵以僧守之，人称便利。后庵坏僧散，旅者行走其间皆惴惴不安。宁宗嘉定九年（1216）郡守曾治凤又重修山上石路，并葺庵以存僧。自从有庵僧之后，奸人为之销声匿迹。⑤

宋代寺院在赈济饥荒和日常的救济事业方面对于社会的贡献极大，有效地补充

---

① （宋）余靖：《武溪集》，《四库全书》卷七，《筠州新砌街记》。
② （宋）汪藻：《浮溪集·浮溪文粹》，《四库全书》卷十九，《靖州营造记》。
③ 参见方杰人：《宋代佛教对旅游之贡献》，载《东方杂志》复刊第5卷第3期，1971年。
④ 《光绪漳州府志》卷三《疆域》。
⑤ 《咸淳临安志》，《宋元方志丛书》卷五，《山川》。

了政府职能的不足，充分体现了佛教的慈悲精神。

宋代发达的寺院经济使得佛寺成为民众抵御饥荒灾难的可以依靠的力量之一。如北宋时期，陈良器担任地方官之时，"人大饥且疫，公为具饘粥、医药，不足则取庐山诸佛寺余财以续之，所活以万数"。① 随州面临饥荒之时，"大洪山奇峰寺聚僧数百人，转运司疑其积物多而僧为奸利"，时任随州推官的欧阳晔被转运司派往查证："僧以白金千两馈公。公笑曰：'吾安用此？然汝能听我言乎？今岁大凶，汝有积谷六七万石，能以尽输官而赈民，则吾不籍汝。'僧喜曰：'诺。'饥民赖以全活。"② 这一例中，官员利用寺院在经营活动中的违法行为而施压，使得其同意将寺院中的剩余粮食拿出赈济饥民。而在南宋孝宗乾道元年（1165），"岁大歉，饥民群至，分处寺观，发廪拯救，多所全活"。③ 这次灾难，朝廷官员将饥民集中到寺院、道观居住，打开寺院、道观的仓库救济灾民，民众因此而得以保命。由于宋代寺院所拥有的强大经济实力，因此，在饥荒肆虐的时候，朝廷和地方官员将寺院仓廪中的谷物当作可以利用的物资加以征集，也是合乎情理的，再加上佛教本身的教义使得寺院有义不容辞的赈济责任。总而言之，宋代寺院打开仓廪赈济灾民的事例非常多，大多数应该是出于僧人的自愿行为。

此外，北宋初的范仲淹所提倡的以工代赈方式也是解决饥民问题的传统方式之一。《鹤林玉露》记载："皇祐间，吴中大饥。范文正公领浙西，乃纵民竞渡，与僚佐日出燕湖上，谕诸寺以荒岁价廉，可大兴土木。于是诸寺工作鼎新。"④ 范仲淹的这一举措，在宋代获得好评和模仿。南宋时期，有人报告"近时莆阳一寺，规建大塔，工费巨万。或告侍郎陈正仲曰：'此当荒岁，寺僧剥敛民财，兴无益之土木，公为此邦之望，盍白郡禁止之。'正仲笑曰：'子过矣。建塔之役，寺僧能自为之乎？冥非佣此邦之人为之也。敛之于富厚之家，散之于贫窭之辈，是小民借此以得食，而赢得一塔耳。当此荒岁，惟恐僧之不为塔也，子乃欲禁之乎？'"⑤ 从陈正仲的这一段议论可以看出，宋代的不少寺院会利用饥荒时期廉价的劳动力从事寺院殿堂以及佛塔的修建、整修。这既对寺院有利，也对解除社会的燃眉之急有利。

宋初因袭唐代悲田养病旧制在京师设东、西福田院。英宗时增置南、北福田院，共有四福田院。宋代福田院也由僧人负责，因为根据范祖禹于哲宗元祐二年（1087）十二月二十日所上《乞不限人数收养贫民札子》所云："臣窃见四福院条例，逐院

---

① 《临川先生文集》卷八十八《司农卿分司南京陈公神道碑》。
② 《居士集》卷二十七《尚书都官员外郎欧阳公墓志铭》。
③ 《攻媿集》卷八十六《皇伯祖太师崇宪靖王行状》。
④ 《鹤林玉露》甲编卷三《救荒》。
⑤ 《鹤林玉露》甲编卷三《救荒》。

每年特与僧一名紫衣，行者三人剃度，推恩至厚。……亦乞详酌立定分数，每存活若干人即与剃度一名，如死损及若干人即减剃度一名。"① 当时四福田院每院只以三百人为额，范祖禹乞奏不限人数，并且请求订立考绩程规，俾对职司其事之僧行有所奖惩。旧制每所福田院逐年给予僧人紫衣一名，和剃度行者三名，皆依惯例办理，并无奖惩办法。元祐二年（1087）紫衣和度牒早已公开出售。崇宁元年（1102）福田院改名居养院，名称虽易，职责当无甚更革。地方也设有类似机构，但名目各异耳，也由僧行主管②。南宋徽州于绍兴元年太守徐谊创居养院，有如小兰若，置田三百亩以养之，命僧主其事。③ 吴兴于绍兴三年置利济院，拨田养之，岁收租米赡养，差遣僧、行各一名主管收支事宜。④ 严州淳化县有赡养院，是由旧的安老坊改建扩充而成。先由道士江如海负责洒扫，未久即责成弥陀院道者童师总出入，并有僧了勤舍仁寿田五亩，四向院僧支久舍太平乡田十亩及其它官田、沙地等。岁收谷一千三百二十八斤，米一石五斗，钱六千八百文，绢五疋，并有砧基簿交付西隅官汪万石收掌，由官代为催收，而命传教寺僧师亮负责收支出入，以备洒扫和修葺之用。⑤ 可知这所养院是由弥陀道者童师总其成，而院田之催收则由西隅官汪万石负责，会计出入则交给传教寺僧师亮，各有职司，以免弊端。吴兴有利济院，知州王回复于绍兴三年置，亦拨田租养赡，差僧行各一名主管收支。⑥ 另外，建康也设有养济院，嘉定五年（1212）黄公度所创，规模小，收养不多，景定时（1260-1264）于城南北并置两所居养院，每院度一僧掌之，收养贫民以五百人为限，并取得宋兴寺废寺额，择僧住持，总督其事。拨户绝田五百九十余，山五百一十九亩以供僧行，又捐钱千缗就宋兴寺置质库，以其赢余每三年买祠部度牒作为有功之行者剃度之用，俾掌两院事务。⑦ 所以建康府之居养院共有两所，每所居养院除由一僧主管外，另有宋兴寺僧行负责，统筹办理两所居养院的一般事务，所以官方就拨户绝田山以供宋兴寺僧行斋粥，并特以现钱置质库以为该寺行者将来剃度购买度牒之用，俾有所承继，以免后继乏人，立意甚佳。和州除由僧行看管居养院外，还有兼具居养安济之意的养济院，创置于宁宗嘉泰元年（1201），亦轮差僧行各一名，主掌点检粥食。⑧ 明

---

① （宋）范祖禹：《范太史集》，《四库全书》卷十四，《乞不限人数收养贫民札子》。
② 《宋会要辑稿》〈食货〉六十之四。
③ 《弘治徽州府志》，《天一阁明代方志选刊》卷五，《恤政》。
④ 《弘治徽州府志》卷五，《恤政》。
⑤ 《嘉靖淳化县志》，《天一阁明代方志选刊》卷十四，《文翰》。
⑥ 《嘉泰吴兴志》，《宋元方志丛书》卷八，《公廨》。
⑦ 《景定建康志》卷廿三，《城阙志》。
⑧ 《宋会要辑稿·食货》六十之二。

州于理宗宝祐五年（1257）设有广惠院，以收容寡孤废疾者，其规式是管院行者月支米一硕，盐菜钱十五贯；监董行者以三年为限，于见管钱内拨充买度牒披剃。披剃后或留或去皆可。①

南宋宁宗以后，地方多设有慈幼庄、慈幼局、婴儿局等，专门收养弃儿或贫儿抚育之，如建康慈幼庄是嘉定十年（1217）真德秀所创，并措置到诸州县没官田产立为庄，管庄人系由蒋山、保宁、清凉、天禧四寺每岁轮流差僧一人、行者二人负责，管干庄务收支并给散粮种，每月共支米五石，香油钱十贯。②慈幼庄的经费来源是没官田庄，而田庄的经济和收支则由四寺僧行轮流当差。故僧人虽然不参与慈幼庄之抚育工作（事实上也不大可能参与），但还是经管它的庄田收支。

以上所述福田院、居养院、慈幼庄等都是由官方委托寺院僧行经办，有一定组织和程规，是相当制度化的救济制度。至于临时遭遇灾害而造成饥民饿殍充斥时，地方官随时安排的救济工作也往往与僧人有密切关联。如孝宗乾道八年（1172）五月二十八日饶州知州王言奉诏赈饥，而责成僧绍熙、行者智修煮粥，供赡五万一千三百六十五人；另有僧法传、行者法聚供赡三万八千五百一十六人。故诏令僧绍熙、法传各赐紫衣，行者智修、法聚各赐度牒（时每道价四百贯）披剃。③以上官方所主办的救济事业，多责成僧行负责其中的庶务行政工作，至于庶人所发动的赈饥，有时候也是由僧人来担任最繁重的庶务和行政。最好的实例是南宋中叶的刘宰（1165–1238）。有关刘宰的赈饥，据刘子健先生的研究④，刘宰于嘉定二年（1209）首次赈饥，掌事的有三位乡人，一位茅山道士石元朴而主要是龙泉布金寺主僧祖传。其中石元朴中途以私事退出，祖传则自始至终参与。布金寺原为废寺，仅存茅舍。曾布后人吏部尚书曾唤加以重建，刘家亦可能捐助。这个重建的布金寺，即由曾家选僧祖传住持。这次赈饥主要是针对弃儿。刘宰并撰有《嘉定己巳金坛粥局记》，详细记载赈饥源起、目的、作法、费用等，资料相当珍贵。嘉定十七年（1224）第二次赈饥，规模最大，并撰《金坛县嘉定甲申粥局记》，主其事的是龙泉布金寺僧慧鉴，慧鉴是祖传的徒弟。这一次共救济饥民多达一万五千人，这创历史纪录。四年后又开示第三次粥局，但是是否仍由僧人主其事不得而知，但是根据他所撰《戊子粥局谢岳祠祝文》"乃由甲申故事"来看，或许还是委托僧人负责，何况又有前两次的丰富经验，这种可能性极大。

---

① 《开庆四明续志》，《宋元方志丛书》卷。
② 《景定建康志》卷廿三，《城阙志》。
③ 《宋会要辑稿》〈道释〉一之三十六。
④ 刘子健：《刘宰和赈饥》，原载《北京大学学报》1979年第3期。

宋代官方先设有福田院以兼收容疾病者，崇宁元年（1102）八月专设安济坊以照顾有疾者，但是在此之前地方亦置有类似安济坊机构，如苏轼担任杭州知府时，因杭为水陆要枢，故疫病远比他处多，元祐四年（1089）十一月，即设有安乐坊，三年医愈百人，给紫衣和度牒一道。其后因专设安济坊，遂改安乐为安济。但仍然由僧人主掌，以三年为期，医愈满千人，即赐紫衣和祠部度牒一道。① 当时各州县所设的安济坊或不止一所，皆以僧人掌管其事。僧人主要是负责庶务性的工作，如收容病患、登录造册、煎煮药末、看顾病人等，但是也有亲自参加医疗的医僧。② 南渡后，多合居养、安济为一，名为养济院，院中除医官二名外，另有童行二名煎煮汤药，照管粥食。③ 至于僧人私自的医疗行为也不少，不赘述。

宋代佛教教团所积极参与的公益事业项目繁多，举凡桥梁、水利、道路的修筑和巡逻等，都不辞辛劳地出钱、出力，诚然令人感动。至于地方上之救济事业如养老、济贫、赈饥、慈幼和医疗等项目，大体上也由官方责成寺院之僧侣负责行政和庶务工作，使得宋代官办救济事业更臻完善。同时僧侣也接办地方之慈善事业，如漏泽园、义冢、浴室等项目，其中如漏泽园和义冢，一般人心生畏惧不敢介入，僧侣则基于宗教之精神而毫无难色地全权负责。宋代之救济和慈善事业制度尚称完美，应该和宋代僧侣的积极参与有密切关系。即连私人所举办之救济、慈善事业也与僧侣息息相关。藉由宋代佛教寺院与地方公益事业之紧密关系，更加肯定宋代佛教寺院在社会上所扮演的积极角色，同时也彰显宋代佛教对社会的正面功能和意义。

---

① 《宋会要辑稿》〈食货〉六十之四。
② 《渭南文集》，《四部丛刊初编》卷廿五，《书安济法后》。
③ 《宋会要辑稿》〈食货〉六十之八。

寺院名称所反映的佛教中国化

——以晋唐"护国寺"为中心的考察

黄　凯　上海大学文学院

内容提要："护国寺"是指以"兴国""护国""安国"等明确表达镇护国家意涵的名称作为寺名的佛寺。史料可见的"护国寺"最早出现于东晋建康地区，大多由皇亲建造。南北朝时期，"护国寺"数量有明显增长，并出现了由最高统治者亲自参与建立"护国寺"，将佛教纳入为国祈福行列的现象。隋唐时期，在京城之外的州郡地方也出现了大量"护国寺"，表明了国家意识的增强。"护国寺"的出现反映了皇权对佛教的政治期待和介入，不同时期"护国寺"数量和名称的变迁也体现了佛教政治伦理的阶段性发展。这一寺院名称的变化也是佛教中国化的一个重要体现。

关键词：护国寺；给额；佛教政治伦理；佛教中国化

佛教政治伦理是佛教徒处理与政治统治之间关系的指导原则。近年来，学术界从佛教护国思想与实践角度探讨佛教政治伦理的成果越来越多。以往的研究主要以佛教经典和僧人为对象，如对《金光明经》《仁王般若经》《法华经》"护国三经"及相关注疏作品中护国思想的讨论，对巨赞、圆瑛、太虚等佛教高僧护国行迹的挖掘。而对"护国寺"（以"兴国""护国""安国"等明确表达镇护国家意涵的名称作为寺名的佛寺）这一佛教护国思想中国化实践的特色案例，则缺少充分讨论。

学界对寺院名称问题以往关注不多。张弓先生较早在《汉唐佛寺文化史》一书中整理了隋代以前一批以"延祚""永安"等兴国安邦理念命名佛寺的案例①，该书也是目前关于寺名研究最为翔实的成果。李利安先生也注意到了南朝寺名中包含政治理念的现象，并认为"寺院名称无论展现的是政治理念还是灵瑞吉祥，都折射

---

① 张弓：《汉唐佛寺文化史（上）》，北京：中国社会科学出版社，1997年，第237页。

出了中国的传统文化，是佛教与中国文化相结合的表现"①。赵永刚在梳理"护国"一词的概念时，也注意到历史上"护国"作为称谓词在寺院名称中出现的现象。②但相关的讨论还有待深入。

本文拟选取寺院名称这一佛教文化的窗口作为讨论佛教政治伦理的突破口，在前人研究的基础上，进一步讨论晋唐时期"护国寺"出现的时空分布、变迁、原因，及其背后所蕴含的佛教护国思想和政治伦理意涵。唐以后的寺名及取向多因承前代，故不做重点讨论。

一、两晋"护国寺"的出现

汉地佛寺拥有专门的名称，始于晋代。③西晋佛寺以洛阳和长安最多最集中，但保存下来的寺名信息并不多，且多数是以地理位置命名，如：大市寺、水南寺、水北寺、天水寺等。尚无表达为国家祈福的"护国寺"出现。

东晋时期，据张弓先生统计有佛寺 204 所，其中有寺名信息的 52 所。北方十六国有寺名信息的计 28 所。④从这些寺名看，以寺院规模、地理位置命名的居多，其中具有为国家祈福意涵的"护国寺"有 5 例：

皇兴寺（建康，晋肃宗时建），延兴寺（建康，建元二年建），永安寺（建康，永和十年建），建兴寺（建康），晋安寺（鄂州）。

从这一统计结果看，东晋时期的"护国寺"有以下三个特征：第一，本文所指的"护国寺"首次出现在东晋时期的南方。第二，从分布上看，东晋"护国寺"大多集中在首都建康（今南京）地区。当然这两个现象很可能与目前我们所使用的研究资料主要是以建康为中心的南朝史料有关。第三，东晋"护国寺"存在皇家造寺的现象。如延兴寺是"建元二年，皇后褚氏为（僧基）立寺于都亭里通恭巷内"⑤。但这些"护国寺"主要还是功德性的寺院，还不具备后代官寺的功能和属性。

为什么"护国寺"会出现在东晋时期的中国南方？从中国佛教整体发展历程来看，两汉、三国、西晋时期，佛教初传中国内地并在中国社会扎根发展，到东晋十六国时期进入融汇发展阶段。这一时期，佛教得到皇族比较持续的支持，呈现出强劲的发展势头，在社会各个阶层的影响力有了大幅增长。杨庆堃认为："即使佛教在中

---

① 魏道儒、李利安：《世界佛教通史·第 3 卷》，北京：中国社会科学出版社，2015 年，第 441 页。
② 赵永刚：《佛教护国思想研究》，陕西师范大学硕士学位论文，2011 年。
③ 张弓：《汉唐佛寺文化史（上）》，北京：中国社会科学出版社，1997 年，第 235 页。
④ 张弓：《汉唐佛寺文化史（上）》，北京：中国社会科学出版社，1997 年，第 31 页。
⑤ （梁）释宝唱：《比丘尼传》卷一，《大正藏》第 50 册，第 936 页上。

国获得一席之地之后,为朝廷和崇拜者提供超自然的庇佑的巫术功能,仍然是这一新兴信仰扩展或维持其影响力的主要途径。"① "不依国主则法事难立"②的认识在这一时期流行,也必然促使佛教徒主动承担这一庇佑功能。带有庇佑国家、皇帝意涵的"护国寺"在这一时期出现,可以说既是皇室对佛教的需要,也是佛教在中国社会继续发展、进一步中国化的必然需求。

二、南北朝"护国寺"及其变化

清人陈作霖的《南朝佛寺志》考得南朝佛寺226所③,笔者以此为基础,参考方志、僧传等资料辑录出"护国寺"27所:

宋寺12所:南永安寺(建康,元嘉十八年建)、建安寺、永康寺(蜀郡)、宋兴寺(建康,宋武帝故居改造,故名)、王国寺(建康,宋时已存)、永安寺(建康,宋泰始二年建)、天保寺(建康,为孝武帝立寺,故名)、兴皇寺(建康,宋泰始初建)、延祚寺(建康,宋泰始中建)、中兴寺(建康,孝建元年改名)、天安寺(建康,中兴寺改名)、宋熙寺(建康,元嘉十年建)。

齐寺6所:齐安寺(建康,齐世祖旧宅改建为寺)、齐隆寺(建康,齐竟陵王所建)、齐熙寺(富阳)、齐明寺(盐县,建元四年建)、齐明寺(钱塘)、齐兴寺(陈留,齐永明五年建)。

梁寺5所:资圣寺(建康,梁武帝建)、永泰寺(建康,梁武帝时建)、同泰寺(建康,梁普通八年建)、梁安寺(建康,梁阮修容所建)、梁泰寺(建康,梁天监末已存)。

陈寺4所:国胜寺(建康,陈文帝时建)、泰皇寺(建康,陈宣帝建)、安国寺(建康,陈武帝建)、崇皇寺(扬州,陈高宗建)。

南朝"护国寺"与东晋相比,既有延续也有变化。与东晋情况相同的是:第一,南朝"护国寺"分布仍然以京城地区居多。如上文辑录的南朝"护国寺"27所,其中21所位于建康。当然,如上文所述,出现这种现象很可能与我们现在掌握的南朝史料,都是以建康为主的史料群有关。第二,南朝仍然存在皇家造"护国寺"的情况。如陈朝的国胜寺是"陈文帝初立,章皇太后舍宅为之"④。与东晋情况不同的是,南朝开始出现了由最高统治者建造的"护国寺",如梁武帝所建的资圣寺、陈武帝所建的安国寺、陈宣帝所建的泰皇寺。

---

① 杨庆堃著,范丽珠译:《中国社会中的宗教》,上海:上海人民出版社,2007年,第120页。
② (梁)慧皎:《高僧传》卷五,《大正藏》第50册,第352页上。
③ (清)刘世珩:《南朝寺考》,《大藏经补编》第14册,第621页上。
④ (清)刘世珩:《南朝寺考》,《大藏经补编》第14册,第726页上。

北朝佛寺现存的寺名信息远少于南朝，其中属于"护国寺"的有 11 所。

北魏寺 5 所：永宁寺（洛阳，北魏熙平元年建）、魏昌尼寺（洛阳，阉官瀛州刺史李次寿所立）、兴皇寺（秦州，张彝造）、安民寺（定阳）、建安寺（青州）。

北齐寺 4 所：广国寺（邺都）、净国寺（林虑山）、定国寺（邺城）、大崇皇寺（天统五年建）。

北周寺 1 所：大中兴寺（长安）。

北朝"护国寺"与南朝情况大致相同。第一，北朝"护国寺"的分布也是以洛阳、长安、邺城等京城地区居多。第二，北朝也出现了由最高统治者建立的"护国寺"现象。北魏胡太后虽不是皇帝，但在孝明帝时期是北魏政权的实际控制者，北魏洛阳永宁寺是"孝明皇帝熙平元年，灵太后胡氏所立"。① 永宁寺建寺的资金来自百官俸禄，而建成之后也一直扮演着国家寺院的角色。

南北朝均出现了由最高统治者亲自参与建立的"护国寺"，这种由皇帝亲自出面将佛教纳入为国祈福行列的现象，与南北朝时期国家对佛教的控制更加强化是相呼应的。南北朝时期，佛教在思想文化、政治经济领域的影响力逐渐增强，从刘裕开始的南朝帝王普遍意识到这个态势，"在政治生活中利用佛教逐渐成为南朝的一种政治文化"②。梁武帝在传统佛教史上被认为是一位佞佛皇帝，但近年来的研究不断表明，不论是设置"家僧"还是试图担任白衣僧正等行为，都表明了他极力控制佛教的意图。北朝发生的两次灭佛事件也是国家政权极力控制佛教的反映。

值得注意的是，南北朝时期出现的佛教造像碑题记中包含有大量为皇帝和国家祈福的信息。如《太和七年追远寺造像记》："为皇帝陛下、太皇太后、皇太子敬造千佛，愿缘此庆，福钟皇家，祚隆万代，普及群生。"③ 北周保定四年（564）立的《圣母寺四面像记》："仰愿皇帝福祚为永，万国朝宗，疆□归化，公卿将士，保国安民，福延万世。"④ 类似的为皇帝、国家祈福的内容在北朝的造像记中比比皆是，几乎成为一个固定的模式。这种现象与"护国寺"一样，都可以理解为皇权对佛教控制加强的反映，也是佛教进一步中国化的产物。

另外，南北朝时期还出现了一些天王寺，这与其时开始流传的天王护国信仰有关。天王寺在功能上也属于"护国寺"，但限于篇幅，本文暂不做讨论。

---

① （唐）道宣：《续高僧传》，《大正藏》第 50 册，第 428 页上。
② 苏小华：《南北朝佞佛与废教事初探》，北京：社会科学文献出版社，2020 年，第 15 页。
③ 魏宏利：《北朝关中地区造像记整理与研究》，北京：中国社会科学出版社，2017 年，第 15 页。
④ 魏宏利：《北朝关中地区造像记整理与研究》，北京：中国社会科学出版社，2017 年，第 256 页。

三、隋唐"护国寺"的新发展

隋代因统治时间较短,所建佛寺大多延存至唐,寻致隋唐两代的佛寺名称多有重叠的情况。因此学术界常将隋唐两代的佛寺综合起来进行考察,本文也采用这一处理办法。关于隋唐京城的佛寺情况,小野胜年[①]、孙昌武[②]、龚国强[③]、景亚鹏[④]、王亚荣[⑤]、介永强[⑥]、刘兴成[⑦]等学者都先后有过考证。其中介永强综合诸家观点,提出唐长安城有寺名的佛寺共 225 所。在这两百余座佛寺中,属于本文所讨论的"护国寺"的有 27 例:

圣敬寺(光福坊)、永寿寺(永乐坊)、大安国寺(长乐坊)、兴唐寺(大宁坊)、大开业寺(丰乐坊)、龙兴寺(颁证坊)、镇国大般若寺(布政坊)、永寿寺(永安坊)、永泰寺(长寿坊)、卫国寺(宣教坊)、安国寺(宣教坊)、镇国寺(城外)、护国天王寺(大明宫)、延兴寺(万年)、定国寺(万年)、护国寺、持国寺、太平寺、兴庆寺、宝庆寺、延唐寺、保唐寺、隆国寺、唐安寺、绍唐寺、兴国寺、圣寿寺。

关于隋唐地方州郡的佛寺情况,尤李考察了唐代整个幽州地区的佛寺,认为共有佛寺 96 座。[⑧] 其中属于"护国寺"的有 8 所:护世寺、兴国寺、延寿寺、镇国观音寺、龙兴寺、佑唐寺、延寿寺、龙兴寺。

隋唐时期除京城与幽州外,其他地方的"护国寺"还有 31 例:

永宁寺(天水)、兴国寺(襄阳)、开皇寺(襄阳)、宁国寺(穰县)、太平寺(洛阳)、保唐寺(洛阳)、兴国寺(虢州)、安国院(亳州)、大安国寺(晋阳)、建国寺(忻州)、护国寺(五台山)、国昌寺(江陵)、天皇寺(江陵)、永泰寺(江陵)、宁国寺(邓州)、护国寺(澧阳)、光国禅院(阆州)、延祚寺(乌江)、延祚寺(昇州)、国祥寺(常州)、安国寺(义兴)、国宁寺(吴县)、兴国寺(湖州)、镇国院(钱塘)、宁国寺(睦州)、国宁寺(明州)、国清寺(台州)、安国寺(闽县)、唐安寺(翕县)、报国寺(豫章)、宁国寺(益州)

隋唐"护国寺"与南北朝相比,其相同之处在于:第一,"护国寺"的兴建仍

---

① [日]小野胜年:《中国隋唐长安寺院史料集成》,法藏馆,1989 年。
② 孙昌武:《唐长安佛寺考》,《唐研究》第二卷,1996 年。
③ 龚国强:《隋唐长安城佛寺研究》,中国社会科学院研究生院博士学位论文,2002 年。
④ 景亚鹏、刘莲芳:《隋大兴城佛寺辑略》,《碑林集刊》,2003 年。
⑤ 王亚荣:《隋大兴城佛寺考》,《世界宗教研究》2005 年第 1 期。
⑥ 介永强:《〈唐长安佛寺考〉若干问题辨正》,《中国历史地理论丛》2010 年第 4 期。
⑦ 刘兴成:《大业七年隋炀帝废大兴城佛寺研究》,《中国历史地理论丛》2012 年第 4 期。
⑧ 尤李:《唐代幽州地区的佛教与社会》,北京:中国社会科学出版社,2019 年,第 42 页。

然存在较多皇家造寺的情况。隋唐京城中常有王室成员舍宅为寺，或皇帝旧宅改建为"护国寺"。荣新江注意到唐代长安城中规模宏大的寺观大多由王宅改造而成，① 而这些由王宅改建的佛寺，取名则大多属于"护国寺"。第二，"延兴""永泰"一类的祈福性"护国寺"名称被继续沿用，其所反映统治者的心理期待，与前朝是一致的。

隋唐"护国寺"也出现了一些新情况，其中值得注意的有以下几点：

第一，隋唐时期地方"护国寺"大量出现。如上文统计所显示的，几乎唐朝境内的各地州郡都有"护国寺"。隋唐京城长安有"护国寺"27所，地方有"护国寺"39所。考虑到幽州一地就有近10所的情况，实际上地方的"护国寺"数量应该还要更多。这种现象的出现，应该与隋唐实行的"郡县置寺"的政策有关。在大一统政权下，中央政权的意识更容易从京城推广到地方。开皇年间，隋文帝在所经行的45州建立大兴国寺。仁寿年间开始，实行按州立寺的政令，隋境内190州已有130州建寺，这一规模和制度也一直延续到唐。唐高祖武德四年曾有敕令："州别一寺，留三十僧。"② 高宗、武周和玄宗时期，及会昌灭佛后恢复佛教时，仍是遵行唐初"按州置寺"的原则。这一政策直接影响了唐代佛寺群系的分布情况。据张弓先生统计，唐代佛寺分布234州，占唐州（328）的71.34%③，表现出比南北朝佛寺群系覆盖面更大、更密集的分布特色，也为今日中国佛寺群系分布奠定了基础。这些政策的执行都会促使"护国寺"在各地的广泛兴立。当然，统计结果所显示的隋唐地方"护国寺"的大量出现，与地方志资料中对各地寺院沿革的记载从隋唐开始更加详细也有一定关系，但总体上并不影响上述分析。

第二，有国家意识增强的趋势。隋以前的"护国寺"以永安、兴皇、齐安、梁安居多，大多表达对皇帝个人或一时政权的祈福，安国、定国等名称仅各有一例。而隋唐时期则大量出现"镇国""护国""宁国""兴国"等名称。笔者以两晋、南北朝和隋唐"护国寺"名称作词频分析如下：

---

① 荣新江：《从王府到寺观——隋唐长安城佛道神圣空间的营造》，《神圣空间：中古宗教中的空间因素》，上海：复旦大学出版社，2014年，第10—22页。
② （唐）道宣：《续高僧传》，《大正藏》第50册，第633页下。
③ 张弓：《汉唐佛寺文化史（上）》，北京：中国社会科学出版社，1997年，第147页。

寺院名称所反映的佛教中国化

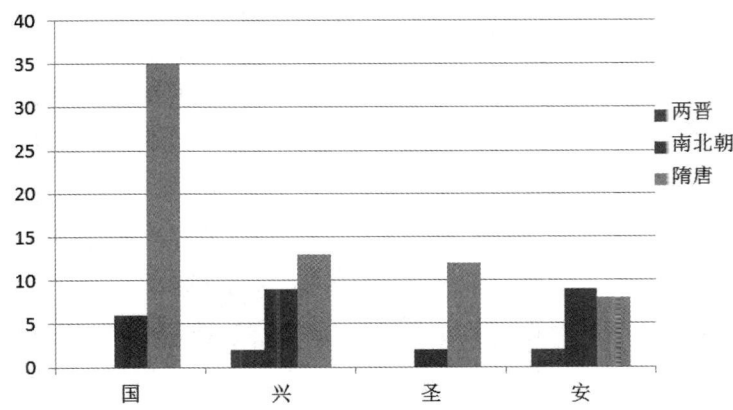

可以看到，在隋唐时期带有"国"字的"护国寺"数量大幅增长，且在隋唐"护国寺"中也是词频最高的。这个现象反映出，从南北朝到隋唐，"护国寺"取名似乎存在一个从兴皇、梁安到镇国、护国的变化。在南北朝分裂战乱时期，统治者们渴望自己的政权兴盛、安定，隋唐大一统后，统治者们则希望四海安宁，国家永固。"护国寺"寺名用词的变化，揭示了统治者从"兴起"到"守护"的微妙心理变化。

第三，隋唐两代出现大规模兴立"护国寺"的现象。据《续高僧传·释道密》记载，隋文帝在登基后，"乃命史官王劭为（智仙）尼作传。其龙潜所经四十五州，皆悉同时为大兴国寺"。[①] 唐代类似的立寺事件也有几次，如武则天时期立大云寺，唐中宗时立龙兴寺，唐玄宗时立开元寺，而唐宣宗时的一次寺院改名事件尤其值得注意：

> （会昌六年）五月，左右街功德使奏："准今月五日赦书节文，上都两街旧留四寺外，更添置八所。两所依旧名兴唐寺、保寿寺。六所请改旧名，宝应寺改为资圣寺，青龙寺改为护国寺，菩提寺改为保唐寺，清禅寺改为安国寺，法云尼寺改为唐安寺，崇敬尼寺改为唐昌寺。右街添置八所。西明寺改为福寿寺，庄严寺改为圣寿寺。旧留寺，二所旧名，千福寺改为兴元寺，化度寺改为崇福寺，永泰寺改为万寿寺，温国寺改为崇圣寺，经行寺改为龙光寺，奉恩寺改为兴福寺。"敕旨依奏。[②]

可以看到，兴唐寺、保寿寺这两所保持旧名的寺院本身就是"护国寺"，而其他六所修改为资圣、护国、保唐、安国、唐安、唐昌的寺院也全部变成了"护国寺"。

---

① （唐）道宣：《续高僧传》，《大正藏》第50册，第667页下。
② （后晋）刘昫：《旧唐书》，北京：中华书局，1975年，第615页。

关于这次改名，学界的认识不尽相同。严耀中认为："以政治含义的寺名取代宗教含义的寺名，反映了灭法的时代气息。"① 季爱民注意到，这次改名后一些寺名的含义是为国家祈福，一些是为皇帝祈福，认为这都是民间寺院国家化的表现。② 郭绍林认为："这些寺名带有相当浓重的政治色彩和相当明显的世俗功利目的，要佛教为维护唐帝国而效力，这就明明白白地将方外势力纳入国家管辖的范围之内，国家同佛教结成了统一战线。"③ 一般认为唐武宗灭佛是对佛教的打击和压制，而武宗之后的宣宗则大力复兴佛教。但这次发生在会昌灭佛运动第二年、由唐宣宗主导的寺院改名事件则表明，唐宣宗并非只是出于个人信仰或其他原因来复兴佛教，他在恢复佛教的同时也进一步加强了对佛教的控制，这从新改的带有浓重政治色彩的寺名中，可以清晰地看出。

第四，唐代"护国寺"与密宗关系密切。唐代出现了三座直接以"护国"为名的寺院，其中两座都与密教有关。这三座护国寺，两座在长安，一座在五台山。长安的两座护国寺中，一座由青龙寺改名而来，而青龙寺是密宗道场。五台山护国寺的信息见于《宋高僧传·释真乘传》，虽然现在不清楚始建时间和缘由，但联系到五台山在唐代因为密宗的原因长期扮演着护国道场的角色④，那么五台山护国寺的兴建也很可能是受密教的影响。另外大安国寺与密教之间也有密切的关系，这一点学术界已有较多的讨论。⑤

四、晋唐"护国寺"兴立的原因

在梳理了两晋南北朝隋唐时期"护国寺"的时空分布、时代变迁后，我们必须要回答的一个问题是，为什么会出现"护国寺"，即为什么会出现在佛寺名称中融入政治理念的现象？这一问题或可从国家和佛教两个角度来探讨。

其一，从国家皇权的角度，在佛寺名称中融入政治理念，反映了皇权对佛教能够起到护国延祚作用的一种政治期待。正如杨庆堃所言，国家层面进行的宗教活动或敕令，"反映了朝廷对仅靠人来维持帝国的统治缺乏信心，从而希望得到超自

---

① 严耀中：《唐开业寺考》，《觉群·学术论文集（第1辑）》，北京：商务印书馆，2001年，第352页。
② 季爱民：《会昌六年寺院存毁与改名史事》，陈金华、孙英刚编：《神圣空间——中古宗教中的空间因素》，上海：复旦大学出版社，2014年，第134—149页。
③ 郭绍林：《隋唐历史文化》，北京：中国文史出版社，2005年，第92页。
④ 林韵柔：《五台山与文殊道场》，台湾大学博士学位论文，2009年。
⑤ 吴心怡：《唐长安大安国寺研究》，浙江大学硕士学位论文，2019年。

然力量的支持"①。问题在于,佛教为何能够让皇权产生这种期待,或者说佛教何以能满足这种期待?这一方面源于佛教悠久的护国思想,特别是《金光明经》《仁王般若经》《法华经》"护国三经"及《大般若经》等一批被认为能够镇护国家的经典的翻译和弘传;另一方面也与佛教僧侣长期以来的护国行为有密切,这一点从十六国时期佛图澄对后赵政权的襄助,到唐代密教僧人对国家军事行动的协助,都能够举出许多例子来。

其二,从佛教的角度,在寺院名称中体现国家意识,这是一种政治表达的介入。为什么国家能够介入寺院名称的命名,这与"给额"制度则密切相关。中国佛教寺院名称大致有两种来源,一种由檀主即捐资建立者取名,一种由朝廷颁给寺额。"给额"包含两层含义,即给佛寺命名,并给予一个名额。给额制度包括请额与赐额,东晋穆帝(345–361)在许询启请下赐寺名是给额的较早记载。南北朝时期,经檀主奏请后君王赐额的情况并行南北。到隋唐时期,给额制度渐趋成熟,寺额成为区别寺院是否合法的标志,给额也成为国家控制寺院数量的手段。

同时,佛教为什么能够接受政治表达介入寺院名称,可以从中国佛教政治伦理的发展历程来解释。张想将宋代以前有代表性的中国佛教政治伦理总结为:《牟子理惑论》所主张的儒佛统一论,康僧会的儒言即佛训论,道安的国主论,慧远的政教相即论和不空的佛法护国论。②可见,中国佛教的政治伦理的总体发展趋势是佛教对儒家政治伦理的不断吸收和靠拢,这一点从"致拜君亲"事件从东晋到唐代的发展也可以得到很好的说明。佛教政治伦理的变化,也是佛教中国化的重要特征。张弓先生认为,对于兴建寺院,国家与佛教之间,有两个心理契合点:佛教要弘法,奉佛君王要做功德,两相契合;佛教需要皇权庇护,国家要控制佛教发展,也是两愿相契。③正是在皇权与佛教之间保持高度默契的情况下,中国佛教政治伦理发展到以"有助王化"作为宗教活动目的和行为准则的新阶段。"护国寺"则是在这一政教双方相互磨合、折冲、契合而形成的佛教政治伦理下的产物。

佛教寺院作为宗教活动场所具有宗教的神圣性,作为社会文化现象又常常体现着一时政治伦理的发展变化。"护国寺"并非是离我们远去的历史尘埃,检索国家宗教事务局"宗教活动场所基本信息"系统可以看到,国内现存护国寺有73所(另有兴国寺50所,安国寺8所,镇国寺5所,定国寺4所,佑国寺1所,国兴寺2所,

---

① 杨庆堃著,范丽珠译:《中国社会中的宗教》,上海:上海人民出版社,2007年,第134页。
② 张想:《北宋佛教政治伦理思想》,陕西师范大学硕士学位论文,2015年。
③ 张弓:《汉唐佛寺文化史(上)》,北京:中国社会科学出版社,1997年,第228页。

国宁寺 1 所）[①]。这些数量庞大的寺院群体既是历史遗存，也是鲜活的佛教生态。护持国土、护卫国主、护佑百姓是佛教护国思想、实践的重要内容，也是佛教在中国历史上过去、未来长期承担的责任和使命。

[①] 国家宗教事务局：http://www.sara.gov.cn/zjhdcsjbxx/index.jhtml，引用日期：2021.12.5

论近代中国佛教与"禁香运动"的演进

胡永辉　南京大学哲学系宗教学系

内容提要： 近代禁香运动的开展经历了两个阶段，大致以第一次"庙产兴学"为界。近代禁香范围从单纯地禁止妇女入庙烧香，到庙产兴学的开展激发部分舆论对于烧香等活动的全面禁止。到了辛亥以后，伴随着寺院管理政策的更迭，庙产兴学与禁香运动的延续形成暗合。这一时期，由于"新、旧"观念的对立，"烧香"作为迷信与陋习的表现之一再次遭到抨击。从纵向发展来看，近代禁香的对象范围越来越广，禁香的原因也逐渐复杂多元。此外，出于对治安和维护社会秩序的考量，也成为禁香的原因之一。从实际效果来看，禁香并未达到官方所预期的目标，"禁香令"在各地多半成为一纸空文。观念的滞后是近代中国佛教禁香运动失败的主要原因，关切对于信众健康礼佛观念的引导和生态意识的提高是近代禁香运动给予我们的当代启示。

关键词： 禁香；庙产兴学；民国佛教；生态环保

随着生态环保意识的增强，人们开始重新审视宗教活动中烧香的必要性。对于这一问题，无论是社会舆论还是宗教团体内部都给予较多的讨论[①]。事实上，在近代"禁香"就曾是一个从官方到民间争议的问题。本文拟对这一时期禁香运动的开展作出考察，并尝试分析其对于当代生态寺院建设的借鉴意义。

[①] 如2016年在浙江举行的"佛教辩经会"对于"进寺礼佛是否应该要烧香"议题的辩论引起了广泛的关注。此次辩论的双方观点基本上也代表了社会上对于这个问题的两种看法：一种认为"香"于佛教传统具有重要意义，敬香是广大汉传佛教信徒信仰的载体，香文化也是中华传统文化的重要组成部分，理应保留和传承。另一种观点认为，在佛理层面烧香与礼佛并没有必然联系，在不少佛教经典中，倡导六种甚至十种供养方式，烧香并不是惟一方式。烧香带来的环境污染影响了寺内僧人以及周边居民的身体健康，硬性规定烧香既不符合人与自然和谐相处的理念，也不符合当今绿色发展的主题。多元化礼佛更应被提倡，除了上香外，敬水、敬花等其它方式也可敬献虔诚。（参阅中国新闻网：https://www.chinanews.com.cn/m/cul/2016/05-13/7875246.shtml）

一、"庙产兴学"以前的禁香运动:"妇女禁香令"

"燃烧祭品"(燎祭)作为中国传统祭祀仪式的一部分,至少可以追溯到新石器时代。根据现有的考古发掘,"在6000年前的祭祀活动中已经出现了燃烧柴木及烧燎祭品的做法。被誉为'中国第一古城址'的湖南澧县城头山遗址的大型祭坛、上海青浦淞泽遗址的祭坛都发现了燎祭遗存"①。就佛教来说,在古印度《梨俱吠陀》和《阿达婆吠陀》中保存了较早的关于用香历史的记载。"在早期印度的传统医学阿育吠陀中,香被用作治疗的工具。……之后,香在印度成为佛教的重要一部分。"②佛教传入中国后,烧香逐步成为佛教仪式的重要组成部分。

到了清中后期,各地曾出现过官方禁香的情况,这一时期的"禁香令"主要是"禁止妇女入庙烧香",认为妇女入庙烧香有伤风化,这是封建社会男尊女卑观念的体现。如清嘉庆年间余正焕任分守关南道驻汉中,其颁布的《禁止妇女游会烧香示》提到:"为禁止妇女游会烧香以端风化事……男女不分,殊觉有失体面,此皆乡愚无知,父兄男子不加以约束所致,殊堪痛恨。查妇女入庙烧香,久干严例,现并奉上谕:饬令各省,申明严禁。"③四川省也曾颁布类似的禁令,称"川省人民素重迷信而尤以朝山拜佛为最,男女混处,借神敛钱。其流弊所极,不特废时消力耗财且酿出设教聚匪等事,遗毒地方,何堪设想。日昨江北厅郭司马特出一示,严行禁止并饬令监保密查送究,以破迷信而正风化云"④。历来宗教氛围较浓的西南地区,对于妇女入庙烧香尚如此严厉,更何况其它的地区。

从当时的报刊记载情况来看,这一时期"禁香令"的推行带有普遍性,从京城到地方均有类似的政策出台,在京城"寺院庵观不准妇女进内烧香例禁綦严,近来奉行不力,以致京城地面竟有寺院开场演戏、借端敛财"⑤。"不准迎神赛会,妇女入庙烧香。"⑥在地方上,"妇女入庙烧香本干例禁。各庙宇如有男女混杂喧

---

① "所烧物品大致有两大类:一类是易于燃烧的植物,如柴木、草、粮食等,另一类是陶器、石器、动物牲体等需借柴木之火焚燎的物品。"(参阅傅京亮《中国香文化》,济南:齐鲁书社,2008年,第4页)

② Virendra Kumar Yadav;Nisha Choudhary;Samreen Heena Khan;Areeba Khayal;Raman Kumar Ravi;Pankaj Kumar;Shreya Modi;G. Gnanamoorthy.Incense and Incense Sticks: Types, Components, Origin and Their Religious Beliefs and Importance Among Different Religions. *Journal of Bio Innovation*. 2020,9(6),p.1431.

③ (清)余正焕:《禁止妇女游会烧香示》,录于《汉中府志》卷二十七《艺文》下,陕西省戏剧志编纂委员会编:《陕西省戏剧志·汉中地区卷》,西安:三秦出版社,1997年。

④ 《四川:禁止妇女入庙烧香》,《广益丛报》,1909年,第221期,第9页。

⑤ 《清穆宗毅皇帝实录》卷二百七十一。

⑥ 饶玉成:《皇朝经世文续编·卷七十四》,载《兵政五·保甲上》,转引自谭钧培:《饬办保甲示附条约》。

阗拥挤者，地方官自当随时查禁"①。有些地方告示称："每年三月间，烧香赛会男女杂沓并有托为神仙之说、怪诞不经等语，僧道造谣惑众及妇女入庙烧香均干例禁。"② 从效果上看，既有前面所说的"奉行不力"，也有对于寺庙香火带来严重影响的，"康熙庚戌之春，巡抚马某严禁妇女烧香。……北寺玄都尽寂寥……一时香火半萧条"。③

从这些文献资料记载可以看出，一方面禁香令的初衷是为了引导风俗，教化民众，涉及范围从京城到地方；另一方面，禁香令在执行效果上表现出区域差异大的特点，既有"奉行不力"，以至于官方反复出台政策加以强调的，也有香火随之"半萧条"的景象。

在惩戒措施上，这一时期的禁香令将违禁的处罚范围延伸到了夫、父、兄及僧尼群体。直到今天，我们仍然能看到在广东光孝寺清光绪七年（1881）所立的《禁妇女入寺烧香示碑》，碑文明确说："男女之防，古今通礼，行必异路，授受不亲，以别嫌明微也。……本年五月初旬，海幢寺僧招引妇女多人，修建斋醮，夜以继日，众者如堵；物情沸腾，以至游客寺僧，互相捧喝，几酿事端。……如敢于寺院丛林，仍前游冶，托为礼忏还愿，入寺烧香者，妇坐其夫，无夫则坐本妇；女坐其父，无父即坐其弟兄。僧道尼姑，不行拒绝，敢于招引者，该地方官一并锁拿到案。"④ 可以看出，对于妇女入寺烧香官方是严令禁止的，并且是从男女之防的角度制定法令，处罚范围则带有连坐的性质。

值得注意的是，对于禁香令的管控对象不仅有一般的善男信女，还包括王公贵族的妇女。《清仁宗睿皇帝实录》中明确记载了禁止八旗妇女入庙烧香、严守男女之防的规定："八旗妇人等，如果因有正务看望亲戚未有不可，若似此恣意游荡前往各庙宇烧香并在城外远处住宿实属于风化有关，理宜严行禁止。"⑤

对于妇女入庙烧香的禁令，一直持续到清末"庙产兴学"运动以前。直到19世纪80年代，仍可以从当时的报刊中看到类似的报道。如江浙一带"自谭宪治吴后，善政固指不胜屈，而严禁妇女入庙烧香尤为移风易俗之最。新春以来，侧闻元妙观于初八九等日，仍有无知妇女纷携香烛，进门膜拜，其目无三尺有如此，亦可见吴民之难治矣"⑥。"禁止烧香：松郡每岁六月十九日，各观音堂香会极盛，事闻于

---

① 《清仁宗睿皇帝实录》卷三百六。
② 《清德宗景皇帝实录》卷二百二。
③ 静庵：《官禁妇女烧香》《莺花杂志》1915年，第1期，第44页。
④ 《广州市文物志》编委会：《广州市文物志》，广州：岭南美术出版社，1990年。
⑤ 《清仁宗睿皇帝实录》卷一百七十二。
⑥ 《违禁烧香》，《益闻录》1881年第87期卷，第33页。

前护苏抚谭中丞札饬华娄两邑严行禁止，是日两邑均派丁役看守，故妇女之乘兴而来者，均不得其门而入云。"①"常熟乡民夙信神鬼，年例每届三月初三日，四乡男妇结会拜香，名曰报娘恩。……数步一拜，口中则呼般若南无之号。……本年奉上宪严谕，不准烧香。故先于初二日常昭两邑尊传谕地保，着各区拜香一概不准入城，违者提究。"②"禁止烧香……近日，宗太守出示严禁，整顿风化之要务也。其示云，为出示严禁事，据秀水县职举贡生唐敦塈等，禀称窃查妇女入庙烧香本属有干例禁，禾俗信神重佛积习相沿甚至皈依拜师无端入寺斋宿及与寺僧结伴朝山，风化攸关。"③所以说，对于针对妇女的"禁香令"具有一定的延续性，几乎贯穿了整个清中后期。

总体上看，清代中后期的"禁香令"主要针对包括王公贵族在内的妇女，实施效果地区差异性大，禁香的主要目的是出于对引导风俗、教化民众的考量。

二、庙产兴学时期的禁香运动：为兴学造势和破旧立新的内在诉求

与上述时期的禁香目的和背景不同，清末"庙产兴学"推行以后，禁香运动有了新的变化。

近代"庙产兴学"运动始于康有为、张之洞提出庙产兴学的主张，二人的主张也推动了"庙产兴学"运动的形成。康有为于1898年7月上《请饬各省改书院淫祠为学堂折》④，主张改诸庙为学堂，以公产为公费。这一主张得到了光绪的赞同，并于1898年7月10日（光绪二十四年五月二十二日）颁布上谕。上谕颁布十余日后，张之洞于光绪二十四年六月七日也向光绪进言并提出了庙产兴学比较具体的措施。之后，开始庙产兴学运动。由此，庙产兴学运动在各地开展起来。如"镇江南门外竹林寺住持僧，创议举办僧侣学堂。分蒙学、地舆史论、洋文等，专招僧人投报肄习。所需经费，即由镇属城乡各寺公产项下抽提"⑤。但是，在各地落实兴学过程中出现勒捐庙产、借端滋扰等问题。于是，在光绪三十一年（1905）三月初八，光绪帝又颁发"不得勒捐庙产"的上谕。从当时的实际效果来看，这道上谕并未改善佛教的处境，各地围绕庙产问题的聚讼仍层出不穷。

一方面，随着第一阶段庙产兴学的开展，社会上出现了禁香呼声，而这一呼声

---

① 《申报》1880年8月25日，第2629号，第2版。
② 《谕禁拜香》，《益闻录》1880年第46期卷，第95页。
③ 《申报》1886年4月13日，第4665号，第2-3版。
④ 康有为：《请饬各省改书院淫祠为学堂折》，郑力民编：《康有为集》，广州：广东人民出版社，2018年，第336-338页。
⑤ 《教育世界》（本国学事）1904年第82期，第1页。

的目的是为兴学造势。当时，在各种报刊评论和新闻中，可以看到时人多有感叹于烧香迷信陋习，忧心于迷信之风难除。如"扬州观音山每年六月烧香者不绝于途。近年风气渐开，此风当可少杀。乃日来，北门外仍是车马奔驰，往来不绝。即此可见迷信之未易破除也"①。也有人在报端评论斥责，"一斥异端也，烧香拜佛风水星卜等事均属不经，毋得妄信胡行，其迎神赛会演戏打醮等项无益而有害"②。也有人看到烧香信众络绎不绝，而感慨"是车马纷驰往来不绝，即此可见迷信之未易破除"③。这一时期，在各地虽出现了一些地方性法规，禁止聚集烧香，但推行起来并不顺利，甚至流血事件时有发生，如《时事新报》报道江阴"警务长徐廷枚因禁止香会，乡民不服，互相殴击，伤毙二命。现该县公民纷纷控告。闻省长已派员密查"④。汇编清光绪年间内外大臣疏牍及中西学者著作的《皇朝蓄艾文编》中记载："人家欲作斋醮以及拦街焰口，皆赴工巡局请票，即将一折经钱缴局。僧道无巡局票而诵经者，有罚，檀主亦受罚。妇女入庙烧香，以乱修行心性者，巡局告议院，罚其家。"⑤

到了民国时期，随着北洋政府和国民政府数次寺院管理条例的更迭，庙产兴学运动仍在延续。但相比于清末，有诸多新的变化，尤其是僧人对于庙产兴学的态度有所变化。早期僧人办学多出于保护寺产的初衷而被动办学。辛亥革命以后，一些有远见的僧人，如太虚、月霞、谛闲、常惺等，开始主动兴办僧教育，以此来作为复兴佛教的途径之一。

辛亥革命以后"庙产问题"的再次凸显，表明"庙产"一直是近现代佛教发展史上一个重要的、一以贯之的线索。这一问题的凸显，影响了佛教发展的诸多方面，如僧教育、庙产处置、佛教组织的建立等，作为其中的一部分，这一时期的禁香活动也与庙产兴学运动暗合⑥，并受到它的激发。如"南通地方人士鉴于盐城东台等处因打毁城隍发生绝大风潮。为破除迷信及消弭隐患起见，爰于今日公议劝导该庙道士自动废弃城隍及一切偶像，并拆卸所有匾额，一面将原有之吕祖像移置正屋，

---

① 《烧香之迷信难除》，《时事新报》1911年7月15日，第3版。
② 甘韩：《皇朝经世文新编续集·卷十九》，《教宗》，《安徽望江县上江督辨》。
③ 《时事新报》1911年7月15日第3版。
④ 《时事新报》1914年4月25日第1版。
⑤ 茅谦 《工务营策》，载于宝轩：《皇朝蓄艾文编》卷二十七《工艺四》。
⑥ 笔者认为，辛亥以后的庙产兴学运动可以分为两个阶段：第一个阶段是1912-1929年。这一阶段的寺庙管理主要依据北洋政府出台的三部寺庙管理条例。分别是1913年的《寺院管理暂行规则》、1915年的《管理寺庙条例》31条、1921年的《修正管理寺庙条例》24条。第二个阶段始于南京国民政府1929年1月公布单行寺庙管理法规，即《寺庙管理条例》。

严禁香火供奉。闻原有十殿房屋已改设公共阅书报室，提倡党化及通俗教育"①。所以说，"庙产兴学"的延续影响了佛教的诸多方面，也包括"禁香"运动的开展，庙产兴学也成为包括禁香在内的近代佛教发展的重要背景。

另一方面，除了庙产兴学运动的影响，革除陋习、破除迷信也成为这一时期禁香的理由之一。随着清末以来的中西、古今二元争论甚嚣尘上，在精英阶层主"新"的倾向逐渐占优。经过新文化运动的开展等一系列思想上的引导，守旧的思想受到诟病，被视为落后迷信的烧香也自然受到批评。在当时，新的生活方式成为许多人的时尚，在《申报》曾刊登一位署名金钟秀的市民，介绍了自己家中的改革："新年中我家改革的事情……我家到了旧历新年却有几条禁令，虽不敢谓矫正社会的恶风，然于事实方面未始不有些效益啊。废除送灶过年接五路种种的迷信事情；废除年节盘省却许多无谓的周旋；赌博事情绝对不为；年酒一律革除；烧香拜佛完全禁止；子女偶然出外游玩不准花费；膳食照常并不特别添菜；衣服照旧并不添置新衣。以上种种我家行之已久，并没有不便。"②其中，将烧香拜佛作为迷信活动完全禁止。

这一时期，各地纷纷出台规定禁止烧香。如西南地区的贵州省警察厅曾出台规定，指出："本省习惯每逢神佛诞期，无论男女老幼买香购纸，结队成群。……然伤风败俗莫兹为甚。……无论各处寺庙会期，一律禁止烧香，庶不至以有用之金钱而作此无益之举动。"③时人也多有感叹烧香拜佛，呼吁"烧香拜佛每年费多少钱财请算算"④。

江浙沪一带的芜湖、扬州、金坛等地也分别出台法规禁止烧香。"芜湖县整委会为推行国历，废除旧历，诚恐民间仍有扭于积习……议决取缔办法如下：……二、由县政府封闭城隍庙,禁止烧香。三、由军警机关负责严禁放爆竹。……倘有违犯禁例，得随时报告军警，依法逮捕。"⑤ "（扬州）市每至春节，均有香火会之举行。殊属有关风化，请县禁止。陈县长常以香火戏剧早经严禁在案。……藉端敛财，搭台演唱，淫词艳曲，不特伤碍风化，抑且扰乱治安。"⑥金坛为移风易俗，颁布了禁茅山香会的规定，根据当时的报纸记载："往年正二月间，该邑渡云河桥下停泊香船，连樯排列，至夹往行船，河路为之阻塞，有停候一二日始能启行者……本年奉护抚宪通饬严禁风行雷厉，远近罔或不遵是以香客咸裹足不前……移风易俗，权操自上，

---

① 《自动废除城隍》，《时事新报》1928年12月21日第4版。
② 《申报》1924年2月11日，第11页。
③ 《警察厅禁止各庙会期烧香浪费文》，《贵州政治公报》1913年第9期，第71–72页。
④ 木舌：《烧香拜佛每年费多少钱财请算算》，《小铎》1917年第30期卷，第1页。
⑤ 《取缔废历过年》，《民国日报》1931年2月16日第1版。
⑥ 《查禁香火会戏》，《时事新报》1929年5月1日第2版。

信夫。"① 在国民政府的政治中心南京，报刊多有登载感慨于迷信之风难除的评论："每逢七月下旬地藏王诞辰，举凡一般迷信男女不避炎暑均往清凉山烧香拜佛……修心拜佛或可忏悔，若良心消灭而对泥塑木雕焚香顶礼，签求可护有何益乎？"②

除了地方性的禁香令，在国民政府层面，1928年曾颁布《神祠存废标准》③："媚神之术，无所不至，以致迷信之风日炽，人心陷溺，几不可救。在神权或君权时代，袭人同兽争，人同天争之余毒，为野心家所利用，以迷惑民众。尤为贤者所不取。今则不仅神权已成过去之名词，即君权已为世人所诟病。我最优秀之神农华贵胄，若犹日日乞灵于泥塑木雕之前以锢蔽其聪明，贻笑于世界，而欲与列强争最后之胜利。谋民族永久之生存，抑亦难矣。现查旧日祭祀天地山川之仪式，一律不能适用。即崇拜先哲亦重在钦仰其人格，宣扬其学说功烈。凡从前之烧香拜跪、冥镪牲醴等旧礼节，均应废除。至各地方男女进香朝山，各寺庙之抽签礼忏设道场，放焰口等陋俗，尤应特别禁止。以期改良风俗"④。其中，明确指出为改良风俗，"烧香跪拜"均应废除，将祭拜先哲与迷信陋习区分开来，并将其升华到与列强争胜、谋求民族永久生存之道的高度。

与国民政府和各地方政府颁布禁香令呼应，社会舆论在这一时期对于禁香问题也多有讨论。大都认为烧香为陋习而予以反对。其中，有人分析善男信女喜好入庙烧香的目的大致有三种："一、是为祈福的。……二、是为决疑的。……三、是为赶热闹的。"⑤ 也有人感叹国人迷信之深，不易改变，撰文称：'烧香还愿士女以及无赖少年来庙者，较往年为多。……可见鄂人迷信之深矣。"⑥ 感叹国人徒做无益的迷信活动而"穷算命富烧香"⑦。

因此来说，这一时期"禁香令"背后的一个重要动因是破除迷信陋习，是当时"破旧立新"思潮的一种具象化的表现。值得一提的是，在新文化运动将近二十年后，在1934年由蒋介石亲自发动了"新生活运动"，并亲自发表演讲主持制定了《新

---

① 《遵禁茅山香会》，《益闻录》1880年第41期，第64页。
② 《迷信未易扫除》，《民国日报》1916年8月21日，第8版。
③ 南京国民政府时期，当时的内政部有改僧寺为学校的想法，中央大学教授邰爽秋提出了"庙产兴学"的四点方案：一、打倒僧阀；二、解放僧众；三、划拨寺产；四、振兴教育。在此背景下，1928年颁布《神祠存废标准》；1929年1月国民政府公布了单行寺庙管理法规，即《寺庙管理条例》。这一条例引起了佛教界的激烈反对，128个佛教会和众多寺庙以及数十个佛教社团通电抗议。从当时佛教界对于《寺庙管理条例》不满的理由来看，主要集中在两点：其一是对该条例特立针对佛教，不能平等看待佛教与其他宗教；其二是对条例中有关寺庙财产权所属权和处置权的条款不满。此外，新的《寺庙管理条例》带有明显的党治色彩。
④ 《附录·神祠存废标准》，《北平指南·第十编》，北平民社，1929年版第25页。
⑤ 拙修老人：《说妇女入庙烧香的害处（录福建通俗讲演书稿）》，《讲演汇编》1917年第26期，第53-56页。
⑥ 《鄂人迷信至今未减》，《民国日报》1922年5月1日，第8版。
⑦ 云问廑公太痴：《穷算命富烧香》，《最新滑稽杂志》1914年第5期，第19-20页。

生活运动纲要》和《新生活须知》，这场运动一直持续到新中国成立前夕。两次运动虽都冠以"新"运动，但内在的价值取向和目的却大相径庭，甚至背道而驰。新文化运动意在"破旧立新"；而新生活运动却有"复归传统"的内在向度①。

除了上述"庙产兴学"和"破除迷信"两个动因，维护社会秩序也是这一时期部分地方政府禁香的原因之一。比如四川省曾明令："敢有藉单刀会名目聚众烧香结盟者，立即拘送惩办，除示禁外合行通告各区署所局一体遵照勿违切切此令。"②松县警察所于曾援例发帖文告《禁止香市文告》，称："每届古历七月十四日，无智乡民，往往结队入城，赴城隍庙进行。沿途摊设木竹铁器。现届香市，恐匪徒生事，致肇祸端，特出示禁止。"③上海龙华寺也在禁香之列，当时的报纸登载政府《禁止龙华烧香》，称"上海西乡之龙华寺每届阴历春季必有迷信妇女前往该庙烧香拜佛，甚至住宿庙内藏奸纳污"④。"保卫游人：法捕房蓝总巡以每年三四月间本邑西南乡龙华寺香汛之期，游人车马均从法界经过，今年虽经中国官厅禁止，烧香游人仍不减少，时有匪徒乘隙攫物情事，故加派中西巡捕前往马车经过之处严行查缉以卫行人。"⑤

从纵向线索看，清中晚期至民国时期，禁香运动在政策上虽具有一定连续性，但从实际效果上看，整体成效尤其是清末以后并不显著。从当时的文献记载看，一方面，在落实过程中，由于烧香风俗在民间根深蒂固，虽入庙烧香受到限制，但烧香行为并未停止。一般信众即使不入庙仍未中断烧香的行为。据当时报道称："土木偶像，光怪陆离，迷信愚民，极为崇敬。……李督军以江宁重地为长江风化之枢纽，亦中外观瞻所系。乃下令禁止百姓烧香。……中途被警察禁阻，达人称快。而一般愚民则大骇异，不肯中止。各将所携香烛集于路旁而焚之，以表敬神之虔。"⑥另一方面，由于没有具体的处置措施，仅是公示禁止，在执行过程中，这些禁令都变成了一纸空文，未能发挥实际的效力。比如在《民国日报》曾有报道："松江每届古历七月十四十五两日，为一年中最盛之香市，府县城隍庙浦南西四乡农民来城进香者，途为之塞。沿途设摊卖物者，亦触目皆是。警所虽出示禁止，并未有效果。现又届进香之期，县警所除分令各分驻所巡官特别严查外，又援例出示严禁进香拜

---

① "新生活目的就是要使全国国民凡常日生活食衣住行，统统要照到我们中国固有的'礼义廉耻'道德的习惯来做人。"（新生活运动促进团：《新生活运动须知》，高少舟发行，1934年版，第34页）
② 《省警察厅长令各区署所禁止藉会聚众烧香结盟一案》，《四川政报》1913年，第147期。
③ 《民国日报》1922年9月6日第8版。
④ 《时事新报》1915年4月26日第2版。
⑤ 《申报》1913年4月27日第14446号，第11版。
⑥ 《李督军禁止百姓烧香（南京）》，《兴华》，1920年第17卷，第33册，第13—14页。

佛。原为无益之举动，且此种司空见惯之官样文章。恐未必发生效力也。"① 在汕头，由于执行难度大，甚至出现了连续发布公文催促落实禁香令的现象，比如《汕头市政公报》，1930年1月25日市长许锡清颁布《指令公安局呈报查禁烧香等旧习执行困难等情仰遵照先令令饬办理由》②，而半个多月前的1月6日，汕头市政府刚刚颁布了《布告取缔各庙宇善堂违禁私设神谶及一般愚民沿用烧香陋习仰公安切实查禁由》，明令："本市各庙宇善堂设置神谶符箓，迷惑人心，妨碍进化，业经本府令饬公安局认真没收销毁。……又市民对于各善堂及庙宇沿用烧香跪拜冥镪牲醴等旧陋习，亦经布告严禁，并令饬公安局切实取缔在案。……一方对于烧香愚民，亦应严行拘罚外，合亟重申禁令，以除迷信。"③ 从这也可以看出，虽政府有明令禁止，但禁香效果并不显著。这恰恰也是为何佛教界对于"禁香运动"鲜有回应的原因，在这一时期佛教内部期刊中并未出现对此问题集中的回应④。

在佛教内部为数不多的讨论中，比较有代表性的是范古农的《烧香辩》。他在文中提到撰文目的是"深惜世人未察佛事之本源，未明佛事之真相。或妄呵迷信，或但知盲从。而于菩萨广大行愿香灯供养之举，不知珍重。故不惮烦言而作此辩"。⑤ 从立论的角度说，范文大致强调了两个方面，其一是从业报轮回说入手，劝导人们烧香不应怀有私心，"远处烧香不如近处修心地"。其二是强调"烧香之事"乃"供养之道"，从《华严经》所载的成就如来功德，所行十种广大行愿，指出仅以香灯供养，而不以法供养者，不得谓之真供养。该文的撰写时间是1923年，从时间节点上看，也正是各地禁香令颁布并实施的阶段。范古农虽在文中提到了社会上判烧香为"迷信"说法，但本文是否是为了回应当时社会上认为烧香属迷信陋习的声音，还是仅是为了辩明烧香作为供养之道的正确做法和本源，作者并未作出明确的说明。不过，因为禁香令在实效上并未有效阻断佛教信众的烧香活动，也并未真正影响民间烧香的积极性。佛教内部的讨论并未集中于回应这一问题，这一时期，以"庙产"为中心的僧教育、佛教组织建设、佛教与政治等才是最令佛教界关切并给予较多讨论的问题。

---

① 《烧香拜佛亟宜严禁》，《民国日报》1921年8月18日第8版。
② 《指令公安局呈报查禁烧香等旧习执行困难等情仰遵照先令令饬办理由》，《汕头市政公报》1930年第53期。
③ 《布告取缔各庙宇善堂违禁私设神谶及一般愚民沿用烧香陋习仰公安切实查禁由》，《汕头市政公报》，1930年第53期。
④ 黄夏年：《民国佛教期刊文献集成》（正编、补编、三编），（全国图书馆缩微文献复制中心，中国书店出版社），2006年、2008年、2013年。黄夏年：《稀见民国佛教文献汇编》（报纸）（13册），中国书店出版社，2008年。
⑤ 朱石僧、范古农：《烧香辩》，《世界佛教居士林林刊》1923年第1期，第19-21页。（黄夏年：《民国佛教期刊文献集成·正编》，全国图书馆缩微文献复制中心，2006年，第14册，第279-281页）

余 论

从上面的讨论可以看出，近代禁香运动的开展经历了两个阶段，禁香的范围越来越广，禁香的原因也逐渐复杂多元。近代禁香范围从单纯地禁止妇女入庙烧香，到庙产兴学的开展激发部分舆论对于烧香等活动的反对。这一问题延续到辛亥以后，无论是北洋时期还是国民政府时期，庙产兴学都一直伴随着寺院管理政策的更迭，这也与禁香运动的延续形成暗合。这一时期，由于新文化运动的开展，新思潮、新风尚逐渐为时人所接受，"烧香"作为迷信与陋习的表现之一，成为抨击的对象，禁香的内在指向实际上就是反对迷信。此外，出于对治安的考量，也成为禁香的原因之一。但是，从实际效果来看，近代的禁香运动并未达到施政者所预期的政策效果。从宏观上看，烧香活动实际上处于屡禁不止的状态。禁香令由于实施阻力较大，民间也多对之置若罔闻，多半成为一纸空文。这本身一方面由于积习久远，不易扭转；另一方面，对于政策的执行事实上并未真正做到令行禁止，禁令的执行者也多对民间烧香行为抱有同情的态度，认为："民间烧香设醮，良以积习相沿，骤难改革。初未稍加制止，以求合乎编氓心理之所安或未始不足感召天利。"① 也正因为如此，当时佛教内部并未对这一问题做出较多回应，而更多地关注以"庙产"为中心的僧教育、佛教组织建设、佛教与政治等问题。

清末以前主要禁止妇女入庙烧香的"禁香令"有一定实际执行效果，但具有区域差异性。与之相比，清末以后禁香令的颁布和实施，则形成了"社会舆论呼吁，政府颁布禁令，执行落实难度大，民间实际效果甚微"的特点。

值得一提的是，近代禁香运动的开展，虽效果不明显，但是却为当代佛教发展过程中思考类似问题提供诸多借鉴意义。从近代禁香运动的开展来看，大的社会、思想背景实际上是对禁香有利，但最终无法落实，主要在于对这一问题的看法上信众的观念固化与滞后。为什么当代禁香的活动几乎是在一种自觉、自愿的状态下推行，其得益于观念的更新，生态意识的加强，寺院建设和发展理念的革新。因此，对于信众健康礼佛观念的引导和生态意识的提高，不仅需要寺院做出积极的响应，事实上也应是全社会共同参与、共同关注的问题。

随着时代的进步，科技的发展和人们宗教需求的与时俱进，作为古老的佛教不仅应思考"佛陀讲了什么"，也应关注"佛陀如果在当下会说什么"。作为传统宗教仪式的烧香礼佛，当然也应与时俱进，适应时代要求。最新的研究表明，寺庙烧

---

① 《官厅尚能破除迷信》，《民国日报》1919年9月14日第6版。

香所排放的污染物确实会给人们带来严重的健康问题。有环境领域的学者为了给亚洲城市寺院建设规划和社区优化的政府政策制定提供理论依据,以香港366座寺庙为样本,根据其焚香特点,将其分为开放、半封闭、封闭和非活动四类,认为:"PCR(Principal Component Analysis 主成分分析)表明,建筑密度、绿化密度、水密度和寺庙重量是影响建筑密度最大的因素……证实寺庙是关联呼吸类疾病死亡率的一个子因素。"①

在新的社会背景下,人们的信仰需求日益个性化、更具时代性。如何既注重生态环保又关切信众的信仰需求,成为许多有识之士关注的问题。许多宗教场所就作出了革新,用电子香、电子香炉等较为环保的产品代替传统的宗教仪式用品。但从实际效果看,对健康有益的电子熏香和仪式的推广程度仍然有限。曾有学者以105名佛教徒为研究对象,以宗教认知与健康行为理论为基础,探讨影响宗教活动中电子香接受程度的因素,比较不同香炉对宗教信仰、崇拜意愿、自我效能感、健康促进意愿的影响及其内在机制。该研究结果表明:"佛教徒在使用传统香炉、电子香炉和带有教义提示的电子香炉三种不同场景中,表现出相似的宗教虔诚和崇拜意向。佛教徒在接触电子熏香场景时(无论是否附有教义提示),也倾向于有更高的自我效能感和更高的健康促进意图。"② 因此来说,健康环保的宗教仪式并不会降低宗教信仰的神圣性,带给信众身心上的宗教体验也是相似的。

〔本文系国家社会科学基金项目"近代以来中国汉传佛教教育的转型研究"(21BZJ031)阶段性成果〕

---

① Wen Hui Cai;Paulina Pui Yun Wong. Associations between Incense-Burning Temples and Respiratory Mortality in Hong Kong. *Atmosphere*. 2021, 12(6), p.774.
② Zhenzhen Qin;Yao Song;Yang Jin.Greer Worship: The Effects of Devotional and Behavioral Factors on Dopting Electronic Incense Products in Religious Practices.*International Journal of Environmental Research and Public Health*. 2019, 16, p.3618.

释道安对般若经典的中国化理解

常红星　山东师范大学齐鲁文化研究院

内容提要：在理解般若经典的过程中，释道安长期遭遇着"理解的困难"。这种困难主要表现为无法通过汉译经典完全理解佛法原义。导致"理解的困难"产生的根本原因是汉译经典中大量病句的存在。而汉译佛典中之所以存在病句，一方面是由于作为汉译依据的胡文佛典自身的版本问题，另一方面是由于胡文佛典在中国化为汉文佛典的过程中出现的翻译问题。释道安主要采用了两种中国化的方式来尽可能消除理解的困难：第一种方式是加强不同版本汉译般若经典之间的对勘；第二种方式是对胡文般若经典组织发起新的汉译。

关键词：释道安；般若经典；佛教中国化；理解的困难

释道安在襄阳、长安时将主要精力投入到了对般若经典的研究之中。如他在长安期间就曾自述："昔在汉阴十有五载，讲《放光经》岁常再遍。及至京师，渐四年矣，亦恒岁二，未敢堕息。"[①] 由此足见他本人对于般若经典的高度重视。在研究般若经典的过程中，释道安撰写了大量著述。可惜由于历史的原因，目前仅有三篇序文类文献流传下来。这三篇文献题目分别是：《道行经序》《合放光光赞略解序》（后文简称《略解序》）和《摩诃钵罗若波罗蜜经抄序》（后文简称《经抄序》）。此外在《出三藏记集》中还记载了释道安关于般若经典的若干评论。本文之研究，即是立足于上述原始文献。

一、理解的困难

释道安在研究般若经典的过程中长期遭遇着理解的困难。如在《道行经序》中，他就指出"古贤"在理解竺朔佛翻译的一卷本《道行般若经》过程中"往往有滞"[②]，

[①] （梁）僧祐撰，苏晋仁、萧炼子点校：《出三藏记集》，北京：中华书局，1995年版，第289页。

[②] （梁）僧祐撰，苏晋仁、萧炼子点校：《出三藏记集》，北京：中华书局，1995年版，第264页。另外关于《道行经》的版本和译者问题，学界颇有争议。方广锠先生在《〈道行般若经〉版本考释》一文中对相关问题作了系统梳理，

这其实也间接承认了自己同样无法完全理解该经。在《略解序》中，释道安指出自己在阅读竺法护翻译的《光赞般若经》时，感到"每至事首，辄多不便，诸反复相明，又不显灼"①。由此不难看出他在理解该经时所遭遇的困难。在《经抄序》中，释道安又对《光赞般若经》和无叉罗翻译的《放光般若经》发出这样的慨叹："然每至滞句，首尾隐没，释卷深思，恨不见护公、叉罗等。"②

释道安在阅读理解上述三种般若经的过程中，均不同程度地遭遇了理解的困难。接下来的问题是：是什么原因导致了理解的困难？关于这一问题，前面引用的"然每至滞句，首尾隐没，释卷深思，恨不见护公、叉罗等"这句话已经蕴藏了答案。释道安之所以认为《光赞》《放光》存在理解的困难，原因就在于二经中存在着"首尾隐没"之"滞句"。而在《道行经序》中，释道安同样认为《道行经》之所以"古贤论之，往往有滞"，原因就在于该经"颇有首尾隐者"。③释道安还著有《注经录》，该文献现被收录于《出三藏记集》中。在《注经录》中有释道安对一卷本《道行经》的评价："辞句质复，首尾互隐。"④因此可以说，释道安认为三种般若经典中均存在的"首尾隐没"之"滞句"是导致自己理解困难的主要原因。所谓"首尾隐没"之"滞句"，用现代的话来表达也就是语法结构不完整的病句。"滞"即"不通"。所谓"滞句"，可以理解为是语法不通之病句。这种病句在形式上主要表现为"首尾隐没"。所谓"首尾隐没"者，可以理解为是一句话中缺少关于开头（主语）或结尾（宾语）的关键信息。举例而言，比如"释道安阅读般若经"这句话既有开头（释道安），又有结尾（般若经），在形式上是语法结构完整的一句话。如果这句话是首尾隐没的病句，则在形式上将可能表现为"释道安阅读""阅读般若经""阅读"等。面对这些"滞句"，读者自然很难准确理解其中蕴含的全部信息。

接下来的问题是：般若经典中为什么会有这些病句存在？在《道行经序》中，释道安认为该经中之所以会有"首尾隐者"，原因在于：

> 佛泥曰后，外国士抄九十章为《道行品》。桓灵之世，朔佛赍诣京师，译为汉文。因本顺旨，转音如已，敬顺圣言，了不加饰也。然经既抄撮，合成章指，音殊俗异，译人口传，自非三达，胡能一一得本缘故乎？由是《道

并在认真考证后指出：历史上一卷本和十卷本《道行经》均存在，前者的译者是竺朔佛，后者的译者是支娄迦谶。笔者认为方先生的观点较为公允，故本文的相关讨论即是以方先生观点为基础。方先生文章详见《宗教学》杂志 2016 年第 3 期，第 88—97 页。

① （梁）僧祐撰，苏晋仁、萧炼子点校：《出三藏记集》，北京：中华书局，1995 年版，第 266 页。
② （梁）僧祐撰，苏晋仁、萧炼子点校：《出三藏记集》，北京：中华书局，1995 年版，第 289 页。
③ （梁）僧祐撰，苏晋仁、萧炼子点校：《出三藏记集》，北京：中华书局，1995 年版，第 264 页。
④ （梁）僧祐撰，苏晋仁、萧炼子点校：《出三藏记集》，北京：中华书局，1995 年版，第 227 页。

行》颇有首尾隐者。①

从上面这段话可以看出，释道安认为《道行般若经》会有病句的原因有二：首先是版本的原因。释道安认为该译本依据的胡本并不是般若经的全本，而是一个"外国士抄九十章为《道行品》"的"抄撮"本。② 所谓"抄撮"，即是辑录，是从原本中选辑摘录出一部分经文内容。该版本既然经过"抄撮"，必然会对经文语句内容有所删裁，故而从根本上导致了汉译本出现"首尾隐没"的缺陷。其次是翻译的原因。释道安指出：竺朔佛译出的《道行般若经》"因本顺旨，转音如已，敬顺圣言，了不加饰"，简言之就是竺朔佛的翻译属于典型的"善胡而质晋"风格③：虽然将胡文译成了汉文，却尽可能保留了胡文的语法结构和语言风格，并未因为中国人的语言习惯和思维方式而有所文饰调整。佛典的原始语言来自于印欧语系，而汉语则属于汉藏语系，二者之间在语法结构上存在着巨大的差异。经文语句在胡文梵语中本来并不存在语法结构的问题，而一旦将其生硬地翻译为与其原始语言有着巨大差异的汉文，则翻译之后的经文就会显得缺首少尾、滞碍难懂。此外再考虑到译经师虽然擅长胡文，但对中土汉文语言风格、语法结构以及思维习惯的相对陌生，使得在翻译过程中很难将胡本佛经之"本缘"用汉语娴熟地表达出来。这一点同样会导致了竺朔佛译出的《道行般若经》必然存在若干病句问题。

除了《道行般若经》外，释道安指出汉译的《光赞般若经》和《放光般若经》同样存在病句问题。释道安认为究其原因的话，基本都是由翻译导致的。关于《光赞般若经》的翻译，释道安的评价是："《光赞》，护公执胡本，聂承远笔受，言准天竺，事不加饰。悉则悉矣，而辞质胜文也。"④ 从这一评价可以看出，释道安认为《光赞般若经》和竺佛朔译本《道行般若经》属于相同的翻译风格：不加修饰，在语法结构、语言风格方面继续保持着胡文梵语的质朴风貌。前面已经指出，这样的翻译风格既然能够在竺朔佛译本《道行般若经》中出现病句，自然也能够导致竺法护译《光赞般若经》中病句的出现。

关于无叉罗译出的《放光般若经》，释道安虽然明确该经具有"首尾隐没"之"滞句"，但相关文献中并未明确指出导致此类滞句出现的原因所在。笔者认为该

---

① （梁）僧祐撰，苏晋仁、萧炼子点校：《出三藏记集》，北京：中华书局，1995年版，第264页。

② 从《道行经序》相关内容来看，释道安认为无叉罗译出的《放光般若经》和支娄迦谶译出的十卷本《道行般若经》，二者所依据的胡本即是般若经的全本。然而释道安不知道的是般若经本有小品和大品两系，《道行般若经》属于小品，《放光般若经》属于大品。二者在内容和篇幅上都具有很大差异。而且从序文中"支谶全本，其亦应然"一句中的推测性语气来看，可知他在撰写这篇序文时并未读过支娄迦谶译出的十卷本《道行般若经》。

③ （梁）僧祐撰，苏晋仁、萧炼子点校：《出三藏记集》，北京：中华书局，1995年版，第227页。

④ （梁）僧祐撰，苏晋仁、萧炼子点校：《出三藏记集》，北京：中华书局，1995年版，第266页。

问题的答案应该同样蕴藏在释道安对该经翻译的评论中。释道安对汉译《放光般若经》曾多次发表评论，如在《道行经序》中：

> 由是《道行》颇有首尾隐者，古贤论之，往往有滞，士行耻此，寻求其本，到于阗乃得，送诣仓垣。出为《放光品》，斥重省删，务令婉便，若其悉文，将过三倍。善出无生，论空特巧，传译如是……何者？抄经删削，所害必多，委本从圣，乃佛之至戒也。①

在《略解序》中：

> 《放光》，于阗沙门无叉罗执胡，竺叔兰为译。言少事约，删削复重，事事显炳，焕然易观也。而从约必有所遗于天竺辞及腾每大简焉。②

在《道行经序》中，释道安先是指出朱士行西行求法的目的，就是为了解决《道行般若经》中的病句问题。而在取得《放光般若经》胡本之后，译经师无叉罗在译经过程中却又走了另一个极端："斥重省删，务令婉便，若其悉文，将过三倍。"为了照顾中国佛教徒的阅读习惯，无叉罗居然将胡本经书中三分之二的重复性内容悉皆删除。对于这种明显"善晋而未备胡"的翻译风格③，释道安表现出了复杂的态度：一方面他觉得这样的翻译是"善出无生，论空特巧，传译如是，难为继矣"，是"言少事约，删削复重，事事显炳，焕然易观"，可见他显然承认这种翻译风格具有无可置疑的优点。而另一方面，他又觉得这种翻译是"抄经删削，所害必多""从约必有所遗于天竺辞及腾每大简焉"，本质上违背了"委本从圣"的佛陀告诫。那么这种对胡文佛典的内容作大肆删削的翻译方式所导致的害处究竟是什么呢？笔者认为这种翻译风格所导致的"所害比多"首先表现为胡文佛典内容的遗漏。所谓"从约必有所遗"，那些胡文佛典中的大量出现重复性内容（天竺辞及腾）虽然不符合中土佛教徒的阅读习惯，但同样承载或蕴藏着重要的佛法信息。对这些内容的贸然删减，必然导致这些佛法信息的遗漏。而这些看似无足轻重却又关乎佛陀"委本从圣"之告诫原则的信息一旦遗漏的话，必然会对正确理解佛法造成巨大之阻碍。而从释道安的自述来看，对他正确理解《放光般若经》造成最大阻碍的就是汉译经文中出现的"首尾隐没"之"滞句"。换言之，释道安认为大肆删削式的佛典翻译同样导致了汉译经文中病句的出现。

---

① （梁）僧祐撰，苏晋仁、萧炼子点校：《出三藏记集》，北京：中华书局，1995年版，第264页。
② （梁）僧祐撰，苏晋仁、萧炼子点校：《出三藏记集》，北京：中华书局，1995年版，第265页。
③ （梁）僧祐撰，苏晋仁、萧炼子点校：《出三藏记集》，北京：中华书局，1995年版，第227页。

总而言之，释道安认为导致汉译佛典病句出现的原因有二：首先是抄撮本的原因，简言之就是胡文般若经的不完整一定程度上导致了以之为底本的汉译《道行般若经》中病句的出现。不过这一问题并不严重，因为以胡文全本般若经为底本的汉译《光赞般若经》和《放光般若经》同样出现了病句问题。可见翻译底本是否为全本并不是导致病句出现的根本原因。其次是翻译的问题。在释道安看来，无论是"善胡而质晋"的翻译风格，抑或是"善晋而未备胡"的翻译风格，二者都不是最佳的"折中"的汉译，都会导致经文病句的出现。

二、理解困难的解除

面对理解的困难，释道安需要做的是解决困难。从前述已知，导致理解的困难产生的原因是汉译般若经中病句的存在。而导致汉译般若经中存在病句的主要原因是翻译的问题。因此从因果关系上来看，如果妥善解决了翻译的问题，那么上述困难也就迎刃而解了。然而要想解决翻译的问题，首先需要有现成的全本胡文般若经作为底本，其次需要合格的译经师团队承担翻译工作，再者需要拥有雄厚的政治、经济力量的支持等。这些条件都不是普通的中土僧人所能够具备的。释道安在襄阳期间虽然已经是一位影响力巨大的高僧，却也没有能力开设译场。直到他到达长安贵为国师之后，这些条件才基本具足。释道安在到达长安四年之后，也确实组织了对大品般若经的新译，以此来解决旧译般若经中存在的"理解的困难"。

（一）通过不同版本之对勘以消除"理解的困难"

从现有资料来看，尚没有证据能够证明释道安本人能够直接阅读胡文佛典。在长安组织译场之前，释道安主要是通过不同版本汉译般若经之间的对勘以消除"理解的困难"。

如在《道行经序》中，释道安先是指出竺朔佛译出的一卷本《道行般若经》存在"颇有首尾隐者"的问题，从而导致"古贤论之，往往有滞"。朱士行为了解决这一问题，选择西行"寻求其本"。① 此处所谓之"本"，是指相对于竺朔佛依据的抄撮本而言的全本。换言之，抄撮本是依全本而来，竺朔佛译本又是依据抄撮本来。这其中隐藏着一个"以全释分"的解经思路：只要找到了代表整体的全本，那么作为全本一部分的抄撮本中存在的问题都将迎刃而解。朱士行西行至于阗发现了他认为的"全本"，最终成功将其送回中土并由无叉罗译出为《放光般若经》。释道安言下之意

---

① （梁）僧祐撰，苏晋仁、萧炼子点校：《出三藏记集》，北京：中华书局，1995年版，第264页。

是认为：目前所见之汉译《放光般若经》即是一卷本《道行般若经》所最终依据之全本，那么通过将《道行般若经》和《放光般若经》对勘的话，自然能够解决前者存在的首尾隐没之病句问题。《道行经序》最后一段内容如下：

> 安不量末学，庶几斯心，载咏载玩，未坠于地。捡其所出，事本终始，犹令析伤玷缺，厌然无际。假无《放光》，何由解斯经乎？永谢先哲，所蒙多矣。今集所见，为解句下。始况现首，终隐现尾。出经见异，铨其得否，举本证抄，敢增损也。幸我同好，饰其瑕谪也。①

从引文中"假无《放光》，何由解斯经乎"一句，可以证明释道安正是借助于《放光般若经》来理解一卷本《道行般若经》。从引文内容来看，释道安的解经思路如下：依据抄撮本译出的《道行经》本质上是依据全本译出的《放光经》的一部分，因此《放光经》的内容已然涵盖了《道行经》的所有内容；或者反过来说：《道行经》的所有内容（包括"首尾隐"部分）都能够在《放光经》中找到对应的部分。因此要想了解《道行经》令人费解的"首尾隐者"，只需要找到《放光经》中相对应的部分即可。释道安也确实是这么做的。他将《道行经》中的难懂部分挑拣出来和《放光经》中相应的经文内容作了比对。比对之后释道安发现，原先在《道行经》中无法明确看出来的"事本终始"，在《放光经》中都有着清晰的表述（"犹令析伤玷缺，厌然无际"）。换言之，经过比对之后，原先难以理解的地方现在都豁然而解。在《注经录》中，释道安谓曾就《道行经》"为《集异注》一卷"。② 结合他在序文中所谓之"今集所见，为解句下。始况现首，终隐现尾"的表述，可知"《集异注》"极可能就是序文中谈到的对《道行经》的集解。而释道安之所以能够从最初理解此经'往往有滞'到成功解除理解之困难乃至于撰写对此经之集解《集异注》，主要是得益于这种"举本证抄"也就是通过全本理解抄撮本的解经方法。

释道安对《光赞般若经》的理解同样采用了对勘的方式。在《略解序》中，释道安明确指出《光赞般若经》因其"言准天竺，事不加饰"导致该经同样存在"首尾隐没"之"滞句"问题，进而使得该经"辞质胜文也。每至事首，辄多不便，诸反复相明，又不显灼"。简言之，释道安在理解该经过程中同样困难重重。为了解决这一问题，它采用了借助于《放光般若经》以理解《光赞般若经》的解经方法：

> 考其所出，事事周密耳。互相补益，所悟实多。③

---

① （梁）僧祐撰，苏晋仁、萧炼子点校：《出三藏记集》，北京：中华书局，1995年版，第264页。
② （梁）僧祐撰，苏晋仁、萧炼子点校：《出三藏记集》，北京：中华书局，1995年版，第227页。
③ （梁）僧祐撰，苏晋仁、萧炼子点校：《出三藏记集》，北京：中华书局，1995年版，第266页。

之所以选择《放光般若经》作为理解《光赞般若经》的参考，原因有二：首先，释道安认为《放光》与《光赞》本质上是"同本异译"，即不同译者对同一个胡本般若经所作的不同版本之翻译，也就是他在《注经录》序言中所谓之"翻胡为晋，出非一人"。①因为是"同本"，则两个版本《般若经》的内容基本一致；因为是"异译"，由于译经师风格的不同，自然会导致两个版本的文风有很大不同。具体而言，《放光般若经》的文风是"善晋而未备胡"，是"辞文胜质"，故能表现出"言少事约，删削复重，事事显炳，焕然易观"的特色。而《光赞》的文风则和竺佛朔译《道行》一样，是典型的"善胡而质晋""辞质胜文"。《光赞》中之所以存在难以理解的"滞句"，原因正是和这种质朴文风有关。其次，基于二者之间这种"同本异译"的关系，从而为二者的对勘创造了必要条件。故而当释道安将《光赞》中的难懂经句挑拣出来与《放光》相应部分作比对之后，会发现在《光赞》中本来"每至事首，辄多不便，诸反复相明，又不显灼"的经句，在《放光》中则是"事事周密"。也就是说，在《光赞》中看起来模糊不清难以理解的地方，《放光》中与之相应的经句却都有着完整、清晰、准确的表述。因此，只要对照着《放光》，则《光赞》中所有难以理解的困难都能够解除。事实上也正是如此，释道安自谓通过这种对勘方法使得自己在理解《光赞》过程中"互相补益，所悟实多"。据《注经录》记载，释道安关于《光赞》曾留下《光赞折中解》和《光赞抄解》两种重要的研究文献。②想来这两种文献之所以能够产出，原因同样是受益于这种二经对勘的解经方法。

上述可知，释道安在理解《道行般若经》《光赞般若经》的过程中均参考了《放光般若经》。从这一点即可肯定：《放光般若经》中关于"首尾隐没"之"滞句"的问题应该是最少的，不然它就难以发挥出作为对勘底本的作用。不过即便如此，该经的"滞句"问题仍然存在，并对释道安理解该经造成了长期困扰。这一困扰直到他在长安亲自组织对大品般若经的翻译之后才"彻底"解决。在此之前，释道安对于《放光般若经》中的滞句问题的解决，应该也是参考其它译本的《般若经》。如他在《经抄序》中曾慨叹自己讲解《放光般若经》时"每至滞句，首尾隐没，释卷深思，恨不见护公、叉罗等"。所谓"护公、叉罗"，前者是《光赞般若经》的译者，后者是《放光般若经》的译者。由此可以证明释道安在理解《放光般若经》时参考了与该经同本异译的《光赞般若经》。另外虽然没有文献证据证明释道安同时也参考《道行般若经》来理解《放光般若经》，不过想来释道安这样做是完全可能的。

客观而言，在没有能力和条件阅读胡文梵语佛典的情况下，通过不同译本的对

---

① （梁）僧祐撰，苏晋仁、萧炼子点校：《出三藏记集》，北京：中华书局，1995年版，第227页。
② （梁）僧祐撰，苏晋仁、萧炼子点校：《出三藏记集》，北京：中华书局，1995年版，第227页。

勘确实有助于读者的正确理解。不过即便如此，这种对勘方法的局限性却也是不可回避的。该方法的局限有二：首先是版本的局限。不同译本的对勘需要立足于同本异译的前提之上。我们知道般若经本有大小品的区别，竺朔佛译出的《道行般若经》属于小品般若经系统，无叉罗译出的《放光般若经》属于大品系统。从大小品的区别就可以看出，二者并不属于同一个底本。故而《道行般若经》与《放光般若经》之间的对勘不但有可能无助于理解困难的消除，反而很可能会造成新的误解。其次是译本的完整度局限。《放光般若经》和《光赞般若经》属于同本异译，故而能够规避前面说的版本的局限。然而无叉罗翻译的《放光般若经》经过了大肆删削，其篇幅仅保留了胡本内容的三分之一。而《光赞般若经》既然是"辞质胜文"，则应该是保留了胡本全貌。释道安以《放光般若经》为参考来理解《光赞般若经》的做法，本质上是用不完整的删削本去理解相对完整的质朴本。这样做很容易导致新的问题：完整本中的语句很有可能在删削本中找不到对应的经文。这显然无助于我们说的困难的解除。

（二）通过组织翻译以解除"理解的困难"

释道安到达长安之后（378 年），开设译场的条件基本具足。因此在长安时期的释道安开始"利用他的佛教领袖的身份，积极组织佛教经典的翻译，并亲自参加具体的翻译活动"①。据方广锠先生的研究，释道安在长安"组织或住持翻译的典籍"（笔者按：引文中"住持"二字疑为"主持"）多达十三种。②这十三种文献中，与本节内容直接相关的是《摩诃钵罗若波罗蜜经抄》。在对该文献所作的序文中，释道安首先指出虽然经过不同版本的对勘得以使"理解的困难"大为减少，但这种困难并没有彻底消除，他在襄阳、长安两地讲经长期遭受着这种难以理解的困扰。直到他亲自组织了对大品《般若经》的翻译之后，这种困扰才得以基本消除。

据释道安在《经抄序》中的自述，胡文大品《般若经》传到中土后不久，释道安即组织"天竺沙门昙摩蜱执本，佛护为译，对而捡之，慧进笔受"。在此次翻译之前，中土已经有《放光般若经》和《光赞般若经》两个同本异译的译本广泛流传。盖是出于节约人力或者尊重旧译的动机，释道安组织的这次翻译并不是对胡文大品《般若经》全本的新译：

---

① 方广锠：《道安评传》，北京：昆仑出版社，2004 年版，第 227 页。
② 这十三种文献分别为：《十诵比丘戒本》《比丘尼受大戒法》《教授比丘尼二岁坛文》《比丘尼大戒》《鼻奈耶》《阿毗昙抄》《四阿含暮抄解》《摩诃钵罗若波罗蜜经抄》《鞞婆沙论》《阿毗昙八犍度论》《尊婆须蜜菩萨所集论》《僧伽罗刹所集经》《增一阿含经》。详见方广锠著《道安评传》，北京：昆仑出版社，2004 年版，第 227-242 页。

与《放光》《光赞》同者，无所更出也。其二经译人所漏者，随其失处，称而正焉。其义异不知孰是者，辄并而两存之，往往为训其下，凡四卷。其一纸二纸异者，出别为一卷，合五卷也。①

从这段自述可以看出，释道安是将胡本《般若经》划分为四部分内容。第一部分内容是"与《放光》《光赞》同者"，也就是胡本《般若经》中已经被旧译二经翻译出来且与胡本语义无歧义的这部分内容。对于这部分内容，释道安采用了"无所更出"的做法，也就是不再花费精力重新翻译。第二部分内容是"其二经译人所漏者"，也就是对比胡本《般若经》发现旧译《放光》《光赞》所不具有的经文内容。已知《放光般若经》在翻译过程中曾删削了三分之二的胡本内容，而《光赞般若经》虽然比较忠实于胡本，但由于胡本版本、译者翻译实践等种种原因而难以完全呈现胡本《般若经》全貌。旧译二经所不具有的这部分内容是释道安所关注的重点。面对这部分内容，他的做法则是"随其失处，称而正焉"，也就是对这部分内容作了认真的新译从而补正旧译之所缺。第三部分内容是"其义异不知孰是者"，即胡本《般若经》中已经被旧译二经翻译出来但与胡本语义有歧义的这部分内容。释道安对这部分内容还加了一个限定词"不知孰是"，即面对二者之明显歧义却又无法判断孰是孰非。这句话可以作出两种解读：首先一种是"其义异"和"不知孰是"二者之间是因果递进关系，即因为"其义异"所以"不知孰是"。若是这样解读，则可知释道安是认为有歧义的这部分内容均"不知孰是"，也就是全都无从判断孰是孰非。第二种解读是整体与部分的蕴含关系，即"其义异"中的"不知孰是"者。这样解读的话可知，释道安认为有歧义的这部分内容中有一部分"不知孰是"。这样也就蕴含了另一层意思：这部分有歧义的内容中有一部分"知孰是"，也就是说有一部分内容可以判定孰是孰非。朝着这样的思路来理解，在释道安组织或主持翻译的过程中，应该会对新译与旧译有歧义的这部分内容作了讨论，如果能够判定孰是孰非，则要么将其归为第一部分内容而"无所更出"，要么重新组织新译"称而正"之。如果无法判定孰是孰非，则就采用"辄并而两存之，往往为训其下"的做法，即在翻译过程中既对有歧义内容作出新译又保留旧译内容，二者并存的同时又针对双方的歧义作出进一步的解释（"为训其下"），从而将最终的理解问题留给了读者自行去判断。由于释道安"其义异不知孰是者"这句话本身即有歧义，故对这句话的语义所作的两种推测性理解都是可以成立的。不过从释道安本人对于佛典以及前辈译者极为尊崇的态度来看，笔者倾向于认为这句话应作第一种解读。然而无论何种

---

① （梁）僧祐撰，苏晋仁、萧炼子点校：《出三藏记集》，北京：中华书局，1995年版，第290页。

解读,都无法回避一个事实:以释道安为代表的译经团体同样无法判断一部分新旧译经文的孰是孰非。

既然无法判定是非,那么释道安的"为训其下"又该作何解释?笔者认为这句话盖有两种理解:首先一种是释道安本人无法判定是非,只能用训解的方式向读者解释其中歧义;第二种理解是译经团体对孰是孰非问题无法取得一致意见,释道安"为训其下"表达的是其个人对于孰是孰非问题所作之判断。① 换言之,释道安对于孰是孰非已经有了自己的判断,只是自己的判断无法获得大众的一致认可。在此两种推测理解的基础上,再鉴于《经抄序》中释道安对《经抄》所作之"于九十章荡然无措疑处,毫芒之间,泯然无微疹"的高度评价,② 可知至少释道安本人自认为已然彻底消除了先前困扰自己的"理解的困难"。故从这一点来看,笔者倾向于认为对于"为训其下"四字,应该采取第二种理解。不过即便如此,这种新旧译并存为训其下的做法已然承认释道安及其译经团体无法对新旧译孰是孰非问题作出明确一致之判断,客观上也就意味着"理解的困难"并没有因为释道安组织新译而彻底消除。第四部分是"其一纸二纸异者",这句话盖是就经文的篇幅大小而言。所谓"一纸",可理解为一张纸也就是两页的篇幅,"二纸"可理解为二张纸也就是四页的篇幅。"异者"二字比较好理解,所针对的是引文中的"同者",也就是"其二经译人所漏者"和"其义异不知孰是者"。相对于可以"随其失处,称而正焉"的文字篇幅,则"一纸二纸"的文字数量自然属于较大的篇幅。综上可以将这句话理解为"其二经译人所漏者"和"其义异不知孰是者"中篇幅较大的内容,则独立编辑为一卷。因此可知这部分内容其实和第二、第三部分内容本质上并无不同,唯篇幅较大而已。除此以外,释道安在《经抄序》的结尾处还特别指出:"其有方言古辞,自为解其下也。"③可知在翻译工作完成之后,释道安除了对新旧译"不知孰是者"有训解外,还对该经的新译内容中比较费解的"方言古辞"作了训解注释,他这样做的目的无外乎均是希望有助于读者对该经的理解。

同样是在《经抄序》中,释道安还就佛典翻译问题提出了著名的"五失本三不易"理论。关于释道安的这一翻译理论,笔者前期撰写了专门的学术论文并已发表在学术刊物上。除文章的基本观点需要作简要重申以外,相关论证过程不再赘述。笔者

---

① 在释道安组织译经过程中,译经团体成员之间确实时有争论。如《比丘大戒序》中既记载在翻译《比丘大戒》过程中有僧人慧常即反对译经"斥重去复";另在《鞞婆沙序》中有秘书郎赵政反对译经时"多嫌胡言方质而改适今俗"的做法。可见译经团体成员之间的讨论乃至争论是很正常的事,故而一时间无法取得一致的观点同样也是正常的。特别是在对待新旧译文的歧义问题上,对于孰是孰非问题想来争论应该更为激烈。

② (梁)僧祐撰,苏晋仁、萧炼子点校:《出三藏记集》,北京:中华书局,1995年版,第291页。

③ (梁)僧祐撰,苏晋仁、萧炼子点校:《出三藏记集》,北京:中华书局,1995年版,第291页。

认为"五失本"并非释道安提出的全新翻译理论主张，而是他对之前以及当时汉地佛经翻译做法的总结。通过对《经抄序》"三不易"以及后面相关内容的解读可知，释道安对译经"失本"的做法基本是持反对态度。释道安认为译经"失本"将会导致读者难以正确、全面地理解佛法旨趣，这是他反对译经"失本"的根本原因。[①]反过来亦可以说：因为译经"失本"会导致"理解的困难"，故而为了能够更好地消除"理解的困难"，释道安必然要反对"失本"。反对"失本"不仅仅是他译经理论的必然选择，这一点在他的译经实践中同样表现得非常明显。由前述可知，无论是他对旧译二经相关内容的保留，还是他对旧译不同内容的补足和并举，他的目的均是尽可能地呈现出胡文大品《般若经》的全部内容。而呈现胡文大品《般若经》之全部内容的本质，就是"不失本"，其目的则是通过"不失本"进而消除对《般若经》的"理解的困难"，实现对该经典的准确理解。

三、附论：释道安与支娄迦谶译本《道行般若经》的关系问题

在前文注释中，笔者简单谈到了方广锠先生对《道行般若经》版本问题的研究观点。方先生经过认真梳理考证后指出："历史上一卷本和十卷本《道行经》均存在，前者的译者是竺朔佛，后者的译者是支娄迦谶。"在本文讨论即将结束之际，笔者拟就释道安和娄迦谶译本《道行般若经》的关系问题附论如下：

笔者认为，释道安在撰写《道行经序》的时候，应该还没有读到过支娄迦谶翻译的十卷本《道行般若经》。理由有三：第一，《道行经序》中有"支谶全本，其亦应然"一句，这句话表明释道安知道支娄迦谶翻译的十卷本《道行般若经》的存在。释道安认为，竺朔佛译出的一卷本《道行般若经》所依据的是抄撮本，无叉罗译出的《放光般若经》虽然依据的是胡文全本，但却做了大肆删削。相对于抄撮本和删削本，释道安认为支娄迦谶译出的十卷本乃是"全本"。在《经抄序》中，释道安对支谶译经的评价是"审得胡本难系者也"。[②] 从这句评价可以看出释道安认为支谶译经的最大特点也是优点乃是尊重胡文佛典之原貌。他认为既然抄撮本和删削本都能够"足令大智焕尔阐幽"，那么支娄迦谶译出的全本"亦应然"，即同样能够"令大智焕尔阐幽"。然而从"其亦应然"这句话中所蕴含的推测语气可以看出，释道安在撰写这篇序文的时候应该还没有读到过支娄迦谶译的《道行般若经》。第二，释道安非常擅长通过各译本之间的对勘来消除理解的困难，如果他见过支谶译的全

[①] 论文详细内容请参见常红星《释道安译经"失本"态度问题补证》，《中国翻译》2021年第1期，第41–47页。
[②] （梁）僧祐撰，苏晋仁、萧炼子点校：《出三藏记集》，北京：中华书局，1995年版，第290页。

本《道行般若经》，不太可能不用它来对勘竺朔佛译的一卷本《道行经》。然而就目前文献所见，释道安确乎未曾利用支谶译本《道行般若经》来对勘竺朔佛本《道行经》。第三，根据《注经录》的记载，释道安先后注解了竺法护译出的《光赞般若经》、竺朔佛译出的《道行般若经》和无叉罗译出的《放光般若经》。而对支娄迦谶译出的十卷本《道行般若经》却只字未提。这也使得笔者倾向于认为释道安很可能在很长一段时间乃至终其一生都没有读到过支谶译的《道行般若经》。

《维摩诘经》与佛教的中国化

韩焕忠　苏州大学宗教研究所

内容提要: 中国人最为喜欢《维摩诘经》是佛教中国化的重要体现。自汉至唐,《维摩诘经》在中土凡经七译,其中有三部留传至今,而尤以后秦鸠摩罗什译本最为风行,体现了国人对《维摩诘经》及其译文的选择性偏爱,是佛教中国化的重要体现。该经在内容上表现出情节曲折、形象鲜明、想象奇特、义理深刻等几个极为显著的特点,从某种意义上讲,《维摩诘经》也是一部优秀的文学作品,由此形成了对《维摩诘经》的中国化的理解。《维摩诘经》甫一译出,即受到中土人士的普遍欢迎,一时讲席甚盛。在现存三个译本之中,吴支谦与唐玄奘的译本虽然也有弘扬,但注疏和讲说最多的,还是要数后秦鸠摩罗什的译本。在弘扬《维摩诘经》时所形成的众多注疏文本则体现了国人对《维摩诘经》的中国化解读。《维摩诘经》对中国文化的影响甚为广泛而深刻,这在绘画、变文、雕塑、诗词、语言等诸多方面都产生了非常明显的体现,于此也体现了国人在接受《维摩诘经》中的中国化特色。《维摩诘经》在体现佛教中国化的同时,也对中国文化产生了极为重大而深刻的影响。

关键词:《维摩诘经》;译本;内容;弘扬;影响

按照中央民族大学刘成有教授的观点,中国人在诸多的佛教经典之中,对某部或某些佛教经典的有选择性接受,是佛教中国化的具体形式之一。我们认为,中国人非常喜欢《维摩诘经》,对之一译再译,乃至七译,对之进行中国化的理解、解读和接受,这都是佛教中国化的具体体现。当然了,《维摩诘经》作为中国人最为喜欢的佛教经典之一,在中国译本众多、内容丰富、讲席兴盛、影响广泛,因而也对中国文化产生了极为重大而深刻的影响。

一、译本众多——中国化的翻译

自汉至唐,《维摩诘经》在中土凡经七译,即后汉严佛调所译《古维摩诘经》二卷,三国吴支谦所译《维摩诘经》二卷,西晋竺法护所译《维摩诘所说法门经》

一卷，西晋竺叔兰所译《毗摩罗诘经》三卷，东晋祇密多所译《维摩诘经》四卷，后秦鸠摩罗什所译《维摩诘所说经》三卷，唐玄奘所译《说无垢称经》六卷。其中三国吴支谦所译《维摩诘经》、后秦鸠摩罗什所译《维摩诘所说经》、唐玄奘所译《说无垢称经》留传至今。这些翻译，体现了国人对《维摩诘经》的选择性偏爱，是佛教中国化的重要体现。

支谦名越，号恭明，先祖为月氏人，其父于东汉灵帝时入籍中土。支谦生于洛阳，深沐华风，曾受业于同族支亮，精通汉文，兼学梵书，通达大乘佛教理论。献帝末，支谦随族人避乱南渡，被孙权拜为博士，受命辅导太子孙亮，亮亡后隐于苏州穹隆山，年六十岁卒于山中。自吴黄武元年（222）至建兴中（252），支谦译述佛教经籍数十部，今可确认者有《阿弥陀经》二卷、《维摩诘经》二卷、《了本生死经》一卷、《大明度无极经》四卷、《菩萨本业经》一卷等二十九部。支谦所译《维摩诘经》十四品品名为《佛国品》《善权品》《弟子品》《菩萨品》《诸法言品》《不思议品》《观人物品》《如来种品》《不二入品》《香积佛品》《菩萨行品》《见阿閦佛品》《法供养品》《嘱累弥勒品》。支敏度曾说："越才学深彻，内外备通，以季世尚文，时好简略，故其出经，颇从文丽，然其属辞析理，文而不越，约而义显，真可谓深入者也。"① 这是对支谦译经总体风格的概括，也适用于对他所译《维摩诘经》的评价。支谦所译《维摩诘经》在中国佛教史上也产生了很大的影响，鸠摩罗什的弟子，素有"秦人解空第一"的僧肇，"家贫以佣书为业，遂因缮写，乃历观经史，备尽坟籍，爱好玄微，每以庄老为心要。尝读老子德章，乃叹曰：'美则美矣，然栖神冥累之方，犹未尽善也。'后见旧《维摩经》，欢喜顶受，披寻玩味，乃言始知所归矣，因此出家。学善方等，兼通三藏，及在冠年，而名振关辅。"② 这就是说，本来已经精通儒家经史和道家老庄的僧肇，就是因为读了支谦所译《维摩诘经》而心生欢喜，对其佩服得五体投地，由此而出家为僧的。

鸠摩罗什（343—413），其先代本出印度婆罗门，其父鸠摩罗炎弃相位出家，东渡葱岭，远投龟兹，被龟兹王迎为国师，后被逼和王妹耆婆结婚，生鸠摩罗什和弗沙提婆二人。罗什于七岁随母出家，先后师从佛图舌弥、盘头达多、佛陀耶舍、须利耶苏摩、卑摩罗叉等，年甫弱冠，即精通三藏大小内外之学。高僧释道安在长安闻其盛名，多次劝说前秦王苻坚迎请罗什东来。建元十八年（382），苻坚遣兵西域，嘱大将吕光攻下龟兹后，速送罗什入关。建元二十年（384），吕光陷龟兹，俘罗什。但吕光素不奉佛，莫测罗什智量，以常人待之，逼罗什与龟兹王女结婚。次年（385）

---

① （东晋）支敏度：《合首楞严经记》，《出三藏记集》卷第七，北京：中华书局，1995年，第270页。
② （南齐梁）释慧皎：《高僧传》卷第六，北京：中华书局，1992年，第309页。

苻坚被杀，吕光割据凉州，自立为凉主，父子相继，罗什被滞凉州。直至后秦姚兴嗣位，于弘始三年（401）出兵西攻凉州，吕隆兵败投降，罗什才被迎入长安，时已五十八岁。后秦王姚兴敬重罗什，以国师待之，宗室显贵如姚旻、姚嵩、姚显、姚泓等，也都信奉佛法，尽力维护，公卿以下莫不归心。弘始四年（402）起，罗什先后译出《阿弥陀经》《大智度论》《百论》《大品般若经》《十诵律》《法华经》《维摩经》《华手》《小品般若经》《中论》《十二门论》《成实论》等经论，并于译经之暇，常在逍遥园澄玄堂及草堂寺讲说众经，培养了僧肇、僧睿、昙影、僧导、道生、慧观等一大批高僧。弘始十五年（413）四月，他因微疾，骤卒于长安大寺，时年七十。罗什所译《维摩诘经》十四品品名为《佛国品》《方便品》《弟子品》《菩萨品》《文殊师利问疾品》《不思议品》《观众生品》《佛道品》《入不二法门品》《香积佛品》《菩萨行品》《见阿閦佛品》《法供养品》《嘱累品》，对三国吴支谦所译《维摩诘经》多有采用，也有所是正。罗什之弟子、曾经亲预译场的僧肇记述翻译此经盛况云：" 大秦天王俊神超世，玄心独悟，弘至治于万机之上，扬道化于千载之下，每寻玩兹典，以为栖神之宅，而恨支竺所出，理滞于文，常恐玄宗坠于译人。北天之运，运通有在也。以弘始八年（406）岁次鹑火，命大将军常山公、右将军安成侯与义学沙门千二百人，于长安大寺，请罗什法师重译正本。什以高世之量，冥心真境，既尽环中，又善方言，时手执梵文，口自宣译。道俗虔虔，一言三复，陶冶精求，务存圣意。其文约而诣，其旨婉而彰，微远之言，于兹显然矣。"① 由于罗什本人在梵汉文学和佛教义理方面都具有非常好的素养，参与的僧俗大众也都是一时俊彦，从而使罗什所译的《维摩诘经》呈现出辞理俱优的特色来，成为中土最为流行的译本。

玄奘（602—664），俗姓陈，本名祎，河南洛州缑氏县（今河南省偃师县南境）人，其先代世为官宦，其父潜心儒学而早亡，遂依二兄长捷法师住洛阳净土寺，十一岁（620）熟习《法华》《维摩》，十三岁时（622）洛阳度僧，破格入选，听讲《涅槃》《摄论》。隋末兵乱，玄奘随兄由长安入成都，听讲《摄论》《杂心》《八犍度论》。唐高祖武德五年（622），玄奘在成都受具足戒。武德七年（624）离开成都，沿江东下，游历荆扬，再到长安，汉地经论，靡不深究，而讲筵所闻，异说非一，于是上表请允赴印求法，未获许可。贞观三年（629），时逢饥馑，朝廷准许道俗四出就食。玄奘得便西行，历经千辛万苦，越过沙漠葱岭，终于进入印度境内，随处遇见高僧大德，即便停留参学，如此且行且学，至贞观七年（633），到达那烂陀寺，从学于戒贤三藏，历时五年。此后玄奘又游历参学印度各地，凡经四年，返回那烂陀寺之后，为寺众讲解《摄论》《唯识抉择论》，并著《会宗论》三千颂、《制恶见论》一千六百颂。

---

① （后秦）僧肇：《注维摩诘经》卷第一并序，《大正藏》第38册，第327页中。

戒日王于曲女城建无遮大会，以二论标宗，任人难破，与会者有十八国王、各国大小乘僧三千多人、那烂陀寺僧千余人、婆罗门及尼乾外道二千余人，经十八天，无一人提出异议。玄奘因此获得"大乘天"和"解脱天"的尊称，这才辞别戒日王，携带几百部梵本和各种佛像，启程东归，于贞观十九年（645）正月到达长安。此后十九年间，玄奘译出《菩萨藏》《瑜伽师地论》《大般若经》等经论75部，1335卷，并撰写了《大唐西域记》等著作。唐高宗麟德元年（664）二月五日中夜，玄奘圆寂于玉华宫。唐玄奘所译《说无垢称经》虽然有六卷之多，但也是十四品，其品名为《序品》《显不思议方便善巧品》《声闻品》《菩萨品》《问疾品》《不思议品》《观有情品》《菩提分品》《不二法门品》《香台佛品》《菩萨行品》《观如来品》《法供养品》《嘱累品》。

学者们1999年在西藏自治区拉萨市布达拉宫发现了《维摩诘经》的梵文抄本，并于2001年将其公布于世。梵文学者黄宝生将梵文抄本与罗什、玄奘译本进行了对勘研究，得出了一些非常富有重要学术意义的结论。他说："如今我们依据《维摩诘经》梵本原文，对照阅读什译和奘译，可以发现什译文字倾向于适当简化，而奘译忠实于原文，基本上做到逐字逐句全部译出，不予删削和简化，必要时，文字还略有增饰。在将梵语转化为通顺的汉语方面，奘译和什译是一致的。什译文字也无刻意雕琢或注重藻饰的迹象。而奘译有时会受原文约束，译文显得不如什译简约流畅。"① 这无疑是对唐玄奘所译《说无垢称经》，特别是对后秦鸠摩罗什所译《维摩诘经》的充分肯定，表明这两部经典具有高度的准确性和可信性，而且还可以帮助我们理解罗什译本更为流行的原因所在。黄宝生还对鸠摩罗什和玄奘翻译风格的差异给出了解释，他认为："其中重要的原因就是鸠摩罗什的翻译，在转换成汉语这个关节上，倚重笔受。那些笔受并不通晓梵语，而是经过与鸠摩罗什讨论，领会意义后，直接用汉语表达，不怎么受梵语原文的束缚。而玄奘的脑子里始终装着梵语原文，也就会力求完整无缺地译出。"② 对于玄奘门人窥基（632-682）在《说无垢称经疏》中对罗什译本所作的诸多批评，黄宝生在进行了认真研究之后指出："窥基在经名翻译问题上对鸠摩罗什的批评不能成立。……现在看来，他至多学得一些梵语基础知识，并不真正通晓梵语。"③ "从这些品名的翻译可以看出，什译和奘译原本都具有相当的灵活性。而且，奘译的一些品名也借鉴什译。而窥基僵硬地以奘译品名

---

① 黄宝生：《梵汉对勘维摩诘所说经》，北京：中国社会科学出版社，2011年，第23页。
② 黄宝生：《梵汉对勘维摩诘所说经》，北京：中国社会科学出版社，2011年，第23页。
③ 黄宝生：《梵汉对勘维摩诘所说经》，北京：中国社会科学出版社，2011年，第25页。

为绝对标准，一味挑剔什译，缺乏批评的说服力。"①"对于什译和奘译中一些表述不同的语句，窥基也能指出其中有些奘译比什译更准确；有些只是表述方式不同，而意义一致。但也有一些批评不当之处。"②"综上所述，窥基对什译的批评大多不能成立。窥基这种翻译批评的致命弱点在于他不通晓梵文，不能依据梵本原文，比照什译和奘译，对什译作出实事求是的评论。而且，他怀有'门户之见'，言词之间明显透露出对鸠摩罗什抱有偏见，缺乏公允之心。"③黄宝生的这些研究结论，非常有利于人们增强对鸠摩罗什所译《维摩诘经》的信心。

另外，黄宝生对《维摩诘经》梵文抄本进行了今译，共有十二品，其品名为《佛土清净缘起品》《不可思议方便善巧品》《声闻和菩萨推辞问疾品》《问疾品》《示现不可思议解脱品》《天女品》《如来种性品》《入不二法门品》《化身取食品》《有尽无尽法施品》《取妙喜世界见阿閦如来品》《托付品》。支谦、鸠摩罗什和玄奘在翻译该经时，可能考虑到各品之间篇幅长短的均衡性，故而将《声闻和菩萨推崇问疾品》开为《弟子品》（奘译为《声闻品》）和《菩萨品》两品，将《托付品》开为《法供养品》和《嘱累品》两品，从而导致了梵文抄本与汉译本品数的不同。

二、内容丰富——中国化的理解

后秦鸠摩罗什所译《维摩诘经》问世之后，在中土深受喜爱，即便是唐玄奘所译《说无垢称经》，也无法望其项背。所以当人们提到《维摩诘经》时，如无特别说明，一般都是指罗什译本。我们此处所说的《维摩诘经》，也是就罗什译本而言。在笔者看来，人们之所以如此喜爱《维摩诘经》，除了罗什译笔简练、灵活、精当之外，还与该经内容极为丰富具有很大关系。具体而言，该经在内容上表现出情节曲折、形象鲜明、想象奇特、义理深刻等几个极为显著的特点，从某种意义上讲，《维摩诘经》也是一部优秀的文学作品，由此形成了国人对《维摩诘经》的中国化的理解。

《维摩诘经》讲述的故事情节极为曲折。佛经开始，谓佛住毗耶离大城庵罗树园，五百长者子各携供具，同来礼佛，听佛讲说心净则土净的道理。（《佛国品》）维摩诘寝疾在床，城主、长者、富商、官吏、民众等纷纷前往问疾，维摩诘趁此机会，为大众讲说身为苦本、危脆不实等法。（《方便品》）佛知维摩诘示疾之意，于是派遣舍利弗、目犍连、须菩提等十大声闻弟子前往问疾，而十大声闻弟子由于往昔皆曾遭到维摩诘的弹斥，纷纷推辞不堪诣彼问疾。（《弟子品》）佛又指示弥勒、

---

① 黄宝生：《梵汉对勘维摩诘所说经》，北京：中国社会科学出版社，2011年，第27页。
② 黄宝生：《梵汉对勘维摩诘所说经》，北京：中国社会科学出版社，2011年，第27—28页。
③ 黄宝生：《梵汉对勘维摩诘所说经》，北京：中国社会科学出版社，2011年，第28—29页。

持世、善德、光严四大菩萨弟子前往问疾,四大菩萨弟子往昔也曾遭到维摩诘的弹斥,故而也都推辞不能胜任。(《菩萨品》)最后还是文殊师利菩萨承佛圣旨,率领大众,前往问疾,维摩诘为说自己病因众生病而起,众生病因执著而起,以及如何慰问有疾菩萨、有疾菩萨如何看待己病等问题。(《文殊师利问疾品》)舍利弗久立思坐,于是维摩诘显现神通,从须弥灯王佛处借来三万二千高广师子之座。(《不思议品》)维摩诘向大众宣说众生虚幻不实之理,天女出来散花,与舍利弗探讨男女相不可得之理。(《观众生品》)维摩诘与文殊师利共同讨论"行于非道,通达佛道"的道理。(《佛道品》)三十二菩萨,各说入不二法门,最后维摩诘默然不说,文殊师利大为赞叹,以为此是真入不二法门。(《入不二法门品》)食时将至,舍利弗腹饥思食,维摩诘遣化人前往香积佛国,请来香积佛所食之余,使大众得享殊胜香饭。(《香积佛品》)众香国中有不少菩萨随维摩诘所遣化人来此娑婆世界,礼拜释迦牟尼佛,佛为讲说尽无尽解脱法门。(《菩萨行品》)维摩诘神通广大,引起人们的兴致,舍利弗发问其于何没而来生此,维摩诘以手断取妙喜世界,展示于众生之前。(《见阿閦佛品》)佛为大众讲说自己的本事故事,阐明诸供养中法供养最为殊胜。(《法供养品》)佛将此经付嘱弥勒,希望能流通将来。(《付嘱品》)《维摩诘经》叙述故事完整,情节曲折离奇,可谓是一波三折,引人入胜。

　　《维摩诘经》塑造的人物形象非常鲜明。从表面上来看,维摩诘也有妻子儿女、田园家产,生活在世俗之中,游走于市井、酒肆、赌场、妓院之间,五欲具足,与凡夫俗子没有什么两样。但作为一位精通佛法的居士,他善于利用各种时机解说佛理,弘扬佛法,使人们获得佛法的实际利益。即便在诸多方面允称笃一的佛之十大弟子,授记为一生补处、当来作佛的弥勒菩萨等人,也都无法掩盖其内在的光辉。他既可以与文殊师利等人侃侃而谈,显示出对佛法的圆融理解和讲经说法时的辩才无碍,也可以在三十二菩萨各说入不二法门时默然不语,显示出他对佛法智慧的灵活掌握和巧妙运用。他可以在自己的方丈之室中接待文殊师利等数千百万前来问疾的大众,可以从须弥灯王佛处借来数百万高广师子之座,可以派遣幻化之人前往香积佛国请来香积如来所食的香饭,还可以用手将妙喜世界阿閦佛国断取到娑婆众生的面前,让人们领略了什么是真正的神通广大。而他在释迦如来面前,却又展现出毕恭毕敬、洗耳恭听的一面,彰显出居士在佛教大众中应有的谦逊态度,堪称广大佛教居士的榜样。其他人物,如文殊师利,谦和、内敛,言谈举止极为得体,其形象塑造也是非常成功的。而舍利弗,作为声闻弟子的代表,在此经中作为反派人物,对于推动故事情节的开展,往往起到至关重要的作用。舍利弗号称智慧第一,所以他宴坐林中,受到维摩诘的弹斥,非常好地衬托出维摩诘智慧的超群;进入维摩诘方丈之室,他看到室中空无一物,心中想到座位的问题,促成了维摩诘借座灯王的机缘;座谈既久,他腹饥欲食，又成就了维摩诘请饭香积的机缘；而他对维摩诘的衷心称扬，则意味着大乘佛法对小乘佛教而言具有不可比拟的优越性。即便是在维摩诘室中散花的天女，其与舍利弗之间的斗智斗法，也对维摩诘形象的提升，对大乘佛法的殊胜，都起到了非常好的渲染和烘托作用。可以说，《维摩诘经》对维摩诘、文殊师利、舍利弗、天女等人物形象的塑造是成功的，给读者们留下了非常鲜明、非常深刻的印象。

《维摩诘经》展现的人类想象十分奇特。人生在世，其所受的局限至为显然：力不若牛马，猛不过虎狼；无翼可以飞升，无鳞可以沉潜；局促于百年之内，栖息于坯垴之间；能书写不过一二样文体，会说话难出两三种语言；经常触处有碍，不时心愿难圆；风流才子，临命终了，空怀遗恨；英雄豪杰，大限来时，仰天长叹。无论人类科学如何发达，要想从根本上解决人类的生存局限可以说都是不可能的，但人类可以借助想象，突破自身的局限，在思想中暂时实现完全的自由。如果我们以理性的态度来看《维摩诘经》的话，会深刻地体会到该经的奇特想象帮助人类实现了思想中的自由。维摩诘可以弹斥各称第一的十大弟子，可以指正弥勒、持世、善德、光严四大菩萨，可以与文殊师利对谈大乘佛理，可以向大众展示奇妙的佛国境界，这表明他是一位于佛法而得自在的佛教大居士，这类居士除了在《维摩诘经》中，在人类佛教史上还没有出现过，像维摩诘那样在知识和智慧的汪洋大海中实现自由自在的遨游，至少在目前，还只能存在于人类的想象之中。维摩诘可以在方丈之室中容纳下数千百万前来问疾的大众，可以容纳下从须弥灯王佛处借来的广博严净的高广师子之座，可以派遣幻化之人前往极其遥远的香积世界请来香积如来所食的香饭，可以将妙喜世界阿閦佛国旋转于自己的手掌之上，突破人类自身的时空局限，在大小、远近、古今之间实现如此自由自在、随心所欲的切换，我们说，也只能存在于人类的想象之中。因为截至目前，登上离地球文明最近的月球，或者发射探测器去探测火星的基本状况，对人类来说都是非常不容易的事情，而早在两千多年前，在《维摩诘经》诞生的时代，人们对于与地外文明的交流情况，都已产生如此丰富多彩的想象，从而为人类栖息自己的心灵开创了无穷广阔和无限多样的精神空间，这不能不说是人类极为奇特的想象。

《维摩诘经》讲述的故事情节虽然曲折，塑造的人物形象虽然极为鲜明，展现的人类想象虽然十分奇特，但毕竟是一部佛经，演说佛教的思想义理才是其最主要的职责和任务。《维摩诘经》所说"佛以一音演说法，众生随类各得解"，在充分保证佛作为最高权威的同时，也为佛法形态的多样性埋下了伏笔，成为后世中国佛教诸宗派判教的滥觞。该经所说"随其心净，则佛土净"，指明佛教修行的关键和重心，在于对心灵的呵护和净化，这无疑是为中国佛教的发展指明了致力的方向。维摩诘示现有疾，为前来探视的城主、长者、官吏、富户、平民等讲说此身危脆、不可久住等,是小乘佛教厌患现实、追求出离的体现。维摩诘对十大弟子、四大菩萨的弹呵,则是站在大乘佛教的立场上,对小乘佛教执著于佛法的破斥。而维摩诘与文殊师利在谈论中所表达的不舍道法而现凡夫事、行于非道而通达佛道,超越差别和对立、于二而入不二法门,不住无为、不尽有为,观身实相、观佛亦然等,都是极为深刻的佛法哲理,属于大乘佛教的精髓,中国佛教诸宗派的精义,如从本垂迹、发迹显本、默然顿入等,往往都可以溯源于此。其他如四圣谛、四无量心、四无所畏、五根、五力、六度、六道、八正道、八背舍、十力、十二因缘、三十七道品,如此之类的名相和义理,简直是俯拾皆是,这应当是这部经典深受佛教信众喜爱的根本原因。职此之故,在某种意义上,我们甚至可以说,《维摩诘经》就是一部不折不扣的站在大乘佛教立场上同时又包罗大小乘的佛法总纲。

总之,《维摩诘经》在中国不仅深受佛教界的喜爱,而且还获得了广大士大夫的欢迎,至今仍然散发着熠熠闪烁的思想光辉,展现出经典所特有的巨大的内在吸引力,对中国人的语言、思维、生活情趣、行为方式等诸多方面产生了深远而广泛的影响,就是得益于这部经典的凝练精当的文字表达、无比丰富的思想内涵和无限广阔的诠释空间。

三、讲席兴盛——中国化的解读

《维摩诘经》甫一译出,即受到中土人士的普遍欢迎,一时讲席甚盛。在现存三个译本之中,吴支谦与唐玄奘的译本虽然也有弘扬,但注疏和讲说最多的,还是要数后秦鸠摩罗什的译本。在弘扬《维摩诘经》时所形成的众多注疏文本则体现了国人对《维摩诘经》的中国化解读。

在鸠摩罗什之前,东晋高僧支敏度曾经将三国吴支谦、西晋法护和叔兰三个《维摩诘经》译本的优点和长处综合起来,组织成一个合本。在支敏度看来,《维摩诘经》乃是"先哲之格言,弘道之宏标也。其文微而婉,厥旨幽而远。可谓唱高和寡,故举世罕览"。传入中土之后,形成了支谦、法护和叔兰三个不同译本,"或辞句出入,先后不同;或有无离合,多少各异;或方言训古,字乖趣同;或其文胡越,其趣亦乖;或文义混杂,在疑似之间。若此之比,其途非一。若其偏执一经,则失兼通之功;广披其三,则文烦难究。余是以合两令相附,以明所出为本,以兰所出为子,分章断句,使事类相从。令寻之者瞻上视下,读彼按此,足以释乖迕之劳,易则易知矣。若能参考校异,极数通变,则万流同归,百虑一致。庶可以辟大通于未寤,阖同异于均致"①。也就是说，支敏度以三国吴支谦所译《维摩诘经》为母本，将西晋竺叔兰所译《毗摩罗诘提经》的相关内容附录于下，以便于读者对这两个译本展开比较，从而选择最为认同的译法。我们说，这也是支敏度在弘扬《维摩诘经》时，面对几种难分轩轾的不同译本，采取并列其译文的办法，也是实属不得已之举，不过我们由此也可以从一个侧面了解到，当时佛教界对《维摩诘经》已经达到非常喜爱的程度，正在想方设法萃集当时几种译本的优点和长处，试图形成一种比较完善的本子，而鸠摩罗什译本的出现，在一定程度上也使这种努力成为现实。

鸠摩罗什在翻译《维摩诘经》的同时，即开启了对这部经典的宣说和弘扬，而其座下弟子，如僧肇、僧叡、道生等，也都各尊所闻，各以所解，撰出了注疏这部经典的著作，这自然也是他们弘扬这部经典的底本和依据。素有"秦人解空第一"之称的僧肇，对此经也是称扬有加："其旨渊玄，非言象所测；道越三空，非二乘所议。超群数之表，绝有心之境，眇莽无为而无不为，罔知所以然而能然者，不思议也。……此经所明，统万行则以权智为主，树德本则以六度为根，济蒙惑则以慈悲为首，语宗极则以不二为门。凡此众说，皆不思议之本也。至若借座灯王，请饭香积，手接大千，室包乾像，不思议之迹也。然幽关难启，圣应不同，非本无以垂迹，非迹无以显本，本迹虽殊，而不思议一也。"②僧肇以权实二智、本迹二门概括此经的宗旨，实是具有将该经视为般若学总纲的意味。僧叡对此经的评价非常高，他说："五百应真之所称述，一切菩萨之所叹伏，文殊师利对扬之所明答，普现色身之要言，皆其说也。借座于灯王，致饭于香积，接大众于右掌，内妙乐于忍界，阿难之所绝尘，皆其不可思议也。高格迈于十地，故弥勒屈之而虚己；崇墉超于学境，故文殊已还，并未有窥其庭者。法言恢廓，指玄门以忘期；观品夷照，总化本以冥想。落落焉，声法鼓于维耶，而十方世界，无不悟其希音。恢恢焉，感诸佛于一室，而恒沙正觉，无不应其虚求。"③这就是说，维摩诘义理精湛，思想深刻，神通广大，盛名远播，成就了此经无比的殊胜，而僧叡本人又因为曾经亲预其译事，得到过鸠摩罗什的指导，故以平日所闻之义疏释此经，以便通其微旨，明其博辞，使其得到真正的理解和接受。我们说，由于僧肇、僧叡、道生等人都曾经亲炙鸠摩罗什，因此他们对《维摩诘经》的理解，自然带有当时译场中的诸多信息，实在是不可多得的理解《维摩诘经》的参考资料。

陈隋以降，中国佛教进入创宗立派时期，天台宗、三论宗、唯识宗、华严宗、

---

① （晋）支敏度：《合维摩诘经序》，《出三藏记集》卷第八，北京：中华书局，1995年，第310-311页。

② （晋）僧肇：《维摩诘经序》，《出三藏记集》卷第八，北京：中华书局，1995年，第309页。

③ （晋）僧叡：《毗摩罗诘提经义疏序》，《出三藏记集》卷第八，北京：中华书局，1995年，第311页。

禅宗等相继成立。这些宗派虽然没有一家是以《维摩诘经》为宗经，但却都对《维摩诘经》给予了充分的重视。

天台宗以《法华经》为宗经，虽然远推印度的龙树菩萨为高祖，但其实际创立者，却是有"东土释迦"之称的天台智者大师（538-597）。天台智者止观并进，定慧双修，道誉甚著，受到陈、隋两代帝王的皈敬，其弟子章安灌顶曾说："智者弘法三十余年，不蓄章疏，安无碍辩，契理符文，挺生天智，世间所服伏，有大机感，乃为著文。奉敕撰《净名经疏》，至《佛道品》，为二十八卷。"① 其言下之意，天台智者大师在三十多年的弘法生涯中，从来没有准备过什么讲稿或者讲义，他在讲经说法的时候，完全凭借自己对经文的准确记忆、卓越理解和无碍辩才，就非常好地能做到了既契合诸佛之理，又符合经典文句。在灌顶看来，天台智者大师的这种超群的智慧和能力就是天生的，因而折服了诸多的讲经说法之师，取得了世人的普遍信服。天台智者大师虽然著述等身，如《法华玄义》《法华文句》《摩诃止观》等这些载入中国佛教史的著作，都是在他讲经说法时由座下听讲的弟子笔录整理而成的鸿篇巨制。只有在特别重要的人物一再劝请之下，他才会进行亲笔著述，如早年在陈朝宫廷，因为受到俗家胞兄的劝请，撰写了《童蒙止观》；入隋之后，又受到扬州行营大总管、晋王杨广（即隋炀帝）的劝请，撰写了《净名经疏》，也就是《维摩诘经玄疏》，但是只撰写到《佛道品》，成二十八卷，后面的部分就由章安灌顶续写完成。由此可知，《维摩诘经玄疏》在天台宗诸多的经典中，具有特别的重要性。今天收录在各种藏经中的《维摩诘玄疏》，则是由其后学荆溪湛然削略改定的。天台智者大师判释《维摩诘经》云："此经以不思议人法为名，不思议解脱为体，不思议佛国因果为宗，不思议权实折伏摄受为用，不思议带偏显圆为教相。"② 部属方等，味当生酥，藏通别圆四教并用，后经《法华》之开权显实、发迹显本，藏通别圆四教并知圆理。《维摩诘经玄疏》的玄义部分后来被灌顶摘出，以《四教仪》十二卷的形式单行于世，成为天台宗集中阐发其五时八教判教理论的主要著作。灌顶所撰《天台八教大义》，谛观所撰《天台四教仪》，智旭所撰《教观纲宗》等，无不以此疏为依据。而孤山智圆撰《维摩玄疏垂裕记》，以张大天台智者、荆溪湛然之说，下而至于蕅益智旭、谛闲古虚等，亦莫不有弘扬《维摩诘经》的著作，从而使弘扬《维摩诘经》的传统在天台宗中得以传承和延续。

身经陈、隋、唐三朝的嘉祥吉藏（549-623）是鸠摩罗什、僧肇等所谓"什肇山门义"或者说"关河旧说"的继承者，同时也是中国佛教三论宗的实际开创者。他不仅著

---

① （隋）灌顶：《智者大师别传》，《大正藏》第50册，第197页下。
② （隋）智者：《维摩诘经玄疏》卷第一，《大正藏》第38册，第519页上。

有《净名玄论》,而且还著有《维摩经义疏》,对于弘扬《维摩诘经》可谓是不遗余力。他在《净名玄论》序言中说:"金陵沙门释吉藏,陪从大尉公晋王至长安县芙蓉曲水日严精舍,养器乖方,仍抱脚疾。恐旋南尚远,而朝露非奢。每省慰喻之言,游心调伏之旨。但藏青裳之岁,顶戴斯经;白首之年,玩味弥笃。愿使经胎不失、历劫逾明。因撰所闻,著兹玄论。昔僧叡、僧肇悟发天真,道融、道生神机秀拔,并加妙思,具析幽微,而意极清玄、辞穷丽藻。但斯经文约义富,意远义深,略阐未彰,广敷似现,故博采南北,捃拾古今,复检经论,微加檀思,实有过半之功,庶免徒劳之弊。"① 这里透露出,与智者大师应晋王杨广之请而著《维摩诘玄疏》一样,嘉祥吉藏的《净名玄论》也是因为与晋王杨广讨论《维摩诘经》而著述的,这里既透露出隋炀帝杨广对《维摩诘经》的喜爱程度,又反映出嘉祥吉藏对《维摩诘经》的终生弘扬,还彰显出这篇《净名玄论》是一篇汇聚古今精义的进呈之作,其精当是不容怀疑的。他在《维摩经义疏》序言中说:"以无言而无不言,故张大教网,亘生死流;以无像而无不像,则住如幻智,游戏六道。是故斯经人法双举。言其人者,所谓净名,以净德内充、嘉声外满,天下藉甚,故曰净名。岂止降魔劳怨,制诸外道,亦五百声闻自称不敏、八千菩萨失对当时。所言法者,谓不思议解脱也。内无功用,不假思量,外化幽微,物莫能测,谓不思议也。纵任自在,尘累不拘,道贯双流,二慧常并,谓解脱也。"② 这里对维摩诘的称扬,可谓是极尽赞叹之能事。而从这两则序言中,我们也可以清楚地感受到,嘉祥吉藏对《维摩诘经》的诠释充满了真俗二谛义、以无所得为究竟义,由此形成了他对《维摩诘经》的三论学解读。

唐玄奘的弟子慈恩窥基曾著《说无垢称经疏》,对乃师所译出的《说无垢称经》进行弘扬。窥基对《说无垢称经》推崇备至,他称赞此经说:"今此经者,含众旨之大虚,绾群筌之天沼。理穷真俗之府,迹轶心言之外。杳神机而靡测,湛粹德而难思。变百亿于足按,运三千于掌握。合盖罗于万像,彰尘岳之危浮。丈室总八希,照真场而永净。纳妙高于毫芥,境均大小;灌巨海于蹄涔,织齐宽狭。阐玄门之秘键,移觉苑之道狭,出朽宅之牛轩,渡洋河之象驾。"③ 他将《说无垢称经》视为包含佛教各种宗旨和诸多诠释的太虚、天沼,谓其已经穷尽了真俗二谛的宝库,超出了语言和思维的范围,神机莫测,道德纯粹,其中描述的神通,如按一下足趾就可以使百亿世界发生巨大变化,将三千大千世界运之于掌握之中,将诸多伞盖合而为一并包罗万象,彰显尘刹世界,方丈之室竟可以容纳诸多高广师子座而可以实现广狭

---

① (隋)吉藏:《净名玄论》卷第一,《大正藏》第38册,第853页上。
② (隋)吉藏:《维摩经义疏》卷第一,《大正藏》第38册,第908页下。
③ (唐)窥基:《说无垢称经疏》卷第一,《大正藏》第38册,第993页上。

自在、无厉迫隘，确实是开启玄妙法门的关键，佛法悟道的重大收获，将众生运出破烂宅院的牛车，将众生运到洋河彼岸的象驾。他称赞乃师的翻译说："所以西靡玉谍，东耀金姿，竞赏一真，已经六译。既而华梵悬隔，音韵所乖，或仿佛于遵文，而糟粕于玄旨。大师皎中宗于行月，镜圆教于情台，维绝纽而裕后昆，缉颓纲以格前范，陶甄得失，商榷词义，载译此经，或遵真轨。"①《说无垢称经》既然如此殊胜，故而在西天、东土普遍受到重视，至玄奘之世，已经有了六次翻译，但由于中华与西梵语言的隔绝，许多翻译只是略得仿佛，甚至竟成糟粕，好在玄奘大师深谙中道之宗，明了圆满之教，故而可以扭转此经翻译的局面，以精当的语言，准确展现前人的成就，以垂裕于后昆。他称赞说无垢称说："振金声于金口，扬玉字于玉麈。警涛群聪，宣畅云说。道融真宰，业擅灵机。韬紫袂以潜仪，偶玄儒以耀彩。或权或实，示寝疾而演大方；乍隐乍显、假对扬以光休命。播英声之十子，皆词道屈；标灌顶之一人，承威才暗。既清梵行，且肃神襟，雅誉远彰，名无垢称。"②对其人之辩才无碍、方便善巧、神通广大可谓是极尽称赏之能事。在笔者看来，称扬《维摩诘经》，弥扬维摩诘，是诸家之所同，但窥基为了突显玄奘译本之殊胜，竟不惜抹杀他本之贡献，则体现出强烈的自是而非他的宗派色彩，显示出小家子气来。

中国佛教华严宗和禅宗的诸位祖师虽然没有注疏过《维摩诘经》，但在他们的著述或者语录中称引该经的地方却是所在多有，这可以充分表明他们对该经是非常熟悉的，而且他们判释此经为顿教，在尊尚圆顿的中国佛教语境中，自然也是对该经的一种极大的推崇。近代以来，弘扬该经者亦不乏人，如月霞、太虚等，都留下了弘扬该经的讲录。时至今日，人们似乎仍然非常喜爱《维摩诘经》，只要随便在互联网上搜索一下，便可看到南怀瑾的《维摩诘的花雨满天》，净慧、明海的《维摩诘所说经浅释》，徐文明的《维摩诘经译注》，释心日的《图解维摩诘经》，黄宝生的《梵汉对勘维摩诘所说经》，等等，这些注释和翻译《维摩诘经》的著作都是非常畅销的书籍。

四、影响广泛——中国化的接受

《维摩诘经》对中国文化的影响甚为广泛而深刻，这在绘画、变文、雕塑、诗词、语言等诸多方面都产生了非常明显的体现，于此也体现了中土在接受《维摩诘经》中的中国化特色。

---

① （唐）窥基：《说无垢称经疏》卷第一，《大正藏》第38册，第993页上。
② （唐）窥基：《说无垢称经疏》卷第一，《大正藏》第38册，第993页上。

最早以画维摩诘著称的画家为顾恺之，但其作品早已佚失不传，因此，《维摩诘经》对中国绘画艺术的影响主要体现在各地的佛窟壁画上。有人总结说："维摩诘经变是敦煌石窟中常见的经变题材，仅莫高窟就有68个洞窟绘制这一内容。敦煌石窟中，维摩诘经变最早出现于莫高窟的隋代洞窟，此时大多是在佛龛的两侧分别画维摩诘和文殊菩萨；唐代及以后就非常流行了，画面人物更多，规模更大，内容更丰富，情节更复杂，场面更宏大，而且有些是通壁构图，有些是在门的两侧分别画维摩诘和文殊菩萨。"① 其中尤以莫高窟第103窟的维摩诘经变壁画最具代表性，论者谓其"体现了盛唐人物画的最高水平。此窟东壁南侧绘维摩诘坐于帐内，身体前倾，手持麈尾，目光炯炯，嘴唇微启，仿佛与文殊论辩的样子。这一人物形象虽然在很多洞窟都有表现，但在此铺壁画中，画家强劲的线描，把人物神情姿态表现得如此鲜活，十分难得"。② 榆林窟第32窟北壁的"维摩诘经变则把维摩诘幻化的妙喜世界画在中央，左侧画维摩诘，右侧画文殊菩萨。这样实际上是以佛国世界为中心的对称构图，是净土图构成与传统的维摩诘经变的结合。西侧的维摩诘身居宝帐内，头裹软巾，手执麈尾，身体微微前倾，注目露齿，滔滔不绝地与文殊菩萨辩论佛法。宝帐上方飘来须弥灯王所借的狮子座。宝帐前方绘天女戏弄舍利弗……上方画阿难乞乳……维摩诘的侧上方绘制方便品"③。龙门石窟现存维摩诘变相100多铺，云冈石窟现存维摩诘图49幅，涉及《问疾品》《菩萨行品》《香积佛品》《观众生品》《嘱累品》等，可谓是题材丰富，形式多样。此外，大足石窟中，也都有取材于《维摩诘经》的壁画。从这些壁画中，我们可以看出，中国人基本上是按照能言善辩的名士和足智多谋的智者来理解维摩诘的形象的。甚至到了宋朝，还出现了石恪、李公麟等以画维摩诘相著名的大画家。

在敦煌莫高窟，不仅保存《维摩诘经》变相，即取材于《维摩诘经》的壁画，而且还保存了在长安地区形成并流传于敦煌地区的《维摩诘经》变文，即改编自《维摩诘经》的讲唱文学。如《持世菩萨》中说："经云：时魔波旬从万二千天女，状帝释鼓乐弦歌，来诣我所。是时也，波旬设计，多排采女嫔妃；欲恼圣人，剩列奢华艳质。希奇魔女，一万二千；最异珍宝，千般结果。出尘菩萨，不易恼他；持世上人，如何得退。……魔王队帐离天宫，欲恼圣人来下界。广设香花申供养，更将音乐及弦歌。清泠泠空界韵嘈嘈，影缭乱云中声响亮。……"④ 也就是说，所谓《维

---

① 樊锦诗主编：《榆林窟艺术》，南京：江苏凤凰美术出版社，2014年，第60页。
② 赵声良、戴春阳、张元林：《敦煌文化探微》，南京：江苏凤凰美术出版社，2014年，第87页。
③ 樊锦诗主编：《榆林窟艺术》，南京：江苏凤凰美术出版社，2014年，第62页。
④ 项楚：《敦煌变文选注》，北京：中华书局，2019年，第583–584页。

摩诘经》变文,就是首先引一段《维摩诘经》的原文,接着以白话解释一番,然后再以韵文将其唱颂出来,已基本具备后世所谓大鼓、评弹等说唱艺术形式。再如《文殊问疾》中说:"经云:'佛告文殊师利,汝行诣维摩诘问疾。'言佛告者,是佛相命之词。缘佛于会上,告尽圣贤,五百声闻,八千菩萨,从头遣问,尽曰不任。皆被责呵,无人敢去。酌量才辩,须是文殊,其他小小之徒,实且故非难往。适来妙德菩萨,亦是不堪。今仗文殊,便专问去。于是有语告文殊曰:三千界内总闻名,皆道文殊艺解精。体似莲花敷一朵,心如明镜照潭清。常宣妙法邪山碎,解演真乘障海倾。今日筵中须授敕,与吾为使广严城。"① 其先引经文、再以散文解释、复以韵文唱颂的特征至为明显。《维摩碎金》则是对《方便品》的解释和唱颂,总体风格与上述文类似,此不具引。我们说,高僧大德们讲说《维摩诘经》,本来就是因为中土民众的喜爱,如今又改而为娱乐性非常强烈的讲唱,当更能促进《维摩诘经》在中土民众中的深入传播,而且还由此开启了中国的说唱艺术,自然也是包括《维摩诘经》在内的佛经变文对中国的一大贡献。

中土士民喜爱维摩诘,不仅图画之,讲唱之,而且雕塑之。塑造维摩诘像,还成了盛唐时期塑家圣手杨惠之的拿手绝活。北宋中期的苏轼初入仕途,出任凤翔府签判,在凤翔天柱寺看到杨惠之所塑维摩诘像,赋诗赞叹:"昔者子舆病且死,其友子祀往问之。跰跚鉴井自叹息,造物将安以我为。今观古塑维摩像,病骨磊嵬如枯龟。乃知至人外生死,此身变化浮云随。世人岂不硕且好,身虽未病心已疲。此叟神完中有恃,谈笑可却千熊罴。当其在时可问法,俯首无言心自知。至今遗像兀不语,与昔未死无增亏。田翁里妇那肯顾,时有野鼠衔其髭。见之使人每自失,谁能与诘无言师。"② 苏轼从杨惠之所塑维摩诘像联想到《庄子·大宗师》中的真人,倒是为我们思索维摩诘在中土盛行的深层文化因素提供了很好的启发。三十二菩萨各说入不二法门,维摩一默,其声如雷,被文殊师利赞叹为是真入不二法门。苏轼来观其像,只疑是维摩不语之时,杨惠之塑像的生动传神由此可见一斑。其弟苏辙见诗而和之云:"金粟如来瘦如腊,坐上文殊秋月圆。法门论极两相可,言语不复相通传。至人养心遗四体,瘦不为病肥非妍。谁人好道塑遗像,鲐皮束骨筋扶咽。兀然隐几心已灭,形如病鹤竦两肩。骨节支离体疏缓,两目视物犹炯然。长嗟灵运不知道,强剪美须插两颧。彼人视身若枯木,割去右臂非所患。何况塑画已身外,

---

① 项楚:《敦煌变文选注》,北京:中华书局,2019年,第619页。
② (宋)苏轼:《维摩像,唐杨惠之塑,在天柱寺》,《苏轼诗集》第一册,北京:中华书局,1982年,第110–111页。

岂必夺尔庸自全！真人遗意世莫识，时有游僧施钵钱。"① 通过对比，以文殊之丰满，凸显出维摩之精瘦，并通过外在形貌的疏缓彰显出其内在精神的超然和潇洒，使人对之生起无限的崇敬之意。苏轼苏辙兄弟二人俱以诗文有名于当时，垂声于后世，他们对杨惠之塑维摩诘像的推崇，自然可以对中国的人物雕塑艺术发生重要的引领和指导作用，乃至使本来已经久负盛名的杨惠之继续在中国雕塑界发挥着深远的榜样作用。

中土士大夫喜欢《维摩诘经》，也体现在他们的诗词创作之中。除了上引苏轼苏辙两兄弟歌颂杨惠之塑像的古诗之外，这里再略举数例，以概其诸。如唐白居易有一首《内道场永讙上人就郡见访善说维摩经临别请诗因以此赠》，其诗云："五夏登坛内殿师，水为心地玉为仪。正传金粟如来偈，何用钱塘太守诗。苦海出来应有路，灵山别后可无期。他生莫忘今朝会，虚白亭中法乐时。"我们由此可以看出，白居易对精通《维摩诘经》的内道场僧永讙上人很是推崇，并对这次分离充满了依依惜别之情。宋王安石也是诗文大家，他有一首《读〈维摩经〉有感》，其诗云："身如泡沫亦如风，刀割香涂共一空。宴坐世间观此理，维摩虽病有神通。"王安石因变法之故，赞之者谓其为"孟轲复生"，非之者说是"亡宋之元恶"，王安石从《维摩诘经》等佛教经典中获得了精神力量，使他不仅看到了自身存在的非真实性和虚幻性，也使他将世间毁誉看得极为疏淡，并从维摩诘的示疾说法中体会到了他利乐众生的伟大品格。南宋辛弃疾为苏轼之后的豪放词家，他有一首《祝英台近》，其序云："与客饮瓢泉，客以泉声喧静为问。余醉，未及答。或以'蝉噪林逾静'代对，意甚美矣。翌日为赋此词以褒之也。"其词曰："水纵横，山远近，拄杖占千顷。老眼羞明，水底看山影。度教水动山摇，吾生堪笑，似此个、青山无定。一瓢饮，人问翁爱飞泉，来寻个中静；绕屋声喧，怎做静中镜？我眠君且归休，维摩方丈，待天女、散花时问。"世俗以为山静水动，辛弃疾既然是厌喧喜静，就应当远离飞泉。但在辛弃疾看来，山映水中，与水俱动，因此喧静不在于山水，而在于心境，因此应像《维摩诘经》所说的那样，唯其心净，故国土净。辛弃疾言下之意谓，只要内心保持平静，则山水无不平静，这可以说也算是对《维摩诘经》的活学活用了。南宋末年的刘克庄是辛弃疾的追随者，他有一首《咏维摩》的小诗云："面色削瓜黄，眉毫覆雪长。安知四天下，只在一禅床。"实是作者虽卧病在床，但却心怀天下的真实写照。这类的诗词非常多，限于篇幅，此处不再列举。

《维摩诘经》对我们的日常语言也发生了非常显著的影响。如我们将佛教寺院和道教宫观的住持称为"方丈"，将厨房称为"香积"，请别人帮忙说是行个"方便"，

---

① （宋）苏辙：《杨惠之塑维摩像在天柱寺》，《苏辙集》第一册，北京：中华书局，1990年，第25页。

谓某处为"佛国净土",到佛教寺院去做"佛事",将那些至为重要的方法和路径称为"不二法门",谓那些非常奇妙的事情为"不可思议",说人们对自己的处境毫无觉察为"不知不觉",说那些能说会道的人为"辩才无碍",可以说得"天花乱坠",以"如睹阿閦佛国,一见不可再见"说某些时机非常珍贵,如此之类,莫不与《维摩诘经》有些关联。由此我们愈加可以体会到《维摩诘经》影响的深入和广泛。

（本文为国家社科基金重大项目"一带一路与佛教交流史"的阶段性成果,编号：19ZDA239）

略说《大智度论》中的布施法门

——读《大智度论》卷十一之檀波罗蜜义解

龚 隽 中山大学哲学系

内容提要：一、作为共法的布施：从儒、道到佛教之布施观念；
二、佛教布施观念的演化及《大智度论》关于布施的论述；
三、《大智度论》中之布施与波罗蜜。

关键词：布施；大智度论；波罗蜜；空

一

布施一般是作为具有佛教思想特征和标志性的一个概念而为人们所接受的，实际上，与布施相关的观念早已遍布于不同的思想传统之中，而成为一类具有共法性质的思想资源。以东方思想传统为例，中国传统之儒、道观念中，就含有类似的说法。① 如儒家有关布施的观念在《荀子》"哀公篇"中就有些记录。该篇所记孔子答哀公问贤人之道时，孔子回答说："所谓贤人者，行中规绳而不伤于本，言足法于天下而不伤于身，富有天下而无怨财，布施天下而不病贫。"② 布施在儒家看来，虽然只是贤人应当之所为，还未至圣人的境界，却不失为通达圣境的一种方便。③ 道家也提点到布施，并通常把布施的观念当作一般德性，而不是道的境界来加以论述。即布施在道家的思想系谱中是摆放在次于道境的层面来安立的。《庄子》"外物篇"

---

① 基督教传统说布施法也有相当高的意境，如《圣经·新约》中"马太福音"专设有"论施舍"的内容，其说："你施舍的时候，不可在你前面吹号，像那假冒为善的人在会堂里和街道上所行的，故意要得人的荣耀。我实在告诉你们，他们已经得到了他们的赏赐。你施舍的时候，不要叫左手知道右手做的；要叫你施舍的事行在暗中……"

② 见《二十二子》，上海：上海古籍出版社，1986年版，第360页。

③ 《荀子》"哀公篇"中所记孔子在讲完贤人之境时，接着就回答哀公关于圣人境界的问题。孔子说所谓"大圣"境界是"知通乎大道，应变而不穷，辨乎万物之情性者也"，并认为这样的总摄天地之情的大圣境界"若天之嗣，其事不可识"，已经进入无形无相之道境，"百姓浅然不识其邻"，即远非一般人所可为。（见《二十二子》，第360页。）照此义，则布施为贤者之方便，而未至道境。

中在论及儒家观念时,引诗经中的话说:"生不布施,死何含珠为?"① 这表示在庄子的看法中,布施不过是儒门的一个思想传统和境界,还未臻于道境。这一点在《淮南子》"齐俗训"中就说得更明确了,"齐俗训"对道儒关系有一境界高下的次序安排,即道家之道、德为至上,其次才流转下落为一般儒家之伦理意境,这就是道家所主张的道德之衰而后有仁、义。而布施也正是在义的层面才成为一种美德,所谓"为义者布施而德"。② 可以想见,无论儒、道两家有如何各自不同的思想论说,布施均成为其思想系统中的一个具有价值意义的观念,而有趣的是,儒、道提倡布施之德,又大都把布施限于事相上的一种美德,而非道体或圣域高度上的一种境界。

然而,在佛教的思想系统中布施不仅成为中心观念之一,而且获得了非常完整的论述。佛教内部的不同学派及不同时期的佛教思想有关布施的论述也呈现出很大的变化。大致而说,从原始部派佛教重于布施得福,到大乘般若学的兴起而提倡布施波罗蜜,布施的观念经历了由一般的重福德门而逐渐倾向于向解脱门的递进。这一变化是很值得佛教思想史家们注意的。

在佛教的观念中,布施最基本的意义就是通过给予而克服修道者自身的吝啬与贪心等习气,并扩展慈悲心量的一门修学功夫。即是说,布施的重点原本是为了修正、提升布施者自己而开展出的一门修学路径,而不只是为了受施者的得益。《中阿含》卷三中所说"常好布施,欢喜无恡"就是这个意思。③ 不过,佛为劝勉之义,又常在布施的观念之下开展出布施得福的各类论述,以此而激励学人。初期佛教关于布施的观念,大多重于此德福门的发挥。从汉文佛教文献的记录来看,初期佛教就比较倾向于以福报的观念来说布施的利益,如《中阿含经》中就有所谓"欲布施修诸福业""行欲布施,快修福业"等说法。④《长阿含经》中也把布施视为获得福报的三大法宝之一,经文是这样说的:"时王自念:我本积何功德,修何善本,今获果报,巍巍如是?复自思念:以三因缘,致此福报。何谓三?一曰布施,二曰持戒,三曰禅思,以是因缘,今获大报"⑤;该经还说道,通过布施可以延长寿命,"其人尽不悭贪而行布施,寿命延长至五千岁"⑥,等等这些,都表示早期佛教所论布施的观念是重于从福德门,而不是解脱门的方向来开展的。

到了大乘般若学出现的时代,大乘学人们发现,以福报思想为中心的布施观会

---

① （清）王先谦:《庄子集解》,北京:中华书局,1987年版,第239页。
② 《二十二子》,上海:上海古籍出版社,1986年版,第1252页。
③ 《大正藏》第1册,第438页下。
④ 分别见《中阿含》卷二十九、三十一,《大正藏》第1册,第611页下、623页下。
⑤ 《长阿含经》卷四,《大正藏》第1册,第23页下。
⑥ 《长阿含经》卷六,《大正藏》第1册,第41页中。

造成对佛法超越性的破坏，如果一味地强调布施以求善报，不仅无法完成佛法所要求的出世期待，其结果反失去了布施以修正自己的意味，而掉入了果报轮回而非超越之道。同时这样布施的观念也易滋生出各类执著，而为有漏布施。于是般若中观学在空性的高度来重新论究布施的意义，力主把布施与波罗蜜相结合，强调了以解脱道而非福报观为中心的布施观，这就是布施波罗蜜。布施波罗蜜在梵文中是 dāna 和 pāramitā 的合成词，Dāna 包含了给予、喜舍、施物等义，而 Pāramitā 意为到达彼岸、德行的圆满成就等。即是说，布施的最终目的，或所谓圆满的布施最终是要趋向完成于解脱道的方向。大乘般若中观一系的成立，在诸多中心观念方面都对初期佛教的思想进行了批判性的抉择，其倾向于对初期佛教中法有观念的执著进行批判，而主张法空不真。对于布施观念，也坚持要从空性的高度去理解才能够实现完美的布施。《大般若经》在讲到布施等法空性时就这样说："布施波罗蜜多如幻、如化、如梦所见，净戒、安忍、精进、静虑、般若波罗蜜多如幻、如化、如梦所见。何以故？以布施波罗蜜多等自性空故。"①

说布施法性空并非否定传统布施观念在佛法修学中的意义，而恰恰是力图在更高的意识结构和精神状态中去完成对布施的理解。对于传统佛教之布施观念，般若中观一系形成了相当系统和完整的论述。其一面保留了初期佛教关于布施得福的某些观念，而同时也有针对性地发挥了自家一门独特的布施思想。应该说，般若中观学把布施提点到六波罗蜜的高度来加以论究，不仅有意识和对治性地抉择了布施修福的观念，同时也把布施修福引向到解脱道的方面来进行论述，此即是把布施观念发展成为大乘六大波罗蜜法门之一。

般若经系统论布施波罗蜜，重视的就是通过布施而获得解脱。如《摩诃般若经》就提出两类布施，一是世间布施，一是出世间布施，而两类布施虽然境界上有高低次第的不同，却都明确地以指向涅槃解脱为目的。《摩诃般若经》卷七中说："是（世间布施）布施因缘，令众生得今世乐，后当令得入涅槃乐。是人布施有三碍。何等三？我相、他相、施相。著是三相布施，是名世间檀那波罗蜜。……云何名出世间檀那波罗蜜？所谓三分清净。何等三？菩萨摩诃萨布施时，我不可得、不见受者、施物不可得亦不望报，是名菩萨摩诃萨三分清净檀那波罗蜜。复次，舍利弗！菩萨摩诃萨布施时，施与一切众生，众生亦不可得。以此布施回向阿耨多罗三藐三菩提，乃至不见微细法相。舍利弗！是名出世间檀那波罗蜜。"② 世间布施与出世间布施在空性的理解上是有很大的不同，不过最终都是要成就一种波罗蜜的解脱。

---

① 《大智度论》卷八十二，《大正藏》第 25 册，第 458 页。
② 《大正藏》第 8 册，第 272 页中。

在这里，布施不再是作为简单获取福报的手段，而被赋予了高度的精神性超越向度，这样的布施才是清净的空性布施，是布施的波罗蜜。于是，般若中观所开展出的无相、无我布施等，都是为了证得出世解脱道而作的精神修炼。

有意味的是，圆满的布施与一般所讲布施不同，更甚而言之，在般若中观学的角度说，要实现布施波罗蜜，很大程度上还要以否定布施福报观为前提才能够达成，这就是空性布施的意义。布施好像是一双刃剑，有为、有所得的布施观一方面会带来福德，但在祈福布施的同时其不仅无法消除自我贪爱，甚至可能在行善的名义下长养更深细的、精神性的自我意识，因而造就一种更深层顽固的我执。于是，只有结合了清净、无相与无我的布施观才可能走向解脱，才是完美的布施波罗蜜。

二

般若经与中观论疏中有关布施的论述相当丰富，我们这里仅就《大智度论》中有关布施的观念略作分疏，以见此支流中有关布施观念之大体。《大智度论》是《摩诃般若波罗蜜经》（《大品般若经》）的释经论，相传为龙树菩萨（约公元150年至250年）所造。《大智度论》被誉为"佛教百科全书"，除了释《般若波罗蜜经》之外，还引用大量的经、律、论予以证说，因而在文献、教理及修行方面都具有很高的参考价值。不过近代以来，佛教学者们对该论的作者曾经提出不同的看法，如比利时著名佛教学者的拉莫特（Etienne Lamotte）、日本的干潟龙祥、平川彰和加藤纯章等，都对于传统所持《大智度论》的作者为龙树的说法提出过怀疑和修正。而印顺法师则在此诸说研究结论的启发下写出《大智度论之作者及其翻译》，对国外学界的各种论点详加辨析，提出自己的见解。关于此论历史学方面的问题，本文这里并不作深究，我们仅限于该论有关布施义理方面的讨论。①

---

① 关于《大智度论》点校、研究等，近代以来也颇有进展，本文均以学界惯用之《大正藏》本为引用本，有些标点略作修正。印顺法师对该《论》进行过标点，并撰有《大智度论校勘记》，该文原刊《为明》第93期，1979年12月。此外，关于该论的敦煌文本，近来学界也多有研究，此不赘述。佛教史上对该论的注疏也有部分保存，如北周的慧影著《大智度论疏》24卷，现仅存7卷（卷1、6、14、15、17、21、24）收在《卍续藏》第74册、第87册；《卍新纂续藏经》第46册。近代西方学者也颇有注意到此论之解读，如 Lamotte 教授法文译注 Le Traité de la Grande Vertu de Sagesse de Nāgārjuna（Mahāprajñāpāramitāśāstra，Tome I–V, Louvain, Louvain-la-Neuve, 1944, 1949, 1970, 1976, 1980 年，该翻译仅译出卷1–卷34；第五册末附有菩萨十地。Lamotte 的相关成果在中文翻译方面，目前只有台湾学者郭忠生的部分中译材料发表在《谛观》第62–69期。（1990年7月–1992年4月）（此中译本仅译出卷1至卷4，及 Lamotte 教授法文译注《大智度论》第三册序文（《大智度论》之作者及其翻译）。关于《大智度论》之研究，中外学界也有不少重要的研究已经发表，如印顺法师《大智度论之作者及其翻译》（收录于《永光集》 正闻出版社，2004年6月初版）、日本学者武田浩学的《大智度论の研究》（日本东京，山喜房佛书林，2005年10月）、加藤纯章等的《大智度论の总合的研究——その成立から中国佛教への影响まで》（平成十五年三月）等，这里就不详列研究书目。关于《大

布施一法在《大智度论》的不同论述结构中具有不同的意义与价值。如《大智度论》卷六说布施就世间法而言是妙智慧，而就佛法三学的比较来说，则是粗智慧，其云："世界巧慧，是名粗智慧；行施、戒、定，是名微妙慧。复次，布施智是为粗慧，戒、定智是名微妙慧。"①如果单就布施的观念开展来说，《大智度论》之论布施，把佛教内部有关布施之诸多说法作了综合性抉择，而大体从"有为法因缘果报相续"到"诸法实相毕竟空"来分别予以判释，即先说布施之福报功德，再以一切法自性空而把有为布施的观念提升到无为与空性的高度来加以消解与转升。该论对布施之福德果报作了较为详细的阐述，这里既包含了初期佛法所传各类布施求福的观念，也特别强调了布施以求解脱的方向。如《大智度论》卷十一专门讲到布施的功德，一方面讲其所获各类福报，同时也阐明布施可以作为成道的准备或"资粮"。如《论》中说"布施之德，富贵欢乐"，接着又说："布施之福，是涅槃道之资粮也；念施故欢喜，欢喜故一心，一心观生灭无常，观生灭无常故得道。"②于是，布施被结合到心法所观而具有了入道解脱的意味。

从外相上看，布施好像只是一种简单的物质或精神给予（财布施与法布施），而实际上，要深刻理解佛法布施的内涵必须结合到心法，即布施者内在境界来看，才可以有明确的认识。在《大智度论》的论述中，布施以求福只是布施法的方便说教，远不是布施的波罗蜜。《大智度论》重视的是以布施作为波罗蜜或解脱道方向的展开，所以《论》中说"是布施法，若以求道，能与人道"③，即布施以求道才是该论对布施赞叹的关键所在。《大智度论》对各类不同布施法的进行了分类与抉择，下面

智度论》之布施法研究，近有冯焕珍的论文"佛法中的布施波罗蜜及其现代价值——以《大智度论》为中心的研究"（见《大乘佛教与当代社会》，北京：东方出版社，2003年）；《佛教三乘布施观之探讨：以〈大般若经·布施波罗蜜多分〉为主要依据 菩提心思想》，（硕士论文，华梵大学东方人文思想研究所，2007年）等，可资参考。

① 见《大智度论》卷六，《大正藏》第25册，第106页上。

② 《大智度论》卷十一，《大正藏》第25册，第140页下。又本论就布施之福报说列举了详细的内容，如其这样说布施之种种利益："檀为宝藏，常随逐人；檀为破苦，能与人乐；檀为善御，开示天道；檀为善府，摄诸善人（施摄善人，与为因缘，故言"摄"）；檀为安隐，临命终时心不怖畏；檀为慈相，能济一切；檀为集乐，能破苦贼，檀为大将，能伏悭敌；檀为妙果，天人所爱；檀为净道，贤圣所游；檀为积善福德之门；檀为立誉聚众之缘；檀为善行爱果之种；檀为福业善人之相；檀破贫穷、断三恶道；檀能全护福乐之果；檀为涅槃之初缘，入善人聚中之要法，称誉赞叹之渊府，入众无难之功德，心不悔恨之窟宅，善法道行之根本，种种欢乐之林薮，富贵安隐之福田，得道涅槃之津梁，圣人大士智者之所行，余人俭德寡识之所效。""复次，好施之人，为人所敬，如月初出，无不爱者；好名善誉，周闻天下，人所归仰，一切皆信。好施之人，贵人所念，贱人所敬；命欲终时，其心不怖，如是果报，今世所得；譬如树华，大果无量，后世福也。生死轮转，往来五道，无亲可恃，唯有布施若生天上、人中，得清净果，皆由布施；象、马畜生得好枥养，亦是布施之所得也。"（均见《大智度论》卷十一，《大正藏》第25册，第140页上、中）不过，这些布施福报在《大智度论》有关布施的论述中，还是属于有为因缘果报法的范围，尚未达到空性或布施波罗蜜的高度。

③ 《大智度论》卷十一，《大正藏》第25册，第141页上。

就选择几个方面来略加说明。

1. 净布施与不净布施。大乘佛法重于以心法作为一切法最后之根据，布施法也是如此，并非一切的布施都是清净法的。即是说，布施并非只是简单地从施予财物或思想的外在行为来评断，完美的布施必须密切结合到布施者的心法。《大智度论》正是根据布施者行履布施时的这一内在性要求，来审查其布施行为的染净，于是而区分出净与不净两类布施。先看所谓不净布施，《论》中说："或有为求财故施，或愧人故施，或为嫌责故施，或畏惧故施，或欲取他意故施，或畏死故施，或狂人令喜故施，或自以富贵故应施，或净胜故施，或妒瞋故施，或憍慢自高故施，或为名誉故施，或为咒愿故施，或解除衰求吉故施，或为聚众故施，或轻贱不敬施。如是等种种，名为不净施。"① 当然，有关不净布施的项目不止这些，这里所列举的种种，都表明布施必须是纯粹的无目的性活动，任何带有私欲的目的性布施行为都可以看做是不净的。

相反，所谓的净布施则没有夹带任何自我目的性的动机在内。布施应该纯粹是出于为道解脱的。《论》中这样解说："为道故施，清净心生，无诸结使，不求今世后世报，恭敬怜愍故，是为净施。净施是趣涅槃道之资粮，是故言为道故施"。② 就是说，如果布施者把布施的行为只是单纯地引向自我的修学道业，而非为自我名闻利养等物质性的欲求，此即可以说是净布施了。

与此密切相关，《大智度论》又提出了"世间布施"与"出世间布施"一组概念来作说明，以世间说不净，而出世间说净，所以说"世间檀者不净，出世间檀者清净"。③ 这里进一步申明了布施的解脱意味，即唯有以出世而超越地指向解脱道的布施行为才可以说是清净的布施，《论》中解释说："有世间檀，有出世间檀；有圣人所称誉檀，有圣人所不称誉檀；有佛菩萨檀，有声闻檀。"④ 具体说，所谓世间布施指"凡夫人布施，亦圣人作有漏心布施，是名世间檀"。⑤ 出世间布施是"圣人虽有漏心布施，以结使断故，名出世间檀。何以故？是圣人得无作三昧故"。⑥ 净、出世与不净、在世布施在目的性上是完全不同的，此即是有漏心与无漏心之不同，只有"结使"断除，即属世的一切目的性被切断，解脱性的方向被开显才是这一区别的关键所在。而要做到这点，取径与方法上需在心法上作无为之功夫，这就是所

---

① 《大智度论》卷十一，《大正藏》第25册，第140页下。
② 《大智度论》卷十一，《大正藏》第25册，第141页上。
③ 《大智度论》卷十一，《大正藏》第25册，第142页上。
④ 《大智度论》卷十一，《大正藏》第25册，第142页上。
⑤ 《大智度论》卷十一，《大正藏》第25册，第142页上。
⑥ 《大智度论》卷十一，《大正藏》第25册，第142页上。

谓"无作三昧"。这一修学方法也就把布施行为上升到波罗蜜的高度了，此正是般若学的重要传统。如《大般若经》讲布施就如此说："诸菩萨摩诃萨由此智故，虽行布施波罗蜜多，而不得布施波罗蜜多"①，"若行布施波罗蜜多相，非行般若波罗蜜多"。②

世、出世布施的分别亦可从有相、空性来看，《论》中在讲到布施波罗蜜时也以有相、无相来作此分判，再次表示了以无相、空性、无我等心行布施法才是完满的出世间法："檀有二种：一者出世间，二者不出世间。今说出世间檀无相，无相故无所舍，是故言具足无所舍法。"③这些可以说，都是把布施观念般若学化了。④

2. 佛布施与魔布施。与净、不净，世、出世相关的一组布施观念，还可以通过"佛布施"与"魔布施"这两个概念来展开说明。《大智度论》这样说："檀有二种：一者魔檀，二者佛檀。若为结使贼所夺，忧恼怖畏，是为魔檀，名曰此岸。若有清净布施，无结使贼，无所怖畏，得至佛道，是为佛檀，名曰到彼岸，是为波罗蜜。"⑤这同样表示了这样的观念，即以清净心和解脱道为目的的布施才成为佛布施，而任何带有自我功利性和不以解脱为目的的布施行为就都可以说是魔布施了。在这里，魔并非一个人格化的存在，而是指导向一种错误的、非解脱化的概念。在般若中观学的立场看，真正的布施与其他大乘功夫一样，是一门要求相当高的修学方式，并不是简单的给予行为就可以圆满。可以说，一切不净、有相、有我等"世间布施"都是魔布施，只有清净、无我、无相的"出世间布施"，也即指向解脱道的布施才可以说是佛布施。

3. 大乘布施与小乘布施。因为布施的性质与心法相关，于是根据布施心量的大小不同，《大智度论》又区分出大乘布施与小乘布施，或说菩萨布施与声闻布施一组概念。若布施的目的是纯粹为了众生的需要，而非出于一己之私，则此布施之行为即为大乘布施；若布施是为自己求安乐，则此布施行为虽属善行，亦因其心量之狭劣而成为小乘之举。所以《论》中说："不为众生，亦不为知诸法实相故施，但求脱生、老、病、死，是为声闻檀；为一切众生故施，亦为知诸法实相故施，是为诸佛菩萨檀。"⑥又说："于诸功德不能具足，但欲得少许分，是为声闻檀；一切

---

① 《大般若波罗蜜多经》卷八，《大正藏》第5册，第42页中。
② 《大般若波罗蜜多经》卷三十九，《大正藏》第5册，第218页中。
③ 《大智度论》卷十一，《大正藏》第25册，第147页上。
④ 《大品般若经》就主张"虽修布施而不取相"，"以离相心修行布施波罗蜜多"。（《大般若波罗蜜多经》卷三百二十三，《大正藏》第6册，第649页上）
⑤ 《大智度论》卷十一，《大正藏》第25册，第145页中。
⑥ 《大智度论》卷十一，《大正藏》第25册，第142页中。

诸功德欲具足满,是为诸佛菩萨檀"。① "畏老、病、死故施,是为声闻檀;为助佛道,为化众生,不畏老、病、死,是为诸佛菩萨檀。"② 从这一论述看,大乘布施的完成基本需要具备两个条件,一是为他行,二是实相布施。说到底,布施的究竟义就是去除自我,不能夹杂丝毫欲念,同时,布施需要有正确的知见作为行为的引导,否则即是杂染布施,而非清净布施。所以《论》中说,菩萨的布施"为一切众生故施",所以才是"无漏无为"而趋于涅槃的波罗蜜。③ 大乘与小乘布施之别,表示了《大智度论》明确的菩萨道立场。

4.内布施与外布施。《大智度论》中以布施内容为主体而把布施分为内布施与外布施。即布施一般财物等为外布施,如果特殊情况的要求迫布施者自己的身体与生命等也需要给予或献出时,这一程度的布施则为内布施了。显然,内布施无论从难度或是情操上都是更高一级的布施方式。与此类似的,该论还根据布施物的程度不同把布施分为下、中、上三种不同层次:"檀有下、中、上:从下生中,从中生上。若以饮食粗物,软心布施,是名为下;习施转增,能以衣服宝物布施,是为从下生中;施心转增,无所爱惜,能以头、目、血、肉、国、财、妻、子尽用布施,是为从中生上。"④ 而要实现佛教所讲的布施极境,内外皆施,非布施波罗蜜不能完成。

5.财布施与法布施。财布施与法布施是布施法中最常见的一组观念,关于财布施,包括了上文所说内外布施的内容,这里就不多讲。《大智度论》在对这两类布施的阐明方面有些特别需要提点的地方。一方面,该论比较了两类布施之功德,而认为法布施要优胜于财布施。《论》中说"财施果报在欲界中,法施果报或在三界,或出三界。复次,口说清净,深得理中,心亦得之,故出三界"。⑤ 即是说,财布施所得功德福报还在三界内轮转,无法实现解脱道。法布施也要根据其布施的程度而分解为三界功德与解脱道的出世功德。怎样的法布施才是引向解脱道的方向呢?不是一般的讲说佛法都会引向解脱的。这里需要作些辩明。法布施不仅是把佛教的道理阐明给别人,重要的是布施法的动机与知见正确与否,否则即使说法与人,不仅不能度人解说,布施者自己也会因为邪见或名利等动机,反堕恶途。《论》中以佛教史上著名的毁佛者提婆达多为例,指出提婆达多就是因为一面"但求名利恭敬供养"的"恶心罪故",同时又"邪见罪多"这两点而无法成就"道清净法施",并且"生

---

① 《大智度论》卷十一,《大正藏》第25册,第142页中。
② 《大智度论》卷十一,《大正藏》第25册,第142页中。
③ 《大智度论》中说"菩萨施者,知布施不生不灭,无漏无为,如涅槃相,为一切众生故施,是名檀波罗蜜"。见《大智度论》卷十一,《大正藏》第25册,第145页下。
④ 《大智度论》卷十一,《大正藏》第25册,第150页上。
⑤ 《大智度论》卷十一,《大正藏》第25册,第144页下。

入地狱","死堕恶道"。① 因此,对于法布施来讲是一项需要非常郑重其事的行为。在法布施中,重点也还在心法,以清净心去布道弘法才是"真净法施",《论》中说"非但言说名为法施,常以净心善思以教一切,是名法施。譬如财施,不以善心,不名福德;法施亦尔,不以净心善思,则非法施"。②

此外,《大智度论》在比较财、法两类布施的难易时,还提到了一个意味深长的观念,即真正的法布施必须有佛当世才可能有,即法随佛而有,并非照经搬论地讲解法义就可以说是法布施的。"财施之法,有佛无佛,世间常有;如法施者,唯有佛世乃当有耳"。这是一个相当有挑战性的观念,于是,就大乘佛法的法布施成就来讲,难度是相当高。其原因就在于,正知见的建立与传递,必须是开佛知见后才成为可能,故《论》中这样说:"是故当知法施甚难!云何为难?乃至有相辟支佛不能说法。"③

三

从布施以求福的"有为法因缘果报相续"到最终的布施以成解脱道的"诸法实相毕竟空",《大智度论》把圆满布施与般若经所宣示的波罗蜜作了完美结合,即《大智度论》之论布施最高境界就是布施的波罗蜜。

要成就布施波罗蜜必须达到空性布施的意境,就是说,圆满的布施必须配合心法上修学到无相、无住与无我等无为的精神状态。从空性布施的高度讲,一切有为因果法的布施,虽然可以造就善因果报相续,而毕竟不是布施的波罗蜜。甚至从空性的意味来看,可以说,一切有为法的布施就是"魔布施"(如上文所说)。《大智度论》正是从佛、魔布施的区分,才开展出布施波罗蜜的说法。关于此,该论还从空性的方面来加以解释,即只有在布施中做到无施者、无受者和无施物三相体空,才是真正的空性布施或说布施波罗蜜,否则就是魔布施:"菩萨法中亦如是,若施有三碍:我与、彼受、所施者财,是为堕魔境界,未离众难。如菩萨布施,三种清净,无此三碍,得到彼岸,为诸佛所赞,是名檀波罗蜜,以是故名到彼岸。"④ 又说:"如凡夫人见施者、见受者、见财物,是为颠倒妄见,生世间受乐,福尽转还。是故佛欲令菩萨行实道,得实果报,实果报则是佛道。佛为破妄见故,言三事不可得,

---

① 《大智度论》卷十一,《大正藏》第25册,第143页下。
② 《大智度论》卷十一,《大正藏》第25册,第144页上。
③ 《大智度论》卷十一,《大正藏》第25册,第144页下。
④ 《大智度论》卷十一,《大正藏》第25册,第145页中。

实无所破。何以故？诸法从本已来，毕竟空故。"①

从形式上我们很难去判断一种布施行为是否成就一种波罗蜜，般若中观学的立场是把一切布施归约到心法的修学上来看，毕竟佛法的根本即在心法。所谓无相、无住、无我等无为法都要求布施者在布施中去修炼自己的心念，云除自己的吝惜与我执，借布施的行为而提升自己的精神境界，而不宜刻意去渲染布施善举，更不应从布施中而有所企图。特别有趣的是，《大般若经》第一百四十四卷提到一种"相似布施波罗蜜多"的概念，即是说，很多布施的行为从表面看很容易混淆一体。正如很多看似佛法的其实是外道法一样，布施的行为如果仅从表面去判断，很可能就会把一种"相似"的布施误解为"实相"的布施。这是所指"相似"法布施即是指一种以"有所得"的心去行布施。真实与圆满的布施要求，在布施过程中，无论是物质或声名的所得心都要予以去除，才有可能以布施道而入波罗蜜。《大般若经》明确地表示了要以无所得心行布施的思想："以此菩萨摩诃萨修行般若波罗蜜多时，以无所得而为方便，住布施、净戒、安忍、精进、静虑、般若波罗蜜多故，得于大有情众中定当得为上首。"②《大智度论》也发挥了这一观念，而主张布施的波罗蜜就是"一切物、一切种内外物，尽以布施，不求果报；如是布施，名檀波罗蜜"。③

《大智度论》还提出了完成布施波罗蜜所要求的诸多心法上的条件，如以平等心、恭敬心而行布施等。关于以平等心布施，《论》中说："菩萨能一切布施，内外大小，多少粗细，着不着，用不用，如是等种种物，一切能舍，心无所惜……于一切众生平等心施，施不求报；又得施实相。是名具足满。"④另外，《论》中又提出，只有以恭敬心圆满完成财、法布施才是波罗蜜。这里特别提到布施波罗蜜的完成在心法上的要求。前文说布施分财、法布施两类，但是如果这两类布施没有配合到心法上的转升就还不是圆满布施波罗蜜，于是本《论》才会在论及布施波罗蜜时再度提出了三法布施的原则，即在原有的财、法两布施外增加了心法的要求，所谓"檀有三种：一者物施，二者供养恭敬施，三者法施"。⑤这里所说的"恭敬施"，就是指"信心清净，恭敬礼拜，将送迎逆，赞绕供养——如是等种种，名为恭敬施"。⑥如《论》中还特别针对不同布施对象，提出了不同的布施心法："施贫穷下贱及诸畜生，是为怜愍施；施佛及诸法身菩萨等，是为恭敬施；若施诸老病贫乏阿罗汉、

---

① 《大智度论》卷十一，《大正藏》第 25 册，第 150 页上。
② 《大般若波罗蜜多经》卷四十七，《大正藏》第 5 册，第 264 页中。
③ 《大智度论》卷十一，《大正藏》第 25 册，第 145 页下。
④ 《大智度论》卷十一，《大正藏》第 25 册，第 145 页下。
⑤ 《大智度论》卷十一，《大正藏》第 25 册，第 146 页下。
⑥ 《大智度论》卷十一，《大正藏》第 25 册，第 147 页上。

辟支佛，是为恭敬怜愍施。"① 又，该《论》在讨论布施波罗蜜时，对于"福田"的观念也不再限制在一般福报的层面来解说，而是把福报的观念进行了内在化的心学转换，如《论》中这样解释两种福田观："怜愍福田，能生怜愍心；恭敬福田，能生恭敬心。"② 可以肯定地说，《大智度论》对布施法所作细密而系统的阐释，明确传承了般若经以空性而论布施的思想，而力图把一切布施的行为归约到佛之心法高度，去完成以解脱道为目的修学实践。这才可以说是真实的布施，是布施的波罗蜜。

---

① 《大智度论》卷十一，《大正藏》第25册，第147页上。
② 《大智度论》卷十一，《大正藏》第25册，第147页上。

玄奘、窥基一系的汉传唯识学与佛教中国化

——以法相唯识宗解释"转依"为中心

赵东明　华东师范大学哲学系副教授、华东师范大学觉群佛教文化研究所所长

内容提要：关于"转依"（āśraya-parivṛtti/ āśraya-parāvṛtti）的意义，在唐代中国法相唯识宗玄奘（602-664）糅译的《成唯识论》，以及其弟子窥基（632-682）的著作《成唯识论述记》中，其义理思想究竟为何？以及他们是如何注疏与解读其意涵的。这是本文想要探究的论题。因此，本论文将以心、心所认识论"四分"说的角度，以及特别以心、心所的三种"所依"（因缘依、等无间缘依、增上缘依），专举第八心王"阿赖耶识"为例，切入探讨与"转依"这一概念的联结，并以图表的方式，尝试呈现出唐代玄奘、窥基一系法相唯识宗对其注疏与解读的意涵。文末并以法相唯识宗的义理，略谈佛教中国化的问题。

关键词：转依；阿赖耶识；因缘依；等无间缘依；增上缘依；佛教中国化

一、前言

"转依"（āśraya-parivṛtti/ āśraya-parāvṛtti）[①]，在《成唯识论》中，有所谓"转

[①] 关于'转依'一词，梵文原文有两种"āśraya-parivṛtti/āśraya-parāvṛtti"。中文又有译作"转身"（"转"字有译作"回"字），真谛（Paramārtha, C.E. 499–569）还将其译作"阿摩罗识"。英文旨译为："the transformation of the basis""fundamental transformation""reversion of the source [of such depravities]""revolution of the basis""overturning [the basis on which the ātma-dharma circuit] depends"［分别见：Masaaki Hattori(服部正明)，"The Transformation of the Basis (Asraya-parivṛtti) in the Yogācāra System of Philosophy", in D.Henrich (ed.), *All-Einheit Wege eines Gedankens in Ost und West*, Stuttgart, 1985, pp. 100–108. 此文中译见：赵蔼详译，《瑜伽行哲学的转依义》，刊于国际佛学研究中心编译，《国际佛学译粹》第一辑，台北：灵鹫出版社，1991 年，第 59–70 页。Ronald Mark Davidson, *Buddhist System of Transformation: asrayaparivṛtti/parāvṛtti Among the Yogacara*, University of California, Berkley, 1985. David J. Kalupahana, *The principle of Buddhist psychology*, Albany, State University of New York Press, 1987, p.213. Dan Lusthaus, *Buddhist phenomenology: a philosophical investigation of Yogācāra Buddhism and the Ch'eng Wei-shih lun*, London RoutledgeCurzon, 2002, p.303］。关于印度瑜伽行唯识学派的"转依"理论，国外已有以此为题的两本博士论文研究：Ronald Mark Davidson, *Buddhist System*

依"的四种"义别",即:"能转道""所转依""所转舍""所转得"。以及"转依"的六种"位别",也就是:"损力益能转""通达转""修习转""果圆满转""下劣转""广大转"。而这"转依"的四种"义别"与六种"位别",便是构成《成唯识论》中关于"转依"理论的主要内涵架构。

在这之中,从理论意义上来说的话,以"转依"的四种"义别",显得更为重要。这是因为关于"转依"的涵义中,其被转变的"所依",以及能转变的"无分别智",都是在"转依"的四义中提及的。这分别是指作为"所转依"的二种"所依",亦即作为"持种依"的"阿赖耶识"与作为"迷悟依"的"真如"。以及作为"能转道"的三种"无分别智",亦即加行、根本、后得"无分别智",特别是没有"相分"而不具"相缚"的"根本无分别智"。

二、"转依"四义与"心、心所"法的三种"所依"及认识论"四分"说之关系

《成唯识论》"转依"的涵义,虽然包含有四种"义别"与六种"位别"。不过,《成唯识论》还认为,若仅仅就《唯识三十颂》第二十九颂的颂文:

无得不思议,是出世间智,舍二粗重故,便证得转依。(《大正藏》第 31 册,第 50 页下)①

---

of Transformation: asrayaparivrtti/paravrtti Among the Yogacara, University of California, Berkley, 1985. Hidenori S. Sakuma(佐久间秀范), *Die Āśrayaparivṛtti-theorie in der yogācārabhūmi* (Teil Ⅰ Ⅱ), Franz Steiner Verlag Stuttgart (German), 1990. 又,"转依"意义的相关说明及两种梵文原文争论之介绍,可参考:赖贤宗《"转依"二义之研究》,《中华佛学学报》第 15 期,台北:中华佛学研究所,2002 年,第 93-113 页(此文后来收于赖贤宗《如来藏说与唯识思想的交涉》,台北:新文丰出版社,2006 年,第 45-82 页)。以及可参看拙稿:赵东明《"转依"理论探析——以〈成唯识论〉及窥基〈成唯识论述记〉为中心》,《玄奘佛学研究》第 11 期,新竹:玄奘大学,2009 年 3 月,第 1-54 页。

① 本文所引《大正新修大藏经》(T)的数据,引自"中华电子佛典协会"(Chinese Buddhist Electronic Text Association,简称 CBETA)电子版。真谛《转识论》此句译为:"是名无所得,非心、非境,是智名'出世无分别智',即是境、智无差别,名'如如智',亦名'转依'。舍生死依,但依如理故,粗重及执,二俱尽故。粗重即分别性,执即依他性,二种俱尽也。"(《大正藏》第 31 册,第 63 页下)。霍韬晦译为:"彼无心、无得,是出世间智。所依得转换,舍二粗重故。"(霍韬晦,《安慧'三十唯识释'原典译注》,香港:中文大学出版社,1980 年,第 9 页)吴汝钧梵文语译为:"这是无心、无得。因而,这是出世间的智慧,是所依的转得。因舍弃了两种粗重。"(吴汝钧,《唯识现象学(一)世亲与护法》,台北:学生书局,2002 年,第 239 页)。Kalupahana 英译为:'It is without thought and without object. It is also the supramundane knowledge. Throught the destruction of the twofold depravities, there is reversion of the source [of such depravities].' (David J. Kalupahana, *The principle of Buddhist psychology*, Albany, State University of New York Press, 1987, p213.) 其它如 R.H. Robinson、Dan Lusthaus 之英译可参看:Dan Lusthaus, *Buddhist phenomenology: a philosophical investigation of Yogācāra Buddhism and the Ch'eng Wei-shih lun,* London: RoutledgeCurzon, 2002, p303.

上引文所说的"证得'转依'"这句话而言。"转依",乃是专指所证得的"果位"而言。这也就是指"转依"四种"义别"中的二种"所转得"的果位,亦即"所生得"的"(大)菩提"(即"四智相应心品",指与"成所作智""妙观察智""平等性智""大圆镜智"这"四智"相应的无漏心、心所),以及"所显得"的"(大)涅槃"("本来自性清净涅槃""有余依涅槃""无余依涅槃""无住处涅槃",这里特指后三种涅槃)。[①] 而这二种果位,也就是指成佛时所获得的果位而言。

因此,"转依",其狭隘的定义,根据《成唯识论》的说法,乃是指成佛后所得到的二种果位。不过,"转依"这一词,若是这种专指二种"所转得"的果位的这一意义,毕竟是比较狭隘的定义。《成唯识论》既然认为"转依"有四义,这四义与"转依"的六种位别,便都要算是"转依"的内涵。这是《成唯识论》中"转依"广义的定义。

至于《成唯识论》中所说的"转依"的六种"位别",分别是:"损力益能转、通达转、修习转、果圆满转、下劣转、广大转",这是继承自《摄大乘论》的说法。这六种"位别"的前四位,损力益能转、通达转、修习转、果圆满转,分别代表着唯识五位,也就是:资粮位、加行位、通达位(或见道位)、修习位、究竟位的唯识五位修道阶段。这方面,笔者认为是"转依"的一种动态修正的历程。而在持续修道下,最终达至"究竟位"的状态,笔者认为,这是"转依"意指究竟成佛的果位而言。而第五位,下劣转,则是指声闻、缘觉的"二乘位",他们若能回小向大,则亦可归为是"转依"动态修证的历程之一。至于第六位,广大转,则是指"大乘位",这亦是"转依"其意指究竟成佛的果位而言。

"转依"的四义,《成唯识论》中说是"转依"的四种"义别"。亦即,《成唯识论》认为,"转依",其意"义"有四种不同的内涵与差"别"。而这四种"义别"的每一种之中,又有两个意义,因此这可说是构成"四种八义"的"转依"说。[②] 其中"所转依",也就是"转依"的"所依"有两种,即作为心法之一的"持种依"之"阿赖耶识",以及作为"迷悟依"之"真如"(这二种都是一切染、净有为诸法的"所依")。而因为护法(Dharmapāla,约公元6世纪顷)认为每一"心、心所"法生起时,都具有认识结构的"四分"("相分""见分""自证分""证自证分"),而"心、心所"法则又有三种"所依"("因缘依""等无间缘依""增上缘依")。因此作为心法之一,又是"转依"二种"所依"的"持种依"之"阿赖耶识",它

---

① 《成唯识论》卷十:此"所生得",总名"菩提";及前"涅槃";名"所转得"。虽"转依"义,总有四种,而今但取二"所转得"。颂(笔者案,指《唯识三十颂》)说证得"转依"言故。(《大正藏》第31册,第57页上)
② 渡边隆生:《唯识思想の"転依"の意义とその体系》,《仏教学研究》56,2002年,第1–18页。

也具备"四分",以及"因缘依""等无间缘依""增上缘依"这三种"心、心所"法的"所依"。

而关于《成唯识论》及玄奘、窥基一系法相宗学者眼中,"转依"理论,有如下的关系:

> "转依四义"→"2所转依"(二种"转依"的"所依")→(1)"持种依"阿赖耶识(此时"能依"是一切染、净有为诸法);又因阿赖耶识乃是心法之一,因此具备认识结构的"四分";又有三种"心、心所"法的"所依"→①"因缘依"(阿赖耶识中的"种子",也作为所缘"相分",而与"现行"产生"俱时因果"之关系)、②"等无间缘依"(前一念刹那灭谢之自类阿赖耶识)、③"增上缘依"(第七末那识)

而在这些"转依"之"依"义中,又分别有"能依""所依"以及互相构成的"依"之关系。因此,以下笔者将以"第八阿赖耶识"作为"持种依",以及"因缘依""等无间缘依""增上缘依"时,各自不同的情形,分别阐释笔者的研究成果。

三、"心、心所"法的三种"所依"与"转依"之关系

"转依",究竟是什么呢?若从"转依"之"依"字来看的话。"依"字,《成唯识论》有如下:

> "依",是"缘"义。(《大正藏》第31册,第14页上)

上面的说法。也就是说"依"字是指缘起、因缘而生之意。这是指第八阿赖耶识,无始以来作为一切染、净有为诸法依之而生起的"所依"。因此,《成唯识论》还认为"转依"的"依"字,乃是指"所依"("依谓所依"),也就是缘生的"依他起性",作为所知的一切染、净有为诸法的"所依"之意:

> "依",谓"所依",即"依他起"与染、净法为"所依"故。(《大正藏》第31册,第51页上)

因此之故,作为"转依"二种"所依"之一"持种依"之"阿赖耶识",又被称作"所知依"。

而不论是如上之"'依',是'缘'义"的说法,或是"'依',谓'所依'"的讲法。这个"转依"的"依"字,其实都是意指阿赖耶识作为一切染、净有为诸法缘生"依"之而起的意思。因此,这"依"字,是《成唯识论》解释"阿赖耶识"

作为宇宙万法依因待缘而生起的一种说明。

在这个"'依',是'缘'义"的解释脉络下,《成唯识论》以缘起义"四缘"的说法("因缘""等无间缘""增上缘""所缘缘"),提出"心、心所"法具有与之相搭配的三种"所依",亦即"因缘依""等无间缘依"和"增上缘依"。而其中并无与"所缘缘"相对应的"所缘缘依"。窥基认为这是因为"所缘缘"影响心、心所的力量薄弱,故不能作为心、心所的"所依"。慧沼、道邑还认为这是因为梵文文法名词的第七格"处格",可以区分成"依声"和"于声",因为"因缘""等无间缘""增上缘"这三缘,都是属于"依声",故可作为"所依"。但"所缘缘"属于"于声",故不能成立"所缘缘依"。道邑还因此提出"依者,于义"(《大正藏》第49册,第463页下)的解释。①

并且,因为只有"心、心所"法具有这三种"所依",因此,"心、心所"法,又称作"有所依"。② 另外,《成唯识论》在解释"转依"四义中的"所转依"这一义中,还提出"转依"的"所依"有两种。亦即作为"持种依"的"阿赖耶识"与作为"迷悟依"的"真如"。

下面,笔者将分别以图示的方式,论述笔者本文对这"心、心所"法的三种"所依"与"转依"之关系的一些研究成果与看法。

(一)"心、心所"的三种"所依"——"因缘依""等无间缘依""增上缘依"

以下,笔者将以第八心王"阿赖耶识"为例,并分别以"能依""所依"与其所构成之"依"的关系,论述笔者对"心、心所"法之三种"所依"的一些研究成果与观点。

1. "阿赖耶识"的"因缘依"("种子依")

第八心王"阿赖耶识"的"现行",以其自身之"种子"作为"所依",这"所依"便称为"因缘依"。此时与"能依",即第八阿赖耶识的"现行",形成旧种子生第八识现行,现行(这是指前七转识,因前七转识才能作"能熏")熏新种子,三法辗转(旧种子、现行、新种子),因果同时的"俱时因果"关系。

但因是三法辗转,且"种子"不具备"俱有(所)依"的必要条件,故不称为"俱有(所)依"。而也可以构成"能依"(现行)、"所依"(种子),互相依持的"依"之情形。笔者将之图示如下:

---

① 可参拙稿:赵东明《法相宗"转依"之"依"义研究》,《台大佛学研究》第26期,台北:台湾大学文学院佛学研究中心,2013年12月,第57–110页。

② 可参拙稿:赵东明《唯识学关于"心、心所"法的三种"所依"——以〈成唯识论〉及窥基〈成唯识论述记〉为中心的探讨》,《玄奘佛学研究学报》第18期,新竹:玄奘大学宗教系,2012年9月,第195–238页。

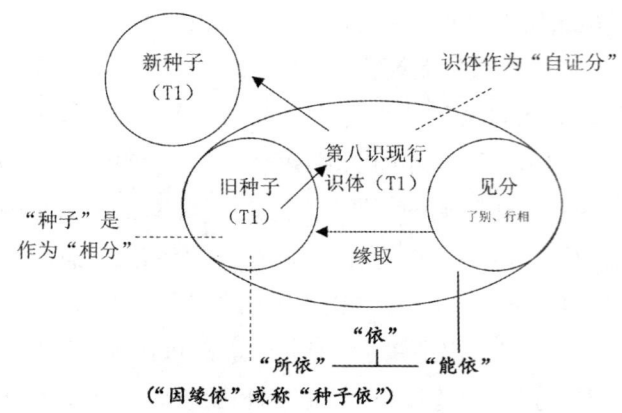

图表 1："阿赖耶识"的"因缘依"（"种子依"）
（旧种子、现行、新种子，构成三法辗转、俱时因果的关系）

2. "阿赖耶识"的"等无间缘依"（"开导依"）

第八心王"阿赖耶识"之"现行"，在此乃以其自类识为"开导依"。亦即前念一刹那灭谢之阿赖耶识，开避、引导后念一刹那之阿赖耶识的生起。这前念一刹那灭谢之阿赖耶识，作为"所依"，就是"等无间缘依"（又称"开导依"）。而后念一刹那生起的阿赖耶识，则是作为"能依"。

因为这里的情形，必须要等前一念刹那的"所依"灭谢，后一念刹那的"能依"才能生起，因此"能依""所依"并不能同时存在，故又称"不俱有（所）依"之外。"能依""所依"它们形成的"依"之关系，也是必须在前一念"所依"灭谢之后、后一念"能依"刹那生起之时，才能成立。笔者将之图示如下：

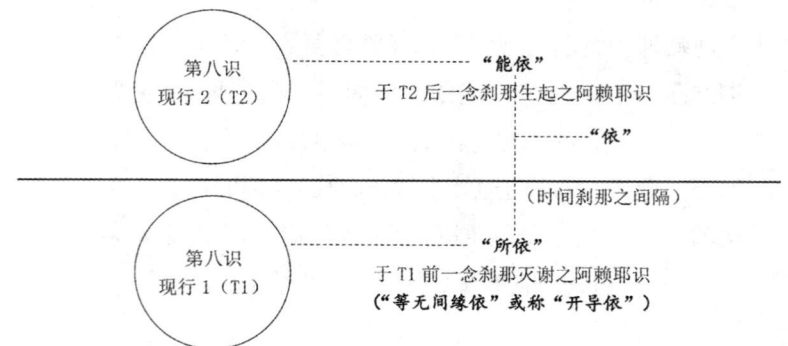

图表 2："阿赖耶识"的"等无间缘依"（"开导依"）
（前一念刹那灭谢之阿赖耶识，开避、引导后一念刹那之阿赖耶识的生起）

3. "阿赖耶识"的"增上缘依"（"俱有所依"）：

第八心王"阿赖耶识"的"增上缘依"，是指第七末那识。因为此时第七末那识作为"所依"这"增上缘依",与作为"能依"的第八阿赖耶识同时存在,故此情形,又称为"俱有(所)依"。"能依""所依"也互相构成"依"之情形。第七末那识还恒审思量地以第八阿赖耶识的"见分"为我。笔者将之图示如下:

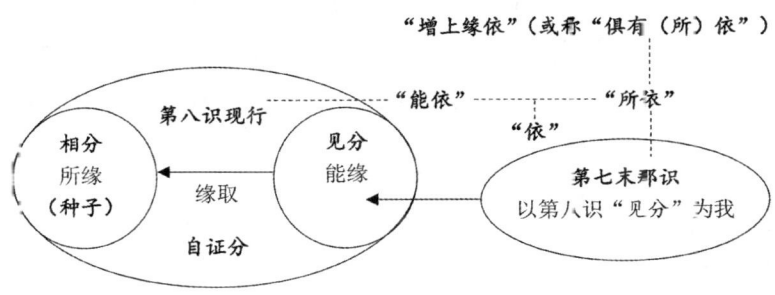

图表3:"阿赖耶识"的"增上缘依"("俱有(所)依")

(二)"阿赖耶识"作为"持种依"及其"因缘依""等无间缘依""增上缘依"

下面的图表,则是综合以上的所有观点,以"阿赖耶识"为例的图示:

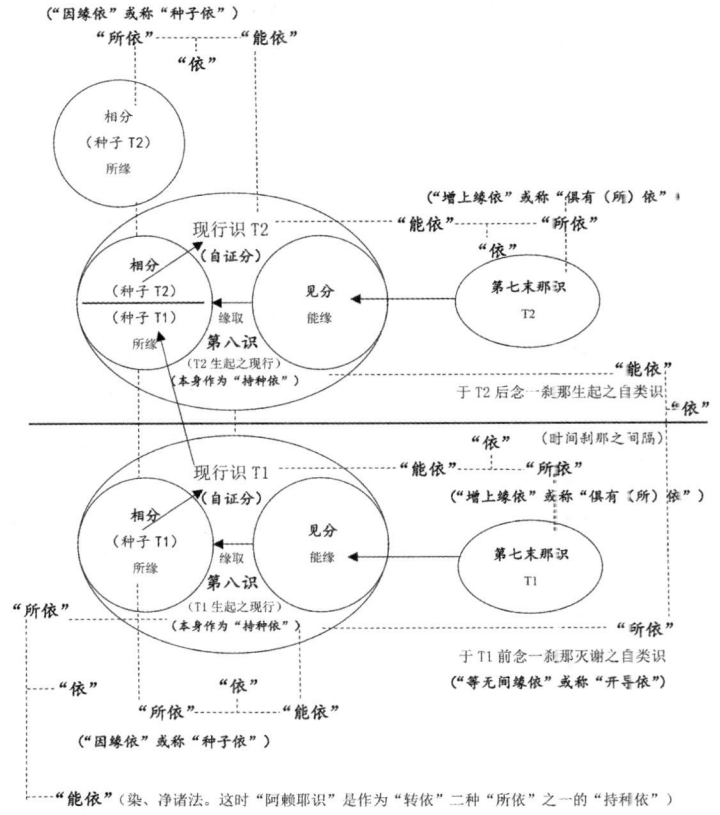

上图是以现行的第八心王"阿赖耶识"为例,绘制出其作为"转依"二种"所

依"之一的"持种依"之情形（另一"所依"是"迷悟依"，即"真如"）。此时"染净诸法"，乃是作为"能依"，并与作为"所依"的"持种依"之阿赖耶识，构成"依"之关系。

图中亦显示心法之一的现行"第八阿赖耶识"，其具有的三种"所依"，即"因缘依""等无间缘依""增上缘依"，以及各自的"能依""所依"与所构成之"依"的关系。并穿插以心、心法认识论的"四分"说角度切入，以清楚地呈现这些复杂的关系。

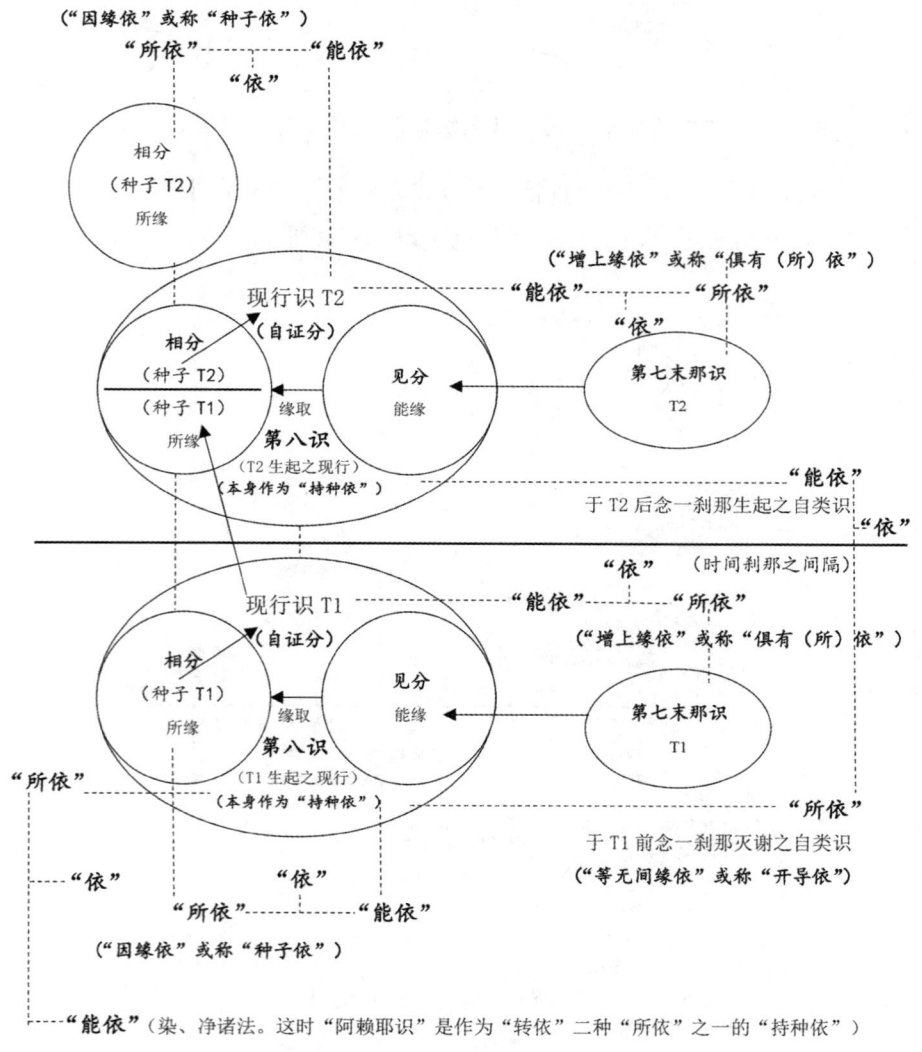

图表4：阿赖耶识作为"持种依"及其"因缘依""等无间缘依""增上缘依"

以上，是笔者本文的研究。但是，在这里，笔者还想用前人的研究说几句话：玄奘、窥基一系汉传唯识学的某些理论解释,正如艾伦·史彭伯格(Alan Sponberg)所指出的,相对于更后期的瑜伽行唯识学者而言,窥基的理论与先前的印度唯识学者相对更密切一些。但是另一方面,也如艾伦·史彭伯格所说的,窥基经常使用"体""用"这样的词汇定义如"依他起性"(paratantra-svabhāva)与"圆成实性"(pariniṣpanna-svabhāva)之间的关系,这个则是比较无法直接上溯至印度佛学的专门术语,而反映了六七世纪之间本土化的中国哲学,是一种"佛教中国化"的倾向与思维。当然,窥基对"三自性"(tri-svabhāva,"遍计所执性""依他起性""圆成实性")理论的诠释,虽然是中国式的,却也仍可属印度式的。另外,窥基他"体""用"一词的使用,也很可能反映了印度瑜伽行唯识学与如来藏真常心系之间的紧张调和关系,而这种紧张调和关系,也呈现在6世纪时早期中国法相唯识宗的发展之中。①这当然也是"佛教中国化"的一种现象与运动!

〔本文为国家社科基金一般项目:《成唯识论》"转依"(āśraya-parivṛtti/āśraya-parāvṛtti)思想研究(项目号:18BZJ009)的阶段性成果之一〕

---

① Alan Sponberg, "THE TRISVABHAVA DOCTRINE IN INDIA & CHINA: —A Study of Three Exegetical Models—",《龙谷大学佛教文化研究所纪要》No.21, 1982, pp. 110–111、112–113.

华严宗法脉传承的再讨论

——以慧因寺为契机

平燕红　南京大学哲学系

内容提要：学界基本沿袭"杜顺－智俨－法藏－澄观－宗密"这一师资传承谱系来进行相应的学术诠释，且近些年《华严宗佛祖传》《贤首宗乘》《宝通贤首传灯录》《华严血脉》等珍贵的法脉文献材料的现世，进一步弥补了学界对五祖宗密与九祖子璿之间的研究空白。但问题也随之而来，即宗派诠释背景下的这一华严师承谱系，其实质是法统传灯的谱系观念，并非是我们学术研究的历史事实，不同法系在自身正统性意识的驱动下各自编撰的法统谱系之间其实存在着矛盾或暧昧不清之处，也或有照搬全抄之嫌。故本文试图利用各系的法统文献来重新厘清子璿之前的华严师承谱系，并挖掘其背后的这一谱系的历史与建构过程，指出华严师资传承的谱系构建不仅关涉本派僧人的正统性，更与其时其地的寺庙制度相关联。

关键词：师资传承谱系；净源；慧因寺；正统性

华严宗在宗密（780-841）之后，经历了会昌法难及五代战乱，不仅华严典籍文献消散不存，此段时间内的华严宗师资传承谱系及华严学的发展情况也一直不为人所知，尤其是唐代宗密与宋代子璿（965-1038）之间被人称为华严学研究的"黑暗时代"，且子璿之后的研究也被局限于"二水四家"[①]之内。直至近些年廖肇亨、张爱萍、释定明等学者介绍了一批华严宗内部各系撰写的自派所承的谱系文献[②]，

[①] 关于"二水四家"的说法，王颂曾指出，所谓"宋代四大家，即道亭、观复、师会、希迪"的说法产生于日本，日僧凝然等人的著作中广泛采用了这一称谓，而同时期的中国典籍未见此说，大概经过近现代的学术交流，这种说法又传到了中国和朝鲜半岛，几乎成为定说，"二水四家"也成为宋代华严的代名词。王颂：《宋代华严思想研究》，北京：宗教文化出版社，2008年，第27页。

[②] 廖肇亨主编：《明清华严传承史料两种——〈贤首宗乘〉与〈贤首传灯录〉》，台北："中央研究院"中国文哲研究所，2017年；张爱萍：《〈贤首宗乘〉的作者及其学术价值》，《世界宗教研究》2014年第2期；释定明：《清代宝通贤首宗谱系构建与传承特点》，《佛学研究》2017年第2期。

华严宗在唐宋时期的师承谱系情况才拨开云雾。

但遗憾的是，学界现有的成果都侧重梳理华严宗内部直至清代分化出的雪浪、云栖、宝通、高原四系的谱系构建以及各系所撰的师承谱系的作者，虽然张爱萍在论文中有稍许提及昭信守真，但其论证拘泥于宗派史观，并没有发现各种史料之间的矛盾之处。此外，平燕红曾论述过唐末宋初的华严谱系传承，并详细比较了《宋高僧传》与华严宗派谱系中的守真，从同时代人的评价、后人对其的定位等方面重新定位了守真。① 正如彭滢燕所说的那样，"寺院法脉的传承不仅是师承问题，更涉及僧团权益的转移"②，而法脉谱系的撰写与确立也是同理（法脉传承是历史事实，但法脉谱系的撰写其实是一种历史构建），其谱系的撰写与成立也不仅仅涉及师父与弟子相传的历史事实，更是带有宗派正统性意识的历史构建，换言之，宗派内部的师承谱系其实是法统传灯的谱系观念，并不单纯是学术研究的历史事实，所以并不能无保留地接纳这些派系自身撰写的材料，更不能完全地以此来建立学术研究的基底，现有的所谓华严宗的师资传承谱系其实是多重建构的结果。

就现存这批史料所展现的继承谱系来看，其中仍有两个非常明显的问题值得我们注意：第一，法藏的法脉情况至今并不明朗。法藏（643-712）的嗣法弟子有宏观、文超、东都华严寺智光、荷恩寺宗一、静法寺慧苑、经行寺慧英等六人③，对法藏法脉的研究大都集中于慧苑一人，但又因后世评价慧苑此人"悉叛其说，灭后而得澄观"，故作为异端的慧苑研究也并非主流，在后世的各系所撰写的谱系中华严四祖均为澄观（738-839）、而非慧苑，大多都将文超、慧苑、法诜（慧苑弟子）、会稽神秀（法诜弟子）归入旁出，但根据存于日本的文献来看，文超、法诜、会稽神秀等人均有著作存世，且对后世的华严学发展起到了促进作用，那么站在如今的研究立场来看，法藏与澄观的百年间的华严学研究其实还远远不充分；第二，正如上文提及的那样，宗密与子璿之间的六祖玄珪、七祖月朗、八祖守真三人的真实身份为何？为何只有《宝通贤首传灯录》一文在守真与子璿之间放入九祖灵光洪敏（976-983？）、五祖宗密与六祖玄珪、七祖月朗与八祖守真之间分别有明确的师承关系，那么六祖玄珪与七祖月朗的关系为何？八祖守真与九祖子璿（或《宝通贤首传灯录》中的九祖洪敏）的关系为何？若前后二人并没有明确的师承关系的话，他们又因何成为祖师而被后代华严各系编入自己的法统谱系之中。这就涉及一个很

---

① 平燕红：《唐末宋初的华严系统》，《法音》2020 年第 8 期；平燕红：《关于"华严八祖守真"身份再检讨》，浙江大学东亚宗教文化研究中心等编《佛教史研究》第三卷，台北：新文丰出版公司，2017 年。

② 彭滢燕：《唐宋时期杭州径山寺的法脉传承与寺制改革》，《史林》2022 年第 2 期。

③ [高丽]崔致远：《唐大荐福寺故寺主翻经大德法藏和尚传》，《大正藏》第 50 册，第 285 页上。

重要的问题，即华严宗内部所谓的祖师传承谱系的撰写意识到底是从何时开始出现的？由何人首创？

基于此，本人拟通过考察现有保存于中日两国的华严宗内部各系撰写的师承谱系材料，首先揭露宗密与子璿之间的这段历史，并以六祖、七祖、八祖三人的身份剖析为切入点，再结合三祖弟子文超、慧苑以及其再传弟子等人的研究，深入挖掘这一谱系成立的历史与建构过程，并指出净源与慧因寺对华严师承谱系建立的重要性，或可对华严宗史研究、宗派研究范式的讨论有所裨益。

一、现存各类华严宗的师资相承谱系资料

华严宗在宗密之后的传承一直处于未解的状态，直至近年新资料的发现，其相关研究才有所进展，现可参考的文献有以下八类：

①明代·宋濂（1310-1381）撰《佛心慈济妙辨大师别峰同公塔铭》①（以下简称《塔铭》）

②清代·徐自沫（生卒不详）撰《浙江天竺山灌顶伯亭大师塔志铭》②（以下简称《塔志铭》）

③清代·仪润（生卒不详）证义《百丈清规证义记》中收录《贤首教观一宗》③

④清代·兴宗祖旺（1640-1731）与景林心露（1745-？）集《宝通贤首传灯录》④

⑤日本·凤潭（1657-1738）撰《诸嗣宗脉纪》⑤

⑥撰者不详《华严血脉》⑥

⑦清代·续法（生卒不详）撰《华严宗佛祖传》⑦

⑧清代·苏州永定寺西怀了惪（1650-1717）撰《贤首宗乘》⑧

其中⑦《华严宗佛祖传》和⑧《贤首宗乘》二文，根据张爱萍的研究，被认定为是关于华严宗的师资相承的重要材料。

笔者将上述材料分为以下三类：

---

① （明）宋濂：《佛心慈济妙辨大师别峰同公塔铭》，《嘉兴藏》第 21 册，第 609 页下 -611 页上。

② （清）徐自沫：《伯亭大师传记总帙》，《卍续藏经》第 88 册，东京：株式会社国书刊行会，1975-1989 年，第 396 页上 -398 页中。

③ （清）仪润证义：《百丈清规证义记》，《卍续藏经》第 63 册，第 498 页中 - 下。

④ 廖肇亨主编：《明清华严传承史料两种——〈贤首宗乘〉与〈贤首传灯录〉》，第 297-574 页。

⑤ [日] 凤潭：《诸嗣宗脉纪》，日本龙谷图书馆所藏，共 1 卷、8 页。

⑥ [日] 柴崎照和：《鎌倉期華厳宗の動向 [Ⅰ]》，《印度学佛教学研究》第 42 卷第 1 号，1993 年，第 60 页。

⑦ （清）续法：《华严宗佛祖传》，上海图书馆所藏，清代（1644-1911）刻本，共 6 册、14 卷。

⑧ 廖肇亨主编：《明清华严传承史料两种——〈贤首宗乘〉与〈贤首传灯录〉》，第 89-296 页。

第一类为①《塔铭》、②《塔志铭》、③《贤首教观一宗》，此三文是与佛教相关的人物的记录。

第二类为④《宝通贤首传灯录》、⑦《华严宗佛祖传》、⑧《贤首宗乘》，此三文是华严宗内部不同派系撰写的本系的传法谱系。

第三类为⑤《诸嗣宗脉纪》、⑥《华严血脉》，此二文是存于日本的涉及唐宋时期华严宗传法谱系的记录。

在呈现及使用这些材料之前，我们必须了解华严宗内部派系发展的历史背景，才能更客观地使用上述八种材料。华严宗自唐朝以来代不乏人，中间虽一度处于低落状态，但至明清之际又重现中兴之势，得到了很好的弘扬与发展，尤其明后叶至清初，华严一宗分为雪浪、云栖、宝通、高原四大法系，其中前三宗受到清初禅宗内部传法灯录的出版的刺激，在清初纷纷开始编撰自己派系的传灯法系。

释定明曾对第二类材料有过相关研究，根据其研究成果，可知明末清初高原、雪浪、云栖、宝通四大法系皆出自华严宗的鲁庵普泰门下，且雪浪、云栖、宝通三系均有自己的传灯谱系。若以时间维度考察三大法系各自的正统谱系的构建的话，雪浪一系最早编撰《贤首宗乘》，其次分别是云栖系的《华严宗佛祖传》和宝通系的《宝通贤首传灯录》，后二系关于各自正统性谱系的编撰，都受雪浪系正统性意识的影响，同时又有别雪浪系不同的方式追溯本宗嫡系传承和正统地位的构建。雪浪、云栖二系主要活动于江南，宝通、高原二系传法于京师。①

接着我们关注第一类材料。据①《塔铭》的叙述可知，大同弟子总该与宋濂之子宋璲持天衣万寿禅寺元净住持的行状，请宋濂为别峰大同（1289-1370）作此碑铭，宋濂根据元净的这一行状而完成此塔铭。② 元净是故灵隐寺的住持朴隐禅师（1312-1378），讳元净、字天镜、别号朴隐，是元叟端禅师的弟子③。他与别峰大同一样都与忠介公泰不华、黄文献公溍等人有密切的往来，再加上二人皆在越州行法，故很有可能二人有私交。此外宋濂也曾先后随黄溍、柳贯、吴莱、闻人梦吉等人受学，其中黄溍对他影响最大，故猜测宋濂所撰此碑铭的缘由应正是元净与黄溍。而宋濂在其中所录的华严传承谱系是以江南地区的华严僧为主体，反映的是江南地区的华严宗人的法统观念，更具体说来是来自别峰大同一系的法统观念。

---

① 释定明：《清代宝通贤首宗谱系构建与传承特点》，第 309-319 页。
② "及公既殁，公之徒总该，久与濂仲子中书舍人璲游，乃奉天衣万寿禅寺住持元净状，来求铭濂，久未及为，而遽为该，请之愈力。今该以材获选俾返初服，为河间长芦都，转运盐使司判官，又移书申言之。今家食多暇，据状所书，推原传授行业之详而为铭。"（明）宋濂：《佛心慈济妙辨大师别峰同公塔铭》，《嘉兴藏》第 21 册，第 611 页上。
③ （明）宋濂：《故灵隐住持樸隐禅师净公塔铭》，《嘉兴藏》第 21 册，第 612 页中–613 页中。

从②《塔志铭》的标题及内容来看，徐自洙为泗水佛弟子①，他受浙江天竺山续法（⑦《华严宗佛祖传》的作者）的嗣法门人所请于雍正六年（1728）撰写此《塔志铭》，其中所载当为徐自洙从续法本人或其弟子处得知的信息，故应与云栖系所传的续法一脉的师承谱系⑦《华严宗佛祖传》一致。

从③《贤首教观一宗》的"广通达庵为二十四祖，鲁庵普泰野庵为二十五祖，真圆大方遍融为二十六祖，云栖莲池袾宏佛慧为二十七祖，土桥绍觉广承明理为二十八祖，莲居新伊大真为二十九祖，宝轮德水明源为三十祖。（此乃略序贤教正宗源委，其余支繁，不及一一详载）"来看，《贤首教观一宗》所载的华严宗法统谱系当为云栖袾宏的传承，但有趣的是，与云栖系⑦《华严宗佛祖传》中所载的"西土第十四祖龙树"不同，《贤首教观一宗》仅载西土"初祖龙树"③一人，除此之外二者关于汉地的传承是一致的。

最后一类为现存于日本的⑤《诸嗣宗脉纪》与⑥《华严血脉》，此二文都载有中国与日本两国的祖师传承，具有非常重要的研究价值。

⑤《诸嗣宗脉纪》④是活跃于江户时代中期的华严日僧凤潭（1659-1738）撰写的关于日本各个宗派的师资传承谱系的记载。宇都宫启吾指出，《诸嗣宗脉纪》中除净土真宗以及禅宗之外其余各宗的谱系都被广泛记录在册，尤其是包含了南都六宗以及天台宗、真言宗在内的所谓"八宗"谱系。⑤但仅从其内容来看，很难判断凤潭是基于怎样的标准给出的这一传法谱系，他似乎是在搜集各种资料（包括传记、佛教典籍、法脉材料等）的基础之上，将涉及华严学的所有人物均纳入其中。关于此点，笔者想给出两个证据：其一，撰有《起信论集释记》的元朗仅出现在义天录及《圆宗文类》中，凤潭在其谱系中记载元朗为"元朗，起信疏集释记上下，出圆宗文类第四"⑥，很明显他以义天的记录⑦为基础编入了元朗这一条目；其二，关于守真此

---

① （清）徐自洙：《伯亭大师传记总帙》，《卍续藏经》第88册，第396页上。
② （清）仪润证义：《百丈清规证义记》，《卍续藏经》第63册，第498页下。
③ "贤家五祖，遥相承接，则应如台宗，遥禀龙树为初祖。"（清）仪润证义：《百丈清规证义记》，《卍续藏经》第63册，第498页中。
④ 《诸嗣宗脉纪》现藏于日本龙谷大学，华严宗部分为写本、一册、八页。
⑤ [日]宇都宫启吾：《〈诸嗣宗脉纪〉抄—法相宗部—》，《国文业丛》第36号，2006年，第123-124页。
⑥ [日]凤潭：《诸嗣宗脉纪》，第6页。
⑦ "集释钞六卷，元朗述。"[高丽]义天录：《新编诸宗教藏总录》，《大正藏》第55册，第1175页上。"信论疏集释记卷上之下，沙门元朗集……集释记者，圆宗文类第四卷引之。"[日]湛睿：《起信论义记教理抄》，《大日本佛教全书》第94册，第46页。

人，凤潭记载为"从朗、性光—东京开宝寺守真"①，他是在赞宁《宋高僧传》②的基础上编辑了这一条目也很明确。因此，《诸嗣宗脉纪》一文的主观性非常大，他从大量的史料中找出与华严学有关的人和信息，然后编纂成这一谱系，这在笔者看来可靠性并不高。

关于⑥《华严血脉》，柴崎照和指出《华严血脉》中宗密以下的谱系为：宗密—奥师—朗师—现师—璇师—源师—冲师—观师—会师—心师—悟师—介师—琼师—萃师—遇师—妙辨大师，但是将《华严血脉》中的传法谱系与《宝通贤首传灯录》中的谱系作对比的话，《华严血脉》的记录为"遇师—妙辨大师"，而《宝通贤首传灯录》中记载的是"春谷遇—别法大同"，因此两者之间的传法谱系不同。③但笔者要指出的是，《宝通贤首传灯录》中所载为"第十九世别峰大同法师"，并非柴崎指出的"别法大同"，且妙辨与别峰大同为同一人，故可以判断《华严血脉》中的宗密到妙辨（别峰大同）的谱系，与《宝通贤首传灯录》中的宗密到别峰大同（妙辨）的谱系，其实是一致的。⑥《华严血脉》的此段谱系与雪浪系⑧《贤首宗乘》、云栖系⑦《华严宗佛祖传》、宝通系④《宝通贤首传灯录》相一致，具有一定可信度。

综上所述，对于这八种材料可以总结为以下五点：第一，①《塔铭》作为记载华严宗法统谱系的最早记录，具有非常重要的历史价值与文献价值，且《塔铭》中记载的华严宗法脉谱系来自别峰大同一系，具有一定的可靠性；第二，②《塔志铭》与③《贤首教观一宗》中的传法谱系，与云栖系⑦《华严宗佛祖传》一致；第三，④《宝通贤首传灯录》、⑦《华严宗佛祖传》、⑧《贤首宗乘》三文作为华严宗内部清代分化出来的不同派系撰写的本宗传承谱系，是非常珍贵的历史材料；第四，⑤《诸嗣宗脉纪》一文主观性非常强，且材料来源纷繁复杂，可信度不高；第五，⑥《华严血脉》中所载谱系与雪浪系⑧《贤首宗乘》、云栖系⑦《华严宗佛祖传》、宝通系④《宝通贤首传灯录》一致，具有一定可信度，其所载的法脉谱系是现存于日本的涉及中日两国华严宗法脉谱系的贵重资料。

此外，高原系在2008年出版的《贤首宗付法师资记》一文以高原法系为宗，对高原、宝通、云栖、雪浪四系的传承脉络皆有披露，非常全面④，但所使用的材料均为上述几类，故不作详述。

---

① ［日］凤潭：《诸嗣宗脉纪》，第5页。
② "释守真，永兴万年人也。……先谒从朗师学起信论，次依性光师传法界观，后礼演秘阇梨授瑜伽教，并得心要咸尽指归。"（宋）赞宁：《宋高僧传》，《大正藏》第50册，第871页中。
③ ［日］柴崎照和：《鎌倉期華厳宗の動向[Ⅰ]》，第60页。
④ 韩焕忠：《华严宗史料的新披露——浅谈〈贤首宗付法师资记〉的史料价值》，《五台山研究》2009年第4期，第12-15页。

二、各类文献中所载的子璿之前的师承谱系

以上八种材料对于华严宗的传世法系研究具有重大的意义，对处于未解状态的宗密之后、子璿之前的师承谱系研究来说，这些材料的出现为我们打开此段历史的大门、了解唐末五代宋初这段时间内的华严学发展及师承谱系提供了较大的便利，尤其是为上述已经提及的法藏与澄观、宗密与子璿之间的法脉传承具体情况的深入了解提供了一个契机。虽然不能通过这些材料了解当时华严宗人和华严学发展的全部状况，但起码这些被记录在案的祖师，我们绝对有机会为其正名，不管是被忽略的法藏法脉，还是"黑暗时代"的宗密与子璿之间的这段时间内的祖师情况（由于上述史料中初祖的人选不同，导致各个祖师的世系与称号也有所不同，故本文中笔者基于最为普遍的唐代华严五祖说，以杜顺为初祖，以五祖宗密之后的祖师为六祖、七祖、八祖）。

①《塔铭》中所载的华严谱系为"帝心—云华—贤首—清凉—圭峰—奥—朗—现—璿—源……"，华严宗以杜顺和尚（550-640）为初祖建立宗派，法藏传法于澄观，此处并没有提及法藏的任何法脉，而宗密将华严宗托付给"奥"，奥师之后由朗、现师徒相继而作，现又传于子璿。① 但要指出的是，从宋濂的记载中很难确定"传"字的含义为何？是华严教法上的相承，抑或是师徒关系的证明？

②《塔志铭》中所载为"帝心—云华—贤首—澄观—宗密—彻微—海印—法灯—长水……"，在以杜顺为初祖建立华严宗以及忽略法藏法脉这两点上，《塔志铭》与《塔铭》一致，宗密的继承者六祖为彻微，彻微传海印，海印传法灯，法灯撰长水。② 彻微、海印、法灯为何人？与《塔铭》中所载"奥""朗""现"是何关系？同上此处的"传"到底是何意？

③《贤首教观一宗》中指出："贤首一宗，盛宏华严……我东土，贤家五祖，遥相承接，则应如台宗。遥禀龙树为初祖，杜顺帝心，作华严法界观为二祖。顺传云华，智俨至相制华严搜玄义钞为三祖。相传法藏，贤首国一制晋译华严探玄记一乘教义分齐章等著述百余卷，大宏其教观，名贤首宗，为四祖。藏传澄观，大休清凉国师宗唐译华严，制疏钞，为五祖。清凉传圭峰，宗密著华严行愿品钞，为六祖。密传玄珪，真奥彻微为七祖。微传海印，月朗炳然为八祖。然传守灯，德现为九祖。

---

① （明）宋濂：《佛心慈济妙辨大师别峰同公塔铭》，《嘉兴藏》第 21 册，第 609 页下。
② （清）徐自洙：《伯亭大师传记总帙》，《卍续藏经》第 88 册，第 396 页中。

长水子璿遥承为十祖。净源寂海潜叟为十一祖。……"① 此处以印度龙树为华严宗的初祖、帝心为华严宗的二祖，帝心传法藏，法藏传澄观，其法嗣也没被记录，之后澄观传宗密，宗密传玄珪真奥彻微，微传海印月朗炳然，然传守灯德现，子璿并没有亲承九祖法喻而是遥承教法成十祖。

④《宝通贤首传灯录》以杜顺、智俨、法藏、澄观、圭峰为华严五祖，并尊法藏为贤首宗第一世（"自贤首造记弘经，分判五教，后学宗之，是为第一世焉"②）。圭峰的法嗣为妙圆奥，妙圆奥的法嗣是开明朗，开明朗的法嗣是圆显现，此三人的事迹均来自宋濂《文集》，另外《宝通贤首传灯录》还提出"又朗法师之时，有昭信法灯大师专贤首教，明白可信"，由此可知，其时传贤首教者除妙圆奥、开明朗、圆显现之外，还有昭信法灯。之后圆显现的法嗣是灵光洪敏，但在洪敏传中却丝毫不见圆显现与洪敏二人的关系，作者非常强调子璿跟从洪敏习贤首教观的经历，也许正是为了证明子璿十祖的合法身份。

⑤《诸嗣宗脉纪》首先呈现西土祖师龙树、贤慧、天亲、日照、地波伽罗、实叉难陀等人，接着记录各位东土祖师，即杜顺、智俨、贤首、澄观、宗密、石壁传奥、朗、现等人。但这个谱系有两个问题：第一，石壁传奥被列为宗密的法嗣，此点仍值得商榷③；第二，现与晋水净源之间的法统很难确认，那个时期与华严学有关的人物都被列入其中，也许凤潭本人也不太确定这段时间内的明确祖师传承的谱系。但值得一提的是，凤潭敏锐地观察到除了所谓的祖师之外，他们那些没有继承祖师之位的弟子也应列入自己的谱系之中，所以文超、慧苑等人作为法藏的弟子被列入，地恩贞—钱唐天竺寺法铣—清凉澄观的继承谱系也被列出，且在凤潭的谱系中，澄观并没有直接继承法藏，而是承袭地恩贞一派，这明显是依据《宋高僧传》得出的结果，但此脉络才符合佛典文献中的记载。

⑥《华严血脉》的传承为"杜顺—智俨—香象—清凉—宗密—奥师—朗师—现师—璿师……"，与①《塔铭》、④《宝通贤首传灯录》相同。

⑦《华严宗佛祖传》卷四列独派传记、卷五列分枝略记，独派传记中初祖为帝心顺，二祖为云华俨，三祖为贤首藏，四祖为清凉观，五祖为圭山密，第六世为东都永穆寺主玄珪，第七世为海印，第八世为昭信现，第九世为长水璿……分支略记中旁支第四世一为静法寺慧苑，旁支第四世二为天竺寺法铣，旁支第九世遇缘为昭信法嗣。此中透露的信息较前六种更为详细，因为众多人物都有其小传，而从小传中可知正

---

① （清）仪润证义：《百丈清规证义记》，《卍续藏经》第63册，498页中。
② 廖肇亨主编：《明清华严传承史料两种——〈贤首宗乘〉与〈贤首传灯录〉》，第299页。
③ 关于石壁传奥此人生平及其法脉传承，具体参考平燕红：《石壁传奥略考》，《宗教学研究》2021年第4期。

传第六世玄珪是宗密的徒弟,名真奥、字彻微;正传第七世海印,名月朗、自号炳然,专心起信论和华严法界观,遥传五祖宗密奥法;正传第八世昭信现,名守真、字法灯,是第七世海印的嗣法弟子,跟随朗师习起信论、朗师的法弟性光习华严教观,有弟子遇缘(《宋高僧传》中所载守真弟子为缘遇)。但这个谱系有一个明显的问题就是旁支的辈分不详,基于旁支第二世、第五世的体例,旁支各世的一、二应是平辈,或者都是上一世的嗣法弟子,但是旁支第四世的慧苑和法诜本身就是师徒关系①,在《华严宗佛祖传》中却同作为旁支第四世被列入其中(其实《贤首宗乘》《宝通贤首传灯录》《华严宗佛祖传》的记载本身就有很多问题,下节会详细说明)。

⑧《贤首宗乘》列祖师、旁出、正宗三部分,帝心法顺、云华智俨、贤首法藏、清凉澄观、圭峰宗密为华严五祖,钱塘法诜、静法慧苑、文超、神秀、性光、昭信守真、缘遇等人为旁出,贤首正宗第六世为奥,第七世为朗,第八世为现,第九世为子璿……其中对奥、朗、现的介绍也都来自宋濂《文集》,并借《宋高僧传》中的《宋东京开宝寺守真传》另立昭信守真小传,这应是为了配合"又朗师之时,有昭信法灯大师传贤首教",可以确认《贤首宗乘》中的昭信守真与第八世现并不是同一人,这一点与⑦《华严宗佛祖传》中的记载有矛盾之处(⑦《华严宗佛祖传》第八世昭信现就是守真)。

以上就是上述八种师承谱系史料中所呈现的信息,可以总结为以下几点:

第一,八种材料都以杜顺—智俨—法藏—澄观—宗密—奥(玄珪,名真奥、字彻微)—朗(海印,名月朗、自号炳然)—现(昭信现,名守真、字法灯)—子璿为华严九祖(但要注意的是,凤潭《诸宗嗣法纪》中宗密的继承者是石壁传奥,这一点也有待商榷),只有《宝通贤首传灯录》在现法师与子璿之间放入了灵光洪敏,也许作者发现了这段时间内法统传承的问题,即有些祖师之间并无明确的师承关系,那么成为祖师的标准到底是什么?若没有明确的证据能证明其思想教义的传承关系,那么最直观的就是以师承关系来确定谱系,这也许就是作者将子璿的老师灵光洪敏放入这个传世法系的原因吧,释法音也曾指出:"清代编写的《宝通贤首传灯录》将本是天台宗的灵光洪敏尊为华严宗第七世,也许就是因为他是教过长水子璿华严学的老师。"②

第二,仅有⑦《华严宗佛祖传》与⑧《贤首宗乘》二文注意到各位祖师的其他嗣法弟子并将这些人列为祖师旁出、为其立传,虽有些记述并没有那么精确,但能

---

① 具体请参考平燕红《義天録所載の〈華厳経疏〉及び〈妙理円成観〉の作者について》,《东方学》第百四十一辑,2021年,第67—69页。

② 释法音:《论长水子璿的佛教思想——与唐代圭峰宗密的思想的渊源关系》,《吴越佛教》第八卷,北京:九州出版社,2013年,第506页。

证明作者已经注意到祖师其他嗣法弟子的重要性。此外④《宝通贤首传灯录》与⑧《贤首宗乘》二文都在第八世现之外另立昭信守真，与⑦《华严宗佛祖传》中第八世即为昭信守真的记载相矛盾。

三、净源与慧因寺的影响

正如开头提到的那样，华严宗内部所谓的祖师传承谱系的撰写意识到底是从何时开始出现的？由何人首创？促使此种意识产生的契机为何等等是我们需要思考的问题。

正如李四龙提到的宗派佛教更重视通过判教、编撰传法谱系的方式来为本宗派的正统性维护，华严宗内部在自我发展的过程中，也逐渐出现了这些象征正统性意识产生的行为，但在华严宗内部判教与编撰传法谱系意识的产生两者并不同步。判教的发展相对清晰，从法藏提出"小始终顿圆"五教判释、第一次明确地将华严宗推上最高别教一乘开始，华严宗已经具备教派的性质了，随后宗密在法藏五教判释的基础上提出了"人天教、小乘教、大乘法相教、大乘破相教、一乘显性教"的五教判释以及"三宗对三教"的禅教判释，在华严宗圆教的教理之下会通儒释道三教及禅教二门，其包容性与可解释性更胜一筹。

但编撰传法谱系的意识何时在华严宗内部萌芽这确实是一个问题，首先我们需要明确的是，圣凯提及的那种禅宗式的"祖统"观念①并没有在唐朝的华严宗出现，其时其地的华严宗人仍然承袭学问能力的评价标准，而直至宋代派系内部才产生了编撰传法谱系的意识。因为不同于禅宗的发展，华严宗在一开始就确立了《华严经》为立宗之本，对于其别教一乘的地位极为推崇，故其传承的纯粹与正统，并不依赖于师资之间的继承，学说和教理的脉络发展更能证明其合理性。而这也正是圣凯所说的"法统"，这一状态下的"师资相承"是以学问能力为评价标准，而非以师资的正统性与唯一性为标准。②唐朝时期的华严宗更注重本宗教学的继承与发展，因此即使慧苑作为法藏的上首门人、为其师续编遗作，也还是在后世的师承谱系中仅被作为旁出列入，由百年后的澄观代替。

与唐代法藏、宗密时期华严宗的鼎盛局面不同，宋朝之时华严宗正试图从"会昌法难"中慢慢恢复过来，单纯凭借学说教理的传承来显示其正统性与合法性已经不合时宜了。且宗密之后学术的断层与师承的没落导致无法确立法统的正确性，这

---

① 圣凯：《隋唐佛教宗派的"祖统"观念》，《五台山研究》2022 年第 1 期，第 4—7 页。
② 圣凯：《隋唐佛教宗派的"祖统"观念》，第 4 页。

时候就需要另一种正统性的表达，且五代宋初，天台、华严均遭受重大打击，独禅宗蓬勃发展，禅宗内部通过灯录的撰写确立了自身传承的合法性与正统性，也在撰写过程中将其内部精英彰显于天下，产生了强大的吸引力与凝聚力。不得不说这一模式对处于复兴阶段的其他宗派来说具有诱惑，华严宗也不得不放弃了单纯依赖教学继承来确定其传承正统性的模式，加入了重视师承谱系的措施，此中最关键的人物正是净源，而确保这一师承谱系延续数百年之久的则是慧因寺院成为华严专宗此点。

王颂指出，进入宋代以后随着儒家道统说的确立和禅宗传灯谱系的修订，以及天台宗山家、山外的派系论争，华严宗也产生了树立本宗派传法谱系、神话祖师信仰地位的迫切需求。这项工作是由晋水净源来率先完成的，以杜顺、智俨、法藏、澄观、宗密为华严祖师的传承体系是由净源创建的，而建立这个体系的一个重要理论依据就是判教说。①但王颂在此之外还提出了"在法藏的时代，并不存在排他性的华严教团，在澄观和宗密的时代也是一样"②，这一点笔者并不赞同，法藏"五教判"的出现其实已经能证明当时的华严宗具有相当强烈的排他性，更不用说之后宗密以华严宗的一乘显性教统摄儒道佛三教的行为，相较于只有当"道统说"（传法谱系）的出现才预示着华严宗教团的成立，笔者更倾向于这是华严宗在发展过程中的不同阶段的展现，华严宗内部判教与传法谱系的出现并不同步，但两者确实都是华严宗确立本宗至高无上地位的重要武器与标志，判教的出现已经是华严宗立派的标识，而传法谱系的出现，不如说是为了发展而发展的手段，但不可否认的是，这两者都包含了华严宗人满满的正统性的表达。

平燕红详细对照了赞宁《宋高僧传》与华严内部各系所传师承谱系中对守真的不同记录，并结合现代学者对《宋高僧传》中所描述的守真的密教僧人的身份介绍，提出对于守真此人，需要从同时代人对其的描述以及具有宗派身份的后代对其的期望等方面来重新诠释，赞宁笔下的守真更像是一位践行瑜伽密教、倡导往生净土的僧人，他对守真具体的宗派属性完全没有任何提及，但净源非常重视守真一生讲起信与法界观七十余遍、撰有《法界钞》《科》《入法界品礼文》《梵网经直释》《金师子章注释》《华严妄尽还源疏》等文，赋予守真华严宗第八祖的身份。③

此外，慧因寺院从禅院转变成教院的改变也为华严宗传法谱系提供了物质上的保障。自南北朝以来，佛教寺院逐渐发展为一种含有政治、社会和经济性质的新的

---

① 王颂：《宋代华严思想研究》，第35页。
② 王颂：《从日本华严宗的两大派别反观中国华严思想史》，《世界宗教研究》2005年第4期，第11–12页。
③ 平燕红：《关于"华严八祖守真"身份再检讨》，第209–226页。

组织。① 王颂曾指出，净源曾在苏州报恩寺法华院、嘉兴密印寺宝阁院、华亭普照寺善住教院和杭州玉岑山慧因寺建立了华严教藏（收藏华严典籍的图书馆）和华严祖堂（用来祭祀净源拟定的华严祖统说中的华严列祖），这些举措为华严宗的传播提供了基地，成为宋代华严宗振兴、发展的历史性里程碑。② 其中慧因寺尤为重要，杭州城外玉岑山下的慧因寺原本是一座禅寺，后唐天成二年（927）由吴越王钱镠初建，初名慧因禅院，是一座禅寺。③ 元祐三年（1088）慧因僧众依天竺寺改制作天台教寺住持之例，奏请将慧因禅院改制成慧因教院。④ 改成十方制的慧因教院，其实还是有住持剃度收徒的事例，从"住持神鉴大师希仲祢，前住持传贤首教，晋水大法师净源"可知，继承净源主持慧因教院的是仲希，而仲希正是净源的弟子。这一点李伟也曾确认过，即"在宋代的十方丛林中，剃度收徒是很常见的事情"。⑤ "这就表明，慧因院'永作十方教寺'敕令的出台，客观上形成了华严宗传法的制度保障"⑥。

小　结

综上所述，华严宗内部的"祖统"观念直至宋代净源之时才有所萌发，义天入宋求法为华严宗建立本宗的专宗寺院提供了契机，慧因寺从禅院改制为华严教院为华严宗传法提供了制度保障，再加上禅宗创立师承关系的世系表达给其他宗派带来的刺激，宋朝之时天台、华严等步禅宗后尘建立本宗的师资传承谱系算是众望所归，但也不得不说华严祖师传承是净源出自自身的正统性意欲所构建出来的谱系观念。相反，这一追求也反映了净源本人的"宗派焦虑"，他在撰写华严祖师谱系的过程中不仅从唐朝祖师那里获得了合法性和继承性，也同时在这一传承中确立了自己的位置，即通过法统观念来维护华严正统性的净源，也在法统承袭中彰显和巩固了自己的继承正统性，足以看出其时其地的华严宗对所谓宗派正统的渴望。

---

① 何兹全：《中古时代之中国佛教寺院》，何兹全主编《五十年来汉唐佛教寺院经济研究》，北京：北京师范大学出版社，1986年，第5—15页。
② 王颂：《宋代华严思想研究》，第47页。
③ （明）李萼：《慧因寺志》，《杭州佛教文献丛刊》，杭州：杭州出版社，2007年，前言。
④ 《谨奏杭州乞将慧因禅院改为十方教院住持事》，《慧因寺志》卷九《杂文》，第60—61页。
⑤ 李伟：《近世十方丛林剃度制度的形成》，《宗教学研究》2022年第1期，第132页。
⑥ 葛洲子：《慧因教院改制与宋代华严宗的"中兴"》，《西北民族论丛》第十六辑　2018年，第164页。

圆瑛大师对《大乘起信论》的中国化抉择

——读圆瑛大师的《〈大乘起信论〉讲义》

陈 坚 山东大学佛教研究中心

引 言

上海玉佛寺官网"走进寺院——玉佛春秋——高僧大德"栏目介绍与该寺有关的高僧大德，其中就有圆瑛大师（1878-1953），曰：

> （圆瑛大师）俗姓吴，名宏悟，号韬光，又号一吼堂主人，福建古田人。法师兼通禅教，尤精楞严，被誉为"楞严独步"。先后七次当选为中国佛教会理事长。晚年在上海创建圆明讲堂，并办有楞严专宗学院，桃李遍布海内外。法师的主要著述有《首楞严经讲义》《大乘起信论讲义》《一吼堂文集》等近二十种，后来合编成《圆瑛法汇》行世。1952年12月，上海佛教缁素为祝愿世界和平，在玉佛寺启建水陆讲经道场法会，延请近代禅宗耆宿虚云老和尚主法，并有圆瑛、应慈、持松、苇舫等十大法师莅会讲经，历时四十九天，是上海佛教史上规模空前的一次盛会。建国以后，圆瑛法师担任第一届中国佛教协会会长。①

本文就来谈谈与玉佛寺有缘的一代高僧圆瑛大师对《大乘起信论》的抉择及其与佛教中国化的关系。说起来，我与圆瑛大师和《大乘起信论》都是"老相识"，因为我给宗教学专业佛学方向的博士生讲授《大乘起信论》，用的教材（或者说参考书也可以）就是圆瑛大师的《〈大乘起信论〉讲义》，也就是说，我是参照着圆瑛大师对《大乘起信论》的讲解来给学生讲解《大乘起信论》的。我之所以如此，是因为十多年前，我从山东阳谷海会寺结缘了圆瑛大师的《〈大乘起信论〉讲义》单行本，这是该寺住持能阐老和尚（1922-2009）倡印的。能老年轻时曾是近现代天

---

① 参见 http://www.yufotemple.com/yfcq.html。

台宗高僧倓虚大师（1875-1963）驻锡青岛湛山寺期间的侍者弟子。因受天台教观的影响，对《大乘起信论》中的佛学基本理论非常重视，故有意倡印此书予以流通，我读之觉得圆瑛大师对《大乘起信论》的讲解既有佛教的情怀又有佛学的高度，喜甚，故亦希望与学生分享讨论。另外，我从2004年起就给青岛湛山佛学院上课，期间与该院院长、湛山寺方丈明哲老和尚（1925-2012）交往较多。明老是圆瑛大师的弟子①，对天台、华严都很精通，喜欢谈论佛教教理和哲学（如黑格尔哲学），我认为这与乃师圆瑛大师应该有密切的关系。总之，与明老的接触，让我有一种莫名想了解圆瑛大师的冲动。于是乎，我就将《〈大乘起信论〉讲义》当作学生的教材，与学生一起一届接着一届地学，藉此既可以学习《大乘起信论》，亦可以了解圆瑛大师，还可以完成教学任务，真是一举三得，何乐而不为！那《〈大乘起信论〉讲义》究竟是什么样的一部著作呢？要搞清楚这一点，就须从圆瑛大师所创办的"佛教讲习所"说起。

一、《〈大乘起信论〉讲义》与"佛教讲习所"

现流通版《〈大乘起信论〉讲义》署名"四明接待讲寺佛教讲习所圆瑛弘悟述"，其中"弘悟"（一作"宏悟"）是圆瑛大师的法号；"四明"，就是现在的宁波。"四明接待讲寺"位于今宁波市西郊，"北宋大观年间（1107-1110）创建，国宁寺之下院。明永乐年间（1403-1421）废，僧众并入资教寺。清康熙年间（1662-1722）重建。嘉庆二十四年（1819）建法堂"。②据《圆瑛大师年谱》的记载，圆瑛大师于1909年"九月，应宁波佛教界同人和士绅各界的请求，住持宁波历史名刹接待讲寺，重新修建，于寺内创佛教讲习所，太虚大师赋诗持赠"，诗曰：

> 会入一乘皆佛法，才皈三宝即天人。
> 当为末劫如来使，刹刹尘尘遍现身。
> 三千世界真经典，剖出微尘也太奇！
> 珍重断轮运行手，总令机教得相宜。③

无论是年龄还是在佛教界的资历，圆瑛大师怎么说都是太虚大师（1890-1947）

---

① 据《圆瑛大师年谱》，一九四八年"一月八日，为张玉祥剃度，取法名曰晶，号明哲"。参见释本性主编《圆瑛大师全集》卷七，北京：宗教文化出版社，2017年，第181页。
② 释本性主编：《圆瑛大师全集》卷七，北京：宗教文化出版社，2017年，第18页。不过，"圆瑛因考本寺历史，创自唐代，为圣愿惠国国师道场"。参见释本性主编《圆瑛大师全集》卷六，北京：宗教文化出版社，2017年，第305页。
③ 释本性主编：《圆瑛大师全集》卷七，第18页。

的前辈。这首诗表达了太虚大师作为晚辈对前辈圆瑛大师的敬仰和赞叹，其中的"才皈三宝即天人"说的是自己才入佛门（太虚大师是1904年出的家）便有缘亲近堪为"天人师"的圆瑛大师，因而非常欢喜。太虚大师暂且搁置，我们还是回到圆瑛大师。宁波各界当时是在寄禅和尚（1851-1912）住持的宁波僧教育会的推荐下邀请圆瑛大师来主持接待讲寺的，那时的接待讲寺，处清末之乱世，方方面面都已呈现衰败之相。关于这一点，圆瑛大师在《接待寺契簿序》中有清楚的说明，曰：

> ……前清道光间，朽败已极，由宏然湛祖入寺中兴，修建殿堂，置买田亩，其徒普惠老和尚继之，虽未全复旧观，而两代事业，诚令人钦美于无尽也。降至清末，后人不力，仍渐衰替。宣统元年，瑛忝承僧教育会选举，主持斯席，目睹颓垣破壁，断栋倾榱，抚今追昔，不禁潸然泪下。因即发愿兴复，以尽佛子天职，用答举延之至意。遂殚精竭虑，苦志经营，建筑墙垣，修造殿宇，清查田亩，取赎旧业。①

接待讲寺是圆瑛大师接手的第一座佛寺，可以说是他独立开创佛教事业的出发地。圆瑛大师到任接待讲寺后，"殚精竭虑，苦志经营，建筑墙垣，修造殿宇"，"重建殿堂、僧房，新建法堂名'一吼堂'，于寺内办佛教讲习所"。②圆瑛大师在《佛教讲习所缘起文》中介绍了该所的创办缘起，曰：

> 济世之道，在正人心；正心之功，无逾佛教。昔释尊降灵兜率，应迹迦维。……既而方广东被，教肆南移。周鲁二庄，亲昭夜朗；汉晋两明，并勒丹青；晋宋而还，龙象辈出。澄什结辙于山西，林远肩随乎江左。或谭开四辨，体本宣扬；或学万流，因机利导，莫不普穷法海，会极心源，各有所宗，皆不偏废。既而世变迁移，真人闪隐，妖星耀彩，慧日潜辉。……值此季世，哀彼劳人，不有良方，焉除痼疾？此则佛教讲习所建设之不容缓也。圆瑛叨列僧数，幸逢胜缘，睹法会之靡，常慨心灯之将烬，自忘后起，敢作前驱，由是邀集法侣，荟聚学人，经论俱研，禅律并重，综稽三学，广汇五乘。镕钗钏之异形，调水乳于一器，标立心体，开真俗不二之门，直显法源，了性相惟一之道。苟因指得月，则精义皆可入神仪，获兔忘罝，即自心本来是佛，他日登坛，挥尘五洲，涌祇树之园；此日藏海，探骊毫端，现妙华之刹。承斯善利，谅有同心，惟忘高贤匡扶是赖。③

---

① 释本性主编：《圆瑛大师全集》卷六，第305页。
② 释本性主编：《圆瑛大师全集》卷七，第272页。
③ 释本性主编：《圆瑛大师全集》卷六，第446-447页。

在圆瑛大师看来（引文有省略），佛教自印度而中国，曾经"龙象辈出"，"正心济世"，然而到了清末季世，"法会之靡"，佛教界经忏法会盛行，"慧日潜辉"，佛法无光，"心灯之将炧"（炧，念 xiè，灯烛熄灭），佛教乃是病入膏肓，"不有良方，焉除痼疾"？这救佛的"良方"究竟是什么呢？圆瑛大师认为当务之急刻不容缓的是要建立"佛教讲习所"（相当于我们今天的佛学院），培养佛学人才，"邀集法侣，荟聚学人，经论俱研，禅律并重，综稽三学，广汇五乘"，先把博大精深的佛学搞清楚，然后融会贯通，"镕钗钏之异形，调水乳于一器，豁立心体，开真俗不二之门，直显法源，了性相惟一之道"，惟其如此，才能"他日登坛，挥尘五洲，涌祇树之园"，重现佛教昔日之辉煌。也许当时宁波僧教育会推荐圆瑛大师担任接待讲寺住持，就是有意让他在此建立适当机构以培养僧才的——僧教育会，顾名思义不就是要推动僧教育的嘛！就这样，圆瑛大师于1919年"四月，于宁波接待讲寺创办佛教讲习所，请自撰写简章，从中可以了解大师之僧教育思想。……是年与佛教讲习所，讲授《大乘起信论》，侍者昌法所录讲义出版，大师作《大乘起信论讲义序》"①，其中有曰：

> 瑛忝入佛门，究心教典，于兹二十三载。窃叹法门寥落，世道陵迟，如不培植僧才，发扬佛理，必至法运人心，两难挽救矣。是以特就本寺创办佛教讲习所，招集海内有志学者，首讲是论，冀得夙植大乘善根者，从此增长成熟，早得解脱；即未种者，亦令投种，如果上根利智，一历耳根，自可深信大乘之理，不外吾人身心日用中也。讲毕，侍者昌法，将所录讲义，呈请修饰，欲付枣梨。余止之曰："其中所讲，多集旧疏，俱属古人糟粕，何必多此葛藤？"众固请不已，只得勉从其愿，并叙缘起于此。②

在这里，圆瑛大师透露了一个非常重要的信息，那就是接待讲寺"佛教讲习所"创立后，他"首讲是论"，其中的"首讲"有两层含义：（一）这是他佛教生涯中第一次讲授《大乘起信论》；（二）这是"佛教讲习所"开所第一课。开所第一课的授课老师就是圆瑛大师，讲课内容就是《大乘起信论》，这是何等气派何等手眼！熟悉佛教的人都知道，《大乘起信论》乃是佛教融通佛教各派的综合性论书，不是简单的般若、唯识、净土、止观，自古以来讲解注疏者就不多，道理很简单，就是此论太难。圆瑛大师在接待讲寺"佛教讲习所"首讲《大乘起信论》，至少说明了两个问题，一是圆瑛大师本人佛学造诣颇深，不深不足以讲此论，这也算是不负宁

---

① 释云性主编：《圆瑛大师全集》卷七，第28页。
② 释云性主编：《圆瑛大师全集》卷六，第297页。

波教育会当初的一番推荐了,就像曾子所说的:"可以托六尺之孤,可以寄百里之命,临大节而不可夺也。君子人与?君子人也。"① 二是圆瑛大师所负责规划的接待讲寺"佛教讲习所"起点很高,是名副其实的"讲寺"和"讲习所",你现在见哪所佛学院讲授《大乘起信论》的?偶或讲之,也绝不会是"首讲"。

二、《大乘起信论》与"了义法门"

圆瑛大师在接待讲寺"佛教讲习所""首讲"《大乘起信论》,是有其佛教方面的深思熟虑和不同凡响的,这从其所拟的《宁波接待讲寺佛教讲习所简章》中就可见一斑,其中,关于"佛教讲习所"的办所理念,简章是这样说的:

> 名义:讲习了义法门,以启信解而策修证,故命名"佛教讲习所"。
> 宗旨:养成布教人才,宣扬佛法,化导人心为宗旨。

两条合一句,"佛教讲习所"的办所理念就是"讲习了义法门,养成布教人才"。"布教人才"是基督教的用语,用佛教自己话来说就是"弘法人才"。"养成布教人才",或者说"培养弘法人才",没有什么特别的,关键是"讲习了义法门",所谓"了义",是佛教导弟子的"四依法"之一,见载于《大般涅槃经》:

> 迦叶菩萨复白佛言:"世尊,善哉!善哉!如来所说,真实不虚,我当顶受,譬如金刚珍宝异物。如佛所说,是诸比丘当依四法,何等为四?依法不依人,依义不依语,依智不依识,依了义经不依不了义经。如是四法,应当证知,非四种人。"②

可见,"四依"是相对于"四不依"而言的,就是"依法不依人,依义不依语,依智不依识,依了义经不依不了义经",其中"依了义经不依不了义经"也就是"依了义不依不了义",两者意思是一样的。在佛看来,"四依"是佛弟子依之而修且需要"证知"的四种佛法,而不是四种人。要是四种人,那就是"依人不依法"而违背"四依法"了。那什么是"了义"及其相对的"不了义"呢?佛在《大般涅槃经》中有如下的解释:

> 依了义经不依不了义经者。不了义者谓声闻乘,闻佛如来深密藏处悉生疑怪,不知是藏出大智海,犹如婴儿无所别知,是则名为不了义也。了

---

① 《论语·泰伯》。
② 《大正藏》第12册,第642页上。

义者名为菩萨,真实智慧,随其自心,无碍大智,犹如大人无所不知,是名了义。又声闻乘名不了义,无上大乘乃名了义。若言如来无常变易,名不了义;若言如来常住不变,是名了义。声闻所说应证知者,名不了义;菩萨所说应证知者,名为了义。若言如来食所长养,是不了义;若言常住不变易者,是名了义。若言如来入于涅槃,如薪尽火灭,名不了义;若言如来入法性者,是名了义。声闻乘法则不应依。何以故?如来为欲度众生故,以方便力说声闻乘,犹如长者教子半字。善男子,声闻乘者,犹如初耕未得果实,如是名为不了义也。是故不应依声闻乘,大乘之法则应依止。何以故?如来为欲度众生故,以方便力说于大乘,是故应依,是名了义。如是四依应当证知。①

又:

依了义者,了义者名为知足,终不诈现威仪清白,憍慢自高,贪求利养,亦于如来随宜方便所说法中不生执著,是名了义。若有能住如是等中,当知是人则为已得住第一义。是故名为依了义经。不依不了义,不了义者,如经中说,一切烧燃、一切无常、一切皆苦、一切皆空、一切无我,是名不了义。何以故?以不能了如是义故,令诸众生堕阿鼻狱。所以者何?以取着故,于义不了。一切烧者,谓如来说涅槃亦烧;一切无常者,涅槃亦无常;苦、空、无我亦复如是。是故名为不了义经,不应依止。②

这两段话非常清楚地解释了什么叫"了义",若长话短说言其至要,兹有两点,(一)"了义"是大乘佛教的教义而不是声闻乘(俗称小乘)的教义,后者是"不了义";(二)大乘佛教的教义中,只有讲"常—乐—我—净"的是"了义",而讲"无常—苦—空—无我"的则是"不了义"。所谓"常—乐—我—净",就是《大般涅槃经》中所宣扬的"如来常住不变"之"涅槃四德",而"无常—苦—空—无我"则是其他佛经中"如来随宜方便所说法"。关于"如来常住不变",《大般涅槃经》中有一个著名的"月喻",曰:

譬如有人见月不现,皆言月没而作没想,而此月性实在无没也,转现他方,彼处众生复谓月出,而此月性实无出也。何以故?……如是众生所见不同,或见半月,或见满月,或见月蚀,而此月性实无增减蚀啖之者,

---

① 《大正藏》第 12 册,第 642 页下。
② 《大正藏》第 12 册,第 643 页上。

常是满月。如来之身亦复如是,是故名为常住不变。①

《大般涅槃经》中"常住不变"的"如来之身"就是所谓的"佛性",从而所谓的"佛性"也是"常住不变"的。关于"佛性",《大般涅槃经》亦有一个"象喻",曰:

譬如有王告一大臣:"汝牵一象以示盲者。"尔时,大臣受王敕已,多集众盲,以象示之。时彼众盲各以手触,大臣即还而白王言:"臣已示竟。"尔时,大王即唤众盲,各各问言:"汝见象耶?"众盲各言:"我已得见。"王言:"象为何类?"其触牙者即言象形如芦菔根,其触耳者言象如箕,其触头者言象如石,其触鼻者言象如杵,其触脚者言象如木臼,其触脊者言象如床,其触腹者言象如瓮,其触尾者言象如绳。善男子,如彼众盲,不说象体,亦非不说。若是众相悉非象者,离是之外更无别象。善男子,王喻如来正遍知也,臣喻方等《大涅槃经》,象喻佛性,盲喻一切无明众生。②

这个"象喻"其实就是我们大家所熟悉的成语"盲人摸象"的出处,其中大象本身就比喻"常住不变"的"佛性",而各个盲人摸到的,都是可变的"相"。当然,作为成语,"盲人摸象"已经没有任何佛学内涵了。

一言以蔽之,在《大般涅槃经》中,凡是讲"如来有常住不变"之功德、或讲"如来常住不变"、或讲"佛性"的,就是"了义",其他的就是"不了义"。

明白了什么是"了义",我们再回到《宁波接待讲寺佛教讲习所简章》。简章以"讲习了义法门"为讲习所的办学理念,为了落实这样的办所理念,简章制定了如下课程讲习计划:

课程:分三年讲习。

第一学年分十科

读经:《大佛顶首楞严经》《大方广圆觉经》。

讲经:同上。

讲论:《大乘起信论》。

修禅:随机教授。

诵律:《梵网菩萨戒》。

作文:撰述本课经论要义。

问答:发挥本课经论疑义。

---

① 《大正藏》第12册,第416页上、中。
② 《大正藏》第12册,第556页上。

习字：抄录本科经论讲义。

国文：古文佛教著作。

历史：《佛祖统纪》《高僧传》。

第二学年分十科

读经：《妙法莲华经》《维摩诘经》。

讲经：同上。

讲论：《教观纲宗》。

余七科，同第一学年。

第三学年分十科

读经：《解深密经》《金刚般若波罗蜜经》。

讲经：同上。

讲论：《八识规矩颂注发明》

余七科，同第一学年。①

明眼人一看便知，这个课程讲习计划中虽然没有讲"了义"的《大般涅槃经》，但无疑是以"了义法门"为明确导向的，因为第一学期所读所讲的《大佛顶首楞严经》《大方广圆觉经》都是大名鼎鼎的"了义经"，不要说别的，就是它们的经名全称中都有"了义"两字，其中前者全称《大佛顶如来密因修证了义诸菩萨万行首楞严经》，后者全称《大方广圆觉修多罗了义经》，不是"了义"是什么？更重要的是，第一学期"讲论"环节所讲的《大乘起信论》更是"了义"之论，因为，众所周知，此论讲的是"一心开两门"之"本觉"（或"如来藏""真如"）思想，亦即一般所谓的"真常唯心论"，是对《大佛顶首楞严经》《大方广圆觉经》这两部"了义"思想的一个理论阐发。从这个意义上来说，圆瑛大师"首讲"《大乘起信论》就是为"佛佛教讲习所"定调的。

三、圆瑛大师对《大乘起信论》的理解

在讲习所三年的课程讲习计划中，第一学年讲的是"了义"经论，而第二学年和第三学年讲的经论，除了天台宗的《教观纲宗》，其他的都是被《大般涅槃经》判为"不了义"的《妙法莲华经》《维摩诘经》《解深密经》《金刚般若波罗蜜经》《八识规矩颂注发明》，属于般若学与唯识学的范畴。这样的课程讲习计划应该与我们现在佛学院的课程计划相悖逆，两者的顺序似乎正好是相反的，因为我们现在

---

① 释本性主编：《圆瑛大师全集》卷七，第28–29页。

的佛学院，除了讲授宗派佛教如禅宗、天台宗、净土宗等方面的课程，佛教基础理论方面，一般就是先讲点《金刚般若波罗蜜经》《妙法莲华经》《八识规矩颂》的"不了义经"，然后讲点《大乘起信论》《大佛顶首楞严经》等"了义经"，甚至后者都不一定讲，因为太难，很多都讲不了。那圆瑛大师为什么要设计这么一个首讲"了义经"的课程计划呢？除了圆瑛大师本人精通《大乘起信论》和《大佛顶首楞严经》外，还有一个十分重要的原因，那就是他是根据《大般涅槃经》来设计此一课程计划的，因为佛在该经中对"了义"和"不了义"作了分判（详上）后，还不忘提醒人们对于那些初学佛法者要先讲"了义经"，他说：

> 我为肉眼诸众生等说是四依，终不为于有慧眼者。是故我今说是四依：法者即是法性，义者即是如来常住不变，智者知一切众生悉有佛性，了义者了达一切大乘经典。①

这个提醒非常非常重要，佛说，我要为"肉眼诸众生等"宣说包括"了义法"在内的"四依法"，而不是为"有慧眼者"说；换言之即，佛是为我们这些初学佛法的凡夫俗子说"了义法"。在佛看来，"了义法"乃是"四依法"的核心，如"依法不依人"中的"法"即"法性"，亦即佛性，按《大般涅槃经》，就是常住佛性，属于"了义"；"依义不依语"中的"义"是"如来常住不变"，显然是"了义"；"依智不依识"中的"智"是"知一切众生悉有佛性"，其所知的"一切众生悉有佛性"亦是"了义"；最后，"依了义经不依不了义经"，是指"了达一切大乘经典"，按《大般涅槃经》的说法，就是对"一切大乘经典"中"如来随宜方便所说法中不生执著"（回看前文），意指那些大乘经典（与声闻小乘经典相比，大乘经典特别喜欢开示"方便法门"），其所言说虽不是"了义"而是属于"方便"的"不了义"，亦即这些"不了义"乃是我们通向"了义"所必需的"方便"，正因如此，所以我们也必须重视它们，但重视而不执著——重视而不执著于"不了义"就是"了义"。正因如此，所以我们就不能光是在那里学"了义经"，而且还应该学诸如《妙法莲华经》《维摩诘经》《解深密经》《金刚般若波罗蜜经》之类的"不了义经"——圆瑛大师就是根据佛的这一教导来制定讲习所先"了义"后"不了义"这一课程讲习计划的。这里我们肯定有人要问了，佛为什么要对凡夫俗子"肉眼众生"讲"了义"而对"有慧眼者"讲"不了义"呢？道理其实就在《大乘起信论》这五字题目中，即讲"如来常住不变"和"佛性常住不变"的"了义"容易让我们凡夫俗子对佛教"起信"，你变动不居，一会儿这一会儿那，我干吗要相信你？这不是佛教不佛教的问题，而是人之常情！

---

① 《大正藏》第 12 册，第 643 页中。

然而，对于那些"有慧眼者"，他们智慧具足，不为"不了义"所迷惑，所以常住不常住的无所谓。佛之所以要在圆寂之前的遗嘱《大般涅槃经》中提醒对肉眼凡胎之众生一定要讲"如来常住"之'了义'，就是怕他们生不起对佛教的信心，一如曾子所说的"鸟之将死，其鸣也哀；人之将死，其言也善"①。展示佛"大慈大悲"之情怀。从某种意义上来说，《大乘起信论》就是在具体落实《大般涅槃经》依"了义"起信的理念，关于这一点，圆瑛大师在《〈大乘起信论〉讲义》的引言中有明确的描述，他说：

> 大乘之理，即是"一心"。小乘不信此理，沉滞化城；外道不信此理，终无实果；凡夫不信此理，永受轮回。盖不信者，实非不具而不信也。人人有心，本来等具，良由五阴所覆，二执所障，此理不得现前，迷而不信，故菩萨愍物沉迷，宗百部大乘，特造此论，普令众生发起信心。
>
> 问："何以独言发起信心？"答："大乘之理，虽众生等具，实众生同迷。迷则不信，菩萨阐扬此理，能令从闻生解，破迷起信。信此理已，一切道法，任运而生。《华严经》云：'信为道源功德母，长养一切诸善根。'信为行之本，行无信不立。是起信者，急先务焉。"②

圆瑛大师这里所说的以"一心"为内容的"大乘之理"就是"了义"，因为此之"一心"，人人"本来等具"，因而是常住之真心。因为此常住之真心"良由五阴所覆，二执所障"而不能现前，故"（马鸣）菩萨愍物沉迷，宗百部大乘，特造此论，普令众生发起信心"，这就是马鸣菩萨造《大乘起信论》的目的，即要让众生尤其是那些智慧不够的肉眼众生知道自己本具"常住真心"从而对大乘佛教（而不是一般而言的佛教，或小乘佛教）生起信心；若自己本来就没有常住真心，那就不容易生起这样的信心，这就好比说，你家地底下埋着十万元钱，你本来不知道，现在有人告诉你这个信息，你可能就信心爆棚，抢起锄头就去挖，且如果你家本来就没有钱，有人让你从无到有去挣这十万元钱，你可能就没有那个挣钱的信心了。或者从"起"这个汉字的语文含义来解读，所谓"起"者，原来就有，我把它像红薯一样从地底下"起"出来；若原来没有，那就不叫"起"了；如此的"起信"，若按英文，就是 to be 的问题而不是 to become 的问题。to be 是原来就有，只是隐而不显，所以只要将它从隐到显地展示出来就行，而 to become 呢，则是原来就没有，因而需要一个从无到有

---

① 《论语·泰伯》。
② 释本性主编：《圆瑛大师全集》卷四，北京：宗教文化出版社，2017年，第403-404页。

的制造过程，如此云云，话赶话聊为解释①，现在言归正传，再看圆瑛大师在《〈大乘起信论〉讲义序》中结合《大佛顶首楞严经》《大方广圆觉经》的"了义"思想对《大乘起信论》依"了义"起信所作的进一步的论述，曰：

> 夫众生莫不有身，亦莫不有心，虽天然之本具，实真妄以难明，多皆错认蕞尔躯壳之身为身，攀缘妄想之心为心，将本有常住法身，妙明真心，迷而不觉。良繇无始一念妄动，瞥起无明，久处长夜，遗真认妄，是之谓颠倒众生，自取轮转者也。如《圆觉经》云："妄认四大为自身相，六尘缘影为自心相。"《楞严》所谓："认悟中迷，譬如澄清百千大海弃之，惟认一浮沤体，目为全潮，穷尽瀛渤，汝等即是迷中倍人，如我垂手，等无差别，如来说为可怜愍者。"故不惜老婆舌头，说出种种声教，无非为一大事因缘，欲令众生返迷归悟，觉无明之梦，破长夜之昏，亲见本有真心，悟入佛之知见而后已。盖此本有心，法华谓之诸法实相，宗门呼为本来面目，即众生之慧命，诸佛之知见，迷之则生死不休，悟之则涅槃本有。佛云：大地众生，本来是佛，虽终日迷，实终日不离乎此者也。二六时中，吃饭穿衣，闻声见色，岂非这个法身真心，在六根门头，放光动地者耶！
>
> 慨自鹤树潜辉，狮弦绝响，如来灭后，六百余载，正法将寝，邪说竞

---

① 实际上，作为一个佛学问题，佛教史上一直存在有没有"常住真心"或"佛性"的争论。般若经典肯定是不承认有"常住真心"的，而《涅槃经》和《法华经》则认为有。《涅槃经》讲"常住真心"，这在正文中已经交代；而《法华经》中的"穷子喻"（《信解品》）和"衣里藏珠喻"（《五百弟子授记品》）说的其实就是"常住真心"，只是没有明说而已。南北朝时期，中国佛学界曾有佛性究竟是"本有"还是"始有"的争论，这也与"常住真心"有关。不过，在我看来，中国佛教不是形而上学的佛教，而是实践的佛教。下面这个寓言故事更能说明作为实践佛教的中国佛教讲"常住真心"之用意：话说有一个既懒又穷的人，每天乞讨为生，有一次遇到一个智者，智者对他说，你不应该过这种穷困潦倒的生活啊，你怎么不知道你家后门那块地里还埋着一坛黄金呢？那可是你祖上传下来的啊，快去把它挖出来，你就可以过上富裕生活了。那穷人一听，马上拿起镢头去地里挖黄金。然而，把地翻遍了，他也没找到那坛黄金，于是就去找那智者理论。只见那智者笑呵呵地给他一包种子，说，你现在把地都翻好了，那赶快把这些种子播撒下去，待秋天你就有收成了，有饭吃了。实际上，地下根本就没什么黄金。智者只是为了诱导穷人去翻地，才虚晃一枪，说地底下有黄金，要不然，他是不会去翻地的。佛教化众生也一样，为了诱导众生去学佛修行，说你有"常住真心"有佛性，实际上众生是没有这样的"常住真心"这样的佛性的，佛只是以此不存在的"常住真心"或佛性为方便，"空拳诳小儿，使令入佛道"。"《法华经》上佛说，佛法只有一乘，说东说西不过是'空拳诳小儿'，那是一个教育法……这也叫作'黄叶止儿啼'，小孩哭了没有办法，拿一片黄树叶，说这个多好看啊！这个是黄金啊，你不哭，金子给你；你再哭，不给你。孩子说，我要我要，就不哭了。结果给你的，只是一片黄叶，所谓'黄叶止儿啼'"。（参见《南怀瑾老师：佛其实是哄你的，"空拳诳小儿""黄叶止儿啼"而已》，https://www.sohu.com/a/198062113_749578，2017-10-14）总之，在中国佛教中，佛性只是教化众生的方便，而不是像它在印度佛教中那样是一个实体。也正因如此，所以智者大师（538—597）在"五时八教"的判教中，将讲"方便"的《法华经》和讲"佛性"的《涅槃经》放在一起称为"法华涅槃时"。

兴，大乘之旨，晦而不彰。爰有马鸣菩萨，乘大愿轮，因时利见，运慈悲心，出广长舌，阐扬大乘的旨，发起众生正信，造《大乘起信论》。论分五分，旨本一心，开二门，明三大，从真起妄，返妄归真，无不从此法界流，无不还归此法界，文约义丰，了如指掌；戒定慧三学俱该，二中下三根普益，究之者何疑不除？何执不舍？诚末法之慧灯，迷津之宝筏也。①

在这里，圆瑛大师同样还是在强调马鸣菩萨造《大乘起信论》的目的，即"马鸣菩萨，乘大愿轮，因时利见，运慈悲心，出广长舌，阐扬大乘的旨，发起众生正信，造《大乘起信论》"，意思是马鸣菩萨（约公元1世纪）造《大乘起信论》的目的，就是为了"发起众生正信"，让众生对真正的大乘佛教生起真正的信心，这是最为关键，因为没有对大乘佛教的信心，焉有对大乘佛教的实践？至于日本学者鼓噪以及一些中国学者跟进咋呼《大乘起信论》并非是古印度马鸣菩萨所造而是中国人自己所撰的"伪经"，我们大可不必介意。从某种意义上说，正因为《大乘起信论》是我们中国人自己所撰，我们才需要予以特别关注；如果它是纯粹的印度佛典，我们可能还不屑于去理它呢——在佛教中国化的语境中，我们更应该有这种明确的态度。可见圆瑛大师让初学佛者先学作为"了义"的《大乘起信论》，既有佛典（《大般涅槃经》）之依据，也有佛教中国化的考虑，而且还不是孤例，比如，我国台湾台中莲社的徐醒民居士就是这样要求初学佛者的，他说：

《毛诗》可学，须先学唐诗。学经者，儒经先学《论语讲要》，务求深入。佛学先学《阿弥陀经》，须熟读深思，列入朝暮二课。又雪公编著之《十四讲表》，以及《八大人觉经注》。又，《大乘起信论》亦应必读。②

徐醒民认为，学诗先学唐诗；学儒先学《论语》；而学佛，《大乘起信论》则是必须先学的佛典之一。在徐醒民眼中，《大乘起信论》之于佛，一如唐诗之于诗，《论语》之于儒，在各自的文化序列中，都是终极之上品。只有把终极上品作为学习之起点，才能最终学有所成。君不见，编入小学生语文课本中的莫不是诸如李白（701–762）"床前明月光，疑是地上霜"之类的极品唐诗，而学习书法也必须从临摹王羲之（303–361）的作品开始，其间的道理就是我们通常所说的"取法乎上，仅得乎中；取法乎中，仅得乎下"。

---

① 释本性主编：《圆瑛大师全集》卷六，第296–297页。
② 醒公《与余居士书》，载台湾《明伦》2022年7、8月合刊，第40页。

结　语

　　圆瑛大师是近现代佛学大家，"一生著述宏富，有《圆瑛法汇》行世。其中堪称巨著而令法师最费心力者，当数《大佛顶首楞严经讲义》。……圆瑛法师自发心注解《楞严》直至最后完成，历时50年，有整整半个世纪之久。而其中之艰辛曲折，也迥异于他经之注疏或讲经记录。圆瑛法师发心注解《楞严》时年方二十四岁，从其《事略》(叶性礼，《圆瑛老法师事略》)可知当在常州天宁寺依冶开老和尚参究禅宗期间。时圆瑛法师听讲《楞严》，因古来注解《楞严》者不下几十家，令法师甚费心力，用心过度以致身患'血疾'，以此因缘而发心重新注解、宏扬《楞严》"。① 可以说，最能代表圆瑛大师佛学造诣的不是《〈大乘起信论〉讲义》而是《〈大佛顶首楞严经〉讲义》，因为前者是他在接待讲寺佛学讲习所创办后才"首讲"的，而后者则是他在该所创办之前便开始发心注解的"了义经"，"历时50年"才最终完成，倾注了其一生的心血。从这个意义上来说，要了解圆瑛大师的佛学思想，最好就是阅读和研究他的《〈大佛顶首楞严经〉讲义》而不是他自己也承认（当然不免有谦虚成分），"其中所讲，多集旧疏，俱属古人糟粕"（回见前文）的《〈大乘起信论〉讲义》。我之所以不拿《〈大佛顶首楞严经〉讲义》而拿《〈大乘起信论〉讲义》作为博士生课程的教材，主要是基于如下三点考虑：（一）《〈大佛顶首楞严经〉讲义》部头太大，没法在学校规定的一学期讲完，而容量适中的《〈大乘起信论〉讲义》则不存在这个问题。（二）前文已言，《大乘起信论》与《大佛顶首楞严经》（当然还有《大方广圆觉经》）佛学思想一致，都是讲"如来常住"的"了义经"，所以从了解"了义"的角度讲，学哪个都一样，但《大乘起信论》因为是"论"，更具概括性，尤其是涉及佛教修行的"起信"问题。（三）《大乘起信论》除了讲"了义"，还有一个非常重要的面向，那就是它是以中国哲学"太极生两仪""阴阳互具"的思维方式来将"了义"作"一心开两门"分析，是佛教中国化最高的理论表达，这一点是《〈大佛顶首楞严经〉讲义》没有的。如果仅是了解"了义"，读《大乘起信论》与读《大佛顶首楞严经》《大方广圆觉经》并无根本区别，但要了解佛教中国化，那就非读《大乘起信论》不可了。近代以来，中日很多学者纠缠于《大乘起信论》是不是伪经（前文已有提及），至今也没有为各方所公认的结论。我觉得，既然搞不清楚，那就从历史回归当下，看它是什么内容就说什么，说"了义"说"佛

---

① 《圆瑛大师之〈大佛顶首楞严经〉讲义》，参见 https://www.ruiwen.com/wenxue/fojing/234089.html，2022-03-10。

教中固化"就行了。至于有人也说《大佛顶首楞严经》《大方广圆觉经》也是"伪经",也可仿此处理可也。我想,圆瑛大师当初以《大乘起信论》《大佛顶首楞严经》《大方广圆觉经》作为佛教讲习所第一年的课程并亲自主讲(后两经他也是讲过的),正是考虑到了其内含的一般初学佛者容易依之"起信"的"了义"佛学,至于他"首讲"《大乘起信论》则不无兼及"佛教中国化"的考虑。从圆瑛大师这种独具慧眼甚至可以说"前无古人后无来者"的教学安排中,我们不难窥见其作为一代佛学大师在20世纪初这个内外交困的时代力图复兴中国佛学的悲心宏愿。最后,我想将圆瑛大师一篇题为《论心》的"答客问"抄录于文末供大家参阅,于中可以一窥大师对《大乘起信论》的理解,因为大师在其中与一位前来佛学讲习所旁听其《大乘起信论》课程的客人于课间讨论《大乘起信论》中有关"心"的佛理,且看:

> 余一日上课,为诸生讲《大乘起信论》,有客入席旁听。讲毕,延入招待室茶话。
> 客曰:"法师适来讲什么经?"
> 答曰:"《大乘起信论》。"
> 客曰:"大乘者什么?某某根钝慧劣,求法师浅近指示!"
> 答曰:"大乘是人人本有的真心。并非世人所谓胸中之肉团心,亦非世人所谓东思西想之妄想心。乃是洞彻灵知、圆满常住之真如自性心也。此心为诸法之根源,众生之本体。有包含之义曰'大',有运载之功曰'乘'。诸佛乘此心而成佛,菩萨乘此心而得道,众生乘此心而轮回。人人有此心,人人皆迷此心,而不知不信。但知肉团心,但信妄想心,认作真心,非心谓心,乃是迷人。"
> 客曰:"肉团何以非心?"
> 答曰:"无洞彻灵知之用,乃是肉实耳。"
> 客曰:"昭昭不昧,岂是无知?"
> 答曰:"果是有知,何以不知肝胆脾胃?又此心不曾烂坏,皆当有知,何以世人命终,顷刻之间,尚有心在,即便无知?以此可证。"
> 客曰:"思想之心,活泼泼的,色来见色,声来闻声,可以也不是心?"
> 答曰:"非圆满常住之体,乃是妄想耳。随妄境生,境有则有,境无则无。如镜中花,如水中月,本无自体。即汝今者,与我谈论,此则因声而起分别,知说何义,离声无分别性。如见佛相,此则因色而起分别,知为佛相,离色无分别性。《楞严经》云:'此是前尘虚妄相想,惑汝真性,由汝无始,认贼为子,失汝元常,故受轮转。'此等道理,即今新学界,有研究心理学者,

便知此二种不是心，但知之未的耳。"

客曰："这二种若不是心，我等离此二种，便无觉知，难道没有心耶？"

答曰："有。只君不曾研究心理学、佛学，是以不知。"

客曰："今法师所谓大乘真心，作何形相？在何处所？"

答曰："真心离相。《金刚经》云：'凡所有相，皆是虚妄。'若曰心有形相，就不是真了。真心无在。《般若经》云：'不在内，不在外，不在中间。'若曰心有定在之处，便是物，就不是心了。此心不可以形相处所求之。昔日神光求达摩初祖安心，祖曰：'将心来，与汝安。'光曰：'觅心了不可得。'祖曰：'与汝安心竟。'既不可得，岂有形相处所耶？此心即人人本其灵觉之性。大而无外，小而无内；视之不见，闻之不闻。儒云：'放之则弥六合，卷之则退藏于密，其味无穷，皆实学也。善读者玩索而有得焉。'又云：'上天之载，无声无臭至矣。'《老子》云：'玄之又玄，众妙之门。'皆谓此心，何必疑为无心也？汝欲知此心，当实学玩索，庶几有得，一旦豁然，自可贯通。玩索之功，当放下一切想念，清晨静坐观察，气未动，情未萌，这一切是何境界？"

客即欣然退去，余遂取而作是篇。①

从《论心》这段对话中，我们不难看出圆瑛大师乃是将"了义"与"不了义"结合起来谈，以"了义"来观照"不了义"从而将"不了义"归于"了义"，实在是落实了《大般涅槃经》"四依四不依"的大乘佛教根本精神，而且《论心》的结尾与《金刚经》之结尾"闻佛所说，皆大欢喜，信受奉行"实在在有着异曲同工之妙。

---

① 释本性主编：《圆瑛大师全集》卷六，第448-550页。尽管"答客问"之《论心》在《圆瑛大师文集》中有收录，但将其单独析出，就像将《普门品》从《法华经》中析出单独印行一样，还是非常有必要的。

佛教《报恩科》新见资料及其价值

侯　冲　上海师范大学哲学系

文章在介绍佛教《报恩科》新见资料基础上，指出其在增加新知、匡正讹误和丰富认识等三个方面的价值，并附录数则新校对文本。

一、佛教《报恩科》新见资料

佛教《报恩科》即南宋四川绵竹大中祥符寺僧人思觉集《如来广孝十种报恩道场仪》，1995 年作为云南阿吒力教经典被发现，经校对整理后收入《藏外佛教文献》第八辑。[①] 近十年来，我们在甘肃、贵州、湖南等地又收集到数种新抄本。为方便下文讨论，兹据其书名汉语拼音音序先后（书名相同者，视内容按提纲、教诫、仪文和密教的次第排列；内容同类者，据抄写时间先后；抄写时间不详者，据保存情况好坏排列），对其叙录如下：

1. 报恩道场三时套

存一册。封皮署"报恩道场三时套""书主胡彦美记"。扉页署"报恩道场三时活套"。首题"编缉报恩三昄活套"。尾题"三时活套终矣"。后又有文"南无微尘杀（刹）佛国土报恩会上诸佛诸菩萨"及抄写题记："大清岁次咸丰叁年（1853）贰月拾玖日写完笔。明师见者莫看笑，心中有事写不成。"活套文字简单，但辑录数句不少宗赜佚文。

2. 报恩首卷主仪

存一册。封皮署"报恩首卷主仪"，有后人写"不用"二字。

首题"报恩斋仪上"，无尾题，末行"悟真常之实际，一切寒域种沾恩"。首题前有"高登猊座演真诠"等登坛偈。首题后有文称：

[①] 思觉：《如来广孝十种报恩道场仪》，赵文焕、侯冲整理，方广锠主编《藏外佛教文献》第八辑，宗教文化出版社，2003 年，第 53-358 页。

> 法事标月总有六十七第，八段仪：坛前教戒（诫）七节；开坛请佛十二节；施食施财两节；坛外放生二节；宗教竖立十四节；儒释兼济十四节；真俗混融十四节；行香设散二节。

内容包括道场叙坛前教诫仪当演、道场叙初祖仪当演、道场叙仪当宣演、道场叙功德仪当演、道场叙合用仪当演、道场叙警策仪当演、道场叙劝勉仪当演、开坛请佛、赞叹三宝、叹佛宣疏、道场叙劝发菩提心仪当演、道场叙勤发四心仪当演、警策大众、叙礼请上圣、叙召集神祇仪当演、施食施财、庭际放生。

3. 报恩仪

存一册。新做封皮署"报恩仪""下案打鑵""普灵坛记"。原封皮署"报恩三慧""普扬坛妙全陈记"。首题"佛门升座报恩下卷"，无尾题，末行"南无报恩无尽佛菩萨"。后有抄写题记：

> 民国三十年辛巳岁八月初八日，于贵州金沙县／属永丰里乙甲地名石家寨学校内，间下（闲暇）无事，将得／赵先生彬臣之老书本抄誊，其有年岁。天干，公欤甚／重，人民劳苦。米价高昂，式十余元一斗，盐巴五元洋一斤，洋烟／八十余元乙钱。所抄《报恩三慧右案全集》在于陈妙园坛内应／用。诸方若有献书之人，防火烧坏。千家有请，万户来迎。当／有字典错务（讹），请君改正。见者莫哂矣。／蹇作云□……□抄录。

内容包括报恩偈赞、叙道场十种大恩仪当演（挂金锁）、叙怀耽守护仪当演、叙临产受苦仪当演、叙生子忘忧仪当演、叙咽苦吐甘仪当演、叙推干就湿仪当演、叙乳哺养育仪当演、叙洗浊（濯）不净仪当演、叙为造恶业仪当演、叙远行忆念仪当演、叙究竟怜悯仪当演、叙十种圆满报恩仪当演、叙普劝诸人大众仪当演、下座忏悔、发愿回向。

4. 报恩仪

存一册。封皮署"报恩仪"。首题"报恩仪"，无尾题，末行"演仪事镜（竟），息鼓停音"。内容包括叙十种报恩仪文和道场叙劝大众诸人仪当演两部分。

5. 报恩斋密

存一册。封皮署"报恩斋密"。扉页署"报恩斋密""报恩礼请"。

内容包括三个部分。第一部分首题"报恩斋结界密"。无尾题，末行"界行事""结界在外书上"。

第二部分首题"报恩斋升座科仪"，尾题"报恩斋密终"。内容包括叙释迦以孝为宗仪当演、叙常住佛驮耶仪当演、叙常住达摩耶仪当演、叙常住僧伽耶仪当演、叙无量大菩萨仪当演、叙一切阿罗汉仪当演、叙荐先祖仪当演、叙居则致其敬仪当演、叙养则致其乐仪当演、叙病则致其忧仪当演、叙丧则致其哀仪当演、叙祭则致其严仪当演、叙酬亲如来之孝仪当演、叙因孝成佛仪当演、叙普劝大众仪当演、说赞报恩文（若不礼塔，此处就止）、下座回向。

第三部分首题"报恩斋礼请"，无尾题，末行作"唵引。诫莪曩。三波罗。嚩目罗斛。止。"后有抄写题记："咸丰二年季夏月下浣撰。儒释弟子卢宗富派法兴，年六十四岁写。""共计七十四页。"内容包括敬礼三宝、礼请上圣、唱报恩赞、叹圣宣疏。

6. 报恩斋仪

存三册。

第一册封皮残。扉页署"报恩斋仪"。内容包括四部分。第一部分首残，首题"报恩□……□佛偈赞"，首题下钤"兰圳田王玄智记"墨印。无尾题，末行"南无释迦牟尼佛""在此入仪"。

第二部分首题"孝顺拔苦资严报恩斋仪"，无尾题，末行"净身器菩萨摩诃莎""在此回向下坛"。内容包括道场教诫仪当宣、道场仪式功仪当演、道场合用警策仪当演、道场劝勉谴当宣演、礼请仪。

第三部分首题"升座对案"。首题下钤"兰圳田王玄智记"墨印。内容包括报恩斋劝善偈、道场叙十种大恩仪当宣读。无尾题，末行"此处十种圆满法事取便""或叙总十种或回向"。

第四部分首题"叙十种圆满报恩仪当宣演"。尾残，末行"名曰孝子。若不行此孝者，终是地狱之"。内容包括叙十种圆满报恩仪当宣演、叙普劝诸人六众仪当宣读、下座忏悔。

第二册封皮、扉页均署"报恩斋仪"。首题"报恩斋仪"，尾题"报恩斋仪终"。尾题后有文"三十五页""受持弟子通玄记，膳录弟子青应书"。首尾题下钤"兰圳田王玄智记"墨印。内容包括登坛礼请、升座仪范、道场叙十种报恩仪当演、道场叙怀耽守护仪当演、道场叙临产受苦仪当演、道场叙生子忘忧仪当演、道场叙咽苦吐甘仪当演、道场叙推干就湿仪当演、道场叙乳哺养育仪当演、道场叙洗濯不净仪当演、道场叙为造恶业仪当演、道场叙远行忆念仪当演、道场叙究竟怜悯仪当演、道场叙圆满报恩仪当演、道场叙普劝大众仪当演。有挂金锁等司牌。

第三册封皮署"报恩斋密"。首题"报恩斋密"，尾题"报恩斋密终"。首尾题下钤"兰圳田王玄智记"墨印。后有抄经题记："受持弟子刘道玄坛内，道光拾年（1830）小阳月吉，膳录人吴兆盈盥手书。"内容依次作礼请（投礼请疏、纳财、回坛入警策偈等）、升座。文字与第一册有互补，如第一册尾题前有小字称："候毕，接在密本投《地藏词》。毕，忏削回向俱载密内。"在本册可以看到投《地藏词》和回向的详细文本。

7. 报恩斋仪

存四册。第一册封皮署"报斋恩上时提纲""抄书人明彻记"。扉页署"报斋恩上时提纲""明彻记耳"。

首题"报恩斋上时提纲注集"，天头书"第一时升座"。无尾题，末行"惟愿慈悲常摄受""回向""下坛"。后有墨书题记：

> 大清嘉庆拾肆年捌月望五日抄写/《报恩大斋上时提刚》。释子大戒沙门 /臣显暹号明彻，各祈一身坚/固，四时清泰，八节康宁。谨矣。/见者勿哂。

题名中的"上时"即一时。

第二册虫噬厉害。封皮缺失。扉页署"报恩上时礼请""岚黎寺记""多拜李先生今夜照灯《礼请》写起，明日辰早回来挈书"。

内容包括两部分。第一部分首题"报恩上时礼请""入赞毕""登坛参礼"。无尾题，末行"随心所愿皆圆满"。后有"抄书释子明彻书"。又有疏文样：

> 今则道场成就，法事宣行。谨具/疏章，皈命礼请。伏愿/诸佛不舍慈悲，加持覆护。愿此法音，同遍法界。但臣干冒/慈光，和南谨疏。太岁……具呈。

第二部分扉页"报恩上时龛赞"。首题"报恩斋礼请赞""举满芳"。无尾题，末行"南无大孝释迦牟尼佛""回向""下坛"。后有抄写题记：

> 大清嘉庆拾肆年捌月朔日抄写《报/恩大斋上时龛赞》。/佛门应缘释子大戒沙门显暹号明彻，/徒性通意孙玄印，/永远流传，应供十方。

赞文有与孝相关：

> 灵山演教，我闻佛语孝为宗。说法九十日，摩耶佛母终。念上升兜率。
> 如来行孝，孝行原来佛行同。虽然成正觉，累劫报亲恩。念戒名为孝。
> 慈觉颂云：内蕴佛心遵雅训。孝心同佛行，孝行同佛行。念孝无终始。
> 儒释行孝，外行孝行诏（绍）家风。佛语孝为宗，言（岩）前古道通。
> 念善名为孝。
> 先天母地，母胎集会真身路。孝理震天地，德重鬼神惊。廿天惊地义。
> 强里秉彝，父臙扪摩妄业空。身体发肤，受之父母。廿昊天罔极。

汝知之乎，多少知恩菩萨子，古今尽入此门中。佛七永平年，四大部经传。周隆伏（佛）骨表，寂灭穆王邻。念世尊报本。

部分文字并见于宋代大足石刻铭文。

第三册封皮署"报恩斋一时升座""抄书人显暹"。首题"报恩斋第一时升座"，尾题"报恩斋上时升座终"。尾题后有抄书墨记：

太公寺住持比丘性德号道洪元聪号浮云，遗留收存。/《报恩斋》因先年之师未曾抄齐，俟后/复抄全部，接后嗣应供已耳。/抄书僧元聪号浮云笔。/大清道光廿年（1840）孟冬月朔日腾完。

对此书文字存在两种风格字体的原因作了解释。

第四册封皮署"报恩正斋中卷""太□……□"。内容包括两部分。第一部分首题"如来广孝十种报恩斋仪卷中"，尾题"下坛二会礼请终"。内容为启白叙意、礼请诸圣。

第二部分首题"第贰当升座"，尾题"终"。内容完整。包括道场叙报劬劳仪当演、叙祸福浅深仪当演、叙居则致其敬仪、叙养则致其乐仪当演、叙病则致其忧仪当演、叙丧则致其哀仪当演、叙祭则致其严仪当演、叙化风远被仪当演、叙行孝感验仪当演、普劝大众仪当演、礼三十五佛（忏悔）。"叙丧则致其哀仪当演"开始文字，字体与前面不同，显示此册由二人合抄完成。具体来说，显暹抄写了前面文字，但未抄齐。道光廿年元聪补足全册。

8. 报恩斋仪

存三册。第一册封皮署"□……□请科"。首题"报恩礼请科"，无尾题，末行"奏乐退班"。后有抄写题记："大清光绪十一年（1885）乙酉岁正月中浣释氏黄明道敬。"内容包括启语、启白功德、叹圣宣疏、回向。

第二册封皮题签脱失。首题"报恩斋仪科"，尾题"报恩斋仪终"。尾题前有抄写题记："昔维/龙飞光绪十有一年岁轮乙酉斗柄建寅春王月/朔一日起，朔七日录完。得石砫家伯明亨之书录/集。释教弟子黄康宁法派明道。濑笔莫若/写书不用心。顾损难录，此书是实，后徒不可失遗。/念吾之笔修（休）笑。"

内容包括叙十种报恩经仪当演、叙愿报父母怀耽守护恩仪当演、叙愿报父母临产受苦恩仪当演、叙愿报父母生子忘忧恩仪当演、叙愿报父母燕（咽）苦吐甜恩仪当演、叙愿报父母移干就湿恩仪当演（有挂金锁曲牌）、叙愿报父母乳哺养育恩仪当演、叙愿报父母洗濯不净恩仪当演、叙愿报父母为造恶业恩仪当演（有挂金锁曲牌）、叙愿报远行忆念恩仪当演、叙愿报父母究竟怜悯恩仪当演、投佛忏罪、发愿回向。

第三册封皮题签脱失。首题"报恩斋密科"，无尾题，末行"取便下坛恁意"。

后有抄写题记："旹维／皇清光绪拾有一年岁轮乙酉春王月朔四日完。／小臣黄康宁派曰明道，在家录集《报恩斋密》一部。／应用十方，细心护惜，勿得实（失）遗。念吾知（之）笔云耳。"内容包括叙十种报恩经仪当演（有挂金锁文字）、叙愿报父母怀躭守护恩仪当演、叙愿报父母临产受苦恩仪当演、叙愿报父母生子忘忧恩仪当演、叙愿报父母燕（咽）苦吐甜恩仪当演、叙愿报父母移干就湿恩仪当演（有挂金锁曲牌）、叙愿报父母乳哺养育恩仪当演、叙愿报父母洗濯不净恩仪当演、叙愿报父母为造恶业恩仪当演（有挂金锁曲牌）、叙愿报远行忆念恩仪当演、叙愿报父母究竟怜悯恩仪当演、礼十报恩，面佛唱赞（如省，下座）。

9. 报恩斋仪

存两册。第一册封皮署"报恩斋仪左""戴照铃记"。内容包括两部分。第一部分首题"十种资严孝顺苦报恩斋仪左""教诫"，无尾题，末行"唵引逸帝律尼娑诃。止""在此随便作法下坛"。第二部分首题"升座"，尾题"十种劬劳资荐拔苦报恩密教斋仪终"。尾题后有抄写题记："民国卅四年乙酉岁四月中浣日佛门弟子戴照铃沐手抄订。"内容为提纲部分，较为简单。

第二册封皮署"报恩斋科右""戴照铃记"。内容包括两部分。第一部分首题"十种资严孝顺拔苦报恩斋仪""教诫"，无尾题，末行"净身器菩萨摩诃莎""回向下坛"。内容包括道场教诫仪当演、叙道场所祖仪当演、叙道场仪式功德仪当演、开坛请圣、叙道场合用警策仪当演、叙道场劝勉仪文当演、叹佛宣疏、五供养、回向下坛。第二部分首题"升座"，无尾题，末行"南无愿往生菩萨""普忏罪真言""恁意回向"。内容包括报恩斋劝善偈、道场叙十种大恩仪文当演。内容简单。

10. 报恩斋仪

存二册。

第一册封皮署"报恩斋首时""密教""教诫""礼请""竖宗立教""放牲"。扉页"报恩斋首时教诫"。

首题"报恩斋仪上"，无尾题，末行"生生不退菩提心"。首题前有登坛赞偈。无首尾题，首行作"高登猊座演真诠，同音一口举人天。加持云何梵，智"，末行作"南无大孝释迦牟尼佛"。

首题后有文称：

法事标月总有六十七节八段仪：坛前教戒（诫）七节；开坛请佛十二节；施食施财两节；坛外放生二节；竖宗立教十四节；儒释兼济十四节；真俗混融十四节；行香设散二节。

表明报恩斋法事分为八大部分，各部分有不尽相同的节数。

本册三要内容包括道场叙坛前教诫仪当演、道场叙初祖义当演、道场叙仪式当宣演、道场叙功德仪当演、道场叙合用仪当演、道场叙警策仪当演、道场叙劝勉仪当演、咒水结界、烧香礼请、送外奏纳、回坛佛前重申告诫、道场叙劝发菩提心仪当演、道场叙勤发四心仪当演、警策大众、叙礼请上圣、叙召集神祇仪当演、施财、庭际放生。

第二册封皮署"报恩斋仪""真俗混融""三时主""斋幡式"。

扉页署"报恩斋仪下卷志",另抄"报恩斋幡式"。内容包括三部分。第一部分首题"礼请",无尾题,末行"念冥阳利益"。第二部分首题"十种广孝报恩大斋下卷",无尾题,末行"惟愿慈悲常摄受"。内容包括登坛投疏、礼请回向。第三部分首题"第三时升座",无尾题,末行"加持尊胜咒真言""下座赞礼"。内容包括叙真俗混融仪当演、叙法供养为最仪当演、道场叙劝父母皈依三宝仪当演、叙劝持五戒十善以作天人之孝仪当演、叙劝修四谛小乘之孝仪当演、叙劝修中乘以作圆觉之孝仪当演、叙劝修六度以作大乘之孝仪当演、叙劝修一乘法门以作如来之孝仪当演、叙父母成佛仪当演、叙普劝大众仪当演。

11. 报恩斋仪

存一册。现代棉纸抄本。首题"报恩斋仪"。内容包括两部分。第一部分首行"报恩首时礼请斋仪",无尾题,末行"下坛"。第二部分首行"首时报恩斋仪",无尾题,末行"所谓道,东间水流……""任师作便"。

12. 报恩斋仪文

存三册。第一册封皮署"报恩礼请全套""太公寺记耳"。首题"新集报恩礼请"。无尾题,末行"回向毕""下坛""吃烟""烤火""坐倒说闲话"。后有墨书题记:

民国五年孟夏清和月中浣,崇教院释子僧静月号/清泒,抄写《报恩礼请斋科》三本传于后嗣。徒子法孙,/千家有请,万户来迎。字墨丑陋,誊绿(录)不恭,见者勿哂。

其中有文称:

稽首和南,谨白清净大众:今此报恩道场,法事分为十节:

启白叙意;叹佛宣疏;警策大众;礼请上圣;拜召神祇;普行孝念;诵《报恩经》;说十种恩;广度行孝;施食施财;诸部法乐;法事供养;礼三十五佛;逐行行持;香焚宣疏;礼别圣贤。

本册内容仅到"拜召神祇"部分。"普行孝念"及其以下内容未见。

第二册封皮署"报恩斋仪文""清源人謄录"。首题"新集报恩斋仪文",无尾题,末行"下坛吃烟烤火"。后有墨书题记:

抄写释子僧清源，字不恭敬，诸君勿笑。/谨题。永存太公寺徒子法孙，千家有请，万户来迎。大吉之兆耳。

主要内容是述释十种报恩。

第三册封皮署"报恩斋蜜文""崇教院置"。首题"报恩斋密教"，无尾题，末行"回向毕，下坛吃荈"。后有抄写题记：

民国五年/岁在丙辰清和月书。抄写《报恩斋全套》，永存太公寺，应供十方。/盛清源字墨丑陋，各公勿咲。

此套《报恩斋》由礼请、仪文和密教组成，核心内容为十报恩，是一套内容简明可用作行持小法事的完整科仪。

13. 报恩正斋仪

存两册。第一册封皮署"报恩正斋仪左案""礼请科仪""何开金派觉海"。扉页"报恩斋咒章右""礼请""何觉海清具"。首题"佛门应供报恩礼请"，无尾题，末行"南无解冤结菩萨"。后有墨书题记：

民国十四年五月中院（浣）抄写，何道修。见字勿咲。

正文有文字介绍其程序说：

第一叙述斋意；第二礼请上圣；第三代圣宣演；第四赞礼五位；第五门辟方隅；第六普伸召请；第七与亡忏悔；第八忏拾恶等；第九开路佐设；第拾传戒给由；拾一赞佛回向；拾二门外纳财。

第二册封皮署"报恩正斋仪左案" "何觉海派应灵"。扉页"报恩正斋仪左""何觉海清识"。首题"佛门报恩正斋左案升"。无尾题，末行作"正斋已周完，皆供（共）成佛道"。后有大段墨书题记：

吾今花甲六拾四，眼昏下笔看不滴。点点圈圈拇量画，长画短画取不一。/论书我造得是齐，天降回禄谁加滴？三月初二黑夜里，火光发现四边起。/房屋焚化无家器，五谷杂粮如粪泥。圣像书章烧坏已，君子无本敲幸启。/心想不腾谁敢依，十方来了才捉急。后世门徒要爱息，轻翻慢敲细心的。/扯难一遍你生写就难，才晓得模模面做的。不念收是背囊里，平平展展靠养齐。/只要你个个莫懒起，后世不腾有使的。字孬字丑不爱息，破锣破鼓救得及。

民国拾肆年五月中院抄腾斋仪何道修道号道真，/佛号圆真，下男开金琳，道号应法灵，佛号觉海清。

由墨书题记，可以知道原来何氏之书，因失火而烧坏，遂直抄而成。由于是重抄，所以杂糅进了道教的内容。如其中第一面即有如下文字：

太上玄妙祖　报恩德菩萨　只为从前孝二亲
大圣元始尊　演说报恩经　老君传道德
许君住孝诚　救苦真人泂地狱　宝相真人救双亲　念道玄之祖　南无
大孝报恩
……

在仪文中，更是大量引用道教经文。这是佛教仪式文献毁失后，由于缺少可据以抄写的底本才出现的情况。抄写者为了打消其他人对这类科仪的怀疑，还在封皮或首题中，加入了"正"字。这显然是这类科仪欲盖弥彰的证据之一。

14. 佛门报恩仪

存两册。有残破。第一册封皮后做，署"佛门报恩仪""徐记"。首题"十种报恩斋仪"，尾题"报恩三会仪一部"。后有抄写题记：

民国丁卯（1927）年全月内在杜家坡蒋姓宅内所腾。应化/十方，万事如意。王兴顺字光成，笔写忙荒，见才勿笑。

内容分上中下三卷。节目包括道场教诚（诫）仪当演、叙道场所祖仪当演、叙道场仪式功德仪当演、叙道场劝勉仪当演、报恩礼请中卷、报恩升座下卷、叙道场十种大恩仪当演、叙怀躭守护仪当演、叙临产受苦仪当演、叙生子忘忧仪当[演]、叙咽苦吐甘仪当演、叙推干就湿仪当演、叙乳哺养育仪当演、叙洗濯不净仪当演、叙为造恶业仪当演、叙远行忆念仪当演、叙究竟怜悯仪当演、叙十种圆满报恩仪当演、叙普劝诸人大众仪当演、下座忏悔。

第二册封皮后做，署"佛门报恩仪""徐记""右"。原封皮署"三慧报恩◇案""普活坛蒋记"。首题"佛门十种报恩斋仪教诫"，无尾题，末行"两案师人，奏乐下坛"。后有抄写题记：

民国十七年（1928）戊辰岁，王兴顺字光成，在永平里一甲地名/杜家坡蒋姓宅内补腾。应用十方，永为念耳。

节目包括叙道场教诫仪当演、叙道场所祖仪当演、叙道场仪式功德仪当演、叙道场劝勉仪当演（最末有"释门弟子蒋华芳派性畜，师号法源笔"的题记）、佛门礼请报恩中卷、释氏报恩升座仪下卷、叙十种报恩仪当演、叙怀躭守护仪当演、叙临产受苦仪当演、叙生子忘忧仪当演、叙咽苦吐甘仪当演、叙推干就湿仪当演、叙乳哺养育仪当演、叙洗濯不净仪当演、叙为造恶业仪当演、叙远行忆念仪当演、叙究竟怜悯仪当演、叙十种圆满报恩仪当演、叙普劝诸人大众仪当演、发愿回向。

15. 教诫仪

存一册。虫噬。封皮署"教诫仪""□烦教诫七供养摆齐白蜡烛心"。首题"佛门升座教诫左仪",尾题"佛门教诫左案仪终"。后有抄写题记:"嗣教弟子法讳杜净明笔""大清嘉庆十年(1805)乙丑岁仲春月下浣日,在宅舍誊写《教诫仪》,册锭二十二页。永远验耳""请书弟子陈净灵""光绪丁未(1907)请书弟子刘戒园"。抄成于嘉庆十年。所见为光绪三十三年丁未刘戒园请用本。

16. 十种报恩仪

六册全。又名《大报恩仪》。第一册两个封皮。外封皮署"大报恩仪(首)""谢国昌订"。内封皮署"拾种报恩仪文_{首卷}""学_职谢国昌_{真灵}置"。扉页署"大报恩仪文_{卷首}""谢洞明卖与/谢静应置"。首题"十种报恩仪文首卷",尾题"十种报恩首卷仪文终"。尾题后有另人笔迹:"人间有兄弟,我独无。谢龙元遗后。"

首题下有文:

嘉靖十七年戊戌春三月刊　海印大师思觉集
四川道马湖府沐川长官司利店乡凤凰村报恩信士李天学
法事标目,总有六十七节。大分八段:
门外教诫七节;开坛请佛十二节;施食施财两节;坛外放生两节;竖宗立教十四节;儒释兼济十四节;真俗混融十四节;行香设散二节。

内容包括坛前教诫仪当演(集仪大意、叙道场所祖、叙道场仪式、叙道场功德、叙道场合用、叙道场警策、道场劝勉、宣疏行道)、初时礼请(佛前重伸告诫)、劝发菩提心、劝发四心、叙礼请意、迎请诸圣、献报恩幡(叙献幡功德仪当演)、叙献衣功德仪当演、叙献食功德仪宣演、施财、散歇、庭际放生。

第二册两个封皮。外封皮署"大报恩仪(上)""谢国昌订"。内封皮署"拾种报恩仪文_{卷上}""学_职谢国昌_{真灵}置"。扉页署"大报恩仪文_{卷上}""谢洞明卖与/谢静应置"。首题"十种报恩大斋仪文卷上",尾题"十种报恩仪上卷终"。尾题后有抄写题记:"儒释道处士任广乐_{法讳}侍玄沐手书。男文炳、文炆、文炯、文烟、文炷、文燨,孙男如松、青松、如山承接。"又有另人笔迹:"乾隆年录,于嘉庆、道光、咸丰年卖与谢龙元_{号祥凤}_{法静应}/录职修真,勤学温良恭俭让,知金木水火土、生老病死苦,/仁义礼智信。治书遗四,子孙世世相传,代代念之。静应。"

内容包括第一时礼请、初时升座(包括竖宗立教、以孝为宗仪、明行所因仪、正明宿世苦行因缘仪、返生慰劳仪、因孝成佛仪、方便化导父母令入佛道仪、为父母转大法轮仪、究竟奉亲仪、普劝大众仪、报十种大恩仪）。

第三册三个封皮。外封皮署"大报恩仪（中）""谢国昌订"。次封皮署"拾种报恩仪文卷中""学职谢国昌真灵置"。内封皮署"拾种报恩仪文卷中""谢泰元置"。扉页署"大报恩仪文卷中"。首题"十种报恩大斋仪文卷中"，尾题"十种报恩二时仪文卷中终"。

内容为二时升座，包括儒释兼济仪、祸福浅深仪、居则致其敬仪、养则致其乐、病则致其忧、丧则致其哀、祭则致其严、化风远被、行孝感验、普劝大众、礼佛忏罪、回向等环节。

第四册两个封皮。外封皮署"大报恩仪（下）""谢国昌订"。内封皮署"拾种报恩仪文卷下""学职谢国昌真灵置"。扉页署"大报恩仪卷下""谢洞明卖与/谢静应置"。首题"十种报恩大斋仪文卷下"，尾题"释迦如来孝顺拔苦报恩仪文卷三终"。尾题后有抄写题记：

> 时/皇清乾隆五十四年龙集己酉太岁夷则月上浣之吉，黄冠任广乐字/御音号协律别号以成法讳侍玄，自幼奋志芸窗，有意/光前。赴渝应试，连走六回，惜不得志，抱恨难安。因思青云/无路，其于先人所遗释道之教，或者能行。爰请五雷法/箓一阶，归身佩奉，阐扬教法。年至五十，命配何氏于是年五月/十三日身故，举家病苦。四男文炷亦故。不幸至此，抑郁甚闷，转/思妻氏劳苦，无可酬其结发之情，是以在家抄录/《十种报恩斋科》一册，连提纲、仪、密，共成六卷，以为荐拔，庶可/少展破镜之忧。儿曹亦少释终天之恨耳。特志。
>
> 长男文炳、二男文炆、三男文炯、五男文烟、六男文怀、幺男文燨世袭勿替。
>
> 后静应置，世世相传。（比行文字与上录文字字体不同）

内容为三时升座，包括真俗混融、叙法供养为最仪、劝父母皈依三宝、劝持五戒十善以作人天之孝、劝修四谛以作小乘之孝、劝修中乘以作缘觉之孝、劝修六度以作大乘之孝、劝修一乘法门以作如来之孝、父母成佛、普劝大众、观修观想、观想父母求解脱、五趣中父母便解脱。

第五册两个封皮。外封皮署"大报恩提纲（三时俱载）""谢国昌订"。内封皮署"拾种报恩一、二、三时提纲""学职谢国昌真灵置"。扉页署"大报恩提纲三时俱载""谢洞明卖与/谢静应置"。

首题"十种报恩大斋提纲卷上"，内容包括教诫、初时礼请、初时升座、二时礼请、二时升座、三时礼请、三时升座、三时下座作观。三时下座作观前有抄写题记：

皇清乾隆五十四年己酉□……□

《十种报恩斋科》一册贻于奕世□……□是幸。

任广乐御音_{法讳}侍玄沐手书。

第六册两个封皮。外封皮署"大报恩密（三时俱载）""谢国昌订"。内封皮署"拾种报恩一、二、三时密""_职谢_{真灵}昌置"。扉页署"大报恩显密_{三时俱载}""谢洞明卖与／谢静应置"。

首题"十种报恩大斋显密对偈"，无尾题，末行"下座""观想""入提赞礼"。后有抄写题记：

皇清乾隆五十四年命配何氏于蒲月十三日辰时因恙／身故。未满六七，四男文炷相继而亡。不幸极矣！无可解闷，／只得拭泪抄腾《十种报恩斋科》一册，以贻后代。奕世／相传，是幸是望。

儒释道士任广乐_字协律，_号御音，_{别号}以成，／_{法讳}侍玄，沐手书于青云斋。／遗以男文炳、文炆、文炯、文烟、文怀、文燧，孙青松、如松、如山袭。／殊三世未接，／卖与洞明。／洞明之子，／卖与谢静应。（末四行文字字体与前面文字风格不同）

题记后，有另人书加持发菩提真言、礼别等文字。

17. 十种报恩大斋二时升座上卷

存一册。封皮署"拾种报恩大斋二时升座上卷"。首题"新集拾种广孝报恩大斋上卷"。内容包括两部分。

第一部分首题"二时升座"，无尾题，末行"或回向或下座礼三十五佛"。后有抄写题记："集书人陈万全，年五八零二，集写《拾种报大斋》一部，十方应供，吉祥者矣。"内容为叙儒释兼济仪当演、叙祸福深浅仪当演、叙居则致其敬仪当演、叙养则致其乐仪当演、叙病则致其忧仪当演、叙丧则致其哀仪当演、叙祭则致其严仪当演、叙化风远被仪当演、叙孝行感验仪当演、叙普劝大众仪当演。

第二部分首题"下座礼佛忏罪"，无尾题，末行"无边……""普愿……""速往……""十方……"。首题下署"丁酉岁七月万全记"，末行后有抄写题记：

陕西甘肃省直隶阶洲太平里二甲民见寓地名大宗沟坎家山住／居集书人陈万全，室人_{吕梁}氏所生下男陈永福、禄、寿集写《释门应／用拾种报恩大斋》上中下卷，共是五本。此书老本係是／朱均_派清贤所集。后在盟弟朱学元手内腾写吉祥者矣。／此本书除外空纸三十八篇，勿损。

18. 十种劬劳报恩斋仪

存一册。封皮题署脱失。首题"拾种劬劳报恩斋仪",尾题"报恩仪竟"。后有抄写题记:"乾隆四十六年岁在辛丑仲春月在崇和法靖太极雷云誊录。"内容包括建坛投疏、儒风指教二时礼请、佛法元宗升座仪、十种报恩仪。文字较简略。

19. 释氏报恩密教

存一册。封皮署"释氏报恩密教"。内容分四部分。

第一部分为报恩礼佛忏悔密观,首题"报恩忏悔密观",无尾题,末行"此报恩观竟"。题署"汉州县竹县祥符寺住持长讲华严海印大师息觉集""儒林郎知合州汉初县事马伯参注"。内容包括西山邵学世(士)化众设初会疏语、报恩一时礼佛忏悔密观、报恩二时礼佛忏悔密注(二时礼佛观想)、报恩三时忏悔密注(第一观想、第二观想、第三观想)。

第二部分首题"俯伏咒",无尾题,末行"大罗元始、虚无自然、至真妙道元始天尊"。

第三部分首题"报恩二时忏悔密注备旨要脉",无内容,无尾题。

第四部分为"报恩三时忏悔密注备旨要脉",内容包括报恩三时忏悔密注(第一观)备旨要脉、报恩三时忏悔密注第二观备旨要脉、报恩三时忏悔密注第三观备旨要脉。无尾题,末行"矣"。

20. 仙人山报恩仪

存一册。封皮缺失,扉页署"仙报恩仪_{左案}""魏建明记"。首题"仙人山报恩仪_{左案}",无尾题,末行"演密忏罪已周,暂歇良因"。后有抄写题记:

> 民国十九年庚午岁五月初十日誊录《报恩仪》一部。凡有师友见此书,相借誊写,寿高北斗;偷书者男盗女娼。凡有用此书,恐怕烛火烧之。
> 誊书艰难,实在是难德(得)写,硬是真的。出笔人魏见明_{字荣华}_{派觉}。
> 遗与后人,以为念耳。

内容包括叹二十四孝、道场叙十种报恩仪当演(有挂金索词牌)、道场叙第一怀耽守护仪当演、道场叙弟(第)二临产受苦仪当演、道场叙第三生子忘忧仪当演、道场叙第四咽苦吐甘仪当演、道场叙第五推干就湿仪当演、道场叙第六乳哺养育仪当演、道场叙第七洗濯不净仪当演、道场叙第八为造恶业仪当演、道场叙第九远行忆念仪当演、道场叙第十究竟怜悯仪当演、道场叙圆满十种仪当演、道场叙普劝大众仪当演、忏悔回向。

21. 孝顺设供拔苦报恩道场仪

复印合装二册。原册数不详。

第一册包括六个部分。第一部分首题"孝顺设供拔苦报恩道场教诫仪文",无尾题,末行"佛诸尊菩萨麽诃萨摩诃般若波罗密"。第二部分原封皮署"报恩大斋教诫仪文",首题"孝顺设供拔苦报恩道场教诫仪文",无尾题,末行"佛诸尊菩萨麽诃萨摩诃般若波罗密"。后有抄写题记"龙飞宣统贰年八月二十日毕嘉沐手抄记"。后又写有"皇图巩固,帝道遐昌。佛日增辉,法轮常转"。第三部分原扉页署"上时仪文、纲密、副密共叁本"。首题"孝顺设供拔苦报恩大斋道场仪文卷上",无尾题,末行"加持集法悦舍苦陀罗尼咒"。第四部分原封皮署"报恩请佛仪文",首题"登坛请佛",尾题"共记三拾六遍／仪文卷上"。第五部分无首题,首行"皈依大孝释迦佛",尾题"报恩大斋三时下坛大尾完"。第六部分原封皮"真俗混融下时仪文",封二写有"拈花示众古机缘,持把宗门正眼传。迦叶著年知此意,微微笔倒二千年"。首题"孝顺设供拔苦报恩道场仪文卷下",尾题"孝顺设供拔苦报恩道场仪文卷下共"。第六部分原封皮署"观想礼别仪文",无首题,首行"皈依大孝释迦佛",尾题"报恩大斋三时下坛大尾完"。后有抄写题记"龙飞光绪三十二年九月毕嘉抄录／共计拾捌本俱全时亲笔"。

第二册包括九个部分。第一部分原封皮署"报恩科法教诫纲密"。首题"报恩大斋教诫纲密",无尾题,末行"诃般若波罗密""止"。第二部分原封皮署"报恩大斋教诫密",首题"报恩大斋教诫纲密",无尾题,末行"诃波罗密""止"。第三部分原封皮署"报恩请佛纲密",首题"请佛纲密",尾题"报恩大斋请佛纲密""共三十"。第四部分原封皮署"报恩大斋请佛副密",首题"请佛副蜜",尾题"报恩大斋中时副密""共一一遍"。第五部分原封皮署"报恩科范式时纲密",首题"孝顺设供拔苦报恩道场纲密卷中",尾题"报恩大斋中时纲密卷中"。第六部分原封皮署"报恩大斋下时纲密",首题"报恩大斋第下时纲密",尾题"报恩大斋下时纲蜜"。第七部分原封皮署"报恩大斋下卷副密",首题"报恩大斋第下时副密",尾题"报恩大斋下时副密"。第八部分原封皮署"观想礼别纲密",首题"报恩大斋十种报恩忏罪作观纲密",无尾题,末行"宣科报四恩,皆共成佛道"。后有抄写题记:"龙飞大清光绪二十年九月初九毕嘉抄篆(录)。"第九部分原封皮署"观想礼别纲密",首题"报恩大斋十种报恩忏罪作观纲密",无尾题,末行"宣科报四恩,皆共成佛道"。

22. 新集报恩道场仪

存两册。线装。

第一册新装裱。首尾全。封皮留旧题"新集报恩道场仪""崇教院记"。首题作"新集报□……□"。内容分两部分。第一部分首题"西山邵学士化众设初会疏",署"右儒林郎新知合州汉初县事马伯康建□……□"。首行"有初生人,必本为孝。禀一德而莫与,极百行以称先"。无尾题,末行"至尊之可凭。谨疏。"第二部分首题"新集孝顺设供拔苦报恩道场仪"。署"汉州绵竹大中祥符寺住持长讲花严海印大师思学（觉）集"。尾题"如来孝顺拔苦报恩斋仪上卷终"。尾题后有抄写题记："康熙伍拾柒年（1718）二月吉日完毕记耳。"

其中有文称：

> 法事标目，总有六十七节，大分八段：门外教诫（七节）；开坛□……□（十三节）；施食施财（两节）；坛外放生（十一节）竖宗立教（十四节）；儒释兼济（十四节）；真俗混融（十四节）；行香设散（两节）。

第二册首尾残。首行"故经云慈童长者其父丧后财贿用尽"，末行"诸佛子等重申观想无量劫来一切父母有修戒"。核对内容，知为《如来孝顺拔苦报恩斋仪》中卷内容。① 是新搜集《报恩科》中年代较早的写本之一。

23. 壹时报恩

存两册。

第一册包括两个部分。第一部分首题"壹时报恩登坛礼请"，尾题"报恩礼请终"。第二部分首题"一时报恩升座密"，尾题"报恩密终"。尾题后有抄写题记："皇清同治玖年（1870）岁庚午蒲月下浣日在文昌宫馆内照本膳写，弟子何道崑应教十方。字□荒疎，见者休笑。"

第二册首题"一时报恩升座仪"，尾题"报恩仪终"。尾题下有抄写题记："膳录弟子何道崑本笔"。内容包括道场叙教诫仪当演、道场叙祈祖仪当演、道场叙示功德仪当演、道场叙合用警策仪当演、道场叙劝免仪当演、表扬咒水仪当演六部分。

二、《报恩科》新见资料的价值

（一）增加新知

《文渊阁书目》卷四著录的佛教仪式文献中，有"《报恩道场三师提纲》一部，三册""《救苦报恩道场》一部，七册"② 等记载，表明《报恩科》在明代至少有两种传本。我们收集到的《十种报恩仪》，又名《大报恩仪》，抄写于乾隆五十四年，但其底本则是明嘉靖十七年刊本，而且书名与《文渊阁书目》载录本不同，表明《报恩科》在明清时期有不同的传本，不仅卷册不同，而且名字也不同。但由于它们都有"报恩"二字，故可统称为"报恩科"。

---

① 思觉：《如来广孝十种报恩道场仪》，方广锠主编《藏外佛教文献》第八辑，第59页第7行至255页第11行。
② 杨士奇等：《文渊阁书目》卷四，《四库全书》本，鼎秀古籍全文检索平台，第186页、188页。

从上文叙录《报恩科》诸本情况来看,其流传形态至少有如下四种情况。一是完整本。包括提纲、教诫、仪文和密教四个部分。如序号5、6、7、11、14、15、16、17、19、21、22、23。完整本内容分八段,即门外教诫、开坛请佛、施食施财、坛外放生、竖宗立教、儒释兼济、真俗混融、行香设散。就其节数来看,"总有六十七节:门外教诫七节;开坛请佛十二节;施食施财两节;坛外放生两节;竖宗立教十四节;儒释兼济十四节;真俗混融十四节;行香设散二节"(2、10、16、21、22)。从仪式进程来说,则分为三时,即一时、二时、三时(1、11)。相应的,除坛前即仪式正式开始前行持的教诫外,提纲、仪文和密教,都分三时,称为"三时提纲""三时密(教)",仪文则有一时仪文、二时仪文和三时仪文的区别。每一时的仪文,就仪式程序来说,又都包括礼请和升座两个部分。

第二种是三要素本(8、12)。其文本由报恩礼请、报恩斋仪和报恩密三个部分组成。三要素本的主要仪式程序是十报恩。由于文字不多,显然主要用于小法事。

第三种是左右案本(3、9、10、13)。左右案本可以是完整本分左右案(15),也可以是三要素本分左右案(4、20),或者是新编文本(13)(其程序分十二节,而且名字与其他抄本出入较大,显系新编)。

第四种是略抄本(18)。由于所见材料不多,对略抄本暂不作讨论。

也就是说,仅从文本上来看,就可以清楚知道《报恩科》有数种传本,有较明显的多样化的特点。

(二)匡正讹误

尽管最初在整理《如来广孝十种报恩道场仪》时,我们参考了云南省剑川县杨建鸿藏清康熙二十八年(1689)灵泉寺写本、云南省玉溪市延光居士与印加居士藏明抄本和清嘉庆四年(1799)抄本、已故云南省佛教协会顾问赵文焕先生和云南省洱源县凤羽乡阿吒力僧张龙光处藏清写本。但由于其中仅赵文焕先生保存相对完整,故不少文字缺少校对。如关于《报恩科》内容的说明就是如此。仅见于赵文焕先生藏本的《如来广孝十种报恩道场仪》先有文说:

> 法事标名,总分为六十七节:坛前教诫法事分为九节,开坛请佛法事分为十四节,第一时竖宗立教法事分为十一节,第二时儒释兼济法事分为十六节,第三时真俗混融法事分为十七节。①

在后来的文字中,又称:

---

① 方广锠主编:《藏外佛教文献》第八辑,第55页。

坛前教诫法事分为九节：启白诸圣；道场大义；道场所祖；道场仪式；道场功德；道场合用；道场警策；道场劝勉；表扬咒水。①

第一时开坛请佛、竖宗立教法事分为二十四节：劝发菩提心；劝发四心；参礼三宝；清净三业；薰香供养；洒净洁涤；净坛结界；散花行道；白佛叙意；叹佛宣疏；礼请上圣；启祝圣贤；召集神祇；竖宗立教；儒释以孝为宗；明孝所因；正明苦行因缘；返生慰劳；因孝成佛；方便化导父母；为父母转大法轮；究竟奉亲；普劝大众；赞十种恩。②

第二时儒释兼济法事分为十七节：启白叙意；烧香供养；礼请上圣；悬幡献衣；施食施财；儒释兼济；祸福浅深；居则致其敬；养则致其乐；病则致其忧；丧则致其哀；祭则致其严；化风远被；行孝感验；普劝大众；礼佛忏悔；坛外放生。③

第三时真俗混融法事分为十八节：启白叙意；忏悔罪愆；警策大众；宣疏礼请；广陈供养；真俗混融；叙法供养；劝父母皈依三宝；劝持五戒；劝修四谛；劝修中乘；劝修六度；劝修一乘法门；欢父母成佛；普劝大众；劝修观想赞礼；行香设散；礼别圣贤。④

前后文进行比较，即可知道最先的总六十七节，与细分的坛前教诫九节、一时及竖宗立教二十四节、二时儒释兼济十七节、三时真俗混融十八节，共六十八节，总数不一。究竟是哪一种说法对，无疑需要新资料的出现才能确定。

上文叙录表明，新见资料（2、10、16、21、22）对《报恩科》内容及总节数的记录并无二致，首先是分为门外教诫、开坛请佛、施食施财、坛外放生、竖宗立教、儒释兼济、真俗混融、行香设散。其次是总节数为六十七节，具体来说是，坛（门）外教诫七节，开坛请佛十二节，施食施财两节，坛外放生两节，竖宗立教十四节，儒释兼济十四节，真俗混融十四节，行香设散二节。

很显然，我们之前赖以整理的赵文焕先生藏本《如来广孝十种报恩道场仪》，有明显改动或调整仪式程序的情况存在。其中存在的讹误，在新见《报恩科》的帮助下，可以得到匡正。

---

① 方广锠主编：《藏外佛教文献》第八辑，第55-56页。
② 方广锠主编：《藏外佛教文献》第八辑，第68-69页。
③ 方广锠主编：《藏外佛教文献》第八辑，第145页。
④ 方广锠主编：《藏外佛教文献》第八辑，第202页。

（三）丰富认识

首先是知道在《报恩科》传本中，报十种恩显然受到重视和强调。《如来广孝十种报恩道场仪》原名《孝顺设供拔苦报恩道场仪》，略称《报恩道场仪》《报恩科》《报恩仪文》等。"报恩"二字成为该文本的中心词。新发现资料（3、4、8、9、16、17、18、20）进一步表明，除全本中包括十种报恩外，《报恩科》强调的，是十种恩。

具体的证据，一是数种科仪封皮题签或首题名中包括"十种报恩""拾种报恩"或"拾种劬劳报恩"（14、16、17、18、20）。二是在改编后的科仪中，"十种报恩"被突出了。如今存两册的《佛门报恩仪》（14），第一册首题"十种报恩斋仪"，其内容包括道场教诫（诫）仪当演、叙道场所祖仪当演、叙道场仪式功德仪当演、叙道场劝勉仪当演、报恩礼请中卷、报恩升座下卷、叙道场十种大恩仪当演、叙怀躭守护仪当演、叙临产受苦仪当演、叙生子忘忧仪当[演]、叙咽苦吐甘仪当演、叙推干就湿仪当演、叙乳哺养育仪当演、叙洗濯不净仪当演、叙为造恶业仪当演、叙远行忆念仪当演、叙究竟怜悯仪当演、叙十种圆满报恩仪当演、叙普劝诸人大众仪当演、下座忏悔。虽然内容涉及教诫、仪文（中卷礼请，下卷升座）两大部分，但内容中最突出的，还是报十种大恩。

再次是关于"佛语孝为宗"与"佛以孝为宗"。在赵文焕先生藏《如来广孝十种报恩道场仪》仪文卷上"儒释以孝为宗"一节中，有文称：

> 诸佛设教，以孝为宗；菩萨修行，以孝为本。夫孝也者，有可见也，有不可见也。可见者，孝之行也；不可见者，孝之理也。理也者，孝之所以出也；行也者，孝之所以形容也。修其形容而其中不修，则其事父母之不笃，惠人不诚；修其中而形容亦修，其惟事父母而惠人。是亦振天地，感鬼神也。天地与孝同理也，鬼神与孝同灵也。故天地鬼神，不可以不孝求，不可以诈孝欺。故《书》云：夫孝置之而塞乎天地，普之而横乎四海，施之后世而无朝夕。又云：天之经也，地之义也，民之行也，至哉大矣！又孝也者，大戒之所以先也；戒也者，众善之所以生也。为善微戒，善何生焉？为戒微善，戒何自焉？故经云：孝名为戒，亦名制止。若有众生，持此戒者，孝心即是佛心，孝行即同佛行。故知"孝"之一字，众妙之门。慈觉颂云："佛以孝为宗，岩前古路通。微尘菩萨子，尽入此门中。"即其义也。
>
> 　　我闻佛语孝为宗，孝行原来佛行同。
> 　　内蕴佛心遵雅训，外行孝行绍宗风。
> 　　母胎集会真身露，父臆扪摸妄业空。

多少知恩菩萨子，古今尽入此门中。

在整理过程中，我们查阅相关资料，发现不仅该节有"诸佛设教，以孝为宗""我闻佛语孝为宗"的说法，而且元普度《庐山莲宗宝鉴》也称"故赜禅师云：孝之一字众妙之门。佛语以孝为宗"，因此在整理时，我们根据该藏本将慈觉颂云整理为："佛以孝为宗，岩前古路通。微尘菩萨子，尽入此门中。"①

新见资料发现后，可以看出"佛以孝为宗"数字，既有作"佛语孝为宗"（22），还有作"佛与孝为宗"（21），当然，还有同样作"佛以孝为宗"（16）的。

三、《报恩科》新见资料校对数则

《报恩科》是未为历代大藏经所收的藏外佛教文献。上文叙录的新见资料来自甘肃、陕西、四川、贵州、湖北、湖南等地，表明它在全国不少地方都曾经流行，但一直未受到关注。就内容来看，乃引述宗密《佛说盂兰盆经疏》、慈觉《孝行录》和契嵩《孝论》，并摘取经藏而成，如果就其所彰显的佛教义理来说，该书可谓集中国古代佛教孝道著述之大成，既是研究中国佛教报恩行孝思想的重要资料，也是研究佛教中国化的重要资料。

初步对新搜集资料与整理本《报恩科》相应文字的比较，可以发现一些整理本存在的衍文脱字、听音错讹等问题，在新见资料的助力下，得以改正和完善。鉴于这项工作尚未完成，根据新校对文本对相关论题的讨论目前暂不能展开，谨辑录数则《教诫》中校对文献，以备参考。并以之作为本文的结尾。

西山邵②学士化众设初会疏语③

有初生人，必本为孝。禀一德而莫与，极④百行以称先。古道下衰，格言中晦。罔知为教，不得其传。或约法以禁民，至设科而取士。类生平所无之⑤物，幸天下仅有。其人已久失之，可不哀也。近因净侣广探宝

---

① 方广锠主编：《藏外佛教文献》第八辑，第95页。
② "邵"，整理本作"郡"。
③ "语"，整理本无。
④ "极"，整理本作"及"。
⑤ "之"，整理本作"知"。

函①，深思②不报③之恩，是为甚盛之举。以大④劝勉，持⑤栽上仪。闻宇⑥一开，善类四集。恻怙恃⑦于罔极，等覆载以难酬⑧。生祈禄筭羨⑨增，殁⑩冀神明升济。必众誓之不坠，仰至尊⑪之可凭。谨疏⑫。

道场所祖

唐圭峰禅师，禅门宗匠，教海象龙。至于为亲应思报本，广探藏教，获遇《盆经》，遂造疏文，深究二宗之说。每岁中元日讲明孝行，以福双亲。时裴公相国喜师之说，故有吾常游禅师阃域⑬之语。

又本朝慈觉禅师，单传心印，大唱禅宗。亦为偏⑭亲劝受大戒，修净土行。至于母氏临终之日，灵验昭然。禅师喜不自胜，遂秉笔疾⑮书《孝行录》一百二十篇。书成，大地为之震动。

又明教大师，真吾门法将⑯。为明道眼，遍历⑰丛林。恨不再见母氏，哀号惋切，报效无门，力著《孝论》一十二章，示其心也。发明如来大孝，兼证儒者之说，殆亦尽矣。开封侍读王公素上之，有旨下翰林考时，欧阳文忠公一见大奇之，遂闻之朝廷⑱，特许编入大藏，兼锡⑲命服加号。

夫三大士所述虽殊，是皆明其孝也。故感王臣外护，天地征祥。今述仪文，皆本于此，并检阅藏教，摘取因缘，非敢以胸臆之谈，徒欺诳也。

---

① "近因净侣广探宝函"，有本（19）作"故我思觉禅祖"。
② "思"，有本（19、21）作"恩"。
③ "不报"，有本（19）作"罔极"。
④ "大"，整理本作"夫"。
⑤ "持"，整理本作"特"。
⑥ "闻宇"，整理本作"文字"。
⑦ "怙恃"，整理本作"恃怙"。
⑧ "以大劝勉，持栽上仪。闻宇一开，善类四集。恻怙恃于罔极，等覆载以难酬"，有本（19）作"垂科以劝勉善人，注密而传示后学，庶使恩酬恃怙，法传乾坤，普令历劫亲缘，世代超升福地"。
⑨ "羨"，整理本作"美"，有本（19）作"頻"。
⑩ "殁"，有本（19）作"殂"，有本（21）作"没"。
⑪ "尊"，整理本作"德"。
⑫ "疏"，有本（19）作"序"。
⑬ "域"，有本（10）作"诚"，有本（16）作"成"。
⑭ "偏"，整理本作"双"。
⑮ "疾"，整理本作"迹"。
⑯ "将"，整理本作"匠"。
⑰ "遍历"，整理本作"历遍"。
⑱ "廷"，整理本作"庭"。
⑲ "锡"，整理本作"赐"。

又拟诸家仪范，皆本藏乘，如药师、寿尊、观音、弥勒之道场，皆我本师所赞之文；华严、涅槃、法华、圆觉之道场，皆我本师所赞之法。而世人能依佛说，不知佛行。能敬彼佛，鲜①敬本师。又见世间凡设道场，多为父母，为无此仪范，故必假旁求。今既有文，是为正辙。奉劝孝子，可力行之耳。

---

① "鲜"，整理本作"先"。

上海玉佛禅寺对外友好交流略考

吕方芳　上海玉佛禅寺觉群人间佛教研究中心

内容提要：玉佛禅寺建寺于清光绪中叶，得历代住持、十方先贤不辍躬历，至今百冊载。百冊玉佛春秋之中，所历沧桑变迁不知凡几，本文撷取新中国成立以来玉佛禅寺亲历的对外友好交流事例代表，庶几展示玉佛禅寺在中国佛教对外友好交流[1]中所作实践与意义。

关键词：对外友好交流；佛教；玉佛禅寺

一、认识与理解：肇韧于 1952 年

1952 年是新中国成立后上海玉佛禅寺开展对外友好交流的"元年"[2]，此时中国佛教协会尚未成立。玉佛禅寺作为上海市人民政府指定的市级重点涉外开放单位、上海保存完好的寺院代表，在新中国成立之初的历次国际会议和对外接待中，在赵朴初先生的带领下开展对外友好交流。与对外友好交往成熟阶段不同，此时各国人民对新中国成立后的宗教情况尚不了解，就是从 1952 年起，各国代表团相继参访玉佛禅寺及其他寺院，形成了对中国佛教的最初印象，也为日后玉佛禅寺的对外友好交流定下基调：共祈和平、友好往来及文化交流。

---

[1] "外交"指国家层面的外事活动，包括互派使节、参与国际会议、协定国际条约等。非政府组织的对外友好交流活动是一定条件下各国"公共外交"或"民间外交"的组成部分，是在服务国家外交大局的前提下开展的民间友好交流活动。卓新平、徐以骅、刘金光、郑筱筠：《对话宗教与中国对外战略及公共外交》，《世界宗教文化》2012 年第 4 期。

[2] 张晓林：《当代都市佛教对外交往活动的特点——以上海玉佛禅寺为例》，《中国宗教》2009 年第 10 期。张晓林认为，玉佛禅寺的对外友好交流主要包括两个部分：一是接待国际友人、港澳台同胞和海外侨胞，向他们展示改革开放以来宗教信仰自由政策的落实情况和中国佛教健康发展的生动实例；二是组团出访，参加重要的国际宗教会议、弘法海外。本文"对外友好交流"以此为范围。

（一）和平是对外友好交流永远的主题

1. 亚洲及太平洋区域和平会议

1952年10月2日至12日，亚洲及太平洋区域和平会议在北京举行，参加会议的有太平洋沿岸的37个国家的344名代表，其中佛教代表来自17个国家。中国代表团以宋庆龄为团长，佛教代表有圆瑛法师、喜饶嘉措法师、赵朴初居士等。他们与各国佛教代表人士共同签署了《参加亚洲及太平洋区域和平会议的佛教徒的声明》。在这次会议上，赵朴初先生代表中国佛教界向出席这次会议的日本代表赠送了一尊象征和平的药师佛像，请其转给日本佛教界，表达中国佛教徒期盼和平与友谊的良好愿望。并以此为契机，促成两国佛教界的友好交流。①

鲜为人知的是，在这次会议中，玉佛禅寺自6月起，就承担了部分接待各国代表参与筹备会议、展现中国寺院面貌的工作。这些国际友好参访活动皆记载于《觉讯》以及苇舫法师与赵朴初居士的《国际贵宾参观玉佛禅寺日记》。

1952年5月21日下午2时，应邀来中国参加"五一"节观礼并出席亚洲及太平洋区域和平会议筹备会议的锡兰（今斯里兰卡）工会联合会第一届主席、锡兰和平理事会理事撒拉南卡拉参访玉佛禅寺，赵朴初、苇舫法师及上海佛协方子藩热情接待。据苇舫法师回忆，作为一位出家比丘，撒拉南卡拉与大家见面行佛教礼节，并将玉佛禅寺送他的供花供于佛前，参拜大殿，并参观了玉佛与龙藏。赵朴初与撒拉南卡拉交流了锡兰举行群众大会的情况，同时也了解了锡兰举行的国际佛教代表会议。②撒拉南卡拉表示：

> 中国人民革命的胜利，鼓舞了亚洲殖民地国家的奋起。锡兰佛教徒正和锡兰各阶层人民站在一道，为争取和平自由而斗争。成为世界保卫和平民主的一支坚强的力量。③

撒拉南卡拉还号召中锡两国佛教徒经常来往，紧密团结，共同为保卫和平而努力。1952年6月18日下午2时，缅甸出席亚洲及太平洋区域和平会议及国际保卫

---

① 经顾贺章友考证，此次赠送的佛像经由南博教授与樱井英雄带回日本，并于1953年1月12日在东京的京桥公会堂举行了佛像接受仪式。佛像奉迎准备委员会致函中国佛教协会致谢，转达友好之意。此尊药师佛像先安置于浅草枣寺，后置于华藏院供奉。佛像为药师如来坐像，佛身镀金，高约25厘米。

② 撒拉南卡拉向赵朴初居士介绍，此次会议法舫法师亦有参与，有人欲让法舫法师表达新中国干涉宗教信仰自由，但被法舫法师坚决拒绝了。法舫法师说："我所知道的事实不是这样，我不能说谎。"世界佛教徒联谊会主席因受法舫法师的影响，改变了对新中国的看法。苇舫法师向撒拉南卡拉了解曾来过中国的锡兰那拉达法师的近况，撒拉南卡拉表示希望那拉达法师也能够支持中国人民。

③ 《觉讯》1952年第6卷第7期。

儿童大会的缅甸代表德卢钦埃、妈庆纽、吴埃支①来到玉佛禅寺参观，②由住持苇舫法师接待。据寺内接待人员记录：

> 她们告诉我们，缅甸人很关心中国佛教，缅甸人百分之九十以上都信仰佛教。在她们展览唐人写经，非常高兴……她也希望我们能出席1953年缅甸行将召开的世界佛教大会。她们又请苇舫及本寺几位僧众接受她们的礼拜。

7月2日，出席亚洲及太平洋区域和平会议筹备会议的墨西哥代表艾里·哥尔法利、拉斐尔、门法斯等四人参访玉佛禅寺。

8月21日，印度尼西亚代表乌托西邦参观玉佛禅寺，哥斯达黎加和平代表参访玉佛禅寺。代表有圣兹、奥维地奥·萨拉萨尔、加巴扎、维塔尔·穆里洛等。苇舫法师和赵朴初居士与代表们畅谈约两小时。圣兹表示：

> 参观了这样美丽的寺院，感受很深。我知道所有的大宗教，包括佛教，都是宣扬和平及各民族的爱。

同年又有印度亚洲和平会议代表 16 人、越南亚洲和平会议代表范世法师等来沪参观玉佛禅寺并访问圆瑛法师。

1952 年 10 月，参加亚洲及太平洋区域和平会议的佛教徒代表发表《参加亚洲和平会议的各国佛教徒的联合声明》，缅甸、锡兰（斯里兰卡）、中国、日本、寮国（老挝）、马来亚、泰国、越南八国佛教徒代表签名，中国签名的佛教徒为圆瑛、喜饶嘉措、阿乞尔叶胡勒图、赵朴初。他们在声明中说："制止侵略、保卫和平是当前每一个人的迫切任务，也是我们佛教徒的迫切任务。这任务是必须完成，而且能够完成的。"

2. 祝愿世界和平法会

1952 年 12 月 12 日，世界和平理事会在维也纳召开世界人民和平大会。新中国的代表由宋庆龄和郭沫若分别担任正副团长的 59 人代表团组成，在维也纳受到热烈欢迎。在 12 月 12 日的开幕会上，宋庆龄和法国核物理学家约里奥·居里一起当选为大会执行主席。宋庆龄作了题为《人民能够扭转局势》的演讲，郭沫若也在此次大会上作了《停止现有战争》的发言。大会历时 8 天，经过充分的协商，一致通过了《致五大国政府书》和《世界人民和平大会宣言》。我国代表团精彩的演讲轰动

---

① 《觉讯》1952 年第 6 卷第 7 期中记载为"钦卢埃、吴埃支、吴苗密等"。
② 《觉讯》1952 年第 6 卷第 9 期。

了西方，他们又访问了匈牙利和苏联，为新中国和平外交做出了重大贡献。

1952年12月12日，就在世界人民和平大会的同一天，上海佛教界在玉佛禅寺举行祝愿世界和平法会，由虚云老和尚主法，与世界人民和平大会遥相呼应，以庄严的四十九日法会，共祈世界和平。因此，与世界人民和平大会相呼应的祝愿世界和平法会也是玉佛禅寺1952年对外友好交流中的重要一笔。

在法会的第一天，一百一十三岁的虚云老和尚就道明了此次法会的意义，那就是全世界的佛教徒都应团结起来保护世界和平。虚云老和尚开示道："诸恶莫作，众善奉行，老实念佛，保卫和平。"这次和平法会的号召力量是不可限量的。① 正如法会缘起所说：

> 上海市佛教界特于十二月十二日起，在玉佛禅寺举行祝愿世界和平法会，启建水陆道场讲经法会四十九天，恭请虚云老和尚主法。法会期间，并恭请圆瑛、应慈、静权、持松、妙真、大悲、如三、清定、苇舫、续可等法师莅会讲经。同时四众弟子分诣坛场，诵经礼忏，仗三宝之加被，祈重难之消除，用申本市佛教徒保卫和平的信心，并祝和平会议的圆满成就。希望佛教同人，共发大心，集中力量，一致为保卫世界永久和平而努力。

3. 四河入海，同一咸味

1952年5月5日，缅甸驻华大使吴拉茂借出席国际经济会议之际，参访玉佛禅寺。吴拉茂是一位虔诚的佛教徒，他一进入大门就脱了鞋，在大殿与玉佛楼恭敬礼佛并参观龙藏。吴拉茂表示，看到新中国的情况很愉快，他一定把中国人民深厚的友谊带回本国做好传达，并且希望中缅两国佛教徒能多多来往。他还在玉佛禅寺题词：

> 佛教是为全人类和平的，因此佛教信徒应该团结起来，为全世界和平而工作！

同在5月5日，缅甸出席国际经济会议的代表宇密耶参访玉佛禅寺。作为缅甸中央银行总裁，他同时也是一位虔诚的佛教徒。他下车便脱去了鞋子，这是缅甸佛教徒通常的做法。"四河入海，同一咸味。"这是宇密耶对玉佛禅寺僧人留下的话，他认为中国僧人受戒的情况和佛教的近况与缅甸仿佛。他也提议，1953年召开的世界佛教大会，预备邀请中国佛教徒参加。他还补充，佛教是主张人类和平相处的，我们两国人民今后要团结得更紧密，为继承佛陀的遗教而努力。临行，他又到大殿

---

① 据圣璞法师回忆，此次法会信众多，将大殿前偌大的丹墀挤得水泄不通，而虚云老和尚八风不动，处之泰然，安详说法。他把佛法善巧地应用在世法上，鼓励所有佛教徒都应该积极起来，为世界和平而努力。

再度瞻仰，依依不舍与僧人道别。

1952年5月27日上午9时，以宇吞帕团长为首的缅甸文化代表团，由缅甸驻华大使吴拉茂夫妇陪同前来参观，赵朴初居士与苇舫法师接待。宇吞帕团长与全体团员恭敬顶礼了玉佛，并询问了玉佛的历史，中国出家的制度。经赵朴初居士与苇舫法师介绍后，宇吞帕就中缅的友谊、地理、文化等问题又与两位进行了深入探讨，气氛热烈而愉快。团长宇吞帕表示："在这四周的佛教气氛中，我们感到是在缅甸似的。谨愿世界和平！"他说：

> 佛教在过去中缅文化交流史上有着它一定的贡献，玉佛禅寺所供养的玉佛就是自缅甸而来，今后希望中缅两国人民和佛教徒们在这个深厚友好基础上，继续文化交流，紧密地团结在一起，为保卫世界和平，粉碎侵略者的战争阴谋而奋斗。

宇吞帕临行前邀请中方出席1953年缅甸召开的世界佛教大会，并对苇舫法师说道："我们在缅甸听到很多宣传，说中国没有宗教信仰自由。今天我参观了贵寺，这种无稽闲言将不攻自破。"苇舫法师说："我们中国佛教徒自解放以来，过的是愉快的宗教信仰自由生活，希望你将这情形带给贵国教友们。"

（二）友好往来及文化交流

1949年9月的《中国人民政治协商会议共同纲领》中明确提到我国人民有宗教信仰的自由。我国宗教徒自此走上了自主办教的道路，与国外教会、教团切断经济联系，不再受国外教团的控制。此时，关于我国人民是否有宗教信仰自由的舆论是不得不回应的，各国代表团也不约而同提及此话题，以眼见为实的参访和沟通打消了这一疑虑。1952年，各国参访团通过参观宗教场所了解我国宗教信仰情况，进而了解其历史传统与现状。

6月7日下午，缅甸华侨归国观光团一行三十余人在团长徐四民、副团长陈占梅带领下参访玉佛禅寺，赵朴初居士和苇舫法师接待。观光团中的很多团员是佛教徒，他们希望能在国外经常看到祖国的佛教刊物，并欢迎国内佛教徒能和他们建立联系。

5月25日上午10时，应邀来我国参加"五一"观礼的印度工会代表团代表沙氏参访玉佛禅寺。沙氏为耆那教徒，对佛教寺院的佛像、供桌、幢幡作了详细的观摩与了解，对玉佛禅寺大藏经的版本、印刷也提出了不少问题。沙氏还与玉佛禅寺僧人讨论了佛教与耆那教五戒的相似之处。沙氏表示：

> 我很愉快能来参观这个现代的佛教寺院。我知道它有一个优越的中文

佛教经典的图书馆，我都看到这些书册整齐地排列在一间光滑木质的陈列室中。在寺院中央的大殿上有数根很大的柱子，一切都是整齐与光泽的。和尚都很有礼貌和善意地对待我们。我对于佛教的哲学文学及礼仪有些熟悉，因此对于我和方丈及他的徒弟们的讨论很感兴趣。我向这些教友们致以最崇敬的敬礼，并谨祝他们的忘我工作成功。

5月30日下午，印度文化代表团团员贾·阿玛拉达博士来寺参观。他生于印度拘尸那城，喜欢研究佛教经典。当他参观玉佛禅寺收藏的唐人写经，读到法显、玄奘两位大师在印度留学，以及梵僧游历中国的情形，他提到，中印文化交流自一千年前就很密切了。玉佛禅寺僧人回答："中国已得到解放，而印度也独立起来。希望我们中印两国今后团结得更紧密，恢复我们千年以来的文化交流。"

5月31日下午2时，印度文化代表团团员、舞蹈家娜·劳珈达女士参访玉佛禅寺。她对大殿的绣幔非常赞叹，询问刺绣者为何人。对于在玉佛楼脱鞋后才能走入参观，她也非常认同，认为进入佛殿脱鞋参拜是表达尊重。临行前，她看到大殿的八角飞檐，赞叹我国古典建筑之美，她说这是东方的建筑美。

6月15日上午11时，苏联驻华商务代表处参赞卜金率团18人来寺参访。参访团此次主要想了解中国的风俗民情，对于佛教藏经的来历询问得很详细。

1952年玉佛禅寺的对外友好交流取得了成功，正如《觉讯》①编者在开篇所注：

> 玉佛禅寺的消息，本刊曾详为报道，同时刊载了他们的题词和照片，这些贵宾们的莅临，不仅促进了中国人民和亚洲人民亲切的友谊，而且更加强了世界和平运动的力量。这里，我们又发表了玉佛禅寺住持苇舫法师、人民政协佛教界代表赵朴初居士所作的关于招待贵宾们日记的摘要，补充并纠正消息报道中一些疑误的地方，以飨读友。

从以玉佛禅寺为代表的佛教寺院开展对外友好交流的情况来看，共祈和平是新中国成立之初佛教对外友好交流的第一主题。第二次世界大战之后，和平与稳定成为每一结束战争的各个国家的首要需求。正如带领玉佛禅寺开展对外友好交流的赵朴初居士所说：

> 在那次会议上（亚洲及太平洋区域和平会议），我们同与会的各国佛教界朋友共同努力，使我们这一地区传统的佛教友谊得到了新的发展，对

---

① 《觉讯月刊》为上海佛教青年会会刊。发行人方子藩。该刊于1947年1月在上海创刊，1955年9月停刊，共104期。

维护亚洲和世界和平事业产生了积极的影响。①

玉佛禅寺的对外友好交流开始于1952年，经历了从无到有的过程。在交往过程中，既对新中国的宗教政策落实状况作了展示，也与海外佛教徒就和平、文化等议题深入交流，为日后对外友好交流定下基调，也为日后接待工作的规范化和个性化摸索出宝贵经验。

二、友好与发展：1953年至1979年

1953年5月30日，中国佛教协会在北京成立了。中国佛教协会是佛教四众的联合组织，为中国佛教的对外友好交流发展提供了保障。成立于1953年的中国佛教协会，以及其他各大宗教协会，陆续开展了对外友好交流活动。如1955年，北京灵光寺佛牙舍利在缅甸巡展；1955年，赵朴初居士赴日本广岛参加禁止原子弹和氢弹世界大会，并出席全日本佛教会欢迎会。宗教作为"民间外交"的一部分，开始在对外友好交流中发挥重要作用。

（一）庄严的宗教仪式

在以宗教为主体的对外友好交往中，庄严的宗教仪式至关重要。佛教的"水陆法会"少则七日，多则四十九日。期间诵经设斋，超荐亡灵，拜忏礼佛，殊为庄重。另有祈福法会、"放焰口"、拜忏等法会，都曾在对外友好交流中温暖人心。

1.周总理陪同锡兰总理班达拉奈克夫人举办前总理班达拉奈克诞辰64周年法会

1963年1月8日，周恩来总理陪同来中国访问的锡兰（今斯里兰卡）总理班达拉奈克夫人（西丽玛沃·班达拉奈克），到上海玉佛禅寺拜谒。班达拉奈克夫人是世界上第一位女总理，在她访华期间，正逢她丈夫、已故前总理班达拉奈克先生诞辰64周年纪念，于是夫人特意延请玉佛禅寺的64名僧人举行法会②，为其诵经超荐。这件事成为中斯交往史上的一段佳话，也是上海宗教届对外友好交往历史上值得纪念的一天。

据当时参与法会的玉佛禅寺僧众回忆，当班达拉奈克夫人先来到玉佛禅寺参拜了佛像后，在方丈室，向锡兰故总理遗像献花默祷，这时64位法师在锡兰故总理遗

---

① 赵朴初：《佛教与和平》，《赵朴初文集》（下），北京：华文出版社，2007年。
② 玉佛禅寺档案室详细记录了参加此次活动的上海佛教界迎送名单，来自上海21座寺院（包括各区接洽处及佛教公墓）。玉佛禅寺名单中包含真禅、淦泉、化定、真峰等十位法师。参加此次法会相关工作的共有103人，分别来自13座寺院（包括各区接洽处及佛教公墓），其中玉佛禅寺有苇舫、远尘、真禅等42位法师。

像前举行佛教仪式,周总理来到玉佛禅寺。周总理先向锡兰故总理遗像前致敬,后进入方丈室。① 周总理留下指示:"这个庙很好,一定要管理好、保护好。"

班达拉奈克夫人在上海举行佛教仪式
纪念锡兰故总理班达拉奈克诞辰
周恩来总理等在锡兰故总理的遗像前致敬

新华社上海八日电 锡兰总理西丽玛沃·班达拉奈克夫人今天在上海最大的佛教寺院玉佛禅寺举行佛教仪式,纪念锡兰故总理所罗门·班达拉奈克的六十四岁诞辰。

周恩来总理、柯庆施市长和夫人、外交部副部长章汉夫和夫人,中国驻锡兰大使谢克西和夫人等前往玉佛禅寺,在锡兰故总理的遗像前致敬。

玉佛禅寺大雄宝殿内今天香烟缭绕,彩幡高挂,有六十四位法师在虔诚诵经。方丈室的正中悬挂着锡兰故总理所罗门·班达拉奈克的遗像,供着寿桃、寿糕和鲜果。上午十时许,西丽玛沃·班达拉奈克夫人抵达玉佛禅寺,殿上钟鼓齐鸣。她在法师们高诵佛经声中参拜了佛像,接着来到方丈室,向锡兰故总理的遗像献花默祷。②

关于宗教仪式的重要性,1982 年玉佛禅寺法师在有关接待会议上发言道:

我寺一年来为信众举行二百余次佛事,其中有一部分是港澳同胞和海外侨胞,他们往往亲人逝世,奔丧回沪来寺举行佛事的;也有旅居国外,而今归来探亲,亲人已离弃人间,因而请托我寺诵经超度,或在功德堂,寄供常年木位,以作永久纪念的。我寺无不满足信徒的要求,藉以慰答他们向往祖国的热情。

曾有一位日籍华裔妇女,与在沪的亲人多年失去联系,后由本市公安部门提供了线索,找到了亲人。但是她的亲人早已不在人间,结果也在我寺新修的海岛(观音)前,举行超度佛事。这种终天之恨,非藉佛力是无法弥补的。

2. 鉴真法师一千二百周年纪念法会

鉴真大师是中日友好交流的使者。他六渡日本,将中华文化带到日本,影响深远。为纪念这位促进两国友好的人物,自 1962 年起,两国就开始做相关准备工作。中国

---

① 摘自《回忆敬爱的周总理来玉佛禅寺的情况》,玉佛禅寺档案室。
② 摘自《人民日报》,1963 年 1 月 8 日。

方面成立了"鉴真和尚逝世一千二百年纪念筹备委员会",由中国佛教协会、中国人民对外文化协会、中国文学艺术家协会、中国作家协会、中国美术家协会、中国历史学会、中国建筑学会、中华医学会、中国人民保卫世界和平委员会组成,赵朴初居士任主任委员。1963年5月,赵朴初率中国佛教访日友好代表团访问日本,并参加了高野山纪念鉴真和尚逝世一千二百周年法会和全日本佛教会在总持寺举办的"鉴真大和尚圆寂一千二百年纪念法会"。

1963年10月3日,纪念鉴真和尚逝世一千二百周年法会在北京广济寺隆重举行。以金刚秀一法师为首的日本代表参加了法会。10月8日,金刚秀一法师一行参观了玉佛禅寺。10月10日,"鉴真法师逝世一千二百周年法会"在玉佛禅寺大雄宝殿举办。南京栖霞古寺也举办了纪念法会,扬州法净寺(古大明寺)除纪念法会外,还举行了鉴真和尚纪念堂奠基仪式。

玉佛禅寺的"鉴真法师逝世一千二百周年法会",有法师共64位参加,举上海佛教界之力举办。其中玉佛禅寺42位、静安寺7位、法藏寺5位、龙华寺3位、沉香阁3位、金刚道场1位、圆明讲堂1位、虹口接洽处2位。

3. 纪念玄奘法师圆寂一千三百周年纪念法会

1964年3月18日,"玄奘法师圆寂一千三百周年纪念法会"在北京法源寺隆重举行。此时在北京访问的日本佛教界人士西川景文、大河内隆弘长老等也参加了法会。随后的4月2日至6日,以两位长老为首的代表团访问上海。1964年4月4日上午,"玄奘法师逝世一千三百周年纪念法会"在玉佛禅寺大雄宝殿举行。

玉佛禅寺的资料里详细记录了这次法会:

> 迎请:四众弟子由禅堂出来,云集大殿,按习惯班次站定后,听丈室招呼。打三槌大钟,接着钟鼓齐鸣,维那远尘押磬呼迎请,淦泉、爱普打引磬至丈室。从丈室出来时,淦泉、爱普的后面是传炉真峰,主法持松(手扶如意)、苇舫、外宾和陪同人员(各人手执捧香)从丈室东走廊绕大殿,经丹墀,由正门进入大殿。
>
> 诵经:主法和外宾进入大殿后,(持松站当中拜垫主法位上,苇舫等站到预定的位上,外宾两人站在持松的两旁,两夫人站在比丘尼行列的前面)此时停止钟鼓声,礼佛三拜。维那举唱炉香赞,接香云盖三称,(持拈香拜佛)接心经,唱摩诃般若波罗蜜多三称后煞板,请外宾拈香(由中定招呼)上香,举行诵经仪式。完毕后,维那举唱弥勒赞,三皈,礼佛三拜。外宾离开是在持老拜佛后,仍由真峰传炉走在前面,持老同外宾一齐出大殿,经丹墀,

经由走廊到丈室休息,再参观玉佛楼,素斋玉佛禅寺。①

法会结束后,在丈室内,双方座谈。

西川谈:"参加法会,不懂规矩,很抱歉。"又谈道:"中国念《心经》很统一,我们日本很不一样,这一点要向中国学习。"寺松谈:"我们刚才念到《心经》,就是玄奘法师翻译的,日本也念《心经》,这是我们中日佛教徒共同的遗产。"

1964年7月28日,日本东京举行"玄奘三藏圆寂一千三百年纪念会",遥相呼应。此外,1963年10月接待11个国家和地区佛教代表团时举行的法会,参与人数达158人,来自30个宗教场所,比丘、比丘尼、男女居士四众一齐参与了庄严的法会;1965年5月日本天台宗访华答礼使节代表团参访时举办的法会,四众弟子达到118人。

(二)文化交流联法谊

日本佛教界自1953年后多次送还在日殉难烈士遗骨,与中国佛教界建立了深厚的法谊。其中主要的推动人物大谷莹润于1954年10月率文化代表团参访玉佛禅寺。1955年7月,大谷莹润和菅原惠庆②发起"日中佛教者交流恳话会",成为中日佛教界交流的窗口。日中佛教者交流恳话会先后于1973年5月23日、1977年8月3日、1979年10月10日、1985年5月13日等多次访问玉佛禅寺。

玉佛禅寺是上海佛教的对外窗口,"文革"中作为文物单位参与接待过多批外宾。据不完全统计,1972年中日邦交正常化后的数年间,玉佛禅寺先后接待了多个文化代表团,为日后佛教文化交流打下坚实基础。日中佛教友好协会、日中友好临济黄檗协会、日本立正佼成会、日本立正佼成会青年和平友好访问团、日本友好净土宗协会等佛教友好团体多次参访玉佛禅寺,历任方丈也曾多次受邀参访日本。

这一时期的对外友好交流不局限于"打开门",还包含了玉佛禅寺的两任住持苇舫法师与真禅法师"走出去"。

1954年,苇舫法师参加了由时任中佛协副会长喜饶嘉措率领的中国佛教代表团访问缅甸。此次出访的主要目的有二:使中缅两国人民和佛教徒的友谊得到进一步增长;粉碎关于新中国没有宗教信仰自由的谣言。作为新中国成立以后上海玉佛禅

---

① 工作手册中记载:"比丘穿黄海青搭祖衣或红衣,比丘尼穿黑海青搭七衣和红衣……要注意威仪。""佛协中午备饭,四菜一汤供应。""丈室准备长香,大殿准备长香、松香;供菜、水果、茶点、糖果各四色。"

② 据玉佛禅寺档案室"1974年11月东本愿寺青年友好代表团名单"里备注:菅原惠庆曾在1953年、1957年、1964年、1973年来访过,抗战时曾在山西玄中寺住过。

寺的首任方丈，苇舫法师通过自己的经历勉励上海佛教各界：树立中国宗教健康形象不仅要打开门，也要走出去。此次出行意义重大，中国佛教以广交朋友、广结人缘的开放心态与世界建立联系，玉佛禅寺的宗风上也留下对外友好交流的重要主题。

多年以后，在苇舫法师行迹碑上，真禅法师写道：

> 建国后，政府资助修理寺宇，延请虚云长老举行和平法会，玉佛依然为海上胜刹。出任上海抗美援朝佛教分会主任委员，于国际义务克尽厥职。一九五四年，参加喜饶大师访问团，出访缅甸。历年国际友人来访，无不雍容迎接，道范可钦。①

1978年中国共产党十一届三中全会召开，1979年，上海市佛教协会恢复工作，上海佛教界的对外文化交流事业开始进入一个崭新的时期。1978年，真禅法师随中国佛教代表团出访日本，参访了10多个城市的20余座著名古刹和日本立正佼成会，亦为日后双方的友好往来打下基础。

三、探索与沟通：1980年至1999年

继1963年纪念鉴真法师圆寂一千二百周年后，1980年举行奉请唐招提寺鉴真大师像回国巡展，掀起中日民间友好交流的高潮；1980年，赵朴初居士又组团首次访问我国香港，为内地与香港佛教界的交往"破冰"。② 从玉佛禅寺的对外友好交流资料来看，1980年开始，各类接待、出访活动也迅速增多。1980年也成为以后对外友好交流活动数量增多的序曲。

（一）阿弥陀佛加友好

真禅法师在"庆祝玉佛禅寺建寺一百一十周年述怀自勉"中写道：

> 迎宾出访不知疲，远涉欧美近桑梓。
> 文化交流友谊增，国际和平端赖此。

1. 日本唐招提寺鉴真像来华展览

在赵朴初居士开创的局面下，玉佛禅寺全面开展了对外友好交流活动。以鉴真1980年奉请唐招提寺鉴真大师像回国巡展为例，1979年12月，玉佛禅寺就接待了日本唐招提寺鉴真像来华展览的先遣团。1979年11月23日，应中国佛教协会、中

---

① 觉醒主编：《玉佛寺志》，北京：宗教文化出版社，2023年。
② 净因：《赵朴老圆融无碍思想的理论与实践探析》，《佛学研究》2017年12月。

日友好协会的邀请，由团长佐伯洋、副团长白土吾夫带队的"鉴真和尚像来中国展览"先遣团一行九人抵沪。该团对整个行程路线进行了事先调研。

下发给玉佛禅寺的通知中说：

> 鉴真和尚是象征中日友好的历史人物，而他的塑像又是历时一千二百多年的艺术珍宝。做好鉴真像来中国展览的接待工作，是关系到增进两国人民友好的一件有重要意义的事。

双方的工作紧锣密鼓，行程包含：专机抵离沪及装卸货箱事项，由民航局与日航具体商议；装载鉴真像的专车改装事项，由交运局、上运六场提出方案（包括装卸车办法）；鉴真像到玉佛寺暂停一日的有关事项；并至江苏了解赴扬州道路情况。

在1979年的准备工作之后，1980年4月13日，鉴真大师像由唐招提寺住持森本孝顺等人护送抵沪，赵朴初居士及各界代表前往机场迎接。19日，鉴真大师像巡展仪式在扬州大明寺鉴真纪念堂隆重开幕。5月4日，鉴真像在北京的中国历史博物馆展出。14日，鉴真像在北京法源寺展出。

鉴真大师像巡展是1952年以来中国佛教对外友好交流的硕果。真禅法师常说："阿弥陀佛加友好，民间外交结人缘。"以鉴真像为序曲的八九十年代中日友好交往热烈开展。

2. 临济法缘与中日友好交流

玉佛禅寺法承临济，同日本临济宗法缘深厚。早在1966年6月，日本佛教临济宗代表团名誉团长古川大航和团长山田无文参访玉佛寺。

真禅法师继任住持后，1980年6月，日中友好临济黄檗协会第一次访华团23人在山田无文长老的率领下参访三佛禅寺；1981年4月10日，日中友好临济黄檗协会"友好之翼"第一次访华团参访玉佛禅寺；1983年11月21日，日中友好临济黄檗协会"友好之翼"第二次访华团8人、日本临济宗相国寺访华团19人参访玉佛禅寺；1984年，日中友好临济黄檗协会访华团16人参访三佛禅寺；1987年5月30日，日本临济宗永源寺派"祖迹巡拜团"参访，10月，日中友好临济黄檗协会第七次访华团45人参访玉佛禅寺；1988年，日中友好临济黄檗协会访华团74人参访玉佛禅寺；1989年7月，日本临济宗国泰寺派访华团24人参访玉佛禅寺；1990年，日中友好临济黄檗协会第十二次访华团41人参访玉佛禅寺；1991年，日本临济宗国泰寺第三次友好访华团25人参访玉佛禅寺；1992年，日中友好临济黄檗协会第十三次访华团29人参访玉佛禅寺；1993年，日本临济宗国泰寺第四次访华团10人参访玉佛禅寺；1994年，日本临济宗国泰寺第五次访华团21人参访玉佛禅寺；1998年，日本临济宗国泰寺派考古团参访玉佛禅寺，觉醒法师接待考古团。①

2005年8月，以觉醒为团长的中国佛教代表团赴日，访问日本立正佼成会、日中友好临济黄檗协会、临济宗妙心寺派灵云院等佛教团体和寺院长老。

2005年12月1日，真禅法师圆寂十周年纪念传供法会举办。日本临济宗相国寺派管长有马赖底与海内外诸山长老共同主持法会。此外，为表达对真禅长老的敬意，日本相国寺代表团举行"献茶"活动。

2011年9月8日，为增进中日学术交流和两国临济宗法谊，第二届中日临济禅学术研讨会在玉佛禅寺召开，会议由中国佛教文化研究所、日本国灵云院国际禅交流友好协会主办，上海市佛教协会协办，玉佛禅寺承办。

2016年，日本临济宗相国寺派管长一行23人参访玉佛禅寺。

玉佛禅寺与日本临济宗的友谊已有近六十载，同样的，从1981年开始，同日本最大的在家佛教团体之一的立正佼成会建立了友好交流关系，双方的友好互访有14次之多。

1993年5月，赵朴初会长、日本天台宗座主山田惠谛长老、庭野日敬先生等以互祝寿辰为因缘在上海聚首，为中日两国佛教界的友好交往一段佳话。同时，赵朴老提出的中韩日三国佛教"黄金纽带"关系的构想也得到了山田惠谛长老、庭野日敬先生等的积极响应。②1993年5月，日本大型佛教访华团300人在团长山田惠谛（日本天台宗座主兼全日本佛教会会长）、副团长庭野日敬（日本立正佼成会创始人）和田泽康三郎（日本宗教团体联合会会长）的率领下，应中国佛教协会及赵朴初会长的邀请访问中国。21日下午，玉佛禅寺为三位长老的寿日举行延生普佛法会，真禅法师在般若丈室会见访华团成员。当日晚，中国佛教协会、上海市佛教协会和浙江省佛教协会联合为三位老人举行祝寿大会，真禅法师代表上海市佛教协会和玉佛寺向三位寿星赠送祝寿礼品。

3. 亚洲宗教和平会议

真禅法师以"阿弥陀佛加友好"的态度打开门接待八方来客，以"民间外交结人缘"的心态走出国门，向世界介绍中国佛教。他先后应邀到日本、印度、美国、新加坡等20余国和港澳台地区弘法访问，多次出席国际宗教和平会议，为弘扬佛法和增进各国佛教徒之间的团结和友谊，为维护亚洲与世界和平，作出了可贵的贡献。

1981年11月，真禅法师随中国佛教代表团出席在印度新德里召开的第二届亚洲宗教和平会议（即"亚宗和"），并参访曼谷等地。在工作记录中，真禅法师写道：

---

① 上海市佛教协会历年外事接待出访目录汇编。
② 智渊：中国佛教协会举行纪念日本庭野日敬先生逝世二周年法会，《法音》2001年第10期。

>我们中国代表团一行七人，其中佛教二人，一个是中国佛协李荣熙先生，一个是我；基督教三人，上海的李寿葆先生、沈德溶先生，山东的王神荫先生，他是济南的主教；伊斯兰教二人，上海的马人斌先生，北京的石炳坦先生。赵朴初会长由于健康原因，没有参加会议，向大会作了书面发言。

会议分为三大主题："宗教反对不平等""宗教反对歧视""宗教反对暴力"。真禅法师介绍：

>11月9日凌晨三时半，我们代表团到达新德里。上午立即赶到会场参加会议。我们中国代表团参加了"宗教反对不平等""宗教反对歧视"两个委员会的讨论，李荣熙居士和我参加宗教反对不平等委员会的讨论。我们一到会场，斯里兰卡代表就向会议执行主席提议，向各国代表介绍中国代表，各国代表立即鼓掌表示支持。这时候，我向各国代表表示感谢，并抓紧时机在会上做了即席发言。李荣熙居士担任英语翻译。按会议规定，每个代表发言时间不得超过两分钟，超过两分钟，会议主席就按铃打断发言。当时，我一下子讲了十几分钟，会议主席没有按铃打断。我发言结束后，全场热烈鼓掌，许多代表赞扬中国代表的讲话，观点正确，提法全面。在另一个委员会的会议上，中国代表的发言也受到与会代表的热烈欢迎。会议结束后，许多代表走上来，和我们握手交谈，新老朋友，互相问长问短，气氛非常热烈感人。

>会议期间，我们中国代表团每天从早上七点工作到晚上十二点，抓紧时机，见缝插针，广交朋友，宣传政策，增进了解，扩大影响，做了大量工作。

真禅法师通过这份工作记录，详尽记录了此次会议的过程、心得：

>按规定会议程序，11日是大会，通过德里宣言。由于各委员会的讨论意见统一不起来，宣言定稿迟迟拿不出来。这时候，我们代表团抓紧时机，向大会献礼。礼品是一幅中国画，画面是一只和平鸽。是北京著名画家吴作人老先生的手笔，画上还有赵朴初会长的一首题诗：

>>昭昭古训，亚洲之光。
>>皇皇诸圣，于此发祥。
>>良朋咸集，好鸟待翔。
>>和平之音，普闻十方。

真禅法师"走出去"的经历还有很多。1984年,应印度文化部邀请,真禅法师率中国佛教协会代表团访问印度,同年赴美参加纽约大乘寺玉佛宝塔落成典礼并主持开光典礼,在美期间访问30处佛寺,激起热烈反响;1986年,真禅法师应日本立正佼成会邀请赴日弘法,后又出席在汉城召开的亚洲宗教和平会议;1987年,真禅法师到美国加州万佛城举行水陆空大法会;1988年,真禅法师应星云法师邀请赴美国洛杉矶出席第十六届世界佛教徒联谊会,并访问墨西哥、加拿大、日本;1989年3月,真禅应法国梅村的邀请,赴日参加东京无量寿佛会成立40周年纪念法会;1990年,真禅法师应邀赴法国、挪威访问;1991年3月,真禅法师应邀访问澳大利亚;1993年7月,真禅法师应邀赴新加坡弘法;1993年8月,真禅法师应邀赴香港、澳门弘法,同年12月,参加大屿山宝莲禅寺启建的水陆法会和天坛大佛开光盛典;1994年3月,真禅法师赴印度尼西亚、新加坡访问;1994年4月,真禅应邀访问日本,在京都相国寺参加中日两相国寺友好纪念碑揭碑仪式,访问日本立正佼成京都教会;1994年5月,真禅法师率中国佛教协会访问团赴泰国弘法;1994年7月,真禅法师应邀赴新加坡、马来西亚参观访问;1994年8月,真禅法师应邀赴欧洲七国访问,历时22天;1994年11月,真禅法师应邀赴菲律宾弘法;1995年3月,真禅法师应邀赴印尼参加大法会;1995年5月,真禅法师和觉醒法师参加上海佛教法务团赴新加坡访问;1995年10月,真禅法师和觉醒法师赴河南开封,参加大相国寺建寺1440周年暨中日两相国寺结为友好寺院三周年庆典。

(二)80年代对外友好交流活动

在当时的对外友好交流接待与出访时,接待人员以及出访人员都会写工作日志、工作回顾来分析不足,总结规律,以下分析来自于玉佛禅寺的工作资料(以80年代为主)。

1. 参访地点

1963年10月17日至19日,来自亚洲十一个国家和地区的佛教徒在北京法源寺举行会议。10月28日至29日,出席会议的各国代表团相继抵达上海。包括老挝、泰国、南越(此时越南尚未统一)、越南、尼泊尔、巴基斯坦、印尼、朝鲜等代表团。这些代表的行程除了参访玉佛禅寺等佛教寺院,参加法会,以及参观佛教书店,在沪期间,他们还参观了上海市郊人民公社、上海市工业展览会、上海电机厂、上海手表厂、金星钢笔厂、同济大学、曹杨新村和闵行一号路等,并观览了上海市市容,参加了专场晚会。①其自由活动时间，代表团参访了工艺美术研究室、玉石雕刻厂、印染一厂、博物馆等。这份行程表明，早在60年代，各国佛教徒参访上海的行程不仅包含各大寺院等宗教场所，还包括了地方上反映社会发展现状的各类场所，以期全面了解我国。此外，由于人数较多（涉及在家人和出家人），国家较多（所需翻译种类较多），行程交涉，上海方面都能够各派人手（包括政府人员、佛协人员、寺院法师、翻译、摄影记者、司机等）妥善安排，做到有条不紊，为日后对外友好交流的有序接待打下了基础。

1964年参与玄奘法师一千三百周年法会的代表团，他们的行程除玉佛禅寺和佛教书店外，有吴泾化工厂、少年宫、华丰搪瓷厂、中山故居、沪东工人俱乐部、复旦大学、上海自行车厂、益民食品一厂、彭浦公社等。1966年6月的日本佛教临济宗代表团行程除宗教场所外，还包括参观闵行市容、塘湾公社、大世界等。8月，日本真言宗的参观日程，除固定参观场所之外，还有卢湾聋哑福利工坊等社会福利场所。1975年10月的日中友好天台访华团参访行程除了玉佛禅寺，还有上海大厦、徐汇低压电器二厂、凤城新村等。在1981年接待泰国佛教代表团的时候，他们去了嘉定县马陆公社、少年宫、黄浦江等地。

在一份1980年的《有关接待外宾工作简报》中，在参访行程的安排上，基本分为如下几类：其一，玉佛禅寺等宗教场所；其二，豫园、上海博物馆、鲁迅纪念馆等历史文化场所；其三，黄浦江及沿岸等上海特色自然人文景观；其四，工展、展销会、友谊商店、上海动物园等反映上海社会发展的场所；其五，展示传统文化的文艺活动。

此外，参访地点还有上海历史博物馆、卢湾少年宫、虹口少年宫、长宁少年宫、地毯厂等。

接待法师的工作记录中这样分析：

> 我们新招待的都是佛教代表团，应该首先安排玉佛寺。但时间要从容些，去玉佛寺参访同时也是拜会上海佛协，让外宾仔细交谈，对加强两国友好往来是有好处的。
>
> 浦江游览：既可饱览江畔景色，又藉以了解上海建设的梗概，时间长可以叙谈，补充在其他场合不足之处。
>
> 博物馆：对于文化交流方面作用很大。上海博物馆的内容非常丰富，可以作为常备项目之一。
>
> 东南亚国家可安排郊区公社、工展、工艺展销会等，藉以了解我国建

---

① 晚会也是精心设计，内容包含上海民族乐团的民乐表演，曲目有《春江花月夜》《将军令》《出水莲》等古典民乐；以及上海杂技团的各类杂技表演，节目有蹬伞、顶碗等传统杂技。

设情况。

少年宫外宾也颇感兴趣,选择几个区的少年宫,使外宾了解些中国儿童教育情况。

2. 参访人数

首先是人数大为增加。在1982年的工作总结中,接待组的法师谈道:"一年来(1981年),我们所接待的华侨和外宾计14278批,171687人。1980年的接待人数为121026人,1981年比80年增加42%。"

另一份报告中记载:"单1980年,就接待了世界80余个国家和地区的外宾、侨胞十二万余。"

根据往年的经验,每年1—4月是"淡季",到5月份,人数才回升。8—9月份进入高峰。可是今年(1981年)除1月份,人数增长不显著外,从2月份就进入高峰,并且持续至11月。因此,完全可以说,今年玉佛寺的外事接待工作,没有"淡""旺"季之分。相对于去年同期来讲,始终处于高峰状态。最忙的日子,一天要接待1800余人。像这样繁忙的接待工作,却是少有的。

会议分析,从来访者的身份来看,也由各宗派的发起人、负责人,扩大到各宗派自行组织的本派、本寺信众,以及寺庙之外的组织团体。说明此时的友好交往,已经从"上层"扩展到"基层",逐渐发展至民间。

第二,重要的来访者也大幅度增加。还是1981年的报告:

不仅是人数急剧增加,而且从来访人物的身份、结构来看,各国政界显要人物,学术界,新闻界,宗教界知名人士,以及各种专业团体的来访大量增加,这类接待81年共有112批共1714人,批数比80年增加近一倍。

在这里特别值得一提的是,包括宗教专业团体的重要来访,不少是在国内节约资金、压缩邀请访问项目的情况下,在未受国内有关对口部门邀请的情况下,自费组团,通过旅游渠道来中国访问的。这类接待约占重要接待的一半以上。这在以前是没有的,是一个新情况。

而到了1982年,仅半年时间,接待外宾、侨胞就达6888批,共75186人。而政界、学术界、新闻界和宗教界的人数达1073人。

3. 礼仪与礼物

在1982年的总结中,法师这样写道:

> 我的体会：作为一个寺庙的接待人员，要根据宗教的特点，具有僧人的风格，既做到热情亲切，又要不卑不亢；在衣服方面也要注意整齐清洁，朴素大方；在语言方面要简明扼要；在举止方面要灵活。态度要和蔼，精神要饱满。

20世纪60年代的国际友好交流所赠送的礼品，以上海风景画册、织锦物、茶叶为主。

在1981年的接待计划中，对于礼品一栏这样说明：

> 原则上不接不赠。但如对方坚持送礼，可酌情回赠一些市佛协或玉佛寺刊印的经书画片等小型纪念品。

1981年11月，真禅法师参加第二届"亚宗和"会议，带去的礼物是：

> 这次我们把带去的《法音》杂志、念佛珠、玉佛寺画片、玉佛寺纪念章、玉佛寺海岛（观音）开光照片、玉佛寺做佛事的照片等，送给各国代表。他们都很高兴。把它作为珍贵礼物珍藏起来，还有很多代表把我送给他们的玉佛寺纪念章别在胸前参加大会，以表示对中国人民和中国宗教徒的友好感情。

4. 代表人物及事例

接待人员在接待不同的代表团时，逐渐通过分析其自身特点，来安排行程等。如1981年7月的工作简报中，一位法师写道：

> 以上这些代表团都是中国佛教协会邀请来的，中佛协每次来文，希望我们要热情友好，尽一切可能搞好接待工作。我们在宗教事务局等领导下，当每个代表团到来之前，都是进行座谈，要我们慎重地又热情友好地做好接待工作。

具体来说，如有对我国当时的宗教政策有疑虑的，行程就多安排几个佛教寺院，如斯里兰卡代表团、泰国代表团，在参观玉佛禅寺后，又参观了龙华古寺。当代表团看到正在修整的寺院，代表团的态度大为改变。当随后参观马陆人民公社、工展以及游览浦江后，对我国当时各方面建设情况评价很高。

又如日本的大谷武，他是多次来访的大谷莹润的儿子，继承其父遗志，热心中日友好事业，是"中国人民的好朋友"。他在来访时反复要求去水产研究所，因其在游江途中看到自己协助所造的船只，想与工作中往来过的中国朋友叙旧。经接待团多方努力，终于在大谷武出境前两小时，找到了水产所的负责领导，使得双方老友重聚。

而在接待世界宗教活动家庭野日敬①一行时，接待团记录道："庭野日敬是世界宗教界的著名人物之一，也是国际上有一些威望的社会活动家，已先后二次来访，他为我们参加世宗和，大力支持，做了许多工作。""玉佛禅寺的四众弟子夹道欢迎，并为他举行欢迎法会，设丰盛素斋宴请，邀请本市佛教界代表人士在市政协举行座谈会。庭野热情洋溢的讲话，参加者不断报以热烈的掌声。""如大谷武和庭野日敬原来是由朴老夫妇亲自陪同，因朴老健康关系未能成行，充分说明这些代表团的重要性了。"

另一份报告中描述：

> 1981年四月间，庭野先生偕夫人来寺访问，由佛协主持接待，本市佛教四众弟子在山门相迎，然后来宾参加在大殿举行的上供法会。庭野先生拈香，并向殿内东西两序大众问讯致敬。宾主雍容揖让，极为诚挚。

庭野日敬在1982年5月再度来到玉佛禅寺，当他看到三尊大佛装金完毕，又见到招收了一批青年僧侣，他说："玉佛寺越来越完善了，去年还未曾见到小僧侣，今年就不同了，从玉佛寺看到了中国佛教事业在近年来有了很大的发展。"他又谈道："中国是一个十亿人口的国家，没有中国就谈不上世界，没有中国的参加，世界和平会议就不能说是世界会议。"他的心愿是中日两国人民、两国佛教徒世世代代友好下去，为保卫世界和平紧密团结，共同努力。

在对外友好交流中，玉佛禅寺的传统佛事也逐一恢复，外宾、侨胞来到玉佛禅寺做佛事的人数也在增加。当时有往生、延生、上供、普佛等传统佛教仪式，甚至也举办了一次"佛前婚礼"。

> （1981年）6月3日，香港同胞某某某女士来寺打普佛，为其子、媳证婚，这种佛前婚礼，是玉佛寺自落实宗教政策以来第一次。所有的法师都参加了，新郎、新娘和主婚人均在佛前烧香磕头。在寺的香客也在大殿随喜。仪式很隆重。

5. 交流内容

在1982年的接待交流会上，一位法师提出：

---

① 智渊：中国佛教协会举行纪念日本庭野日敬先生逝世二周年法会，《法音》2001年第10期。庭野日敬是世界宗教活动家，是"世宗和"与"亚宗和"发起人之一，赵朴初会长的老朋友。致力于中日友好与世界和平事业，为中日邦交正常化和两国佛教界友好交流，以及中国宗教界加入"世宗和"及"亚宗和"作出了积极贡献。（庭野日敬来访玉佛禅寺为1981年7月，真禅法师参加亚宗和大会为1981年11月）

一年来的接待工作最突出的事例，就是美国禅宗中心两次代表团访问我寺（之时），已经不限于宗教政策的提问，已经涉及禅宗宗旨和如何修禅等等问题。这是接待上的一个新课题。

另一份报告中，这样讨论：

来寺参访的外宾、侨胞，来自各个国家和地区，政治态度不同，参观地点不同，但有一个共同点，就是他们到玉佛寺就把玉佛寺作为一个窗口，来了解中国宗教寺庙现状。并通过进寺庙来了解人民群众的宗教信仰自由政策的实施情况。因此，对我接待要求也不断提高。从过去单纯的参观，变为边看边谈，进行深入的座谈交流。有的代表团来寺前，就准备了座谈提纲，并预先通知我们要安排时间进行座谈，不少来访团体的座谈时间超过了参观时间，这种情况在以前是没有的。

就座谈的内容来说，也一改过去单纯的寺庙经济来源、法师们的修持生活、接班人问题等，开始向纵深发展。

具体来说，日本、美国、菲律宾等国的一些佛教团体开始要求开展佛教学术方面的交流和专题讨论；斯里兰卡、泰国等国提出进行人员交流。甚至美国及我国香港地区的一些法师提出想到玉佛禅寺挂单，另有外宾提出要到玉佛禅寺剃度受戒。

基于上述讨论，法师们讨论：尽快筹建学术班子；注意搜集、分析世界，特别是日本、东南亚佛教的动态、信息。

6. 问题总结

在接待中，根据实际情况，不时调整寺内陈设和布局。

玉佛楼夏天用冰块降温，外宾觉得很奇怪，看到有时有人用冰块洗手洗面，认为这也是一种宗教受洗仪式，感到无法理解。

玉佛楼经书只拿出一部（大藏经），供人观看，往往造成人群拥挤。是否可以再拿出一部，放在右侧，以利于疏散人群。

在1982年，寺院就以上问题作出调整，并开始建立相关的规章制度，促进了玉佛禅寺规范管理。对于休息日侨胞吃不到素斋的情况，也及时调整了后勤。

又如接待过程中，遇到不少次比较紧急的情况，又在后期的工作中逐一调整。

日本宗教者访华友好使节团、国际宗教领袖世宗和主席费尔南德斯等相继到达，他们到沪后，要转道去北京参加中国佛教协会的重要会议，时间非常紧迫，工作量顿时增加。就以安排交通飞机票一事，要买票、退票，退后重买，变更乘客姓名，变更航班。我们仅举这一例，飞机票最多的时候，各种机票达 53 张之多，五花八门，世宗和代表团他们从国外已买好机票，到沪后没有谈起，离飞机起飞前三小时办理退票，像"抢险救球"一样的工作，今年是有好多次。

四、共建与互鉴：2000 年至 2022 年

进入新世纪以来，玉佛禅寺的对外友好交流活动随着时代变迁而更加多元，并以"文化建寺，教育兴寺，觉群群生，奉献社会"为目标深入开展了文化交流。

（一）文化建寺，教育兴寺

早在 90 年代，觉醒法师就随真禅法师一同接待并出访。1995 年真禅法师圆寂后，觉醒法师也接过了对外友好交流的重任，先后代表中国佛教协会、上海佛教协会、上海玉佛禅寺进行了多层次深入的对外友好交流活动。

1995 年 4 月，觉醒法师应永惺法师之邀赴港访问，参加菩提学会成立 30 周年暨永惺法师 70 寿辰庆典活动；1996 年 3 月，觉醒法师率上海青年僧侣代表团赴韩国弘法；1996 年 5 月，觉醒法师应邀赴新加坡弘法访问；1996 年 9 月，觉醒法师赴韩出席中日韩三国佛教会议；1996 年 10 月，觉醒法师应邀赴我国台湾地区弘法，参加南山放生寺真禅法师圆寂一周年纪念法会及传戒大会；1997 年，觉醒法师率玉佛禅寺法务团赴新加坡居士林启建水陆和平大法会；1997 年 10 月，觉醒法师出席在日本召开的中日韩三国佛教会议；1997 年 12 月，觉醒法师赴我国台湾地区弘法交流；1999 年 11 月，觉醒法师应邀赴新加坡弘法。

觉醒法师升座以来，接待与出访工作仍在进行，接待与出访活动更加多元化。

1. 接待与出访

在接待中，与日本佛教界的友好往来仍在持续。2000 年，日本立正佼成会中国教区①第九次中国交流和平使节团参访玉佛禅寺；2000 年 9 月，日本立正佼成会会长庭野日鑛一行应参访玉佛禅寺；2002 年 7 月，为纪念中日邦交正常化 30 周年和战后中日佛教界恢复友好交流 50 周年，日本立正佼成会会长庭野日鑛一行应中国佛教协会邀请，访问中国，参访玉佛禅寺，拜会上海市佛教协会；2004 年，日本立正佼成会京都教会第二次友好访华团一行参访玉佛禅寺，觉醒法师回忆了日本立正佼成会与上海市佛教界、明旸法师、真禅法师结下的深厚友谊，并向访华团介绍了上

---

① 此"中国教区"的"中国"，是指日本本州岛西部的"中国"地区，不是我国，立正佼成会的中国教区是该组织在日本中国地区设立的分支机构。

海市佛教的现状；2005年9月，日本立正佼成会鸟取教会海外和平友好使节团一行24人参访玉佛禅寺；2008年，日本立正佼成会访问团一行参方、入住玉佛禅寺，同寺内法师一起体验早课、过堂、禅修等宗教活动，并在方丈室内和寺内法师进行深入交流。①

2000年5月，应美国国务院邀请，觉醒法师作为美国国际访问计划特邀代表赴美弘法，历时30天，与美国各界人士进行了友好交流；2000年8月，觉醒法师应邀赴新加坡，对新加坡居士林进行友好访问；2004年4月，觉醒法师以"佛指舍利赴港供奉护送团"副团长身份赴香港地区出席佛指舍利供奉活动；2004年10月，觉醒法师赴京参加中日韩佛教友好交流会议；2005年8月，以觉醒法师为团长的中国佛教代表团赴日，访问日本立正佼成会、日中友好临济黄檗协会、临济宗妙心寺派灵云院等佛教团体和寺院；2006年11月，觉醒法师赴日出席日本立正佼成会创始人庭野日敬诞辰100周年纪念庆典，并接受立正佼成会英文会刊《法界》（*Dharma World*）的采访；2007年1月，应印度文化关系委员会邀请，觉醒法师率"天竺·心之旅——上海佛教界赴印度圣迹参访团"126人参访印度；2014年，觉醒法师赴日出席"水谷幸正先生追思会"，并拜访临济宗相国寺派管长、日中友好临济黄檗协会会长有马赖底长老和临济宗妙心寺派灵云院住持则竹秀南长老；2018年，觉醒法师赴日拜访日本立正佼成会会长庭野日鑛、有马赖底长老和则竹秀南长老。

2. 率团海外弘法

觉醒法师也多次作为团长率中国佛教代表团海外弘法。

2004年12月，应尼泊尔王国政府邀请，觉醒法师率中国佛教代表团赴尼泊尔出席"第二届世界佛教峰会"，此次大会主题为"蓝毗尼：多样性中寻求统一的标志——世界和平之源"，觉醒法师代表中国佛教协会向尼泊尔国王和王后敬赠了一尊精美庄严的琉璃佛像，并就弘扬佛教、倡导和平为主题与多国代表团进行了友好交流；2005年8月，觉醒法师率中国佛教代表团一行6人赴日本京都访问，参加了日本佛教界举行的盛大的盂兰盆会，并访问了日本日中韩交流协议会、全日本佛教会及日本相关寺院，受到日本佛教界友人盛情接待；2018年11月，觉醒法师代表中国佛教协会率中国佛教代表团一行12人出席在日本成田召开的第29届世界佛教徒联谊会，并在会上表示：中国作为创始会员国之一，在中国佛教协会成立初期就派代表团出席了第4届和第6届世佛联大会，并成功举办了第27届世佛联大会。世佛联还曾授予赵朴初居士"最高荣誉勋章"、推举一诚长老为世佛联名誉主席。发言中，觉醒法师强调"慈悲是佛道之根本"，"慈悲的落脚点在于拔除众生困苦、

---

① 觉醒主编：《玉佛寺志》。

给众生带来快乐的行持和实践"。当今世界，和平与发展仍然是人类共同的时代主题，不仅需要一个和平平等、相互尊重的国际环境，更需要人人怀有一颗博大的慈爱同情之心。希望各国佛教界携手合作，和衷共济，化慈悲心愿为实践动力，不断增进各国人民的相互了解和信任，推动不同文明的交流互鉴，为促进世界持久和平与共同繁荣，为增进全人类的福祉，作出新的更大贡献。此次大会由全日本佛教会承办，来自15个国家的300余名代表出席。会议期间，各国代表围绕"慈悲的行持"进行了交流探讨，并参访日本曹洞宗大本山总持寺，举行和平祈愿法会和本届大会闭幕式。

在对外交流中，传统法会仍是重要的交流方式。从1995年至2019年，玉佛禅寺每年都组成弘法小组赴美国护国寺启建新年祈福法会，已成为当地华人及佛教信众新年的行程之一。1995年、1997年在新加坡居士林、马来西亚东林小筑寺等，都曾举行水陆空大法会、梁皇忏法会、千佛忏法会等传统法务活动。

（二）文化交流

1. 学术交流

2000年9月，上海玉佛禅寺承办了"佛教与社会主义社会相适应"研讨会，这是玉佛禅寺首次举办大型全国性专题学术会议，从这一年开始，玉佛禅寺开始举办"觉群文化周"，并举办20余场国际、国内研讨会。

其中几次为国际性的学术研讨会。2011年9月8日，为增进中日学术交流和两国临济宗法谊，第二届中日临济禅学术研讨会在玉佛禅寺召开，会议由中国佛教文化研究所、日本国灵云院国际禅交流友好协会主办，上海市佛教协会协办，玉佛禅寺承办。开幕式中，觉醒法师和则竹秀南法师共同主持"祈祷世界和平及为临济禅师颂经"祈福法会，并代表双方分别致辞。本次研讨会中，法师学者们就临济禅的历史、临济禅在两国本土化的历程、临济禅与中日两国文化的关系，以及两国临济禅交流史上的重要历史人物进行深入交流。

2016年12月4日，上海玉佛禅寺联合华东师范大学举办"佛教文化与21世纪海上丝绸之路"国际学术研讨会，邀请亚洲各个国家和地区的专家学者参会，共同探讨中国佛教与亚洲及世界各国、各地区的佛教学术合作和文化交流，增进同东南亚国家的深入了解和传统友谊，具有不可忽视的积极作用。让国际学术界更加了解中国佛教的过去和现在，了解中外佛教友好往来的历史和现状，认识当代海上丝绸之路各国佛教与社会、经济之间的关系和影响力，同时也促进了各国学者相互了解，加深了中外佛教文化交流的内涵与外延。

玉佛禅寺于2017年举办"都市佛教的弘化模式"国际研讨会，2018年举办"生死学与生命关怀"国际学术论坛，在邀请国外学者走进中国当代寺院的过程中，也向外展示着中国寺院的风貌。2020年9月21日—22日上午，由上海大学道安佛学研究中心和上海玉佛禅寺联合举办的"一带一路"佛教交流史论坛在线上举行。"'一带一路'佛教交流史"项目是2019年度立项的国家社科基金重大项目，玉佛禅寺为联合举办单位。

2002年11月，上海玉佛禅寺依托国内高校资源成立觉群编译馆，主要从事国外佛学名著的翻译、出版工作，并在上海古籍出版社出版《觉群佛学译丛》系列，介绍国际佛学界最新研究成果。首批四本于2004年底问世，在学界引发热议，至2018年共出版21本高质量学术译著。分别是：《印度和锡兰佛教哲学》《中国5—10世纪的寺院经济》《隋唐佛教文化》《修剪菩提树："批判佛教"的风暴》《般若思想史》《中国佛教的复兴》《善与恶：天台佛教思想中的遮中整体论、交互主体性与价值吊诡》《中国净土思想的黎明》《天台哲学的基础：二谛论在中国佛教中的成熟》《佛教解释学》《走进中国佛教：宝藏论解读》《顿与渐：中国思想中觉悟的不同法门》《明末清初的思想与佛教》《正统性的意欲：北宗禅之批判系谱》《中国六世纪的心识哲学》《佛教伦理学导论（上、下）》《知识与解脱：促成宗教转依体验的藏传佛教知识论》《万法唯识：唯识论的哲学与教理分析》《北宗禅与早期禅宗的形式》《十王经与中国中世纪佛教冥界的形成》《空性的空性：印度早期中观导论》。

继佛法交流之外，中日同根同源的茶道与花道也在玉佛禅寺内谱写着两国友好交流的新篇章。日本里千家第十五代家元千玄室大宗匠提出"一碗茶中出和平"的和平理念，通过茶道积极推进中日友好文化交流。2018年5月14日，玄室大宗匠在玉佛禅寺大雄宝殿举行了献茶仪式，玉佛禅寺方丈觉醒法师与千玄室大宗匠共同完成此庄严仪式。

2. 艺术交流

上海玉佛禅寺梵乐团于1999年组建，以"传播清新梵乐妙音，提升大众信仰层次，净化人们心灵世界，共建美好和谐社会"为主旨，是全国较早创建的专业佛教艺术团体。成立迄今二十余年来，梵乐团发展成绩斐然，得到寺院、信徒及社会各界的肯定和赞誉。玉佛禅寺梵乐团逐渐形成了一定影响力，取得了极好的口碑。2011年，玉佛禅寺传统梵呗入选上海市非物质文化遗产。

玉佛禅寺梵乐团曾先后八次到新加坡、马来西亚、印尼以及我国香港、台湾地区弘法。其中最重要的一次是2007年11月18日至28日，上海玉佛禅寺梵乐团一行150人，在马来西亚、新加坡、印度尼西亚举行了7场名为《玉佛·吉祥颂》的梵乐巡回演出。当地媒体及社会各界反响强烈。各国内阁官员和我国驻三国的大使或代表出席观摩梵乐团演出，相关媒体对梵乐团的演出，也给予了高度关注和及时报道。

2016年，上海玉佛禅寺成立了觉群书画院，书画院的艺术创作也在对外友好交流史里留下一笔。2019年7月，应温哥华国际书画艺术研究中心邀请，上海玉佛禅寺觉群书画院在加拿大举行"天竺写生巡回展温哥华展"，一共展出觉群书画院14位书画家的51幅作品，将中国佛教传统书画艺术带出了国门，在当地信众和民众中取得良好反响。

茶道之外，同样是三雅道之一的花道也对中日文化友好交流起重要作用。2019年6月6日，日本池坊花道第45世家元池坊专永宗匠一行参访玉佛禅寺。参观寺院各处殿堂后，池坊专永宗匠与觉醒法师就中日两国佛教的发展与民间文化艺术的交流进行了友好交谈。傍晚时分，池坊专永宗匠与觉醒法师步入大雄宝殿。宗匠根据花材的形态插花，并与觉醒法师一起将鲜花虔诚地供于佛前。

（三）公益与慈善

1. 环保倡议

2009年11月，觉醒法师应世界宗教与环保基金会（ARC）邀请赴伦敦参加了"温莎盛典——庆祝宗教信仰对保护地球的承诺"活动，世界宗教与环保基金会由菲利普亲王一手创立，与会者中包括时任联合国秘书长潘基文。觉醒法师在会议上提交了《上海佛教保护环境的八年规划》，并向来自世界各地的宗教界人士宣讲了中国佛教对于环保的理念与措施，受到与会者一致好评。

以此为契机，为彰显2010年上海世博会主题，促进生态文明建设，推动上海佛教界环保规划的完善与实施，在觉醒法师的号召下，上海市佛教协会召集全市各主要寺院负责人并邀请部门专家一起探讨上海佛教环保八年规划的具体实施步骤。2010年4月15日，"上海佛教界迎世博环保论坛"在玉佛禅寺举行，世界宗教与环保基金会秘书长彭马田先生、荷兰生态管理基金会创始人阿拉德·斯提克博士等海内外学者纷纷建言献策，集众人之智慧，共同推动此项环保计划的实施，实践佛教与大地众生共存共荣的理念。

2. 驰援尼泊尔

弘法交流之外，玉佛禅寺也在海外积极展开公益慈善方面的友好交流和援助行动。以与佛陀故里尼泊尔的友好交流为例，2015年4月，尼泊尔遭遇8.1级大地震，震后第一时间，上海玉佛禅寺立即举行祈福法会，并向震区捐款。2015年9月，受方丈觉醒法师委托，上海玉佛禅寺的慧觉法师跟随中国佛教协会代表团赴尼泊尔，受到了尼泊尔总统拉姆·亚达夫的接见。玉佛禅寺还资助100名地震孤儿完成学业。2015年12月1日，玉佛禅寺向上海市慈善基金会捐款，专项用于尼泊尔一家肾脏医院购买三台肾透析仪器,旨在帮助器官衰竭的病人,并号召更多爱心人士关注尼泊尔的严峻现状,弘扬慈悲济世的佛教精神。

2021年4月,新冠疫情在佛陀故乡南亚大陆又一次暴发,在各方爱心人士的帮助下,上海玉佛禅寺集结了包括500台制氧机(8F-5A)在内的各类当地医疗机构的急需物资,全部捐赠给尼泊尔政府,供加德满都大学附属社利凯尔医院、蓝毗尼省立医院、基尔蒂布尔医院、博克拉热带传染病医院等四家医院使用。

3. 为灾区祈福法会

2004年底印度洋大地震引发巨大海啸,造成严重伤亡。消息传回国内后引起广泛关注。2005年1月4日,玉佛禅寺举行了"为印度洋海啸灾难国人民消灾祈福大法会",全体僧众共同为海啸灾难遇难亡灵诵经超荐,为受灾国难民早日脱离灾难、重建家园而祈祷和祝福,并捐赠善款。法会结束时,鸣钟108响,祈祷佛光护佑、灾难早息。

2016年2月6日凌晨,我国台湾高雄发生6.7级大地震。2016年2月14日上午11时,上海玉佛禅寺在大雄宝殿隆重举行为台湾地震灾区捐赠仪式及祈福超荐法会。全体法师虔诚诵经祈福,至诚祈愿佛光护佑,灾难息止,恩明灯驱散恐惧伤痛,愿逝者得度,往生极乐,愿生者平安坚强,早日重建家园。

(四)人才培养

玉佛禅寺法师在1982年的接待会议上发言:

> 随着形势发展和需要,今后的接待外宾工作,势必更为频繁。在以往工作中,感到主陪人员不够(通常称为兜不转),有时对主陪人员的身份也难以明确介绍,鉴于上述情况请研究。

目前,中国亟需宗教对外友好交流复合型人才,但在中国既有宗教学背景、也熟知对外友好交流的人才目前还很稀缺。为在对外友好交流的事业中做出更多贡献,玉佛禅寺在2004年输送了11位法师前往上海外国语大学学习,分别学习英语、法语、德语、日语、韩语等外语,经过四年的学习于2008年顺利毕业,为对外友好交往事业输送了人才。

2008年7月9日至11日,"2008佛教外语人才经验交流会"在上海玉佛禅寺举行。这是中国佛教界自新中国成立以来首次举办的外语交流活动。海峡两岸暨香港百余位佛教界代表齐聚一堂,其中包括来自我国台湾、香港地区的30名代表。与会者以英、日、韩、运、泰、德、西等8种语言,就"面向世界的中国宗教"和"中国宗教的过去和未来"两个主题进行了演讲和交流。本次交流会由中国佛教协会、中华宗教文化交流协会主办，上海市佛教协会协办，上海玉佛禅寺承办，会议期间还举办了"海外佛教留学生座谈会"，这也是改革开放以来佛教界首次举办留学生座谈会。

2015年8月，在玉佛禅寺的大力支持下，"2015国际佛学暑期研修班及学术研讨会"在上海召开，来自海内外佛学研究领域的近30位青年学者、120余名研究生参加研讨和学习，促进了各国青年佛教学者之间的互动交流。

余 论

作为我国经济、文化高度发达的地区，改革开放的窗口，上海的对外友好交流历史悠久、作用独特、成效显著，在各领域有着许多杰出人物与事例，是中国公共外交的有机组成部分，展现了各国之间交流互鉴、共建共赢的有益经验。佛教作为世界三大宗教之一，谱写了千古传颂的中外友好交流篇章，是增进人民友好感情的重要渠道和重要纽带。玉佛禅寺的对外友好交流作为一个代表性的个案，是我国宗教对外友好交流的缩影，具有实践与参考意义。

正如赵朴初会长《在首都佛教界纪念世界反法西斯战争和中国抗日战争胜利五十周年祈祷和平法会上的讲话》中所说："佛教主张众生平等，万物一体。佛教以同体大悲、无缘大慈为襟怀，以修行六度、息灭贪嗔痴、破除我执为途径，以利乐有情、庄严国土为目的。佛教希望人们相互理解、相互宽容、相互帮助，反对任何贪婪、歧视和仇杀。佛教这种超越民族和国界的以世界为本位的平等慈悲精神，既是我们每个人为人处世的准则，也是我们争取民族团结、国家稳定、世界和平的法宝。"

生命伦理与人间佛教理论的最新拓展

李向平　华东师范大学社会发展学院

中国文化语境中的"生命"概念，本来并非自足圆满，而是在历史、文化、具体实践中逐渐生成、丰富，并逐渐成为中国佛教的价值原则，最后成为中国佛性和佛性平等的核心概念，同时也从一个生命概念演变为中国人面对生命及其生活心态的重要内容和实践方式。

常言道，生死由命；没有卑微没有高贵。生死由命或生死有命。这个命，就是任何宗教的核心概念与基本问题。但一句"狂心歇处，即是菩提"，呈现的即是这种可以、能够、必须觉悟的生命，也是每一存在的缘起和始终，即是人间佛教的觉悟人生的基本原则。它根源于佛陀本怀，衍生于中国佛教、强化于近现代的人生佛教、人间佛教的社会运动之中。

一、作为人间佛教基本命题的"生命"概念

生活和生命本为佛教的本真关怀，甚至可以把出世和入世的核心问题通过生命问题的梳理和解释给予打通，视生命为出世和入世的中介，最后形成人间佛教的"生命效应"。

人间佛教中的生命概念不仅能整合佛教出世和入世之间的边界，还能够促使佛教和其他宗教之间的模糊性、流动性及其边界不断被重塑。更重要的是，生命概念能够打通国家—社会的边界，认为生命的权利同时也是个人、社会和国家严加关注的问题。

诚然，生命概念因被置于敬畏因果的神圣基础，始于缘起、平等而促成了敬畏、觉悟、权利等理论环节，构成人间佛教最为强调的生命觉悟和生命权利，如"生命佛教""生命觉悟""生命平等""生命神圣"，形成出世和入世相互建构、人成与佛成在生命觉悟层面的相嵌。

从佛教发展的历程和人间佛教的核心使命来说，佛教从来就没有把生命推到世界之外，只是强化了另一种生命觉悟的方式，直面了生命伦理与社会伦理相冲突、

个人身-心无法承受的困苦，所以人间佛教的所有命题最终都指向"人是目的"及其"生命觉悟"，成为一种以人间实践形态表现出的生命自觉，其核心使命就是认识生命，尊重生命。

在缘起性空中觉悟生命的意义。这就是人间佛教不同于其他宗教的核心意识，其基本核心就是在于敬畏三宝、敬畏缘起、敬畏因果中获得生命的觉悟，获得智慧，修持、成长而圆满。为此，生命缘起的法则和真理，理应是人间佛教的主旨，而生命本身就是人间佛教的教义和思想源泉，只有生命才是人间佛教的对象，人间佛教的所谓人间性和社会性，指的就是人的生命不只是自然的产物，人作为缘起的结合体，具有很强的社会化特征，一切社会生活现象其实都是"生命"的客观化。人类社会正是依靠"生命之流"才连成一个有机的整体，而这个生命之流的核心是人类因普遍联系的聚集而形成的社会及其历史，所以，社会性和历史性是人间佛教生命哲学的主要研究对象。它把生命视为一个生生不息的创造过程，永恒不变的生命自身的觉悟能力。

宇宙间不只人或动物有生命，乃至山河大地，一花一木，一沙一石，都有生命。而人间最宝贵者，就是生命，如果没有生命，世间的一切将不再具有意义。芸芸众生的生命主体性、生命权利和生命尊严无不是由"缘聚和合"而成，这种"同体共生"的权利意识既是一种芸芸众生的集体创作，也是一种共同体意识对个体权利的尊重。在这个倡导民主、自由、平等的现代社会，回归人本身自有的佛性，对人尊重，提倡众生的生命权利，这就是佛教民主、自由、平等的真实意义。

佛教尊重众生，重视生权和公平，同体共生，生命是一个共同体，都包含着生命的和谐理念。于是就本着众生平等的原则，维护广大众生的基本生存权利。就是对佛教慈悲情怀和众生平等的现代性表述。众生是生命权利的最高价值，这是一种普遍的生命关怀精神，对于"众缘和合而生"的芸芸众生来说，人与人之间彼此依赖，大家互相帮助、互相成全，从而得以成全彼此、也成全自己。

所以说，人间佛教的生命伦理秩序是道德领域的日常实践，而不是高高在上、不可捉摸的神奇和神秘，所以，人间佛教即人生的佛教、生活的佛教、生命的佛教，即是这个道理。人与人的关系、人与人的交往和交流，生活现实中的应用和实践，具体的人在具体的日常生活中的身体力行，这就是人间佛教生命伦理的宏旨所在。

二、人间佛教的特质即关于生命的宗教

佛教从释迦牟尼开始就是一种以生命为中心的宗教，对生命平等和敬畏的宗教。始终关注生命的形成、生命的体现、生命的圆满。既有仪式和权威，更有现实生活

的关注。在生与死之间倡导一种生命的觉悟，一种殊胜的觉悟方式，一种敬畏生命的方式。对于生命伦理的强调，可消除生死之间的对立，无限和有限、宇宙和自我的对立。

本着佛陀的这一根本旨意，人间佛教的宗旨就是把生命意义的觉悟方法送回给人间、现实、给每一个人。消解生死、分割的任何外见。生命就是自己，就是统一，一切即一，一即一切。打破肉身的局限性，体验生命的美好，神圣的平凡。因此，人们再也不会感到个人的死亡就是意味着生命的结束，而是生命形式的进一步拓展。通过这无尽的过去、觉悟的当下，达到永恒的生命透明纯净。

人间佛教之生命伦理认为，生命是"依缘而起"的，这是对生命起源的基本认知，如果缺乏对自己生命的认知，就无法尊重自己的生命，更不可能尊重他人的生命权利。生命是依顽一定条件、有一定依存才得以生成的，生命是缘起而有的，是由因缘聚合而成的，不是突然就有的。

生命在过去没有开始，在未来也没有终结，而是在一个圆的过程中相似相续流转不断绝。这便是生命的永恒性意义所在。生命是缘起的，生命的运行过程是流转的，这种无始无终的生死轮回中，因果报应在其中发挥作用，种什么因得到什么果，使人产生对生命秩序的敬畏感。此外，生命也是平等共生的，具有平等性，是共存性的一体。生命的形相虽有千差万别，生命的理性则是一切平等。人性是广博的，生命是无限的，生命的存在是平等的。

另一方面，以人类的生命而言，人不是单独存在，而是同体共生的，整个宇宙世界，就是一个大我的生命。如《金刚经》说：所有一切众生之类，若卵生、若胎生、若湿生、若化生、若有色、若无色、若有想、若无想、非有想、若非无想，我皆令入无余涅槃，而灭度之。能够做同体共生的慈悲人，将每一类众生都视为自己的眷属，缺一不可，这样的生命才能永恒，才是不死的生命。

在此生命定义的基础上，任何生命也只是自然宇宙社会生活中一段旅程而已，宇宙如同旅店，过去的日子好似尘埃。虽然佛教信仰中生命观念所强调指出的是，人的生命过程就如同一束柴火从燃烧到烧尽的状态、吹熄火停止燃烧。火灭了，就是涅槃。至于涅槃，其积极方面是在强调无限生命自身，它要灭绝的是有限自我的局限，却被一般误以为佛教是否定生命的消极悲观主义。这就需要佛教、人间佛教开出的人间智慧，用以呈现自己的生命权利，把人间佛教践行为生命宗教。在敬畏无常、敬畏因果、敬畏缘起直到敬畏所有生命的实践中获取生命的智慧，方才能够强调生命和生命的平等。

因此，敬畏生命、敬畏一切生命，是人间佛教生命伦理学的基石。

其伦理范围包括一切动物和植物，认为不仅对人的生命，而且对一切生物和动物的生命，都必须保持敬畏的态度。所以，在这里，"善是保持生命、促进生命，使可发展的生命实现其最高的价值，恶则是毁灭生命、伤害生命、压制生命的发展。这是必然的、普遍的、绝对的伦理原则"（施韦泽：《敬畏生命》）。因为，只涉及人对人关系的伦理学是不完整的，从而也不可能具有充分的伦理动能。只有当人类认为所有生命，包括人的生命和一切生物的生命都是神圣的时候，才是完善的伦理。

之所以要敬畏一切生命，这是因为生命之间存在着普遍缘起的内在联系。人的存在不是孤立的，它有赖于其他生命和整个世界的和谐。人类应该意识到，任何生命都有价值，我们和它不可分割。"原始的伦理产生于人类与其前辈和后裔的天然关系。然而，只要人一成为有思想的生命，他的'亲属'范围就扩大了。"有思想的人体验到必须像敬畏自己的生命意志一样敬畏所有的生命意志，他在自己的生命中体验到其他生命及其存在形式。

三、生命伦理的呈现与实践方式

人间佛教作为一种高度自力的宗教，同时也是致力于身心治疗的宗教，既是个人的宗教，亦是社会性的宗教。既是实用的信仰践行方式，亦是科学的思维方式和生活规范。它不强调权威、仪式、神学、传统、恩宠以及超自然的宗教能力，所以，人间佛教的社会、文化本质实际上就是一种生命的态度、文明的态度、智慧的方式，采用一种智慧的方式面对人类的文明和世间万千生命。

与"以法事为中心"的传统佛教不一样，生命伦理是"以生命为中心"的人间佛教，五戒十善皆是以生命觉悟为核心，舍此无他。还因为生命与生活的紧密关系，这种以生命为中心的人间佛教，无疑也在不断完善僧团佛教与社团佛教的关系，都市佛教与乡村佛教的关系，处理好佛门戒律与日常生活的关系。

人们曾经对佛教有一些误解，大抵是在于对其佛教教义中定义的生命形式有所质疑，认为佛教"代替"了儒家制定的生命原则，未经自身觉醒，被动地接受佛教则是一种"遗失"其生命权利的过程，其隐含的价值标准就在于对于生命权利的忽略。而人间佛教恰好就是从传统中偏向于"死者仪式"的关注转向活人的生活和生命。所以，这并不是说其他心态结构中没有强调生命关系，而是说这一生命关系从属于其他更基本的结构性原则，比如生命权利从属于其他的结构性原则，不是独立的。而三世果报的原理促使生命权利能够从世间各种社会关系之中得以处理而获得自在的表达方式。

诚然，除了团体的生命伦理实践方式之外，人间佛教的生命伦理还特别需要生命个体来予以践行。"人间佛教伦理不是外在的生活礼节和行为规范，而是一种自我的道德体悟和修行实践,是在现时的时空之中体验生命,从而追寻相似相续而不间断的生命永恒性。"[1] 这就不又仅仅呈现为被动要求的生命权利和生命伦理,更加重要的是那种得以主动自发的生命权利和生命伦理。

三世果报的生命概念一方面作为对固有时间的抵抗,表征为每一类生命的根本特征,另一方面,人间佛教还强调生命觉悟本身对生命伦理践行的不二法门及其重要性,必定要通过个体的生命觉悟而感受到生命冲动或生命之流,它们乃是世界的本质和万物的根源。依据佛教基本教义,这种生命伦理的呈现方式,大多根源于身、口、意三业,依靠戒、定、慧三学和五戒十善,形成体现人间佛教生命智慧究竟和方便,呈现出在君权、人权之后的世间生命权利。

佛教历来重视福慧双修,以及修身和修心的关系,重视心灵的宁静、超然和身体的自如自在。人间佛教是拥抱生命的佛教,是解决生死的佛教,是落实生活的佛教。重视伦理道德,鼓励生活修行,注重五戒十善,强调六度四摄,讲究因缘果报,奉行慈悲喜舍。

其基本践行方式包括通过个人的宗教修持或经验、通过隐退世俗来达到这种合一,以个体修持功夫以控制呼吸或冥想的入念技巧便是为达到这一目的而设计的,构成有关生命伦理的"纯粹经验"(pure experience),等待某一不期而遇的瞬间猛然醒悟,打开生命的慧眼,内外合一。

其次是试图通过伦理行为或"爱的实践"之积累,通过入世而非出世来达到对于生命伦理的体悟。通过这种比较特殊的"慈善行为"(acts of charity),或者说努力建立一个"美好生活"的那些行为,通过作为生命伦理存在的自我,打破己和他、我和你之间的区别,即慈悲为怀。

四、生命伦理与人间佛教理论的拓展

佛教和人间佛教如何提供生命和生命权利得以体现的方法?人的生命如何展开,如何呈现?人间佛教如何呈现,如何展开,几乎具有内在一致性。生命权利与人生觉悟的关系、佛性的重新理解。佛性平等即是生命权利的平等,其他平等要求随之凸显。关键的问题是,人间佛教新的生命共同体伦理与人间意识如何通过日常的生产—生活过程被生产与再生产。尤其是这种生命伦理如何解释或重新安置每一个人的生命和生活,如何呈现生命、生活中佛性平等的价值理念。三世果报敬畏生命的价值信念又能如何体现在日常生活和社会文化中,而这种生产—生活方式能否最后

---

[1] 郑志明:《佛教生死学》,北京:中央编译出版社,2008年,第106页。

影响到佛教与文化、社会的关系。另一方面，人们不管以何种方式进入人间佛教，作为一个有历史文化基因的具体的人，在具体的人间佛教文化的生产生活中，个人如何认知自己的生命，认识和理解、甚至践行"生命伦理"这个佛教信念，以引导其身—心状况发生相应的变化，进而实践日常社会中的各种人—己关系，促使每一个人都能活出自己的自在和真实。

一般而言，生命伦理学只是被当作解决具体生命问题以加强生命医学科学策略与方法研究的一门交叉学科。它所指的生命，主要是指人类生命，也涉及动物生命和植物生命以至生态环境，而伦理学则是对人类行为予以规范性研究的学问，两者的结合就意味着将这门学科界定为运用伦理学的理论和方法，对生命科学和医疗保健所涉及的政策、法律、决定、行为等伦理问题进行系统研究。

生命伦理学的主要目标不再是建构宏大的理论体系，也不是制定一套行为准则，相反，它明确指向现实社会中关乎全人类生存的具体伦理问题，并对这些问题加以梳理和提升。其次，生命伦理学倡导尊重不同的文化价值观念，同时更突出当今全人类共同面对的生命伦理问题，谋求在求大同存小异的原则下、在相互协商的基础上解决这些问题。

生命伦理学的研究领域一般包括有理论生命伦理学、临床生命伦理学、道德生命伦理学、文化生命伦理学、未来生命伦理学等领域。对于生命伦理学基本原则，如不伤害原则、行善原则、公正原则和尊重原则，是国际上被普遍接受的生命伦理学的基本原则，生命科学研究的伦理问题有：人体受试者的权益保护、高新生命科学技术应用中的伦理问题、脑死亡、临终关怀、生命质量和安乐死等；还有卫生经济伦理问题、医疗改革、保险与医院工作、医院伦理委员会、卫生政策与法治建设等；生态与环境保护、大地或地球伦理、动物权利保护等。

特别是在面对人们的生死问题层面，如生命的价值和生命的标准、死亡的标准、对待濒死病人的态度、关于安乐死，其中积淀了非常深厚的道德原则和社会伦理，所以人间佛教的生命伦理学不但研究生活中人与人之间的关系，而且研究生态问题中人与自然的关系，进而梳理文化心态中一种价值秩序的社会伦理，最终拓展为人间佛教有关义务、价值与公益相结合的实践结构。

基于这样的生命伦理，能够把人间佛教中人们的道德观念从微观推向宏观，并使微观道德与宏观秩序结合起来，既为某一个人承担道德责任，也为人类群体回向群体道德责任，既从个体生命角度确定道德观，同时也考虑其他生命的价值和意义，从生态环境改善人的心态，以完善生命、发展生命，通过敬畏因果、敬畏缘分、敬畏生命、敬畏规则等伦理实践转化生成为一种现实的生命秩序。因此，人间佛教之生命伦理理应包括职业伦理、家庭伦理、经济伦理、组织伦理、生态伦理……甚至可以说，人间佛教的生命伦理如何实践的路径和结果在很大程度上会决定了人间佛教的发展前景将会如何。

佛教信仰探讨生命之果报轮回，但人间佛教所开示的生命智慧却是每一位信仰者、实践者自己去把握的生命自由，是生命主体的自我觉悟、自我解脱与自我神圣。所谓人成即佛成，即想圆满人生，获得自在超越，就不能没有佛法的信仰，不能没有佛教的律仪来规范生活，不能没有佛法的智慧来解决人生问题；有佛法的人生，才能了生脱死，才能圆满自在，形成对因果报应、生死轮回的彼岸的敬畏，而非此岸的崇拜，才能使个体获得和谐的自我生命秩序。

人间佛教对传统佛教关注人生、慈悲为怀、爱护生命思想的传承和延续，也开创了生命权利意识新境界的生命伦理关怀。这既是对生命道德伦理传统的延续和发展，也是从人间佛教思想出发对当下生命危机和精神问题的积极回应。可以这样认为，把生命伦理扩展到世间一切，这不仅是对伦理学的一种革命，更是人间佛教一次新的、比佛教来到中国之后更加伟大的文化建设，它将为社会、生活的健康、理性发展新的价值信念。